edition suhrkamp 2638

Während die Unzufriedenheit mit Politikern und Parteien zunimmt, bleibt die Beliebtheit des Bundesverfassungsgerichts ungebrochen. Urteile wie zum Lissabon-Vertrag, zur Onlinedurchsuchung oder zur Höhe der Hartz-IV-Sätze werfen jedoch die Frage auf, inwiefern die Karlsruher Richter bisweilen die Grenzen ihrer institutionellen Zuständigkeit überschreiten. Anlässlich des 60. Jahrestags der Eröffnung des Bundesverfassungsgerichts unternehmen vier renommierte Juristen daher den Versuch einer wissenschaftlichen Kritik an Deutschlands beliebtestem Verfassungsorgan.

Das entgrenzte Gericht

Eine kritische Bilanz nach sechzig Jahren Bundesverfassungsgericht

Matthias Jestaedt, Oliver Lepsius,
Christoph Möllers, Christoph Schönberger

Suhrkamp

3. Auflage 2019

Erste Auflage 2011
edition suhrkamp 2638

Satz: TypoForum GmbH, Seelbach
Printed in Germany
Umschlag gestaltet nach einem Konzept
von Willy Fleckhaus: Rolf Staudt
ISBN 978-3-518-12638-7

Inhalt

Vorwort

Der sechzigste Geburtstag des Bundesverfassungsgerichts lädt zu einem frischen Blick auf diese Institution ein. Hinter der eigentümlichen Kombination aus großer Popularität des Gerichts und juristischer Technizität seiner Entscheidungen sind viele Möglichkeiten der wissenschaftlichen Annäherung in den Hintergrund getreten: die Historisierung, ein Verständnis des Bundesverfassungsgerichts als Gebilde, das sich wandelt, an Bedeutung gewinnt und verliert und von Kontexten abhängt, die es selbst nicht kontrollieren kann (*Schönberger*); die Analyse der keineswegs begriffsnotwendigen juristischen Weichenstellungen, mit denen das Gericht sich erst zu dem gemacht hat, was es heute ist (*Jestaedt*): ein Organ, dessen Aussprüche sich in einem Zwischenreich von Recht, Wissenschaft und Politik zu bewegen scheinen (*Lepsius*); schließlich die offene Frage nach seiner Legitimation (*Möllers*).

Die vier Autoren des vorliegenden Bandes wenden sich diesen Themen mit unterschiedlichen Vorverständnissen und Fragestellungen zu. Sie verbindet das Interesse an einer bemerkenswerten Institution und die Überzeugung, dass die Rechtswissenschaft mehr zu deren Verständnis beizutragen hat als die Kommentierung und Kanonisierung einzelner Entscheidungen. Die Autoren verbindet dagegen weder eine gemeinsame Methode noch eine – sei es affirmative, sei es kritische – Haltung zum Gericht.

Trotz aller Unterschiede konnten die vier Beiträge unter dem Stichwort der *Entgrenzung* zusammenfinden, das dem Buch seinen Titel gibt. Verschiedenste Varianten solcher Entgrenzungen finden sich in ihm analysiert. Manche, etwa die von Recht und Politik, Recht und Moral sowie Rechtsprechung und Gesetzgebung, scheinen allen Verfassungsgerichten gemein. Andere, wie die Entgrenzung von subjektiven Rechten und objektivem Recht sowie Rechtsprechung und Rechtswissenschaft, wirken gerade für das Bundesverfassungsgericht typisch.

Berlin, Mai 2011 Christoph Möllers

Christoph Schönberger

Anmerkungen zu Karlsruhe

I. Aufstieg

Es war neu. Es hatte keine Tradition. Die scharlachroten Roben seiner Richter borgte es beim Florenz der Renaissance aus. Im Karlsruher Schlosspark bezog es fünf flache Würfel aus Beton, Stahl und vor allem Glas. Es war ein Gericht, das nicht so war und nicht so sein wollte, wie deutsche Gerichte üblicherweise sind.

Ohne Tradition war auch das Staatswesen, in dessen Dienst das Bundesverfassungsgericht trat. Die Bundesrepublik rettete aus dem Konkurs des nationalsozialistischen Deutschland und den Unsicherheiten des beginnenden Ost-West-Konflikts, was zu retten war. Sie vereinigte provisorisch, wie man glauben wollte, die drei westlichen Besatzungszonen. Die Eingeborenen von »Trizonesien«, welche ein Karnevalslied jener Nachkriegsjahre besang, wurden zu Bürgern eines behelfsmäßigen westdeutschen Staates – eines Staates, der in Bonn am Rhein in schmuckloser Unauffälligkeit regiert und verwaltet wurde.

Dieses notdürftige Staatswesen brauchte eine rechtliche Grundlage. Seit den Revolutionen in den Vereinigten Staaten und Frankreich am Ende des 18. Jahrhunderts heißen solche rechtlichen Gründungsurkunden Verfassungen. Für den bescheidenen Staat von Bonn, in einem zunehmend geteilten Land und noch unter Kuratel der Westalliierten, erschien dieses Wort zu hoch, zu pathetisch, zu endgültig. Der Parlamentarische Rat, der in der Bonner Pädagogischen Akademie innerhalb weniger Monate, von Herbst 1948 bis Frühjahr 1949, das westdeutsche Gründungsstatut schuf, wählte einen zaghafteren Namen: Grundgesetz. In dieser Bezeichnung klangen zwar ältere Traditionen leise mit, denn schon im altehrwürdigen Heiligen Römischen Reich Deutscher Nation hatte man *leges fundamentales*, Grundgesetze, gekannt. Aber in der Situation des Jahres 1949 signalisierte dieser Name doch in erster Linie Unfertigkeit und Vorläufigkeit des gesamten Statuts. Und noch heute zeigt ein Blick in den letzten Abschnitt des Grundgesetzes ein buntes Allerlei von der Staatsangehörigkeit über das süddeutsche Notariat bis hin zum Staatskirchenrecht. Der Parlamentarische Rat musste diese Angelegenheiten eilig irgendwie regeln, ohne sie doch endgültig ordnen zu können. Für die Ewigkeit war das Dokument ganz offenkundig nicht gemacht.

Eine vollgültige Verfassung sollte dieses Grundgesetz nicht sein. Aber das Gericht, das es letztverbindlich auslegen sollte, führte nach dem Willen des Parlamentarischen Rates die Verfassung im Namen. Für das neue Gericht interessierte man sich im Parlamentarischen Rat indes nur am Rande (Fronz 1971; Niclauß 2006). Zu viel Sonstiges musste in kurzer Zeit beraten und entschieden werden, vom Verhältnis zwischen Bund und Ländern bis hin zu den Finanzfragen. Die Parteien waren sich ohnehin im Grundsatz einig. Die neuartige Möglichkeit des Bundesverfassungsgerichts, Gesetze wegen Verstoßes gegen das Grundgesetz für nichtig zu erklären, löste keine Kontroversen aus (Laufer 1968: 52f.). Bei einigen europäischen Nachbarn war das nach dem Zweiten Weltkrieg ganz anders. So galt die Verfassungsgerichtsbarkeit in der französischen Vierten Republik weiterhin als undenkbar, und in Italien wurde sie erst nach erbittertem Streit eingeführt. Vor allem die linken Parteien befürchteten eine Einschränkung der demokratischen Entscheidungsgewalt des Parlaments. Sie wollten der Volksvertretung die volle gesetzgeberische Freiheit zur Umgestaltung der Gesellschaft erhalten (Pasquino 1998: 44ff.). Im Parlamentarischen Rat befürworteten aber gerade auch die Sozialdemokraten eine derartige Kontrolle. Nur die Kommunisten waren dagegen (Kau 2008: 91 ff.). Noch in der Weimarer Republik war grundsätzlich über Vorzüge und Nachteile der Verfassungsgerichtsbarkeit debattiert worden (Wendenburg 1984; Beaud/Pasquino 2007; Baumert 2009; zu älteren Traditionslinien: Scheuner 1976). Bei der Entstehung des Grundgesetzes gab es solche Fundamentalkontroversen hingegen nicht mehr.

Große Schwierigkeiten hatte der Parlamentarische Rat hingegen mit der *Organisation der höchsten Gerichte* insgesamt. Anders als die Schweiz oder die USA kannte Deutschland seit der Gründung des Deutschen Reiches kein einheitliches Oberstes Bundesgericht. Es gab keinen deutschen Supreme Court, der für alle Rechtsstreitigkeiten vom Privatrecht über das Strafrecht bis hin zum Verwaltungsrecht die höchste Instanz gebildet hätte. Am ehesten hatte diese Rolle zuvor das Reichsgericht in Leipzig ausgefüllt, das in letzter Instanz über Streitigkeiten des Zivil- und Strafrechts entschied. Die Einrichtung eines Bundesverfassungsgerichts beschäftigte den Parlamentarischen Rat deshalb in erster Linie unter dem Aspekt, wie die höchsten deutschen Gerichte zukünftig insgesamt organisiert sein sollten. Im Kern stritt man um die Frage, ob das neue Gericht nun schlicht der deutsche Supreme Court sein oder ob es als besondere Institution neben die normale Justiz treten sollte. Die Kontroverse mutet technisch an. Es ging dabei aber um die Natur der Verfassungsgerichtsbarkeit. Denn in einem einheitlichen Obersten Bundesgericht nach dem Vorbild der Vereinigten Staaten wären die typischen Alltagsfragen des Rechts ebenso zu entscheiden gewesen wie die häufig hochpolitischen Verfassungsfragen. Dagegen wehrten sich vor allem die Vertreter der traditionellen deutschen Justiz. Nach ihrem Selbstverständnis war normales Recht unpolitisch, Verfassungsrecht hingegen politisch. Hätte ein deutsches Oberstes Bundesgericht über beides zu befinden gehabt, befürchteten sie einen Autoritätsverlust der gesamten Justiz durch deren Politisierung (Laufer 1968: 52 ff.; Sörgel 1969: 142 ff.; Otto 1971: 177 ff.). Diese Sichtweise setzte sich in der Sache durch. Das Grundgesetz stellte das Bundesverfassungsgericht neben die anderen Gerichte des Bundes und der Länder. Ein einheitliches Oberstes Bundesgericht war zwar im Verfassungstext noch vorgesehen, wurde aber später nie Wirklichkeit. Schlecht und recht kam so das Grundproblem von Verfassungsgerichten zur Sprache. Die Vorstellung von einem Gegensatz zwischen »rechtlich« und »politisch« ist zwar häufig bloße Richterideologie. Auch normale Gerichtsentscheidungen haben eine politische Dimension, zumal bei den höchsten Gerichten. Wenn das Bundesarbeitsgericht über die Zulässigkeit von Streik und Aussperrung urteilt, wenn der Bundesgerichtshof über die Strafbarkeit der Präimplantationsdiagnostik entscheidet, dann sind das auch politische Entscheidungen. Aber das politische Element spitzt sich doch zu, wenn ein Gericht etwa zu beurteilen hat, ob der Bundespräsident den Bundestag vorzeitig auflösen darf oder ob der gesetzlich festgelegte Sozialhilfesatz gegen die Verfassung verstößt. Wenn man derartige Entscheidungen überhaupt Gerichten überträgt, dann stellt sich die Frage, ob man sie den üblichen Gerichten zusätzlich anvertraut oder dafür besondere Gerichte schafft, die nach ihrer Zusammensetzung und Organisation stärker politisch geprägt sind. Diese Frage verschärft sich, wenn die Politiker der traditionellen Justiz die Aufgabe der Verfassungskontrolle nicht recht zutrauen. Hans Kelsen hatte für Österreich nach dem Ersten Weltkrieg das erste selbstständige Verfassungsgericht praktisch konzipiert und theoretisch gerechtfertigt (Haller 1979: 45 ff.; Kelsen 1929). Diese Form einer konzentrierten Verfassungsgerichtsbarkeit, die gegenüber der normalen Justiz verselbstständigt ist, passte besser für die kontinentaleuropäischen Staaten, weil deren Rechtskultur – anders als die angloamerikanische – traditionell auf eine systematische Gesetzgebung und deren Richterschaft auf die Deutung und Anwendung derartiger Gesetze ausgerichtet ist (Cappelletti/Ritterspach 1971: 89 ff.; Beyme 2006: 521 f.).

Im Nachkriegsdeutschland hatte das Problem eine besondere Bedeutung, weil das Personal der höchsten Gerichte überwiegend schon der NS-Justiz gedient hatte. Indirekt stand deshalb auch zur Debatte, wie stark das Bundesverfassungsgericht in diese Kontinuität hineingeraten würde.[1] Der Parlamentarische Rat legte sich hier noch kaum fest. Zwar optierte er für ein eigenständiges Verfassungsgericht und traf damit eine Vorentscheidung für eine stärker politisch geprägte Institution in der Tradition Kelsens. Das Grundgesetz sieht deshalb vor, dass die Verfassungsrichter je zur Hälfte von Bundestag und Bundesrat gewählt werden. Anders als es noch der Verfassungskonvent auf Herrenchiemsee vorgeschlagen hatte, widmet das Grundgesetz indes dem Bundesverfassungsgericht keinen eigenen Abschnitt, sondern führt es im Abschnitt über die Rechtsprechung auf, dort allerdings an erster Stelle (Laufer 1968: 57 ff.). Eine enge personelle Verschränkung mit dem geplanten Obersten Bundesgericht galt im Parlamentarischen Rat über-

1 Ein prominentes Beispiel macht die Problematik anschaulich. In dem sehr heftigen parteipolitischen Streit um die Wahl des ersten Verfassungsgerichtspräsidenten legte Bundeskanzler Adenauer dem späteren ersten Gerichtspräsidenten Hermann Höpker-Aschoff zwischenzeitlich den Verzicht auf die Kandidatur mit dem Hinweis darauf nahe, dass dieser zwischen 1943 und 1945 leitender Mitarbeiter der »Haupttreuhandstelle Ost« gewesen war. Es handelte sich dabei um eine Behörde, die sich mit der Beschlagnahme und Verwaltung polnischer staatlicher und privater Vermögen aus den sogenannten »eingegliederten Ostgebieten« befasst hatte. Adenauer verwies auf die Gefahr entsprechender öffentlicher Kritik (Wengst 1984: 237 mit FN 67; Aders 1994: 304 f.).

dies noch als naheliegend. Das Grundgesetz sieht insoweit aber nur vor, dass ein Teil der Richter des Bundesverfassungsgerichts aus den Bundesgerichten stammen, also Berufsrichter sein muss. Letztlich überließ der Parlamentarische Rat viele grundsätzliche Fragen zum Bundesverfassungsgericht der künftigen Gesetzgebung. Man hatte Dringenderes zu tun. Die Bundesrepublik Deutschland entstand zunächst ohne ihr noch ganz virtuelles Verfassungsgericht. Bundespräsident Theodor Heuss und Bundeskanzler Konrad Adenauer waren bereits zwei Jahre im Amt, als sie am 28. September 1951 an der offiziellen Eröffnung des Bundesverfassungsgerichts im Karlsruher Schauspielhaus teilnahmen.

Es war die oppositionelle SPD mit ihrem Rechtsexperten Adolf Arndt, die im ersten Bundestag die Errichtung des Gerichts vorantrieb. Die Regierung Adenauer und die sie stützende Bundestagsmehrheit hatten damit hingegen keine Eile (Laufer 1968: 97 ff.; Gosewinkel 1991: 181 ff.). Hier wurde bereits ein zentraler Aspekt deutlich, der die spätere Bedeutung des Gerichts erklärt. Die Bundesrepublik entwickelte nach 1949 mit erstaunlicher Geschwindigkeit etwas, das es in der deutschen Verfassungsgeschichte zuvor noch nie gegeben hatte: ein parlamentarisches Regierungssystem geradezu britischen Zuschnitts, mit einer klaren Gegenüberstellung von Regierung und Opposition (Lehmbruch 1998: 37 ff.). Manche Politiker aus beiden großen Parteien hatten 1949 angesichts der Not der Zeit eine große Koalition erwogen; Konrad Adenauer hatte sich bewusst dagegen entschieden (Schwarz 1986: 619 ff.). Man war auf dem Weg zu Adenauers Kanzlerdemokratie, welche die schwachen Reichskanzler und instabilen Reichstage der Weimarer Republik vergessen machte. Rasch wurde nun deutlich, dass eine Bundesregierung mit verlässlicher Parlamentsmehrheit stark war, sehr stark sogar. Diese neuartige Erfahrung verstärkte die Suche nach Gegengewichten. Das Bundesverfassungsgericht schien ein solcher Widerpart werden zu können (Dreher 1951: 381).

Viele grundlegende Entscheidungen zu Wahl und Organisation des Gerichts fielen erst jetzt. Der Bundestag entschied sich für ein System von zwei Senaten mit jeweils zwölf Mitgliedern. Jeder Senat bestand aus vier Bundesrichtern und acht weiteren Mitgliedern. Die Bundesrichter waren für die Dauer ihres Amtes an einem Bundesgericht – also bis zum Eintritt in den Ruhestand – auch Verfassungsrichter, die sonstigen Mitglieder hatten eine Amtszeit von acht Jahren mit der Möglichkeit der Wiederwahl. Bei späteren Reformen wurde die Zahl der Richter verringert. Es entstand so die heutige Situation, in der jeder Senat acht Mitglieder hat, von denen drei aus den obersten Bundesgerichten stammen müssen. Seit 1970 ist die Amtszeit aller Verfassungsrichter überdies einheitlich auf zwölf Jahre ohne Wiederwahlmöglichkeit begrenzt. Im ersten Bundestag setzte sich die SPD dafür ein, von den Mitgliedern des Gerichts, die nicht aus dem Kreis der Bundesrichter kommen, keine juristische Qualifikation zu verlangen. Erfahrenheit im öffentlichen Leben sollte genügen. Die Sozialdemokraten wollten also Laienrichter, gewissermaßen Verfassungsschöffen, um die Verbindung des Gerichts zu Politik und Gesellschaft zu betonen. Die Regierungsmehrheit setzte jedoch durch, dass auch die anderen Mitglieder die Befähigung zum Richteramt brauchten (Gosewinkel 1991: 197f., 203). Diese müssen also ebenfalls in der Regel Volljuristen sein, die beide Staatsexamina abgelegt haben. Das Bundesverfassungsgericht wurde so seit seinen Anfängen zum reinen Juristengericht.

Das *System von zwei Zwillingssenaten* ist eine deutsche Besonderheit. Jeder Senat urteilt eigenständig als »das Bundesverfassungsgericht«, ohne dass die Richterkollegen aus dem anderen Senat mitreden dürfen. In anderen Ländern ist das unüblich. Der Oberste Gerichtshof in Washington beispielsweise entscheidet alle Fälle im Plenum seiner neun Mitglieder. Die Karlsruher Doppelkonstruktion beruht im Kern auf einem Kompromiss zwischen dem Gesetzentwurf der Bundesregierung und demjenigen der SPD-Bundestagsfraktion. Der Regierungsentwurf stand in der deutschen Tradition anonymer Justiz durch auswechselbare Richter. Aus einer Gesamtzahl von 24 Richtern sollten nach einem »roulierenden System« mit vorher festgelegter Geschäftsverteilung jeweils neun Richter als »Sitzgruppe« tätig werden. Die SPD-Fraktion wollte hingegen die Verfassungsrichter nach amerikanischem Vorbild als öffentlich bekannte Personengruppe herausheben. Sie sah deshalb ein kleines Gericht von zehn Mitgliedern vor, das immer in voller Besetzung tätig werden sollte. Die heutigen Zwillingssenate mit fester Zuständigkeit und Mitgliedschaft liegen in der Mitte zwischen diesen beiden Modellen (Kralewski/Neunreither 1963: 187, 190f., 194, 196; Schiffers 1984: XVI, 282ff.). Für zwei Senate sprachen dabei unterschiedliche Erwägungen: Deutsche Obergerichte bestehen traditionell aus mehreren eigenständigen Spruchkörpern. Dabei spielt die Wertschätzung fachlicher Spezialisierung eine Rolle, wie sie auch die deutsche Verwaltung prägt (Gross 1967: 195). Anfangs sah man den für Grundrechtsfragen zuständigen Ersten Senat zudem eher als Ausprägung der herkömmlichen deutschen Justiz, den für Probleme der Staatsorganisation verantwortlichen Zweiten Senat hingegen in der stärker politischen Tradition der Staatsgerichtsbarkeit der Weimarer Zeit (Kommers 1976: 86f.). Auch schien eine große Arbeitslast für das Bundesverfassungsgericht absehbar, deren Bewältigung man einem einheitlichen Spruchkörper nicht zutraute (Arndt 1951: 297).

In der Entscheidung für ein Doppelgericht schwang nicht zuletzt eine sehr *deutsche Vorliebe für Proporz und Parität* mit. Darauf deutet auch die gerade Zahl der Mitglieder der Senate hin. Sie macht eine Pattsituation des Vier zu Vier möglich,[2] was durch die Praxis der großen Parteien zementiert wird, die Verfassungsrichter nach strikt gleichberechtigtem Proporz zu wählen.[3] Im Supreme Court in Washington ist eine derartige Parität hingegen durch die ungerade Zahl von neun Richtern von vornherein ausgeschlossen. Die gleichberechtigten Senate, denen nach innen auch noch das Patt droht, stehen in älteren deutschen Traditionen. Im Heiligen Römischen Reich Deutscher Nation kam ein für Religionsfragen bedeutsamer Beschluss des Reichstags nur zustande, wenn die protestantische und die katholische Bank jeweils für sich zustimmten. Eine Abstimmung des gesamten Reichstags konnten diese jederzeit dadurch verhindern, dass sie das Auseinandertreten der Konfessionsparteien verlangten, die *itio in partes*. Ähnliche Paritätsregeln galten auch für das Reichskammergericht und den Reichshofrat. Im Land der Reformation hat der konfessionelle Zwiespalt eine psychologische Sperre gegen das Mehrheitsprinzip hervorgebracht (Gross 1967: 38; Lehmbruch 1996: 30ff.; Schön-

2 Die Regelung beruht indirekt auf der grundgesetzlichen Anforderung, dass Bundestag und Bundesrat jeweils die gleiche Zahl von Verfassungsrichtern wählen. Diese föderative Parität bei der Richterwahl legte es wegen der Entscheidung für zwei gleichberechtigte Zwillingssenate nahe, dass jeder Senat eine gerade Zahl von Richtern haben musste. Zu den Problemen einer Stimmengleichheit in den Senaten, bei der nach § 15 Abs. 4 Satz 3 BVerfGG ein Verfassungsverstoß nicht festgestellt werden kann: Lortz 2003.

3 Hierzu Bettermann 1981: 725ff. Diese Praxis hat sich infolge der Zwei-Drittel-Mehrheit herausgebildet, die das Bundesverfassungsgerichtsgesetz seit 1956 für die Richterwahl in Bundestag und Bundesrat verlangt. Hierdurch sind die Richterstellen faktisch zwischen den beiden großen Parteien aufgeteilt (»Erbhöfe«), wobei dem kleineren Koalitionspartner regelmäßig ein Sitz zugestanden wird: Schlaich/Korioth 2010: RN 44f.

berger 2001: 37ff.). Man setzt von jeher weniger auf Mehrheitsentscheidungen als auf Ausgleich zwischen den Beteiligten, seien dies nun Protestanten und Katholiken, Bund und Länder oder »Schwarze« und »Rote«. Auch und gerade in Karlsruhe.

Im September 1951 war es so weit. Nach Verabschiedung des Gesetzes über das Bundesverfassungsgericht wurden die ersten 24 Verfassungsrichter gewählt und nahmen ihre Arbeit auf. Sitz des Gerichts war die frühere badische Hauptstadt Karlsruhe geworden. In dieser Frage hatte sich letztlich das Bundesjustizministerium durchgesetzt; die SPD hatte hingegen für eine Ansiedlung des Gerichts in Berlin plädiert. Im Justizministerium verstand man unter oberster Gerichtsbarkeit in erster Linie den bereits in Karlsruhe angesiedelten Bundesgerichtshof, das höchste Bundesgericht in Zivil- und Strafsachen. In der Vorstellung des Ministeriums war das Bundesverfassungsgericht eine Art Annex des Bundesgerichtshofs, zumal auch noch die Errichtung eines Obersten Bundesgerichts im Raum stand. Diese Gerichte sollten in Karlsruhe in irgendeiner Weise zusammengefasst werden (Laufer 1968: 99, 137f.; Roellecke 2003: 553f.). Das junge Bundesverfassungsgericht geriet durch diese Ortsbestimmung in den Schatten eines starken Obergerichts, das sich als Nachfolger des traditionsreichen Reichsgerichts sah. Seine erste Geschäftsstelle musste sich sogar ihr Inventar vom Bundesgerichtshof ausleihen. Das Bundesverfassungsgericht war gewissermaßen noch nicht es selbst. Seinem ersten Präsidenten war das sehr bewusst. Hermann Höpker-Aschoff, den früheren preußischen Finanzminister, störte auch die räumliche Entfernung von städtischem Leben und politischen Machtzentren. Der urbane Patrizier, Adenauer in Statur und Habitus nicht unähnlich, beklagte in einem amtlichen Schreiben, der Gesetzgeber habe »das

Bundesverfassungsgericht in die dörfliche Einsamkeit einer ehemaligen Residenzstadt verbannt«.[4]

Kaum war das Bundesverfassungsgericht da, geriet es bereits in seine erste und schwerste Krise. Es wurde sofort in den *Streit um die Wiederbewaffnung* verwickelt. Unter dem Eindruck des Koreakriegs strebten die USA und die Regierung Adenauer die Wiedererrichtung eines deutschen Militärs im Rahmen einer Europäischen Verteidigungsgemeinschaft an. Wenige Jahre nach Ende des Zweiten Weltkriegs löste dieses Vorhaben eine der heftigsten innenpolitischen Kontroversen in der gesamten Geschichte der Bundesrepublik aus. Dabei ging es auch um Verfassungsrecht. Man stritt über die Frage, ob das Grundgesetz die Wiederbewaffnung ohne vorherige Verfassungsänderung zuließ (Baring 1969: 378 ff.; Laufer 1968: 379 ff.; Häußler 1994: 28 ff.). Der Gutachterstreit darüber unter den Juristen (Institut für Staatslehre 1952/1953/1958) war ebenso erbittert wie die Auseinandersetzung in der breiteren Öffentlichkeit. Es kam zu einem windungsreichen Justizkrimi vor dem Bundesverfassungsgericht, wobei dessen Zwillingsstruktur erstmals unglücklich in Erscheinung trat. Hier spielte eine Rolle, dass der für Grundrechtsfragen zuständige Erste Senat überwiegend mit Richtern besetzt war, die der SPD nahestanden, während die meisten Richter des für Fragen der Staatsorganisation verantwortlichen Zweiten Senats der CDU zuneigten.[5] Die Redeweise von einem »roten« und einem »schwarzen« Senat kam auf (Baring 1969: 380). Die SPD versuchte,

4 Schreiben des Präsidenten des Bundesverfassungsgerichts an den Bundesminister der Justiz vom 13. Oktober 1952, abgedruckt in: Leibholz 1957: 149-156 (156).

5 Dies ging darauf zurück, dass die Unionsparteien bei der ersten Richterwahl der Tradition der Staatsgerichtsbarkeit folgend den Zweiten Senat für wichtiger hielten, die SPD hingegen die Bedeutung des Ersten Senats höher einschätzte (Wengst 1984: 241, 243).

das Verfahren vor den Ersten Senat zu bringen, während die Unionsparteien den Streit vor dem Zweiten Senat austragen wollten. Das Gericht wies beide Anträge aus prozessualen Gründen ab. Die Verwirrung war komplett, als Bundespräsident Heuss auf Drängen der Bundesregierung überdies, wie damals noch rechtlich möglich, das gesamte Plenum des Gerichts um ein Gutachten in dieser Angelegenheit bat. Die Bundesregierung wollte damit eine Sachentscheidung durch den Ersten Senat verhindern und das Bundesverfassungsgericht zugleich zum bloßen Ratgeber herabstufen. Um seine Autorität zu wahren und ein Auseinanderdividieren seiner Senate zu verhindern, entschied das Gericht nun, dass ein Plenargutachten beide Senate bei künftigen Entscheidungen rechtlich binde.[6] Wiederum von Adenauer gedrängt, zog Theodor Heuss daraufhin sein Gutachten-Ersuchen zurück. Die Bundesregierung kritisierte den Beschluss des Gerichts auf das Schärfste. Bundesjustizminister Thomas Dehler sprach sogar davon, das Gericht sei »in einer erschütternden Weise von dem Wege des Rechts abgewichen« und habe »dadurch eine ernste Krise geschaffen« (Baring 1969: 423). Das Bundesverfassungsgericht fand aber einen klaren Rückhalt in der öffentlichen Meinung, was Adenauer zur Distanzierung von Dehler bewegte. Nach der haushoch gewonnenen Bundestagswahl vom September 1953, mit der die bundesdeutsche Wahlgeschichte recht eigentlich erst begann (Falter 1981: 236), verfügte Adenauers Regierungskoalition im Bundestag über eine Zwei-Drittel-Mehrheit. In das Grundgesetz wurden nun entsprechende Klarstellungen eingefügt. 1954 scheiterte die integrierte Europaarmee endgültig in der französischen Nationalversammlung. Zu ei-

6 BVerfGE 2, 79 – Plenarbeschluss Wiederbewaffnung (1952); dazu Wild 2000.

ner Entscheidung des Verfassungsgerichts in der Sache kam es letztlich nie.

Das Gericht hatte eine dramatische Bewährungsprobe bestanden. Geschickt hatte es auf Zeit gespielt und der Versuchung nicht nachgegeben, sich in die politische Auseinandersetzung hineinziehen zu lassen. Zugleich wurden seine Grenzen deutlich. Die außenpolitische Grundsatzentscheidung über die Wiederbewaffnung musste in Bonn fallen, nicht in Karlsruhe. Die Einschaltung des Gerichts machte diese Entscheidung aber für die parlamentarische Minderheit etwas erträglicher. Spätere Entscheidungen des Gerichts zu außenpolitischen Grundsatzfragen, vom Urteil über den deutsch-deutschen Grundlagenvertrag (1973) und den Maastrichter Vertrag mit der Gründung der Europäischen Währungsunion (1993) bis hin zur Entscheidung über den Vertrag von Lissabon (2009), fügen sich in dieses Muster ein.[7] Das Bundesverfassungsgericht stellte sich der parlamentarischen Mehrheit in der Sache nicht in den Weg, machte deren Entscheidung aber durch interpretatorische Einschränkungen – teils sehr fragwürdiger Art – auch für die parlamentarische Opposition oder gesellschaftliche Kritiker annehmbarer.

Inmitten der heftigen Streitigkeiten um die Wiederbewaffnung nahm das Gericht auch noch den *Kampf um seinen institutionellen Status* auf (Laufer 1968: 278 ff.; Lembcke 2007: 91 ff.). Es akzeptierte die ihm zugedachte Stellung im Justiz- und Verwaltungsgefüge nicht. Das Gericht stand damals organisatorisch gegenüber der Bundesregierung nicht anders da als andere oberste Bundesgerichte wie etwa sein Karlsruher Nachbar, der Bundesgerichtshof. Es unterlag der Dienstaufsicht des Justizministeriums, wo

7 BVerfGE 36, 1 – Grundlagenvertrag (1973); 89, 155 – Maastricht (1993); 123, 267 – Lissabon (2009).

auch sein Haushalt und sein Personal verwaltet wurden. Schriftverkehr mit den Verfassungsorganen war nur auf dem Dienstweg über das Justizministerium möglich. Im mühsamen Anfangsjahr 1951/52 bedeutete das konkret, dass Karlsruher Umbauarbeiten und Personaleinstellungen in Bonn nur mit langen Verzögerungen bewilligt wurden (Häußler 1994: 23 f.). Dem Gericht schien all das mit seiner verfassungsrechtlichen Rolle unvereinbar. Einer der ersten Verfassungsrichter, der Göttinger Staatsrechtler Gerhard Leibholz, verfasste deshalb einen grundlegenden Bericht über den Status des Bundesverfassungsgerichts (Leibholz 1957a). Leibholz war dabei von angelsächsischen Richterbildern mitbeeinflusst, die er in der englischen Emigration kennengelernt hatte (Zweigert 1971: 117; Wiegandt 1995: 303). Sein »Statusbericht« bildete die Grundlage für eine Denkschrift, die das Gericht bereits im Juni 1952 Bundespräsident, Bundestag, Bundesrat und Bundesregierung zukommen ließ. Die Denkschrift betonte, das Bundesverfassungsgericht sei ein »mit allen Garantien richterlicher Unabhängigkeit ausgestatteter, selbständiger Gerichtshof« und »in seiner Eigenschaft als berufener Hüter der Verfassung zugleich ein mit höchster Autorität ausgestattetes Verfassungsorgan«. Als solches stehe es »verfassungsrechtlich dem Bundestag, dem Bundesrat und der Bundesregierung ebenbürtig zur Seite« (Bundesverfassungsgericht 1957: 145). Mit dieser Argumentation reizte das Gericht beide Register voll aus, die ihm zur Verfügung standen: Justiz und Politik. Es beanspruchte zugleich alle Privilegien eines Gerichtshofs und alle Vorrechte eines Verfassungsorgans. Das war kühn. Das Gericht legte eine Chuzpe an den Tag, die selbst seinen eigenen Präsidenten zurückschrecken ließ.[8] »Statusbericht«

8 Höpker-Aschoff distanzierte sich in einem Schreiben an den Justizminister

und Denkschrift waren ein Akt grundlegender Selbstautorisierung des Bundesverfassungsgerichts.[9] In einem Punkt waren sie aber nicht zu widerlegen: Das Verfassungsgericht ist kein Gericht wie andere Gerichte, wie bereits sein besonderes Wahlverfahren anzeigt. Durch diese Nähe zur Politik ist seine Stellung allerdings auch besonders prekär. Dem »Statusbericht« gelang der Geniestreich, aus der politischen Not eine institutionelle Tugend zu machen.

Zwar gab es mancherlei Meinungsverschiedenheiten innerhalb des Gerichts und auch Kritik von außen.[10] Aber das Bundesverfassungsgericht setzte sich durch. Autorität ist nie nur gegeben, sondern stets auch genommen. Die Bundesregierung zeigte sich wohl auch deshalb nachgiebig, weil sie sich das Wohlwollen des Gerichts in den laufenden Auseinandersetzungen um die Wiederbewaffnung nicht gänzlich verscherzen wollte (Wesel 2004: 79). Die Unterstellung unter das Justizministerium wurde aufgegeben. Das Gericht bekam seinen eigenen Haushaltstitel und sein eigenes Personal. Es verkehrte von nun an mit den anderen Verfassungsorganen von Gleich zu Gleich. Seine Richter erhielten ein eigenes Amtsverhältnis jenseits des allgemeinen Beam-

(FN 3) in weitem Umfang von der Denkschrift seines eigenen Gerichts. Zu den damaligen gerichtsinternen Konflikten: Laufer 1968: 282, 309 ff.; Spieker 2004: 207 ff.

9 Anregende vergleichende Überlegungen dazu im Hinblick auf den US-amerikanischen Supreme Court und den französischen Conseil constitutionnel bei Herrmann 2006.

10 So übte ein vom Justizministerium eingeholtes Gutachten des greisen Richard Thoma schärfste Kritik. Der Altmeister des staatsrechtlichen Positivismus der Weimarer Republik schrieb etwa zu der Formulierung im »Statusbericht«, dass das Verfassungsgericht die politischen Wirkungen seiner Entscheidungen einzubeziehen habe, diese Lehre erinnere »peinlich an die von Carl Schmitt erfundene ›situationsgemäße Auslegung‹, die so geschmeidig in die von der siegreichen NSDAP geschaffene Situation hinüberführte« (Thoma 1957: 171; zu Thomas Kritik und der Antikritik des Gerichts näher Lembcke 2007: 95 ff.).

ten- und Richterrechts. Einige Jahre später legten die Verfassungsrichter auch symbolisch die herkömmlichen Roben des deutschen Justizbeamtentums ab. Sie schlüpften in rote Talare von operettenhafter Opulenz, die ein Kostümschneider des Badischen Staatstheaters nach Vorbildern aus dem Florenz des 15. Jahrhunderts für sie entworfen hatte, und verbaten sich informell jedes Schmunzeln der am Gericht akkreditierten Journalisten (Lembcke 2007: 359f.; Wesel 2004: 80; Felz 2008: 249). Als Konsequenz dieser Entwicklung erscheint heute der Präsident des Gerichts bei öffentlichen Feierstunden neben Bundeskanzlerin und Bundespräsident, als sei das völlig selbstverständlich. Das ist es aber keineswegs. Es ist letztlich das Ergebnis einer kühnen Selbstüberhöhung des Gerichts aus dem Jahr 1952.

Innerhalb einer kurzen, konfliktreichen Zeit hatte sich das Gericht etabliert. »Dat ham wir uns so nich vorjestellt«: Adenauers Wort, ob authentisch oder gut erfunden, brachte das treffend zum Ausdruck. Mit dem Bundesverfassungsgericht war zu rechnen.

Das Bundesverfassungsgericht wurde zum Geburtshelfer der zweiten deutschen Demokratie. Das bleibt seine zentrale Leistung. Es ging früh mit aller Konsequenz auf Distanz zum vergifteten Erbe der NS-Zeit, wirkte auf eine grundlegende Liberalisierung der deutschen Rechtsordnung hin und brach Verkrustungen des überkommenen Justizsystems auf.

Das zentrale Instrument dafür waren die im Grundgesetz formulierten Grundrechte. Von Anfang an war das Gericht vor allem ein Grundrechtsgericht. Als Reaktion auf den Nationalsozialismus hatte der Parlamentarische Rat das Grundgesetz mit einem Grundrechtskatalog begonnen, an dessen Spitze die damals neuartige Garantie der Menschenwürde stand. Das Grundgesetz hatte auch von vornherein klargestellt, dass diese Grundrechte nicht nur gegenüber der Verwaltung gelten sollten, sondern auch gegenüber dem Gesetzgeber (Art. 1 Abs. 3 GG). Eine solche Bindung und Kontrolle des Parlaments hatte es in Europa traditionell nicht gegeben. Das Gesetz war unantastbar, und als eigentliche Garantie der Freiheit galten Wahl und Stellung der Volksvertretung selbst. Man schützte Freiheit durch und nicht gegen das Parlament (Schönberger 2011b). Manche europäische Länder wie die Niederlande sehen das bis heute so.

Anders war die Tradition jenseits des Atlantiks. In den Vereinigten Staaten hatten die problematischen Erfahrungen der ehemaligen Kolonien mit dem Parlament im fernen London die Bereitschaft hervorgebracht, auch Gesetze einer richterlichen Kontrolle zu unterwerfen. Schon 1803 hatte der Oberste Gerichtshof dort erstmals die Kompetenz beansprucht, Gesetze wegen Verstoßes gegen die Bundesverfassung unangewendet zu lassen, in seinem berühmten

Urteil »Marbury v. Madison«. Vor allem seit Beginn des 20. Jahrhunderts hatte der Supreme Court mit dieser Kontrolle auch für die Grundrechte der ersten zehn Zusatzartikel der Bundesverfassung Ernst gemacht. Er tat dies freilich im Rahmen der Rechtskultur des *common law*, die dem Richter traditionell eine stärkere Stellung einräumte als in Kontinentaleuropa. Und er nahm diese Grundrechtskontrolle nicht als selbstständiges Verfassungsgericht vor, sondern als Teil seiner allgemeinen höchstrichterlichen Tätigkeit bei der Anwendung des nordamerikanischen Bundesrechts in konkreten Streitfällen (Zweigert 1976: 64ff.; Helms 2006: 53ff.).

In Europa waren es nach dem Zweiten Weltkrieg zunächst Westdeutschland und Italien, die nach der Kriegsniederlage auf die eigene totalitäre Erfahrung in Nationalsozialismus und Faschismus reagierten, indem sie selbstständige Verfassungsgerichte einrichteten und auch das Parlament an Grundrechte banden. Alte Demokratien wie Großbritannien oder Frankreich sahen damals hingegen keinen Anlass für eine derartige Einschränkung der parlamentarischen Gestaltungsfreiheit (Ferejohn/Pasquino 2004: 1674). Wie man sich freilich die neuartige umfassende Bindung der gesamten Staatsgewalt an die Grundrechte denken sollte, darüber hatte es im Parlamentarischen Rat keine klaren Vorstellungen gegeben (Bumke 1998: 124ff.). Auch die Frage, ob der Einzelne eine Möglichkeit erhalten sollte, Grundrechtsverstöße unmittelbar vor dem Bundesverfassungsgericht zu rügen, war dort nicht beantwortet worden. Insbesondere die Option, auch Gerichtsurteile vor dem Bundesverfassungsgericht anzugreifen, stieß auf Kritik, weil sie tief in die Sphäre der traditionellen Justiz eingriff. Schließlich einigten sich Regierung und Opposition aber in den Bundestagsberatungen über das Bundesverfassungsgerichtsgesetz darauf, eine

Verfassungsbeschwerde einzuführen. Willi Geiger, ein zwischen früher NS-Karriere und katholischem Naturrecht schillernder Justizjurist, der damals für das Bundesjustizministerium die Gesetzesberatungen begleitete und kurz darauf selbst für eine Rekordzeit von 27 Jahren Verfassungsrichter wurde, hielt die Verfassungsbeschwerde für rechtsstaatlich unabdingbar (Geiger 1952: 272 ff.; zur Person: Godau-Schüttke 2008: 203 ff.). Ebenso dachte der SPD-Kronjurist Adolf Arndt, der zuvor bereits eine ähnliche Beschwerdemöglichkeit zum hessischen Staatsgerichtshof mitgeprägt hatte (Gosewinkel 1991: 200). Seither kann jeder Bürger gegen alle Akte öffentlicher Gewalt Verfassungsbeschwerde einlegen. Das junge Gericht wurde sofort mit derartigen Beschwerden überschüttet, und die Klage über seine Überlastung begann (Zweigert 1952). Dabei ist es bis heute geblieben. Der Gang nach Karlsruhe wurde sprichwörtlich (Wesel 2004). Die damit verbundenen Probleme ahnte Gerichtspräsident Höpker-Aschoff in seiner Ansprache zur Eröffnung des Gerichts im September 1951 bereits voraus: »An uns wenden sich nicht nur diejenigen, die sich in ihren Grundrechten verletzt glauben, sondern viele, die in einer Not Hilfe oder Milde und Gnade begehren. Enttäuschungen werden nicht ausbleiben« (Höpker-Aschoff 1951: 20).

Mit seiner Grundrechtsrechtsprechung trug das Gericht zu einer *grundlegenden Liberalisierung der deutschen Gesellschaft* bei (Herbert 2006: 96 ff.; Bryde 2006: 322 ff.). Schon in den fünfziger Jahren traf es Entscheidungen, die die deutsche Rechtsordnung tiefgreifend umgestalteten. Diese liberalisierende Wirkung hatte es auch auf die deutsche Staatsrechtslehre, die dem neuen Grundgesetz zunächst sehr distanziert gegenüberstand (Günther 2006: 135). Das Gericht hatte es dabei immer wieder auch und gerade mit der nationalsozialistischen Vergangenheit und deren Fortwirken in die Gegenwart zu tun und setzte sich von ihr mit größter Entschiedenheit ab. Anders als die reguläre Justiz, deren Richter überwiegend bereits im nationalsozialistischen Deutschland Recht gesprochen hatten (Godau-Schüttke 2008) und sich häufig noch an kulturellen Leitbildern aus dem deutschen Kaiserreich orientierten, war das Bundesverfassungsgericht aufgrund seiner Traditionslosigkeit unbelastet. In seinen Reihen fanden sich auffallend viele Gegner des NS-Regimes, die das Dritte Reich in Ausweichstellungen überdauert hatten, im Widerstand oder Exil gewesen waren (Ley 1982: 532; Wengst 1984: 243 f.). Die Entscheidung des Parlamentarischen Rates für eine verselbstständigte Verfassungsgerichtsbarkeit wirkte sich besonders in den Anfangsjahren des Gerichts als merklicher Abstand zu den juristischen Eliten in Verwaltung, Gerichtsbarkeit und Universitäten aus. Sehr viel stärker als heute stand das Bundesverfassungsgericht damals vor allem in Distanz zur herkömmlichen Justiz.

Das zeigte sich schon in der eigentlichen grundrechtlichen Leitentscheidung des Gerichts, dem »Lüth-Urteil« aus dem Jahr 1958 (Henne/Riedlinger 2005; Harlan 2011).[11] Hier ging es um einen Boykottaufruf des Hamburger Senatsdirektors Erich Lüth gegen einen Film des Regisseurs Veit Harlan, der in der Zeit des Nationalsozialismus den antisemitischen Propagandafilm *Jud Süß* gedreht hatte. Die Zivilgerichte hatten einer Unterlassungsklage des Verleihers des Harlan-Films gegen Lüth stattgegeben. Das Bundesverfassungsgericht entschied hingegen, Lüths Boykottaufruf sei durch die Meinungsfreiheit des Grundgesetzes gedeckt. Es ging damit über die traditionelle Auffassung hinaus, dass Grundrechte nur im Verhältnis zwischen Staat und Bürger Geltung hätten, und betonte stattdessen die Bedeutung der

11 BVerfGE 7, 198 – Lüth (1958).

Grundrechte bei der Interpretation der gesamten Rechtsordnung. Teilweise in Einklang mit zeitgenössischen naturrechtlichen Ideen sprach das Gericht davon, die Grundrechte hätten ein »Wertsystem« aufgerichtet, das überall im Recht Beachtung verlange. Das war nicht unproblematisch. Das Gericht interpretierte den fragmentarischen Text des Grundgesetzes auf diese Weise als geschlossenes System,[12] und eine derartige Deutung konnte auch schnell bevormundend werden.[13] Die Verwendung ähnlicher Formeln in den Urteilen des Gerichts zum Verbot verfassungswidriger Parteien – 1952 gegen die rechtsradikale SRP, 1956 gegen die KPD[14] – zeigte dieses Potenzial bereits in den fünfziger Jahren anschaulich. Die Stoßrichtung des Gerichts war jedoch überwiegend eine andere. Von den Grundrechten her deutete es die bestehenden Gesetze, die meist noch aus dem deutschen Kaiserreich stammten, in einer liberalen Perspektive um. Die neue Hochschätzung der Meinungsfreiheit und damit der offenen, auch scharfen öffentlichen Auseinandersetzung brach deutlich mit autoritären Traditionen (Herbert 2006: 98 f.). Nicht zufällig untermauerte das Gericht seine Argumentation im »Lüth-Urteil« mit einem Satz eines bedeutenden amerikanischen Oberrichters, den es in engli-

12 Vgl. bereits die frühe Verteidigung dieser Vorgehensweise durch einen der ersten Verfassungsrichter im Jahr 1954: »Zumal das Grundgesetz, das im Drang der Eile unter dem Druck schwieriger Verhältnisse geschaffen wurde und für widerspruchsvolle Grundauffassungen vermittelnde Lösungen finden musste, enthält unvermeidlich Unklarheiten und Lücken. Daher ist eine weite und schöpferische Auslegung notwendig, die neben dem Wortlaut, Sinn und Zweck der einzelnen Bestimmungen, Geist und System des Grundgesetzes, die geschichtliche Entwicklung der Verfassungsprinzipien und Institutionen und die vergleichbare Ordnung anderer Verfassungen in Betracht zieht [...]« (Federer 1954: 18).

13 Die zeitgenössische Kritik daran kam ironischerweise vor allem von NS-belasteten Vertretern eines traditionellen Etatismus (Günther 2004: 192 ff.; Möllers 2008: 38 ff.; Schönberger 2011a).

14 BVerfGE 2, 1 – SRP-Verbot (1952); 5, 85 – KPD-Verbot (1956).

scher Sprache zitierte. Das Grundrecht auf freie Meinungsäußerung galt ihm als »die Grundlage jeder Freiheit überhaupt, ›the matrix, the indispensable condition of nearly every other form of freedom‹ (Cardozo)«.[15] Bei aller Pathetik brachte das Gericht hier auch stilistisch ein wenig amerikanische Lässigkeit in die deutsche Justizprosa. Das Thema der Sicherung einer freien öffentlichen Debatte blieb ein Leitthema des Gerichts bis hin zu seiner spektakulären Verwerfung der von der Regierung Adenauer geplanten Deutschland-Fernsehen GmbH (1961) und seinem Urteil zur *Spiegel*-Affäre (1966).[16]

Es entwickelte rasch auch Standards für eine inhaltliche Prüfung von Gesetzen an den Grundrechten, die sich in Anlehnung an das ältere Polizeirecht zum Grundsatz der Verhältnismäßigkeit verdichteten. So leitete das Gericht im »Apotheken-Urteil« 1958 aus der Berufsfreiheit des Grundgesetzes Maßstäbe für den Schutz gegen wirtschaftlichen Dirigismus und Protektionismus ab.[17] Das deutsche Wirtschaftsverwaltungsrecht kannte damals noch vielfach sogenannte Bedürfnisklauseln. Diese Klauseln machten die Ausübung bestimmter Berufe von einer behördlichen Zulassung abhängig, um eine allzu starke Konkurrenz auf bestimmten Berufsfeldern zu verhindern. Sie standen in einer langen Tradition obrigkeitlicher Fürsorge, jener »väterlichen, alles bevormundenden Vielgeschäftigkeit« deutscher Verwaltungen, über die schon Heinrich von Treitschke gespottet hatte (Treitschke 1864: 83). Das Bundesverfassungsgericht erklärte eine derartige Bedürfnisklausel im bayerischen Apothekengesetz für nichtig. Es war aus seiner Sicht mit der Berufs-

15 BVerfGE 7, 198 (208) – Lüth (1958).
16 BVerfGE 12, 205 – Deutschland-Fernsehen GmbH (1961); 20, 162 – Spiegel (1966).
17 BVerfGE 7, 377 – Apotheke (1958).

freiheit regelmäßig unvereinbar, die bereits Berufstätigen durch Bedürfnisklauseln vor Konkurrenz zu schützen.[18] Die Liberalisierung durch die Grundrechtsrechtsprechung war also nicht nur kulturell, sondern auch ökonomisch. Ausgehend von seinen Grundsatzentscheidungen aus den späten fünfziger Jahren hat das Gericht gerade auf dem Feld der Grundrechte auch später immer wieder Akzente gesetzt, die manchmal ins Allgemeinbewusstsein eingingen. Zu diesen Entscheidungen gehört etwa das »Volkszählungsurteil« aus dem Jahr 1983,[19] in dem das Gericht ein im Licht späterer Entwicklungen geradezu prophetisches Recht auf informationelle Selbstbestimmung entwickelte.

Besonders wichtig waren neben den Freiheits- auch die *Gleichheitsfragen*. In einer gesellschaftlich noch vergleichsweise konservativen Zeit trieb das junge Bundesverfassungsgericht insbesondere die Gleichberechtigung von Mann und Frau voran, wobei die einzige Frau im Gericht, Erna Scheffler, eine bedeutsame Rolle spielte (Henne 2006; Waldhoff 2008). Es setzte sich dabei gegen den heftigen Widerstand des Bundesgerichtshofs durch, der einem naturrechtlich aufgeladenen, traditionellen Familienbild verpflichtet blieb.[20] So

18 Für das vor dem Grundgesetz erlassene »vorkonstitutionelle« Recht war dem Bundesverfassungsgericht auf diesem Weg bereits das ebenfalls neuartige Bundesverwaltungsgericht vorausgegangen (Schönberger 2006: 69ff.).

19 BVerfGE 65, 1 – Volkszählung (1983); dazu Peilert 2000.

20 Das Verhältnis zum selbstbewussten Bundesgerichtshof unter dessen erstem Präsidenten Hermann Weinkauff war ohnehin durch die gesamten fünfziger Jahre hindurch sehr angespannt. Das Selbstbewusstsein des BGH wurde zunächst noch durch die gesetzlich vorgesehene Möglichkeit begünstigt, dass konkrete Normenkontrollen von Untergerichten über die Obergerichte an das Bundesverfassungsgericht weitergeleitet wurden. Der BGH nutzte dies zu eingehenden gutachtlichen Stellungnahmen zu den aufgeworfenen Verfassungsfragen, die teilweise noch vor der entsprechenden Verfassungsgerichtsentscheidung in seiner amtlichen Sammlung erschienen. Das Bundesverfassungsgericht erklärte diese Praxis schließ-

verwarf das Gericht in einer Entscheidung aus dem Jahr 1959 den Stichentscheid des Ehemanns, den das Bürgerliche Gesetzbuch bei Meinungsverschiedenheiten zwischen Ehegatten in Fragen der Kindererziehung vorgesehen hatte. Damit erklärte es zugleich die naturrechtlichen Argumentationsmuster der Nachkriegszeit für verfassungsrechtlich irrelevant.[21]

Wie ambivalent die Aktivierung der Grundrechte gelegentlich war, zeigt allerdings anschaulich das »Elfes-Urteil« des Gerichts aus dem Jahr 1957.[22] Es ist eine der grundlegenden Entscheidungen des Gerichts, weil seine Ausdeutung von Art. 2 Abs. 1 GG dazu führt, dass jedes menschliche Verhalten, das nicht von spezielleren Grundrechten geschützt ist, jedenfalls über diese Vorschrift grundrechtlichen Schutz genießt und mit der Verfassungsbeschwerde verteidigt werden kann. Wilhelm Elfes, ein Zentrumspolitiker der Weimarer Zeit, war nach dem Krieg Oberstadtdirektor von Mönchengladbach geworden. Er gehörte innerhalb der CDU zu den Gegnern von Adenauers Politik der Westintegration und Wiederbewaffnung, die er als Entfernung vom Ziel der deutschen Einheit ansah. Elfes unterhielt Kontakte zur SED und vertrat seine pazifistische Grundsatzkritik öffentlich im In- und Ausland. 1953 wurde ihm die Verlängerung seines Passes mit der Begründung versagt, er gefährde erhebliche Belange der Bundesrepublik. Die Gerichte bis hinauf zum Bundesverwaltungsgericht bestätigten die Entscheidung. Das Bundesverfassungsgericht wies die von Elfes erhobene Verfassungsbeschwerde zurück. Zwar erweiterte es bei die-

lich im Jahr 1955 unter heftigem Protest der Präsidenten der höchsten Bundesgerichte für unzulässig (BVerfGE 4, 358; siehe dazu Baldus 2005: 243 ff.; Faller 1990: 187 ff.; Bachof 1956).

21 BVerfGE 10, 59 – Stichentscheid (1959).

22 BVerfGE 6, 32 – Elfes (1957).

ser Gelegenheit seine Deutung von Art. 2 Abs. 1 GG dahingehend, dass jedes menschliche Verhalten und damit auch die Ausreise aus dem Bundesgebiet davon erfasst war. Es bestätigte jedoch die Verfassungsmäßigkeit der Passversagung in der Sache. Das war sicherlich ein Urteil aus dem Geist des Kalten Krieges (Fiedler 2000: 83). Aber es bleibt doch eigenartig, dass eines der grundlegenden Freiheitsurteile des Gerichts zum Ergebnis hatte, dass ein Deutscher, der ins Ausland reisen wollte, um dort seine Meinung zu sagen, von deutschen Behörden und Gerichten daran mit dem Segen des Bundesverfassungsgerichts gehindert werden konnte.

In das Gesamtpanorama einer schrittweisen Liberalisierung des deutschen Rechts und der deutschen Gesellschaft über die verfassungsrichterliche Aktivierung der Grundrechte des Grundgesetzes gehört auf andere Weise auch das frühe Grundsatzurteil des Bundesverfassungsgerichts zur Frage des *Fortbestehens der Beamtenverhältnisse* nach Art. 131 GG aus dem Jahr 1953.[23] Das Gericht hatte über Verfassungsbeschwerden früherer Beamter zu entscheiden, die überwiegend entnazifiziert und nicht wiederverwendet worden waren. Diese wandten sich gegen das Ausführungsgesetz zu Art. 131 GG, das die Rechtsverhältnisse von Personen regelte, die nach dem 8. Mai 1945 aus dem öffentlichen Dienst ausgeschieden waren. Das kompromisshafte Gesetz war durchaus großzügig, gewährte es doch den stellungslosen Beamten überwiegend einen Wiedereinstellungsanspruch und ein Übergangsgehalt. Es befriedigte aber natürlich längst nicht alle Wünsche und Bedürfnisse früherer Beamter, die ihre Entlassung wegen NSDAP-Mitgliedschaft meist

23 BVerfGE 3, 58 – Beamtenurteil (1953); fortgeführt und bestätigt in BVerfGE 6, 132 – Gestapo-Beschluss (1957); dazu: Kirn 1972; Grigoleit 2004: 184 ff.; Menzel 2005.

für rechtswidrig hielten und eine volle Gehalts- bzw. Pensionsnachzahlung forderten. Ihr Anliegen wurde vom Bundesgerichtshof unterstützt, der das Gesetz deshalb für verfassungswidrig hielt, weil er die Beamtenrechte als Teil einer überpositiven naturrechtlichen Eigentumsgarantie verstand. Das Bundesverfassungsgericht reagierte darauf mit ebenso kühler wie provokativer Radikalität. Es begründete die Verfassungsmäßigkeit des Gesetzes zu Art. 131 GG mit der These, alle deutschen Beamtenverhältnisse seien mit dem Zusammenbruch am 8. Mai 1945 erloschen. Der Nationalsozialismus habe das parteipolitisch neutrale Beamtentum zerstört. Die bestehenden Beamtenverhältnisse seien daher allesamt erst nach dem Zweiten Weltkrieg neu begründet worden. Für die geltend gemachten Ansprüche aus früheren Beamtenverhältnissen war aufgrund dieser scharfen Diskontinuitätsthese kein Raum. Das Urteil löste einen Sturm der Entrüstung aus, nicht zuletzt in der deutschen Staatsrechtslehre (Forsthoff 1954; Naumann/Spanner 1955; Günther 2004: 107 ff.). Die Eliten in Verwaltung, Gerichtsbarkeit und Universitäten brachte das Gericht gleichermaßen gegen sich auf. Es hatte den Mythos einer rein staatsbezogenen Verwaltung und Justiz zerstört, die ungeachtet der nationalsozialistischen Politisierung das Dritte Reich überdauert haben sollte.[24] Lange bevor die NS-Vergangenheit die deutsche Öffentlichkeit Ende der fünfziger Jahre wieder verstärkt zu beschäftigen begann, zog das junge Bundesverfassungsgericht hier bereits eine scharfe Trennlinie.

Über Grundrechtsfragen hinaus leistete das Gericht einen wichtigen Beitrag zur *Sicherung des demokratischen Prozesses* insgesamt (Bryde 2006: 324 ff.). Es insistierte immer wie-

24 Zur vergangenheitspolitischen Dimension des Urteils näher Frei 1996: 69 ff., 93 ff.

der grundsätzlich auf der Bedeutung des Mehrparteiensystems und einer organisierten Opposition.[25] Seine Rechtsprechung wandte sich deshalb auch mit besonderer Intensität der Bundestagsminderheit und ihren Kontrollmöglichkeiten zu. Das reichte von den Grenzen der Öffentlichkeitsarbeit der Regierung in Wahlkampfzeiten[26] über die Rechte von Untersuchungsausschüssen[27] bis hin zur parlamentarischen Kontrolle der Geheimdienste,[28] den Rechten des fraktionslosen Abgeordneten, zu deren Klärung der aus den Grünen ausgetretene frühere Polizeibeamte Wüppesahl entscheidend beitrug,[29] und der Stellung von nicht den Fraktionsstatus erreichenden Gruppen wie der PDS nach der ersten gesamtdeutschen Bundestagswahl 1990.[30] Auch seine von Gerhard Leibholz geprägte Rechtsprechung zum Parteienstaat (Wiegandt 1995: 170ff.), die die Parteien verfassungsrechtlich stark aufwertete und sogar zu verfassungsrechtlichen Institutionen erklärte, war zwar nicht ohne problematische historische Vorbilder und tat des Guten eher zu viel. Aber vor dem Hintergrund traditioneller deutscher Parteienskepsis machte sie doch die Unentbehrlichkeit von Parteien für die politische Willensbildung deutlich und verankerte sie im Bewusstsein der juristischen Eliten wie der Allgemeinheit.

25 Besonders deutlich, was nicht ohne eine gewisse Ironie ist, im KPD-Verbotsurteil: BVerfGE 5, 85 (198 f.) – KPD-Verbot (1956).
26 BVerfGE 44, 125 – Öffentlichkeitsarbeit (1977): Öffentlichkeitsarbeit der Bundesregierung im Bundestagswahlkampf 1976.
27 BVerfGE 67, 100 – Flick-Untersuchungsausschuss (1984): Grenzen der Beweiserhebung im Untersuchungsausschuss zur Flick-Parteispendenaffäre.
28 BVerfGE 70, 324 – Haushaltskontrolle der Geheimdienste (1986): Ausschluss von Abgeordneten der Fraktion »Die Grünen« aus dem Gremium für die Haushaltskontrolle der Geheimdienste.
29 BVerfGE 80, 188 – Wüppesahl (1989).
30 BVerfGE 84, 304 – PDS/Linke Liste (1991).

Zu den bedeutenden Leistungen des Gerichts zählt schließlich auch, dass es den Deutschen erlaubt hat, die Mehrheitsherrschaft im Rahmen des parlamentarischen Regierungssystems zunächst zu tolerieren und sich dann auch zu eigen zu machen. Die *Akzeptanz der Mehrheitsregel* war in Deutschland nie sehr groß gewesen, zu sehr wirkten in der spät geeinten Nation die Erfahrungen vielfältiger regionaler, konfessioneller und sozialer Zerklüftungen nach (Schönberger 2001: 629 ff.). In der langen Epoche der konstitutionellen Monarchie hatte es kein parlamentarisches Regierungssystem gegeben. Gesetzgebung war die Frucht komplexer Kompromisse zwischen monarchischer Regierung und Volksvertretung gewesen. Die kurze Zeit der Weimarer Republik hatte an diesem Wahrnehmungshorizont kaum etwas geändert. Erst in der Bundesrepublik wurde das anders. Zwar wäre hier weiterhin ein radikales Westminster-System mit Mehrheitswahlrecht und weitgehendem Zwei-Parteien-System nach britischem Vorbild unvorstellbar gewesen. Auch der konfessionelle Zwiespalt, die wichtigste historische Ursache für die Distanz zum Mehrheitsprinzip, war weiterhin von großer Bedeutung (Bösch 2001: 21 ff., 109 ff.). Bestrebungen innerhalb der Großen Koalition Ende der sechziger Jahre, das Mehrheitswahlrecht einzuführen, verliefen denn auch im Sande. Aber die Konzentration des Parteiensystems seit den fünfziger Jahren brachte doch erstmals ein klares Gegenüber von Regierungskoalition und Opposition im Bundestag hervor. Die neuartige Mehrheitsherrschaft war angesichts der Skepsis gegenüber der Mehrheitsregel, die in den Mentalitäten tief verankert war, nur dann möglich und erträglich, wenn sie durch andere Gegengewichte eingehegt und abgemildert wurde. Ein derartiges Gegengewicht war in föderaler Tradition der Bundesrat, ein anderes das Bundesverfassungsgericht, das der Bundestagsmehrheit jederzeit ihre verfassungsrechtlichen Grenzen aufzeigen konnte. Die Bundesrepublik hat sich auf diese Weise mit dem parlamentarischen Mehrheitsprinzip angefreundet, auch wenn hierzulande die Bereitschaft besonders groß bleibt, die Mehrheitsregel gerade für besonders umstrittene, wichtige oder langfristige Entscheidungen infrage zu stellen (Guggenberger/Offe 1984).

Der Erfolg des Bundesverfassungsgerichts war und ist erstaunlich. Selbstverständlich war er nie. Es ist immer erst der Rückblick in Kenntnis der späteren Entwicklung, der den Eindruck nahelegt, es habe so kommen müssen, wie es gekommen ist. Deutsche Betrachter nehmen freilich gern die Perspektive geschichtsphilosophischer Notwendigkeit ein. Unzählige Festvorträge haben das Gericht als folgerichtige Vollendung des deutschen Rechtsstaats gefeiert. Immer wieder ist es auch als Teil eines kollektiven Bildungsromans gedeutet worden, in dem die Deutschen durch mancherlei Wirren hindurch den Weg von der konstitutionellen Monarchie zur parlamentarischen Demokratie fanden. Das übliche Lob auf das Gericht ließe sich fast schon in Abwandlung eines Goethe-Verses über Weimar formulieren:[31]

> Karlsruhe! Dir fiel ein besonder Los:
> Wie Bethlehem in Juda, klein und groß!

Der erleichterte Triumph ist angesichts der deutschen Geschichte der ersten Hälfte des 20. Jahrhunderts psychologisch mehr als verständlich. Auch hat die Verfassungsgerichtsbarkeit in der zweiten Hälfte des 20. Jahrhunderts weltweit einen Siegeszug erlebt (Ginsburg 2008). Es hat deshalb in der Gegenwart den Anschein, als ob Verfassungsge-

31 In Goethes Gedicht »Auf Miedings Tod« aus dem Jahr 1782 (Goethe [1966]: 76) geht der Vers freilich in durchaus zweideutiger Weise weiter:

> »O Weimar! Dir fiel ein besonder Los:
> Wie Bethlehem in Juda, klein und groß!
> Bald wegen Geist und Witz beruft Dich weit
> Europens Mund, bald wegen Albernheit.
> Der stille Weise schaut und sieht geschwind,
> wie zwei Extreme nah verschwistert sind.«

richte gleichsam natürlich existieren. Das verdeckt aber den Blick dafür, dass der Erfolg des Bundesverfassungsgerichts auf den sehr besonderen Bedingungen beruht, welche dieses in der Bundesrepublik vorgefunden und genutzt hat. Betrachtet man diese Bedingungen näher, dann erweist sich die gelungene Durchsetzung des Gerichts als durchaus ambivalent.

Dieser Erfolg beruhte zunächst und vor allem auf der Tabula rasa, die Nationalsozialismus und Krieg, Teilung und Vertreibung hinterlassen hatten. Sowenig es je eine Stunde Null gab, so sehr waren doch Kontinuitäten und Traditionen teils diskreditiert, teils abgebrochen, teils geschwächt. Das galt gerade auch für Staat und Recht. Die trotzige Entschlossenheit, mit der der Bundesgerichtshof in den fünfziger Jahren ein vermeintlich natürliches Familienbild verteidigte oder ein Großteil der Staatsrechtslehre an einem scheinbar überzeitlichen Staatsbild festhielt, war Ausdruck tiefster Verunsicherung und Erschütterung. Tradition wird nur dann emphatisch beschworen, wenn sie schon halb verloren ist. In diese Lücke stieß das Bundesverfassungsgericht als neue, unbelastete, moderne Institution hinein. Es profitierte dabei auch davon, dass sich vielfältige föderale Eigenheiten im Nachkriegsdeutschland abgeschliffen hatten, nicht zuletzt im Bereich von Verwaltung und Verwaltungsrecht. Das bundesstaatliche System war in einer Weise unitarisch geworden, die es dem Bundesverfassungsgericht gestattete, das neue Grundgesetz als Impulsgeber für eine tiefgreifende Umgestaltung der gesamten Rechtsordnung zu aktivieren. Noch in der Weimarer Republik wäre das undenkbar gewesen (Schönberger 2006: 61 ff.).

Dem Gericht nutzte überdies die Diskreditierung anderer Akteure und Institutionen. Traditionelle antiparlamentarische Ressentiments waren in Bevölkerung und Eliten noch weit verbreitet, die Bürokratie befand sich erst in einem mühsamen Wiederaufbau und war in ihrem Selbstbewusstsein erschüttert. Die frühen staatsrechtlichen Kritiker des Gerichts (Weber 1951: 31 ff.; Günther 2004: 139 f.) verteidigten den traditionellen Verwaltungsstaat gegenüber der Gefahr eines heraufziehenden »Justizstaats« auch deshalb so intensiv, weil ihnen dessen Schwächung deutlich bewusst war. Das Bundesverfassungsgericht traf nicht, wie selbst noch der Staatsgerichtshof der Weimarer Republik, auf Institutionen mit gewachsener und eingelebter Stellung. Seine kühnen Selbstermächtigungen der fünfziger Jahre nutzten die Situation unbestimmter Offenheit, die die frühe Bundesrepublik insgesamt kennzeichnete. Bereits die Tatsache, dass das Gericht damit erfolgreich war, obwohl es die politische Bühne erst zwei Jahre nach den übrigen Akteuren betreten hatte, macht deutlich, wie wenig gefestigt das institutionelle Gefüge war, innerhalb dessen das Gericht seinen Platz finden musste.

Eine noch größere Ambivalenz des Erfolgs macht ein weiterer, schmerzlicher Befund deutlich. Die Umgestaltung der deutschen Rechtsordnung am Leitbild der jungen Verfassung, die das Bundesverfassungsgericht vorantrieb, folgte in der Form manchen Mustern, die auch die Umwälzung nach 1933 gekennzeichnet hatten. Vielen Akteuren im Rechtssystem der frühen Bundesrepublik war die Erfahrung nicht völlig unbekannt, dass das einfache Recht an textlich vagen, übergeordneten weltanschaulichen Vorgaben neu ausgerichtet werden konnte. Einst war das die NS-Weltanschauung gewesen, nun ging es um die Basissätze des demokratischen Rechts- und Sozialstaates (Stolleis 1994: 240; Schönberger 2006: 61). Offenkundig hatte die Neuausrichtung des Rechts nach 1949/51 inhaltlich nichts mit der Etablierung des NS-Rechts gemein. Die Beobachtung bezieht sich indes auf die Form des Vorgangs, nicht auf die Sache. Es ist bemerkenswert, wie sehr sich die Techniken der Umstellung – über die Neuinterpretation von Generalklauseln, unbestimmten Rechtsbegriffen, Ermessenstatbeständen und Abwägungsklauseln – ähnelten, wie leicht sich die Sprödigkeit des Rechts in Biegsamkeit verwandeln ließ, wie stark das Bundesverfassungsgericht bei seinem Erfolg nolens volens von der erst kurz zurückliegenden Rechtsumstürzung profitierte. Die halb gläubige, halb geschäftige Umwälzung der gesamten Rechtsordnung, die hier in kurzem zeitlichen Abstand gleich zweimal stattfand, muss Zweifel an der generellen Beständigkeit des Rechts bestärken, die ein Verfassungsgericht doch gerade sichern helfen soll.

Zur Zweideutigkeit des Erfolgs gehört auch, dass das Gericht von einer *vordemokratischen, autoritätsgläubigen politischen Kultur* profitierte (Bryde 1999: 200ff.; Helms 2006: 68). Diese Kultur ging nicht auf die kurze und diskreditierte Zeit des Nationalsozialismus zurück, sondern auf die lange Epoche des monarchischen Obrigkeitsstaats, die erst 1918 zu Ende gegangen war und in den Mentalitäten lange nachwirkte (Ellwein 1954; Almond/Verba 1963: 428ff.). Der autoritätshörige Antipluralismus war in der frühen Bundesrepublik gewissermaßen herrenlos geworden. Politik und Parteien standen kurz nach dem Zusammenbruch des nationalsozialistischen Einparteienstaates in geringem Ansehen. Die alte deutsche Hochschätzung des Rechts, die immer sehr viel stärker gewesen war als die parlamentarische und demokratische Tradition, erneuerte sich. Autoritätserwartungen richteten sich stärker auf die Justiz als auf Parteien und Verwaltung. Dem Bundesverfassungsgericht kam das zugute. Es wurde zum gütig-strengen Vormund einer betreuten Demokratie, die sich selbst nicht recht traute. Das Gericht stabilisierte die junge Bundesrepublik unter Ausnutzung problematischer Mentalitätsbestände – wie das in ganz anderer Weise auch der greise Patriarch in Rhöndorf tat, der die Deutschen im autokratischen Habitus der Kaiserzeit allmählich mit der Demokratie versöhnte.[32] Man hat auch in den siebziger Jahren in Südeuropa und dann wiederum nach 1989 in Mittel- und Osteuropa die Erfahrung gemacht, dass Verfassungsgerichte, die nach dem Zusammenbruch von Diktaturen neu gegründet werden, gerade aufgrund einer autoritätsgläubigen politischen Kultur mächtig werden können. Die Verfassungsrichter werden als neutrale Experten für die neue Ordnung wahrgenommen und füllen schlecht und recht die Lücke, welche die Diskreditierung der herkömmlichen Eliten hinterlässt (Bryde 2006: 323). Diese paradoxe Chance hat das Bundesverfassungsgericht genutzt. Es entlieh seinen Autoritätsanspruch bei einer vordemokratischen politischen Kultur und nutzte ihn, um die Deutschen zur Demokratie zu erziehen. Das galt nicht zuletzt für seine Wirkungen auf den herkömmlichen Justizapparat, wo es ihm gegen viele Widerstände gelang, den traditionellen Respekt für die Orientierungsfunktion der Höchstgerichte auf sich umzuleiten.[33]

Der große Exporterfolg des deutschen Verfassungsrechts und der deutschen Verfassungsgerichtsbarkeit seit den siebziger Jahren des 20. Jahrhunderts beruht von Spanien bis Südafrika nicht zuletzt auf diesem Zusammenhang. Bei

32 Dazu das prägnante Adenauer-Porträt Sebastian Haffners (1976: 289 ff.).

33 Paradigmatisch ist die Durchsetzung seines Primats gegenüber dem häufig widerstrebenden Bundesgerichtshof (Baldus 2005: 243 ff.; Henne 2006; Faller 1990). Anders lagen die Dinge etwa beim Bundesverwaltungsgericht, mit dem es nicht zu vergleichbaren Auseinandersetzungen und Positionskämpfen kam. Dieses Gericht war genauso neuartig wie das Bundesverfassungsgericht, besaß deshalb keine eigenständige Tradition und hatte überdies ein vergleichbares institutionelles Interesse an der Aktivierung grundgesetzlicher Argumente, weil es damit seine auf Bundesrecht beschränkte Revisionszuständigkeit erweitern konnte (Schönberger 2006: 62 ff.).

einer integrierten Verfassungskontrolle wie in den Vereinigten Staaten werden Verfassungsfragen von allen Gerichten als Teil ihrer normalen Aufgaben miterledigt und häufig gar nicht besonders ausgezeichnet. Selbstständige Verfassungsgerichte sind hingegen oft ein Ausdruck des Bruchs mit einer diktatorischen Vergangenheit und des Misstrauens gegenüber den alten Eliten in Verwaltung und Justiz (Ferejohn/Pasquino 2004; Beyme 2006). Beim mächtigsten selbstständigen Verfassungsgericht der Welt war das nicht anders. Die Schwierigkeit einer derartigen Rolle als Erzieher und Präzeptor liegt freilich auf der Hand. Sie ist darauf angelegt, sich selbst überflüssig zu machen (Haltern 1997: 80). Irgendwann wird das Kind erwachsen, das Mündel flügge. Die demokratische Reife von Staat und Gesellschaft lässt den Präzeptoren-Habitus des Verfassungsgerichts dann immer weniger plausibel erscheinen. Es gleicht womöglich Eltern, die das Erwachsenwerden ihres Kindes einfach nicht zur Kenntnis nehmen wollen oder durch Überfürsorge sogar behindern. Das Gericht wird dann selbst zu einer der Ursachen der Politikverdrossenheit, der es vermeintlich entgegenwirkt (Abromeit 1995: 61).

Zu den ambivalenten Bedingungen des verfassungsgerichtlichen Erfolgs gehört schließlich der gesellschaftliche Resonanzraum des Gerichts. Es profitierte davon, dass das Grundgesetz zunehmend Wertschätzung in der Bevölkerung erfuhr, dass sich ein durchaus eigenartiges Phänomen entwickelte: der *Verfassungspatriotismus* (Grimm 2009: 605 ff.). Dieser Erfolg war dem Grundgesetz nicht in die Wiege gelegt. Kein großartiger revolutionärer Beginn konnte hier erinnert werden wie in Frankreich oder den Vereinigten Staaten. Der Anfang war vielmehr von unüberbietbarer Kargheit gewesen und in der Bevölkerung mit Gleichgültigkeit quittiert worden. Noch 1962 konnte Rudolf Smend in seinem

Karlsruher Festvortrag zum zehnjährigen Bestehen des Bundesverfassungsgerichts nüchtern feststellen, ein »nicht an eine demokratische Ordnung gewöhnte[s] und nun seiner Geschichte und der Politik müde gewordene[s] Volk« habe das Grundgesetz lediglich »hingenommen«. Dieses sei »keine Fahne geworden, unter der sich ein neues Staatsbewusstsein, ein neuer, starker, durch die Verfassung konstitutionell geformter Wille zu neuem geschichtlichem Leben gesammelt hätte« (Smend 1971: 20). Das galt für die Bevölkerung und die juristischen Fachleute in ähnlicher Weise. Fritz Werner, der Präsident des Bundesverwaltungsgerichts, konstatierte bei den Juristen zur gleichen Zeit »eine gewisse Ungläubigkeit verfassungsrechtlichen Fragen gegenüber« und erklärte diese Ungläubigkeit mit der Wahrnehmung des Grundgesetzes als Provisorium (Werner 1959: 527).

Die gesellschaftliche Resonanz folgte der juristischen Aktivierung des Grundgesetzes durch das Bundesverfassungsgericht erst mit erheblicher zeitlicher Verzögerung nach. Aber der ökonomische Erfolg und die politische Stabilität der Bundesrepublik kamen über die Zeit hinweg auch der Wertschätzung ihrer Verfassung zugute, gerade auch im Kontrast zu Zerrissenheit und Scheitern der Weimarer Republik (Grimm 2009: 605 ff.). Ob die Leistungen der Bundesrepublik auf dem Grundgesetz beruhten oder nicht, sie wurden ihm jedenfalls zunehmend zugeschrieben. Der liberalkonservative Publizist Dolf Sternberger prägte zum 30. Geburtstag des Grundgesetzes 1979 das neue Wort »Verfassungspatriotismus«, und Jürgen Habermas übernahm es wenig später mit stärker universalistischem Akzent für die politische Linke (Müller 2010: 31 ff.). Dieser Verfassungspatriotismus war ein besonderes Phänomen des westdeutschen Teilstaats, wie Sternberger in aller Klarheit formulierte (Sternberger 1990: 13; dazu Kinkela 2001: 285 ff.):

> »Die Verfassung ist aus der Verschattung hervorgekommen, worin sie entstanden war. In dem Maße, in dem sie Leben gewann, wie aus bloßen Vorschriften kräftige Akteure und Aktionen hervorgingen, wie die Organe sich leibhaftig regten, die dort entworfen, wie wir selbst die Freiheiten gebrauchten, die dort gewährleistet waren, wie wir in und mit diesem Staat uns zu bewegen lernten, hat sich unmerklich ein neuer, ein zweiter Patriotismus ausgebildet, der eben auf die Verfassung sich gründet. Das Nationalgefühl bleibt verwundet, wir leben nicht im ganzen Deutschland. Aber wir leben in einer ganzen Verfassung, in einem ganzen Verfassungsstaat, und das ist selbst eine Art von Vaterland.«

War das auch der kuriose Fall eines Patriotismus ohne *patria*, so entsprach dieser doch der westdeutschen Welt vor der Wiedervereinigung. In keiner anderen westlichen Demokratie gilt die Verfassung als Grundlage des Patriotismus. Frankreich beispielsweise hat seit der Revolution zu viele Verfassungen verbraucht, um die nationale Identität davon abhängig zu machen. Eine Besonderheit bilden insoweit zwar die Vereinigten Staaten, die ihre mehr als 200 Jahre alte Bundesverfassung in hohen Ehren halten. Die Verfassung tritt dort aber nicht isoliert in Erscheinung, sondern bleibt eingebunden in eine öffentliche Festkultur, die andere nationale Symbole wie Unabhängigkeitserklärung, Flagge oder Hymne einschließt (Heideking 2002: 124). In der alten Bundesrepublik kamen die in anderen westlichen Demokratien üblichen Integrationsfaktoren Geschichte, Nation und Kultur nur begrenzt in Betracht, weil nationalsozialistische Vergangenheit und Teilung den Rückgriff darauf erschwerten oder unmöglich machten. Das Grundgesetz füllte diese Lücke. Es wurde zum Symbol des Bruchs mit der NS-Vergangenheit, der Rückkehr in den Kreis zivilisierter Völker, des demokratischen Erfolgs gerade auch im Kontrast zur DDR (Grimm 2009: 614; Ackerman 1997: 778). Die juristische Geltungskraft des Grundgesetzes, wie sie das Bundesverfassungsgericht wirkmächtig beförderte, ging in dieser verfassungspatriotischen Dimension gewiss nicht auf. Aber sie profitierte doch davon, war gewissermaßen die profane Alltagsseite des Verfassungstempels. Juristische Relevanz des Verfassungsrechts, die über die Verfassungsbeschwerde von jedermann jederzeit aktiviert werden konnte, und symbolisches Versprechen der Verfassung bestärkten sich wechselseitig. Auch dieser besonderen Verknüpfung von Institution und Symbolik dürfte zu verdanken sein, dass das Bundesverfassungsgericht unter den Verfassungsorganen das höchste Vertrauen genießt, auch wenn dieses Vertrauen – ähnlich wie bei den anderen Institutionen – seit Jahren kontinuierlich sinkt (Vorländer/Schaal 2002; Vorländer/Brodocz 2006; Patzelt 2005). Seit der Wiedervereinigung ist diese außergewöhnliche Konstellation freilich entfallen, und es ist nicht sicher, dass der unter westdeutschen Sonderbedingungen entstandene Verfassungspatriotismus sich auch im vereinigten Deutschland erhält und erneuert.

Krisen sind keine Schwächen. In der Diskussion über das Bundesverfassungsgericht wird das manchmal verkannt. Man streitet dann darüber, ob *Krisen des Gerichts* seine Autorität beeinträchtigt haben oder beeinträchtigen. In der Geschichte des Gerichts hat es drei große Krisen gegeben: den Streit um die Wiederbewaffnung gleich zu Beginn; die Auseinandersetzung um eine Reihe von Entscheidungen in den siebziger Jahren[34] – etwa die Verwerfung der Fristenlösung im ersten Abtreibungsurteil und der Wehrdienstverweigerung per »Postkarte« in der Entscheidung über den Ersatzdienst –, die als Affront gegen die damalige Reformpolitik der sozialliberalen Koalition verstanden wurden (Vogel 1978; Häußler 1994: 52 ff.; Wesel 2004: 223 ff.); schließlich den öffentlichen Streit um den Kruzifix-Beschluss[35] und andere kontroverse Judikate wie die Entscheidung zur Straflosigkeit der Äußerung »Soldaten sind Mörder«[36] in den neunziger Jahren (aus der damaligen Diskussion: Isensee 1996; Wahl 1998). Dem Gericht wurde dabei jeweils von Politikern und einem Teil der Öffentlichkeit vorgeworfen, Partei zugunsten eines politischen Lagers zu ergreifen oder sich von einem angenommenen gesellschaftlich-politischen Grundkonsens entfernt zu haben. Für die Politikerseite hatten Thomas Dehlers cholerische Verbalattacken schon in den frühen fünfziger Jahren die bundesdeutsche Verfassungsgerichtsschelte eröffnet. Unter keiner dieser Krisen hat das

34 Besonders umstritten waren vor allem: BVerfGE 36, 1 – Grundlagenvertrag (1973); BVerfGE 39, 1 – Abtreibung (1975); BVerfGE 48, 127 – Ersatzdienst (1978).

35 BVerfGE 93, 1 – Kruzifix (1995).

36 BVerfG NJW 1994, 2943 f. (Kammerbeschluss 1994); BVerfGE 93, 266 – Soldaten sind Mörder (Senatsurteil 1995).

Gericht aber auf mittlere Frist erkennbar gelitten. Das heißt nicht, dass die entsprechenden Urteile immer überzeugend gewesen wären oder dass es nicht immer wieder einmal nahegelegen hätte, diese oder jene Entscheidung entlang den Kontroversen zwischen den großen politischen Lagern einzuordnen. Aber in der Auflehnung gegen eine Autorität liegt häufig durchaus indirekt auch die Anerkennung und Bestätigung ebendieser Autorität. Das ist keine dialektische Rabulistik. In der Rebellion zeigt sich vielmehr die hohe Bedeutung, die man der Institution zumisst, werden die großen Erwartungen sichtbar, die sich an sie richten. Die Enttäuschung solcher Erwartungen durch konkrete Einzelentscheidungen, so bitter sie empfunden werden mag, muss nicht die Institution als solche gefährden und infrage stellen, ja kann sie sogar stärken.

Die Schwächen des Bundesverfassungsgerichts liegen anders und tiefer. Sie beruhen darauf, dass das Gericht ein *Doppelantlitz* trägt, dass es janusköpfig ist, und zwar in mehrfacher Hinsicht. Das Gericht tanzt immer auf zwei Hochzeiten gleichzeitig. Die Matrix aller dieser Verdoppelungen ist die Gleichzeitigkeit von Gericht und Verfassungsorgan, die schon Gerhard Leibholz in seinem »Statusbericht« beschwor. Diese Doppelnatur ist die staatsrechtliche Entsprechung zum protestantischen »simul iustus et peccator«, dem Grundprinzip des zugleich sündigen und vor Gott gerechtfertigten Menschen. Das Bundesverfassungsgericht mengt nach diesem Verständnis in der Sphäre der politischen Institutionen mit und bleibt doch immer ein unbefleckt reines Gericht. Zur Doppelnatur des Gerichts tritt noch seine interne Entzweiung hinzu, die Zwillingsstruktur mit zwei Senaten, die entstehungsgeschichtlich der Doppelrolle als Grundrechtsgericht und Staatsgerichtshof entspricht.[37] Ihrem Wahlmodus nach sind die Senate überdies ihrerseits nochmals in föderativ-parteipolitischer Parität geteilt (siehe oben, S. 17-19). Man kann noch die längst eingetretene faktische Verdoppelung in ein Gericht weniger Senatsentscheidungen und massenhafter Kammerbeschlüsse hinzunehmen. Das Bundesverfassungsgericht ist nie eins, nie ganz bei sich, sondern immer entzweit. In seinem großen Sitzungssaal dürfte eigentlich nicht der einköpfige Bundesadler hängen; passender wäre vielmehr ein Adler mit zwei Köpfen, die in unterschiedliche Richtungen blicken.

Die Doppelnatur des Bundesverfassungsgerichts bedeutet vor allem, dass es gleichzeitig völlig unterschiedlichen institutionellen Logiken ausgesetzt ist. Als Gericht bewegt sich das Bundesverfassungsgericht im Kontext der Justiz mit ihren rechtlichen Bindungen und sozialen Verhaltenserwartungen. Als Verfassungsorgan steht es im Konzert der anderen Verfassungsorgane und ringt mit ihnen um Macht und Bedeutung. Ein Individuum kann mit solchen unterschiedlichen Rollen umgehen, indem es sie kontextspezifisch unterscheidet. Der treusorgende Ehemann kann zugleich eine Spielhalle betreiben. In der Regel lässt sich das auseinanderhalten. Das Bundesverfassungsgericht kann seine Rollen aber nicht je nach Kontext variieren. Es spricht zwangsläufig auf der Bühne der Politik auch die Sprache der Justiz und auf der Bühne der Justiz auch die Sprache der Politik. Im besten Fall kommt das beiden zugute: Das Verfassungsgericht bringt dann die Politik gelegentlich zur juristischen Vernunft, und es erschüttert die Versteinerungen des Justizapparates durch jenseits des juristi-

37 Gelegentlich tritt diese innere Entzweiung in vehementen Konflikten zwischen den Senaten zutage. Die Möglichkeit des Ausgleichs divergierender Entscheidungen durch das Plenum des Gerichts wird in der Praxis kaum genutzt. Ein erstaunliches Beispiel eines offenen Streits der beiden Senate an den Grenzen des Prozessrechts bietet BVerfGE 96, 375; 96, 409 – Kind als Schaden, und dazu Sangmeister 1999.

schen Alltagsverstands liegende Einsprengsel. Im schlimmsten Fall geht es für beide schief: Das Gericht erstickt dann die Politik unter juristischen Kohärenzanforderungen,[38] und es nimmt der Justiz ihre institutionelle Alltagsrationalität. Im Idealfall kombiniert das Bundesverfassungsgericht den Sinn der Justiz für rechtliche Bindungen und Prozeduren mit politischem Sinn und Takt. In der negativen Variante finden sich dort hingegen die Nachteile der Justiz ohne die Vorteile der Justiz und die Nachteile der Politik ohne die Vorteile der Politik. Das Bundesverfassungsgericht lockert dann die rechtlichen Bindungen und prozeduralen Standards, die ein Gericht kennzeichnen, aufgrund seiner Verfassungsorganqualität,[39] und es trifft aufgrund seiner Gerichtsqualität politische Entscheidungen ohne das, was für politische Entscheidungen ansonsten kennzeichnend ist: das freie öffentliche Einstehen, Werben, Rechenschaftgeben und die möglichen Sanktionen im demokratischen Prozess. Für das Bundesverfassungsgericht hat dieses Doppelspiel durchaus Vorteile. Es kann sich den politischen Erwartungen durch Hinweis auf seinen Gerichtscharakter entziehen und die Anforderungen des Justizsystems durch die Hervorhebung seiner Stellung als Verfassungsorgan relativieren. Der Preis dafür ist freilich hoch.

Die Schwierigkeit der Doppelnatur des Bundesverfassungsgerichts zeigt sich besonders deutlich im dramatisch erhöhten *Sinnbedarf der Institution*. Es gibt kein Gericht und

38 Das zeigen besonders anschaulich die jüngeren Versuche des Gerichts, den Gesetzgeber zu einer spezifischen Konsistenz und Verfahrensrationalität zu nötigen (vgl. dazu Bumke 2010; Dann 2010; allgemein zum Problem Stone Sweet 2010: 204, mit der lakonischen Feststellung: »In the end, governing with judges means also governing like judges.«).

39 Gelegentlich sogar unter Verstoß gegen die eigenen gesetzlichen Grundlagen wie im Fall der erstmaligen Zulassung von Fernsehliveübertragungen aus dem Karlsruher Verhandlungssaal (Schulze-Fielitz 2000: 124f.).

auch kein Verfassungsorgan, das so sehr permanent damit beschäftigt ist, die Sinnhaftigkeit der eigenen Existenz unter Beweis zu stellen. Wenn der Bundesgerichtshof ein Urteil fällt, dann fällt er nur ein Urteil. Er will der Welt nicht zugleich beweisen, dass sie den Bundesgerichtshof auch wirklich braucht. Wenn der Bundestag ein Gesetz verabschiedet, versucht er nicht gleichzeitig unter Beweis zu stellen, wie hervorragend der Parlamentarismus ist. Bei Entscheidungen des Bundesverfassungsgerichts schwingt hingegen immer implizit die Rechtfertigung der eigenen Existenz mit. Die Lobgesänge, die schon seit den fünfziger Jahren nicht zuletzt von seinen eigenen Mitgliedern auf das Gericht angestimmt werden,[40] dürften sich gerade hieraus erklären. Unter den anderen Verfassungsorganen unterliegt allein noch das Amt des Bundespräsidenten einem vergleichbaren Druck zur Existenzrechtfertigung (pointiert dazu Isensee 1994). Beim Bundespräsidenten beruht der besondere Sinnbedarf allerdings darauf, dass es dem Amt an Kompetenzen im politischen Alltag mangelt, während dieser Bedarf sich beim Verfassungsgericht trotz Kompetenzfülle einstellt. Das Verfassungsgericht ist einsam unter den Gerichten und auch einsam unter den Verfassungsorganen. Seine Doppelnatur führt nicht zur Steigerung der Kontaktwelten, sondern in eine gewisse Isolation gegenüber den jeweiligen natürlichen

40 Nach einer aufschlussreichen Beobachtung von Donald Kommers (1976: 271) verbrachten die – unterbeschäftigten – Richter des Zweiten Senats die fünfziger Jahre im Wesentlichen damit, öffentlich das Lob des – mit Verfassungsbeschwerden überschütteten – Ersten Senats und des Verfassungsgerichts insgesamt zu verkünden: »They drummed away at the notion that the Court and they, the Justices, were the ultimate guardians of German liberty and democracy. They unceasingly reminded their countrymen, the bar, fellow judges, and Bonn politicians that the Court was not only the nation's highest tribunal but also a constitutional organ coequal in status with the Bundestag, Bundesrat, the federal president, and the federal government, and was supreme in constitutional matters.«

Partnerinstitutionen in Justiz und Politik, die kompensatorisches (Eigen-)Lob nötig oder doch erklärlich macht.

Darin kommt auch zum Ausdruck, wie sehr das Verfassungsgericht anders als der normale Richter darauf verwiesen ist, sich bei jedem seiner Urteile um dessen *Anerkennung und Akzeptanz* in Politik und Gesellschaft zu bemühen. Seine Entscheidungen haben stets auch werbenden Charakter. Das macht bereits ihr besonders ausladender Begründungsstil deutlich, der sich vom herkömmlichen Gerichtsurteil entfernt und nicht selten zwischen wissenschaftlichem Traktat, politischer Theorie und lehramtlicher Enzyklika schwankt (vgl. Isensee 1996: 1085; Roellecke 2003: 559; vergleichend Robertson 2010). Das Gericht ist von der Aufgabe, Akzeptanz zu finden, nicht entlastet wie die allgemeine Justiz, die alltäglich in eine kontinuierliche diskursive Rechtspraxis institutionell eingebettet ist (Preuß 1987: 6). Die allzu selten vermerkten Unterschiede des Bundesverfassungsgerichts zur allgemeinen Gerichtsbarkeit (Roellecke 2005a: RN 16; 2005b: RN 2) zeigen das auch organisatorisch an. Der unterschiedliche Umgang mit allgemeinen Instituten des Prozessrechts – etwa die Seltenheit von mündlichen Verhandlungen und die unklaren Kriterien für deren Anberaumung oder die großzügige Handhabung von Befangenheitsvorschriften (dazu etwa Schlaich/Korioth 2010: RN 69, 72ff.; Wahl 1998: 103f., Schulze-Fielitz 2000: 124ff.) – verstärkt diese Kluft zur allgemeinen Gerichtsbarkeit noch. Das wird auch in der schwierigen öffentlichen Kommunikation des Gerichts deutlich (Kranenpohl 2010: 253ff.). Aufgrund seines Gerichtscharakters muss diese juristische Fachkommunikation sein, kann als solche aber die allgemeine Öffentlichkeit kaum erreichen (Schulze-Fielitz 2000). Es gehört zu den paradoxen Effekten der Doppelnatur des Gerichts, dass es aus Akzeptanzgründen einen gerichtsuntypischen Begründungsaufwand betreibt, der seinerseits aber wiederum nur vom fachjuristischen Publikum verstanden und eingeschätzt werden kann. Die justizfremde starke individuelle Präsenz einzelner Verfassungsrichter in den Medien (kritisch dazu etwa Wahl 1998: 101 ff.) mag man auch als Versuch verstehen, durch »präterprozessuale Selbstinterpretation« (Isensee 1996: 1091) diesem Kommunikationsproblem zu begegnen.

Die Schwächen des Gerichts sind weitgehend unvermeidlich. Es schwankt strukturell zwischen Justizbürokratie und Verfassungscharisma, zwischen Banalisierung und Dramatisierung des Verfassungsrechts. Für das Verständnis der Institution ist daher auch wenig gewonnen, wenn man mit Carl Schmitt darüber klagt, die Politik habe eben durch ihre Juridifizierung nichts zu gewinnen und die Justiz alles zu verlieren (Schmitt 1931: 35; frühe bundesdeutsche Antikritik: Scheuner 1952: 293 f.). Die Entscheidung für eine verselbstständigte Verfassungsgerichtsbarkeit ist die Entscheidung für eine Institution, in der sich Justiz und Politik von vornherein untrennbar vermengen, in der sich das eine nicht vom anderen trennen lässt, das eine daher auch nicht aus der Perspektive des anderen kritisiert werden kann. Es kann durchaus nicht überraschen, dass das Verfassungsgericht vielfältige Eigenheiten gegenüber der normalen Justiz aufweist, die es durch die von ihm gewählten Roben ja auch theatralisch unterstreicht. Freilich liegt hierin ein grundlegendes Paradox. Das Gericht schöpft seine Legitimität in erster Linie aus einer Justizförmigkeit, von der es sich doch seinem Charakter nach immer wieder entfernt. In diesem Sinne ist es verlorene Liebesmühe, vom Bundesverfassungsgericht zu verlangen, es möge doch ganz und nur Gericht sein (so etwa Isensee 1996: 1091; Schlaich/Korioth 2010: RN 35 f.). Man wird aber vom Gericht erwarten müssen, dass es eigene Abweichungen von hergebrachten Gerichtsstandards aufmerksam wahrnimmt und sie nicht vor anderen und sich selbst verbirgt. Die paradoxe Grundanforderung an das Bundesverfassungsgericht besteht darin, dass es gerade um seiner politischen Natur willen besonders nachdrücklich auf seine Justizförmigkeit achten muss.

Wichtige Institutionen verschwinden nicht einfach. Die Geschichte gewährt ihnen aber auch keinen Bestandsschutz. Manche Institution der Bundesrepublik Deutschland, die über Jahrzehnte einflussreich und hoch angesehen war, hat in jüngerer Zeit stark an Bedeutung verloren. So hat die Deutsche Bundesbank, die lange ein ebenso hohes öffentliches Prestige genoss wie das Bundesverfassungsgericht (Gross 1997: 34f.), seit Einführung der gemeinsamen europäischen Währung ihre alte Rolle in weitem Umfang eingebüßt. Von einem derartigen Bedeutungsverlust ist das Bundesverfassungsgericht noch weit entfernt. Doch mehren sich die Anzeichen dafür, dass das Karlsruher Gericht seinen Zenit überschritten hat.

Das hat zunächst mit der erfreulichen Stabilität und Prosperität der Bundesrepublik über Jahrzehnte hinweg zu tun, zu der das Gericht selbst beigetragen hat. Eine liberale Gesellschaft mit einer gefestigten demokratischen Kultur ist weniger auf Karlsruher Anstöße angewiesen als die Bundesrepublik früherer Zeiten. Das alte Muster einer fürsorglichen Vormundschaft auf dem Weg zur Demokratie hat ausgedient. Das Gericht ist Opfer seines eigenen Erfolgs. Je mehr das Bundesverfassungsgericht sich über Verfassungsbeschwerden und Kammerbeschlüssen im Alltagsmanagement einer komplexen Rechtsordnung verliert, desto weniger bringt es auch in seinem Inneren die Ressourcen für derartige Anstöße hervor. In den ersten Jahrzehnten der Bundesrepublik war es innovativ, dass das Verfassungsrecht in Karlsruhe zur allgemeinen Beobachtungsebene der gesamten Rechtsordnung wurde und neuartige Systematisierungen erlaubte (Röhl 2008). Diese Innovationsfunktion hat sich aber mittlerweile weitgehend erschöpft.

Nach seinem aus den Anfängen stammenden Selbstbild sieht sich das Gericht gern als eine Art juristischer Trendscout für neue gesellschaftliche Entwicklungen, auf die es durch kreative Verfassungs- und vor allem Grundrechtsinterpretation antwortet. Es ist aber zunehmend zweifelhaft, ob das Verfassungsrecht eine solche Aufgabe überhaupt bewältigen kann. In allen westlichen Demokratien sieht sich der Regelungsanspruch der Verfassung seit Längerem infrage gestellt. Hierzu gehört der Wandel hin zum Wohlfahrts- und Sozialstaat, den das Verfassungsrecht nie in gleicher Weise prägen konnte wie den Staat der liberalen Epoche (Tushnet 2008). Entwicklungen wie die Verlagerung von Freiheitsbedrohungen auf gesellschaftliche Akteure, die neue Aufgabe der Risikovorsorge und der Wandel von repressiven zu präventiven Steuerungsinstrumenten treten hinzu (Grimm 1991: 408 ff.). Das Regelungsvermögen der Verfassung erodiert. Zur prägenden Erbmasse des Gerichts aus seinen Anfängen gehört es jedoch, gerade das Verfassungsrecht immer wieder für die Umgestaltung der gesamten Rechtsordnung zu aktivieren. Es geht den Verfassungsrichtern hier indes wie den französischen Staatspräsidenten nach Charles de Gaulle. Sie kommen vom Leitbild des unvergleichlichen Anfangs nicht los, können diesem aber immer weniger entsprechen.

Die Rolle des Gerichts wird auch durch den grundlegenden *Wandel des Parteiensystems* infrage gestellt. Bisher war die Bedeutung des Bundesverfassungsgerichts nicht zuletzt der Tatsache geschuldet, dass es ein Gegengewicht zu den kompakten und stabilen Parlamentsmehrheiten im Bundestag bildete, die sich trotz des Verhältniswahlrechts in der Bundesrepublik seit den fünfziger Jahren rasch herausgebildet hatten. Diese Mehrheiten wies es in die Schranken, setzte sie bei seinen häufigen Neuregelungsaufträgen aber auch voraus. Das zunehmend labile Parteiengefüge mit stetig abnehmendem Wähleranteil der bisherigen »Volksparteien« CDU/CSU und SPD wird die Bundestage der Zukunft jedoch aller Voraussicht nach heterogener, unübersichtlicher, unberechenbarer machen. Die föderalen Kompromisszwänge mit dem Bundesrat, der ebenfalls immer bunter zusammengesetzt ist, kommen noch hinzu. Parlamentarisches Regieren dürfte künftig noch schwieriger, langwieriger und kompromisshafter werden, als es heute ohnehin schon ist. Zunehmend verschwinden jene gestaltungskräftigen Parlamentsmehrheiten, als deren Widerpart das Bundesverfassungsgericht einst groß wurde. Dieser Widerpart wird in der Zukunft weniger benötigt werden und Lähmungserscheinungen des politischen Systems vielleicht nur noch verstärken.

Dass der Stern des Gerichts im Sinken begriffen ist, zeigt sich besonders deutlich auch an der wachsenden *Europäisierung und Internationalisierung* der deutschen Rechtsordnung. Hier wird im Rückblick erkennbar, dass Aufstieg und Erfolg des Bundesverfassungsgerichts auch Ausdruck einer gewissen Introvertiertheit der alten Bundesrepublik waren. Das seit den fünfziger Jahren entwickelte Verständnis des Verfassungsrechts als einer auf Grundrechten und Verfassungsprinzipien fußenden systematischem Einheit beruhte implizit auf dem politischen Einheitsrahmen nationalstaatlicher Organisation. Die Vereinheitlichung auf dem Wege der Verfassungsinterpretation fand angesichts der Unitarisierung des deutschen Bundesstaates auch keine Hindernisse mehr in der traditionellen föderalen Vielfalt (Schönberger 2006: 61 ff.). Diese nationale Introvertierung konnte sich umso unbefangener entfalten, weil sie äußerlich mit einer entschiedenen Absage an die etatistischen Traditionen der deutschen Staatsrechtslehre einherging und die Großsemantiken des öffentlichen Rechts zunehmend von »Staat« auf »Verfassung« umstellte (zu dieser Umstellung: Günther: 2004; Möllers: 2008). Prämisse dieser Entwicklung war es, dass die gesamte deutsche Rechtsordnung vom Grundgesetz her verstanden, systematisiert und angeleitet werden konnte. Dies war vor allem die Konsequenz aus der Tatsache, dass das Bundesverfassungsgericht ein selbstständiges, von der sonstigen Justiz losgelöstes Gericht ist. Seine einzige Währung ist das Verfassungsrecht des Grundgesetzes. Daher musste sein Aufstieg zwangsläufig darin bestehen, das gesamte deutsche Recht in den Horizont des Grundgesetzes zu stellen.

Durch die Verdichtung der europäischen Integration und die wachsende Bedeutung des Völkerrechts gibt es aber immer größere Massen in Deutschland geltenden Rechts, die nicht in diesem Horizont entstanden sind und auch nicht in diesen Horizont gestellt werden können. Ihre maßgeblichen Interpreten sitzen nicht in Karlsruhe, sondern in Luxemburg wie der Europäische Gerichtshof oder in Straßburg wie der Europäische Gerichtshof für Menschenrechte. Das Bundesverfassungsgericht hat Konkurrenz bekommen, und diese Konkurrenz ist seit den neunziger Jahren des vergangenen Jahrhunderts auch immer deutlicher hervorgetreten (Oeter 2007). Hatte es das Gericht innerhalb der Bundesrepublik seit den fünfziger Jahren erreicht, die gesamte Gerichtsbarkeit ins Glied zu verweisen, so kann ihm das gegenüber der äußeren Konkurrenz nicht gelingen, die zu ihm in keinem Hierarchieverhältnis steht. Allein die Existenz einer derartigen Wettbewerbssituation mindert die Autorität des Gerichts, weil sie diese durch Vergleichsmöglichkeiten relativiert (vgl. allgemein Sofsky/Paris 1994: 152).

Die Konkurrenz ist für das Bundesverfassungsgericht nicht allein aus dem Grund unangenehm, dass hier Grundsatzfragen des in Deutschland geltenden Rechts von Gerichten entschieden werden, die ihm mindestens völlig gleichberechtigt, wenn nicht sogar überlegen sind. Sie trifft das Gericht auch nicht nur deshalb besonders empfindlich, weil die Urteile der europäischen Gerichte nach Stil und Eigenart hinter den argumentativen Standards der Karlsruher Judikatur zurückbleiben. Verborgener, aber für das Gericht fast noch schmerzhafter ist der *Verlust der einheitsbildenden Funktion*, die das Verfassungsrecht des Grundgesetzes in seiner Ausdeutung durch das Bundesverfassungsgericht gewonnen hatte. Diese Einheitsbildung ist vom Verfassungsrecht her immer weniger möglich. Der Erfolg des Gerichts beruhte in der Vergangenheit aber gerade auch darauf, dass es alle rechtlichen Grundsatzfragen als Verfassungsfragen reformulieren und beantworten konnte. Diese Zeiten sind vorbei, und das gilt gerade auch für das einstige Paradeterrain des Gerichts, die Grundrechte. Das Volkszählungsgesetz konnte das Gericht im Jahr 1983 noch scheitern lassen, indem es aus dem Grundgesetz ein neuartiges Grundrecht auf informationelle Selbstbestimmung entwickelte. Gegenüber der auf einer EG-Richtlinie beruhenden Vorratsdatenspeicherung konnte es im Jahr 2010 bereits nur noch den Umsetzungsspielraum kontrollieren, den das Unionsrecht dem deutschen Gesetzgeber gelassen hatte, und das Sachproblem nicht mehr autonom und umfassend vom Grundgesetz her beantworten.[41] Je stärker unterschiedliche Rechtsschichten auf internationaler, europäischer, nationaler und subnationaler Ebene ineinandergreifen, desto weniger lassen sich diese Schichten noch vom Verfassungsrecht des

41 BVerfGE 65, 1 – Volkszählung (1983); BVerfGE 125, 260 – Vorratsdatenspeicherung (2010); dazu Durner 2010: 394.

Grundgesetzes her deuten und aufeinander beziehen. Die bisherige Anstoß- und Thematisierungsfunktion des Verfassungsrechts für die Rechtsentwicklung geht zunehmend auf andere normative Ebenen wie Europa- und Völkerrecht über, wird dort aber viel punktueller und sektoraler wahrgenommen als bisher im nationalen deutschen Rahmen.

Die wachsende europäische und internationale Einbindung der Bundesrepublik wirft sogar die Frage auf, ob das Modell der selbstständigen Verfassungsgerichtsbarkeit, wie es Hans Kelsen entwickelt und die Bundesrepublik zur extremen Entfaltung gebracht hat, für die Bewältigung dieser Verflechtungssituation nicht gerade besonders ungeeignet ist. Während die allgemeine Gerichtsbarkeit Europarecht und Völkerrecht alltäglich verarbeitet und anwendet, hat das Bundesverfassungsgericht mit diesen Fragen nur ausnahmsweise und immer allein im Horizont des Grundgesetzes zu tun. War die Verfassung am Beginn der Bundesrepublik die Grundlage für die expansive Eroberung allen Rechts durch das Karlsruher Gericht, so wird sie jetzt mehr und mehr zum isolierten Rückzugsraum. Das zeigt sich besonders deutlich in der 2009 ergangenen Entscheidung des Gerichts zum Vertrag von Lissabon, die betont defensiv die »Identität« der deutschen Verfassungsordnung in ihrem Kernbestand für unantastbar erklärt.[42] Sicherlich fügt sich das Gericht damit in einen breiteren Entwicklungstrend ein,

42 BVerfGE 123, 267 (353 ff.) – Lissabon (2009). Der wachsende Rückzug des Gerichts auf eine vermeintlich besondere »Identität« der deutschen Verfassung zeigt sich auch in seinem ebenfalls 2009 getroffenen Beschluss zur Vereinbarkeit einer Strafnorm, die sich gegen die Verherrlichung der nationalsozialistischen Gewaltherrschaft richtet (§ 130 Abs. 4 StGB), mit der verfassungsrechtlich verbürgten Meinungsfreiheit (BVerfGE 124, 300 – Rudolf Heß Gedenkfeier). Hier heißt es, das NS-Regime habe für die verfassungsrechtliche Ordnung der Bundesrepublik »eine gegenbildlich identitätsprägende Bedeutung«. Es ist bezeichnend, dass eine derartige verfassungsrechtliche Kategorie in der Rechtsprechung des Gerichts erst über

denn als Gegenbewegung zur Globalisierung werden nationale Besonderheiten gerade auch im Verfassungsrecht heute weltweit wieder stärker hervorgehoben (Tushnet 1999: 1269 ff.). Aber der Kontrast zum zuversichtlichen Aufbruch und Ausgreifen der frühen Jahrzehnte ist doch sehr bemerkenswert. Das Verfassungsrecht des Grundgesetzes steht in der Rechtsprechung des Gerichts in der Gefahr, sich allmählich von einer strahlenden Stadt auf dem Hügel in eine dunkle Rückzugsfestung zu verwandeln. Die Offenheit verheißende Karlsruher Glasarchitektur der sechziger Jahre (Bürklin 2006; Kranenpohl 2010: 254 ff.) scheint eher die Hoffnungen der Vergangenheit zu verkörpern als diejenigen der Gegenwart. Eroberte das Gericht in seinen heroischen Jahrzehnten die ganze Welt des Rechts für das junge Grundgesetz, so verteidigt es heute oft nur noch halbherzig den alternden deutschen *acquis constitutionnel*.

Das Bundesverfassungsgericht gerät in eine gewisse Randlage hinein. Schon geographisch liegt es in der Berliner Republik viel weiter vom politischen Machtzentrum entfernt als im früheren Westdeutschland. Anders als ihren Kollegen in Rom, Paris, Wien oder Washington fehlt den deutschen Verfassungsrichtern eine zwanglose gesellschaftliche Vertrautheit mit der politischen Elite. Im vereinigten Deutschland macht sich das stärker bemerkbar. Unter den Verfassungsorganen ist das Bundesverfassungsgericht das einzige, welches immer noch am gleichen Ort amtiert wie in der alten Bundesrepublik. Aber das Land, für das weiterhin aus dem Karlsruher Schlossgarten Recht gesprochen wird, ist ein anderes geworden, und es ist eine offene Frage, ob das

60 Jahre nach dem Ende des Nationalsozialismus erscheint. Das Gericht blickt zurück und nicht voraus wie die erste Richtergeneration, die vom Nationalsozialismus aus eigener Erfahrung genug wusste, um ihn nicht mit klagendem Pathos zu beschwören.

Gericht zur Berliner Republik genauso gut passt wie zu derjenigen von Bonn. Anders als die Bundesregierung, anders sogar als die Bundesbank wird das Gericht für die wachsende europäische und internationale Einbindung der Bundesrepublik auch nicht durch Beteiligungsrechte in übernationalen Räten entschädigt. Gerichten ist dieser typische Weg internationaler Verflechtung verschlossen. Die sich intensivierenden Richterdialoge zwischen Höchstgerichten (Slaughter 2003; Limbach 2008) und die Pilgerfahrten ausländischer Justizdelegationen nach Karlsruhe sind dafür kein Ersatz.

Das alles sind langsame, schleichende Prozesse. Noch zehrt das Gericht von seinem über Jahrzehnte angesammelten institutionellen und symbolischen Kapital. Noch ist auch einer breiteren Öffentlichkeit kaum bewusst, wie sehr die nationale Verfassung einen Bedeutungsschwund erlebt (Grimm 2009: 616) und die europäische und internationale Einbindung die Entscheidungsspielräume des Gerichts bereits reduziert hat. Fraglos werden dem Bundesverfassungsgericht auch weiterhin wichtige Funktionen verbleiben. Das Gericht dürfte jedoch in der Zukunft stärker als heute im alltäglichen Grau in Grau der Kammerbeschlüsse versinken und nur noch selten die Gelegenheit zur großen Geste, zum glänzenden Moment, zum Verfassungsblitz bekommen, mit denen es das Publikum vergangener Jahrzehnte immer wieder überraschte. Die eigentliche Schwierigkeit für das Gericht liegt darin, seine wachsende Banalisierung zu verkraften, ohne diese durch künstliches Posieren zu überspielen (Schönberger 2009: 557f.). Das Bundesverfassungsgericht muss sich in einer der schwierigsten Künste üben: der Kunst des Rückzugs (Enzensberger 1989). Seine bisherige Geschichte hat es darauf allerdings kaum vorbereitet. Unter den Qualitäten, die das Gericht in den vergangenen sechs Jahrzehnten an den Tag legte, sticht die Fähigkeit zu Entsagung und Verzicht nicht hervor. Sein Habitus bleibt vielmehr durch den unwahrscheinlichen Vorgang bestimmt, dass es gelang, das bescheidene Gründungsstatut eines prekären Staatswesens zu charismatisieren. Der Abschied davon kann nicht leichtfallen, und niemand, der die Leistungen des Bundesverfassungsgerichts kennt, wird ihn ohne eine gewisse Melancholie begleiten. Schon immer galt freilich gerade diesem Gericht die Mahnung des ersten Korintherbriefs, welche ihm eines seiner frühen Mitglieder in Erinnerung rief (Zweigert 1976: 75): »Haben, als hätte man nicht.«

Literatur

Abromeit, Heidrun (1995), »Volkssouveränität, Parlamentssouveränität, Verfassungssouveränität: Drei Realmodelle der Legitimation staatlichen Handelns«, in: *Politische Vierteljahresschrift* 36, S. 49-66.

Ackerman, Bruce (1997), »The rise of world constitutionalism«, in: *Virginia Law Review* 83, S. 771-797.

Aders, Thomas (1994), *Die Utopie vom Staat über den Parteien. Biographische Annäherungen an Hermann Höpker-Aschoff (1883-1954)*, Frankfurt am Main: Peter Lang Verlag.

Almond, Gabriel A./Sidney Verba (1963), *The Civic Culture. Political Attitudes and Democracy in Five Nations*, Princeton: Princeton University Press.

Arndt, Adolf (1951), »Das Bundesverfassungsgericht«, in: *Deutsches Verwaltungsblatt* 66, S. 297-300.

Bachof, Otto (1956), »Bundesverfassungsgericht und obere Bundesgerichte. Zum Streit über die Auslegung des § 80 des Bundesverfassungsgerichtsgesetzes«, in: *JuristenZeitung* 11, S. 272-274.

Baldus, Manfred (2005), »Frühe Machtkämpfe. Ein Versuch über die historischen Gründe der Autorität des Bundesverfassungsgerichts«, in: *Das Lüth-Urteil aus (rechts-)historischer Sicht. Die Konflikte um Veit Harlan und die Grundrechtsjudikatur des Bundesverfassungsgerichts*, herausgegeben von Thomas Henne und Arne Riedlinger, Berlin: Berliner Wissenschafts-Verlag, S. 237-248.

Baring, Arnulf ([3]1984 [1969]), *Im Anfang war Adenauer. Die Entstehung der Kanzlerdemokratie*, München: Deutscher Taschenbuch Verlag.

Baumert, Renaud (2009), *La découverte du juge constitutionnel, entre science et politique*, Paris: Librairie Générale de Droit et de Jurisprudence.

Beaud, Olivier/Pasquale Pasquino (Hg.) (2007), *La controverse sur »le gardien de la Constitution« et la justice constitutionnelle. Kelsen contre Schmitt. Der Weimarer Streit um den Hüter der Verfassung und die Verfassungsgerichtsbarkeit. Kelsen gegen Schmitt*, Paris: Les Éditions Panthéon-Assas.

Bettermann, Karl August (1981), »Opposition und Verfassungsrichterwahl«, in: *Festschrift für Konrad Zweigert*, Tübingen: J. C. B. Mohr (Paul Siebeck), S. 723-746.

Beyme, Klaus von (2006), »Modell für neue Demokratien? Die Vorbildrolle des Bundesverfassungsgerichts«, in: *Das Bundesverfassungsgericht im politischen System*, herausgegeben von Robert Christian van

Ooyen und Martin H. W. Möllers, Wiesbaden: VS Verlag für Sozialwissenschaften, S. 519-531.
Bösch, Frank (2001), *Die Adenauer-CDU. Gründung, Aufstieg und Krise einer Erfolgspartei 1945-1969*, Stuttgart und München: Deutsche Verlags-Anstalt.
Bryde, Brun-Otto (1999), »Die Rolle der Verfassungsgerichtsbarkeit in Umbruchsituationen«, in: *Verfassungsrecht und Verfassungspolitik in Umbruchsituationen*, herausgegeben von Joachim Jens Hesse, Gunnar Folke Schuppert und Katharina Harms, Baden-Baden: Nomos Verlagsgesellschaft, S. 197-210.
– (2006), »Der Beitrag des Bundesverfassungsgerichts zur Demokratisierung der Bundesrepublik«, in: *Das Bundesverfassungsgericht im politischen System*, herausgegeben von Robert Christian van Ooyen und Martin H. W. Möllers, Wiesbaden: VS Verlag für Sozialwissenschaften, S. 321-331.
Bürklin, Thorsten (2006), »Bauen als (demokratische) Sinnstiftung – Das Gebäude des Bundesverfassungsgerichts als ›Staatsbau‹«, in: *Das Bundesverfassungsgericht im politischen System*, herausgegeben von Robert Christian van Ooyen und Martin H. W. Möllers, Wiesbaden: VS Verlag für Sozialwissenschaften, S. 17-32.
Bumke, Christian (1998), *Der Grundrechtsvorbehalt. Untersuchungen über die Begrenzung und Ausgestaltung der Grundrechte*, Baden-Baden: Nomos Verlagsgesellschaft.
– (2010), »Die Pflicht zur konsistenten Gesetzgebung. Am Beispiel des Ausschlusses der privaten Vermittlung staatlicher Lotterien und ihrer bundesverfassungsgerichtlichen Kontrolle«, in: *Der Staat* 49, S. 77-105.
Bundesverfassungsgericht (1957), »Denkschrift des Bundesverfassungsgerichts. Die Stellung des Bundesverfassungsgerichts vom 27. Juni 1952«, in: *Jahrbuch des öffentlichen Rechts der Gegenwart* 6, S. 144-148.
Cappelletti, Mauro/Ritterspach, Theodor (1971), »Die gerichtliche Kontrolle der Verfassungsmäßigkeit der Gesetze in rechtsvergleichender Betrachtung«, in: *Jahrbuch des öffentlichen Rechts der Gegenwart*, S. 65-109.
Dann, Philipp (2010), »Verfassungsgerichtliche Kontrolle gesetzgeberischer Rationalität«, in: *Der Staat* 49, S. 630-646.
Dreher, Eduard (1951), »Glanz und Elend der Staatsgerichtsbarkeit. Zum Gesetz über das Bundesverfassungsgericht vom 12. März 1951«, in: *Neue Juristische Wochenschrift* 4, S. 377-381.
Durner, Wolfgang (2010), »Urteilsanmerkung zu BVerfGE 125, 260 – Vorratsdatenspeicherung«, in: *Juristische Arbeitsblätter* 42, S. 391-394.
Ellwein, Thomas (1954), *Das Erbe der Monarchie in der deutschen Staats-*

krise. Zur Geschichte des Verfassungsstaates in Deutschland, München: Isar Verlag.
Enzensberger, Hans Magnus (1989), Die Helden des Rückzugs. Brouillon zu einer politischen Moral der Macht, in: *Frankfurter Allgemeine Zeitung* vom 9. Dezember 1989.
Faller, Hans Joachim (1990), »Bundesverfassungsgericht und Bundesgerichtshof. Zum Verhältnis beider Gerichtshöfe in fast 40jähriger Jurisdiktion«, in: *Archiv des öffentlichen Rechts* 115, S. 185-211.
Falter, Jürgen (1981), »Kontinuität und Neubeginn. Die Bundestagswahl 1949 zwischen Weimar und Bonn«, in: *Politische Vierteljahresschrift* 22, S. 236-263.
Federer, Julius (1954), »Die Rechtsprechung des Bundesverfassungsgerichts zum Grundgesetz für die Bundesrepublik Deutschland«, in: *Jahrbuch des öffentlichen Rechts der Gegenwart* 3, S. 15-66.
Felz, Sebastian (2008), »Duchesse-Schwerrot. Wie die Richter des Bundesverfassungsgerichts zu ihren Roben kamen und warum diese ein Symbol für die Autorität des Gerichts sind«, in: *Ad Legendum. Die Ausbildungszeitschrift aus Münsters Juridicum*, S. 246-249.
Ferejohn, John/Pasquale Pasquino (2004), »Constitutional adjudication: lessons from Europe«, in: *Texas Law Review* 82, S. 1671-1704.
Fiedler, Christoph (2000), »BVerfGE 6, 32 – Elfes«, in: *Verfassungsrechtsprechung. Hundert Entscheidungen des Bundesverfassungsgerichts in Retrospektive*, herausgegeben von Jörg Menzel, Tübingen: J. C. B. Mohr (Paul Siebeck), S. 76-83.
Forsthoff, Ernst (1954), »Das Bundesverfassungsgericht und das Berufsbeamtentum«, in: *Deutsches Verwaltungsblatt* 69, S. 69-72.
Frei, Norbert (1996), *Vergangenheitspolitik. Die Anfänge der Bundesrepublik und die NS-Vergangenheit*, München: Verlag C. H. Beck.
Fronz, Michael (1971), »Das Bundesverfassungsgericht im politischen System der BRD. Eine Analyse der Beratungen im Parlamentarischen Rat«, in: *Sozialwissenschaftliches Jahrbuch für Politik* 2, S. 629-681.
Geiger, Willi (1952), *Gesetz über das Bundesverfassungsgericht vom 12. März 1951. Kommentar*, Berlin: Vahlen.
Ginsburg, Tom (2008), »The global spread of constitutional review«, in: *Oxford Handbook of Law and Politics*, herausgegeben von Keith E. Whittington, R. Daniel Keleman und Gregory A. Caldeira, Oxford: Oxford University Press, S. 81-99.
Goethe, Johann Wolfgang von (1966), *Poetische Werke*, Band 2 (= Berliner Ausgabe), Berlin: Aufbau Verlag.
Godau-Schüttke, Klaus-Detlev (2008), »Entnazifizierung und Wiederaufbau der Justiz am Beispiel des Bundesgerichtshofs«, in: *Kontinuitä-*

ten und Zäsuren. Rechtswissenschaft und Justiz im »Dritten Reich« und in der Nachkriegszeit, herausgegeben von Eva Schumann, Göttingen: Wallstein Verlag, S. 189-212.
Gosewinkel, Dieter (1991), *Adolf Arndt. Die Wiederbegründung des Rechtsstaats aus dem Geist der Sozialdemokratie (1945-1961)*, Bonn: Verlag J. H. W. Dietz Nachf.
Grigoleit, Klaus Joachim (2004), *Bundesverfassungsgericht und deutsche Frage. Eine dogmatische und historische Untersuchung zum judikativen Anteil an der Staatsleitung*, Tübingen: Mohr Siebeck.
Grimm, Dieter (1991), *Die Zukunft der Verfassung*, Frankfurt: Suhrkamp Verlag.
– (2009), »Identität und Wandel – das Grundgesetz 1949 und heute«, in: *Leviathan* 37, S. 603-616.
Gross, Johannes (1967), *Die Deutschen*, Frankfurt am Main: Heinrich Scheffler Verlag.
– (1997[2] [1995]), *Begründung der Berliner Republik. Deutschland am Ende des 20. Jahrhunderts*, Berlin: Ullstein Verlag.
Günther, Frieder (2004), *Denken vom Staat her. Die bundesdeutsche Staatsrechtslehre zwischen Dezision und Integration 1949-1970*, München: Oldenbourg Verlag.
– (2006), »Wer beeinflusst hier wen? Die westdeutsche Staatsrechtslehre und das Bundesverfassungsgericht während der 1950er und 1960er Jahre«, in: *Das Bundesverfassungsgericht im politischen System*, herausgegeben von Robert Christian van Ooyen und Martin H. W. Möllers, Wiesbaden: VS Verlag für Sozialwissenschaften, S. 129-139.
Guggenberger, Bernd/Claus Offe (1984), *An den Grenzen der Mehrheitsdemokratie. Politik und Soziologie der Mehrheitsregel*, Opladen: Westdeutscher Verlag.
Haffner, Sebastian (1985 [1976]), »Konrad Adenauer: der rechte Mann zur rechten Zeit«, in: ders., *Im Schatten der Geschichte*, Stuttgart: Deutsche Verlags-Anstalt, S. 287-298.
Haller, Herbert (1979), *Die Prüfung von Gesetzen. Ein Beitrag zur verfassungsgerichtlichen Normenkontrolle*, Wien: Springer.
Haltern, Ulrich R. (1997), »Integration als Mythos. Zur Überforderung des Bundesverfassungsgerichts«, in: *Jahrbuch des öffentlichen Rechts der Gegenwart* N. F. 45, S. 31-88.
Harlan, Thomas (2011), *Veit*, Reinbek bei Hamburg: Rowohlt Verlag.
Häußler, Richard (1994), *Der Konflikt zwischen Bundesverfassungsgericht und politischer Führung. Ein Beitrag zu Geschichte und Rechtsstellung des Bundesverfassungsgerichts*, Berlin: Duncker & Humblot.
Heideking, Jürgen (2002), »Der symbolische Stellenwert der Verfassung

in der politischen Tradition der USA«, in: *Integration durch Verfassung*, herausgegeben von Hans Vorländer, Opladen: Westdeutscher Verlag, S. 123-135.

Helms, Ludger (2006), »Ursprünge und Wandlungen der Verfassungsgerichtsbarkeit in den konsolidierten liberalen Demokratien«, in: *Zeitschrift für Politik* 53, S. 50-73.

Henne, Thomas (2006), »Die neue Wertordnung im Zivilrecht – speziell im Familien- und Arbeitsrecht«, in: *Das Bonner Grundgesetz. Altes Recht und neue Verfassung in den ersten Jahrzehnten der Bundesrepublik Deutschland (1949-1969)*, herausgegeben von Michael Stolleis, Berlin: Berliner Wissenschafts-Verlag, S. 13-37.

Henne, Thomas/Riedlinger, Arne (Hg.) (2005), *Das Lüth-Urteil aus (rechts-)historischer Sicht. Die Konflikte um Veit Harlan und die Grundrechtsjudikatur des Bundesverfassungsgerichts*, Berlin: Berliner Wissenschafts-Verlag.

Herbert, Ulrich (2006), »Integration der jungen Republik durch Verfassungsrecht?«, ebd., S. 85-102.

Herrmann, Dietrich (2006), »Akte der Selbstautorisierung als Grundstock institutioneller Macht von Verfassungsgerichten«, in: *Die Deutungsmacht der Verfassungsgerichtsbarkeit*, herausgegeben von Hans Vorländer, Wiesbaden: VS Verlag für Sozialwissenschaft, S. 141-173.

Höpker-Aschoff, Hermann (1951), »Ansprache«, in: *Ansprachen zur Eröffnung des Bundesverfassungsgerichts. Ansprachen von Theodor Heuss, Konrad Adenauer, Reinhold Maier, Hermann Höpker-Aschoff, Friedrich Töpper*, Karlsruhe: C. F. Müller Verlag.

Institut für Staatslehre und Politik e.V. (1952/1953/1958), *Der Kampf um den Wehrbeitrag, drei Bände*, München: Isar Verlag.

Isensee, Josef (1994), »Braucht die Republik einen Präsidenten?«, in: *Neue Juristische Wochenschrift* 47, S. 1329-1330.

– (1996), »Bundesverfassungsgericht – quo vadis?«, in: *JuristenZeitung* 51, S. 1085-1093.

Kau, Marcel (2008), »Politische Parteien im Prozess der Konstitutionalisierung – Einfluss und spätere Wirkung dargestellt am Beispiel der Verfassungsgerichtsbarkeit«, in: *Zeitschrift für Rechtsphilosophie* 2008, S. 90-105.

Kelsen, Hans (1929), »Wesen und Entwicklung der Staatsgerichtsbarkeit«, in: *Veröffentlichungen der Vereinigung der Deutschen Staatsrechtslehrer* 5, Berlin und Leipzig: Verlag Walter de Gruyter, S. 30-88.

Kinkela, Claudia (2001), *Die Rehabilitierung des Bürgerlichen im Werk Dolf Sternbergers*, Würzburg: Verlag Königshausen & Neumann.

Kirn, Michael (1972), *Verfassungsumsturz oder Rechtskontinuität? Die*

Stellung der Jurisprudenz nach 1945 zum Dritten Reich, insbesondere die Konflikte um die Kontinuität der Beamtenrechte und Art. 131 Grundgesetz, Berlin: Duncker & Humblot.
Kommers, Donald P. (1976), *Judicial Politics in West Germany. A Study of the Federal Constitutional Court*, Beverly Hills und London: Sage Publications.
Kralewski, Wolfgang/Karlheinz Neunreither (1963), *Oppositionelles Verhalten im ersten Deutschen Bundestag (1949-1953)*, Köln und Opladen: Westdeutscher Verlag.
Kranenpohl, Uwe (2010), *Hinter dem Schleier des Beratungsgeheimnisses. Der Willensbildungs- und Entscheidungsprozess des Bundesverfassungsgerichts*, Wiesbaden: VS Verlag für Sozialwissenschaften.
Laufer, Heinz (1968), *Verfassungsgerichtsbarkeit und politischer Prozeß. Studien zum Bundesverfassungsgericht für die Bundesrepublik Deutschland*, Tübingen: J. C. B. Mohr (Paul Siebeck).
Lehmbruch, Gerhard (1996), »Die korporative Verhandlungsdemokratie in Westmitteleuropa«, in: *Schweizerische Zeitschrift für politische Wissenschaft* 2, S. 19-41.
– (1998^2 [1976]), *Parteienwettbewerb im Bundesstaat. Regelsysteme und Spannungslagen im Institutionengefüge der Bundesrepublik Deutschland*, Opladen und Wiesbaden: Westdeutscher Verlag.
Leibholz, Gerhard (1957), »Der Status des Bundesverfassungsgerichts: Eine Materialsammlung mit einer Einleitung«, in: *Jahrbuch des öffentlichen Rechts der Gegenwart* 6, S. 109-221.
– (1957a), »Bericht des Berichterstatters zur ›Status‹-Frage vom 21. März 1952«, in: *Jahrbuch des öffentlichen Rechts der Gegenwart* 6, S. 120-137.
Lembcke, Oliver W. (2007), *Hüter der Verfassung. Eine institutionentheoretische Studie zur Autorität des Bundesverfassungsgerichts*, Tübingen: J. C. B. Mohr (Paul Siebeck).
Ley, Richard (1982), »Die Erstbesetzung des Bundesverfassungsgerichts«, *Zeitschrift für Parlamentsfragen* 13, S. 521-540.
Limbach, Jutta (2008), »Globalization of constitutional law through interaction of judges«, in: *Verfassung und Recht in Übersee* 41, S. 51-55.
Lortz, Alexander (2003), »Die Gefahr der Stimmengleichheit – Ein wenig beachteter Sprengsatz in der Konstruktion des BVerfG«, *Zeitschrift für Rechtspolitik* 36, S. 36-39.
Menzel, Jörg (2005), »Vergangenheitsbewältigung in der frühen Judikatur des Bundesverfassungsgerichts: Beamten- und Gestapo-Urteil«, in: *Das Lüth-Urteil aus (rechts-)historischer Sicht. Die Konflikte um Veit Harlan und die Grundrechtsjudikatur des Bundesverfassungsgerichts*,

herausgegeben von Thomas Henne und Arne Riedlinger, Berlin: Berliner Wissenschafts-Verlag, S. 225-235.
Möllers, Christoph (2008), *Der vermisste Leviathan. Staatstheorie in der Bundesrepublik*, Frankfurt am Main: Suhrkamp Verlag.
Müller, Jan-Werner (2010), *Verfassungspatriotismus*, Berlin: Suhrkamp Verlag.
Naumann, Richard/Hans Spanner (1955), »Die Berufsbeamten und die Staatskrisen« [mit Aussprache], in: *Veröffentlichungen der Vereinigung der Deutschen Staatsrechtslehrer* 13, Berlin: Verlag Walter de Gruyter, S. 88-194.
Niclauß, Karlheinz (2006), »Der Parlamentarische Rat und das Bundesverfassungsgericht«, in: *Das Bundesverfassungsgericht im politischen System*, herausgegeben von Robert Christian van Ooyen und Martin H. W. Möllers, Wiesbaden: VS Verlag für Sozialwissenschaften, S. 117-128.
Oeter, Stefan (2007), »Rechtsprechungskonkurrenz zwischen nationalen Verfassungsgerichten, Europäischem Gerichtshof und Europäischem Gerichtshof für Menschenrechte«, in: *Veröffentlichungen der Vereinigung der Deutschen Staatsrechtslehrer* 66, Berlin: Verlag Walter de Gruyter, S. 362-391.
Otto, Volker (1971), *Das Staatsverständnis des Parlamentarischen Rates. Ein Beitrag zur Entstehungsgeschichte des Grundgesetzes für die Bundesrepublik Deutschland*, Düsseldorf: Rheinisch-Bergische Druckerei- und Verlagsgesellschaft.
Pasquino, Pasquale (1998), »Constitutional adjudication and democracy. Comparative perspectives: USA, France, Italy«, in: *Ratio Juris* 11, S. 38-50.
Patzelt, Werner (2005), »Warum verachten die Deutschen ihr Parlament und lieben ihr Verfassungsgericht? Ergebnisse einer vergleichenden demoskopischen Studie«, in: *Zeitschrift für Parlamentsfragen* 36, S. 517-538.
Peilert, Andreas (2000), »BVerfGE 65, 1 – Volkszählung«, *in: Verfassungsrechtsprechung. Hundert Entscheidungen des Bundesverfassungsgerichts in Retrospektive*, herausgegeben von Jörg Menzel, Tübingen: Mohr Siebeck, S. 344-350.
Preuß, Ulrich K. (1987), »Politik aus dem Geiste des Konsenses. Zur Rechtsprechung des Bundesverfassungsgerichts«, in: *Merkur. Deutsche Zeitschrift für europäisches Denken* 41, S. 1-12.
Robertson, David (2010), *The Judge as Political Theorist. Contemporary Constitutional Review*, Princeton: Princeton University Press.
Röhl, Hans Christian (2008), »Verfassungsrecht als wissenschaftliche

Strategie?«, in: *Allgemeines Verwaltungsrecht – zur Tragfähigkeit eines Konzepts. Festschrift Eberhard Schmidt-Aßmann*, herausgegeben von Hans-Heinrich Trute u.a., Tübingen: J.C.B. Mohr (Paul Siebeck), S. 821-838.

Roellecke, Gerd (2003), »Karlsruhe«, in: *Deutsche Erinnerungsorte*, Band 2, herausgegeben von Etienne François und Hagen Schulze, München: Verlag C.H. Beck, S. 549-564.

– (2005a), »Aufgabe und Stellung des Bundesverfassungsgerichts im Verfassungsgefüge«, in: *Handbuch des Staatsrechts der Bundesrepublik Deutschland*, Band III, herausgegeben von Josef Isensee und Paul Kirchhof, Heidelberg: C.F. Müller Verlag, § 67, S. 1201-1219.

– (2005b), »Aufgabe und Stellung des Bundesverfassungsgerichts in der Gerichtsbarkeit«, in: *Handbuch des Staatsrechts der Bundesrepublik Deutschland*, Band III, herausgegeben von Josef Isensee und Paul Kirchhof, Heidelberg: C.F. Müller Verlag, § 68, S. 1221-1232.

Sangmeister, Bernd (1999), »›Der Krieg der Richter‹ – BVerfG, NJW 1998, 519«, *Juristische Schulung* 39, S. 21-28.

Scheuner, Ulrich (1952), »Probleme und Verantwortungen der Verfassungsgerichtsbarkeit in der Bundesrepublik«, in: *Deutsches Verwaltungsblatt* 67, S. 293-298.

– (1976), »Die Überlieferung der deutschen Staatsgerichtsbarkeit im 19. und 20. Jahrhundert«, in: *Bundesverfassungsgericht und Grundgesetz. Festgabe aus Anlaß des 25jährigen Bestehens des Bundesverfassungsgerichts*, herausgegeben von Christian Starck, Band 1: *Verfassungsgerichtsbarkeit*, Tübingen: Mohr Siebeck, S. 1-62.

Schiffers, Reinhard (Bearb.) (1984), *Grundlegung der Verfassungsgerichtsbarkeit. Das Gesetz über das Bundesverfassungsgericht vom 12. März 1951*, Düsseldorf: Droste Buchverlag.

Schlaich, Klaus/Stefan Korioth (2010[8]), *Das Bundesverfassungsgericht. Stellung, Verfahren, Entscheidungen*, München: Verlag C.H. Beck.

Schmitt, Carl (1931), *Der Hüter der Verfassung*, Tübingen: J.C.B. Mohr (Paul Siebeck).

Schönberger, Christoph (2001), »Die überholte Parlamentarisierung. Einflussgewinn und fehlende Herrschaftsfähigkeit des Reichstags im sich demokratisierenden Kaiserreich«, *Historische Zeitschrift* 272, S. 623-666.

– (2006), »›Verwaltungsrecht als konkretisiertes Verfassungsrecht‹. Die Entstehung eines grundgesetzabhängigen Verwaltungsrechts in der frühen Bundesrepublik«, in: *Das Bonner Grundgesetz. Altes Recht und neue Verfassung in den ersten Jahrzehnten der Bundesrepublik Deutschland (1949-1969)*, herausgegeben von Michael Stolleis, Berlin: Berliner Wissenschafts-Verlag, S. 53-84.

– (2009), »Die Europäische Union zwischen ›Demokratiedefizit‹ und Bundesstaatsverbot. Anmerkungen zum Lissabon-Urteil des Bundesverfassungsgerichts«, in: *Der Staat* 48, S. 535-558.
– ([3]2011a), »Werte als Gefahr für das Recht? Carl Schmitt und die Karlsruher Republik«, in: Carl Schmitt, *Die Tyrannei der Werte*, Berlin: Duncker & Humblot, S. 57-91.
– (2011b), »Der Vorrang der Verfassung«, in: *Öffentliches Recht im offenen Staat. Festschrift für Rainer Wahl*, herausgegeben von Ivo Appel, Georg Hermes und Christoph Schönberger, Berlin: Duncker & Humblot (im Erscheinen).
Schulze-Fielitz, Helmuth (2000), »Das Bundesverfassungsgericht und die öffentliche Meinung«, in: *Bundesverfassungsgericht und gesellschaftlicher Grundkonsens*, herausgegeben von Gunnar Folke Schuppert und Christian Bumke, Baden-Baden: Nomos Verlagsgesellschaft, S. 111-144.
Schwarz, Hans-Peter (1986), *Adenauer. Der Aufstieg: 1876-1952*, Stuttgart: Deutsche Verlags-Anstalt.
Slaughter, Anne-Marie (2003), »A global community of courts«, in: *Harvard International Law Journal* 44, S. 191-219.
Smend, Rudolf (1971 [1962]), »Festvortrag zur Feier des zehnjährigen Bestehens des Bundesverfassungsgerichts am 26. Januar 1962«, in: *Das Bundesverfassungsgericht 1951-1971*, herausgegeben vom Bundesverfassungsgericht, Karlsruhe: C. F. Müller, S. 15-29.
Sofsky, Wolfgang/Rainer Paris (1994), *Figurationen sozialer Macht. Autorität – Stellvertretung – Koalition*, Frankfurt am Main: Suhrkamp Verlag.
Sörgel, Werner (1969), *Konsensus und Interessen. Eine Studie zur Entstehung des Grundgesetzes für die Bundesrepublik Deutschland*, Stuttgart: Ernst Klett Verlag.
Spieker, Frank (2004), *Hermann Höpker-Aschoff – Vater der Finanzverfassung*, Berlin: Duncker & Humblot.
Sternberger, Dolf (1990 [1979]), Verfassungspatriotismus, in: ders., Schriften, Bd. X: Verfassungspatriotismus, Frankfurt am Main: Insel-Verlag, S. 3-16.
Stolleis, Michael (1994), »Verwaltungsrechtswissenschaft in der Bundesrepublik Deutschland«, in: *Rechtswissenschaft in der Bonner Republik. Studien zur Wissenschaftsgeschichte der Jurisprudenz*, herausgegeben von Dieter Simon, Frankfurt am Main: Suhrkamp Verlag, S. 227-258.
Stone Sweet, Alec (2000), *Governing with Judges. Constitutional Politics in Europe*, Oxford: Oxford University Press.
Thoma, Richard (1957), »Rechtsgutachten betreffend die Stellung des

Bundesverfassungsgerichts«, abgedruckt in: *Jahrbuch des öffentlichen Rechts der Gegenwart* N.F. 6, S. 161-194.
Treitschke, Heinrich von (⁸1921 [1864]), »Bundesstaat und Einheitsstaat«, in: ders., *Historische und Politische Aufsätze*, Band 2, Leipzig: S. Hirzel Verlag, S. 74-235.
Tushnet, Mark (1999), »The Possibilities of Comparative Constitutional Law«, in: *The Yale Law Journal* 108, S. 1225-1309.
– (2008), *Weak Courts, Strong Rights. Judicial Review and Social Welfare Rights in Comparative Constitutional Law*, Princeton: Princeton University Press.
Vogel, Hans-Jochen (1978), »Videant Judices! Zur aktuellen Kritik am Bundesverfassungsgericht«, in: *Die öffentliche Verwaltung* 18, S. 665-668.
Vorländer, Hans/André Brodocz (2006), »Das Vertrauen in das Bundesverfassungsgericht. Ergebnisse einer repräsentativen Bevölkerungsumfrage«, in: *Die Deutungsmacht der Verfassungsgerichtsbarkeit*, herausgegeben von Hans Vorländer, Wiesbaden: VS Verlag für Sozialwissenschaft, S. 259-295.
–/Gary S. Schaal (2002), »Integration durch Institutionenvertrauen? Das Bundesverfassungsgericht und die Akzeptanz seiner Rechtsprechung«, in: *Integration durch Verfassung*, herausgegeben von dems., Opladen: Westdeutscher Verlag, S. 343-374.
Wahl, Rainer (1998), »Quo Vadis – Bundesverfassungsgericht? Zur Lage von Verfassungsgerichtsbarkeit, Verfassung und Staatsdenken«, in: *Hüter der Verfassung oder Lenker der Politik? Das Bundesverfassungsgericht im Widerstreit*, herausgegeben von Bernd Guggenberger und Thomas Würtenberger, Baden-Baden: Nomos Verlagsgesellschaft, S. 81-120.
Waldhoff, Christian (2008), »Erna Scheffler – erste Richterin des Bundesverfassungsgerichts«, in: *Jahrbuch des öffentlichen Rechts der Gegenwart* 56, S. 261-268.
Weber, Werner (1951), *Spannungen und Kräfte im westdeutschen Verfassungssystem*, Stuttgart: Vorwerk Verlag.
Wendenburg, Helge (1984), *Die Debatte um die Verfassungsgerichtsbarkeit und der Methodenstreit der Staatsrechtslehre in der Weimarer Republik*, Göttingen: Verlag und Buchdruckerei Otto Schwartz.
Wengst, Udo (1984), *Staatsaufbau und Regierungspraxis 1948-1953. Zur Geschichte der Verfassungsorgane der Bundesrepublik Deutschland*, Düsseldorf: Droste Buchverlag.
Werner, Fritz (1959), »Verwaltungsrecht als konkretisiertes Verfassungsrecht«, in: *Deutsches Verwaltungsblatt* 74, S. 527-533.

Wesel, Uwe (2004), *Der Gang nach Karlsruhe. Das Bundesverfassungsgericht in der Geschichte der Bundesrepublik Deutschland*, München: Blessing Verlag.
Wiegandt, Manfred H. (1995), *Norm und Wirklichkeit. Gerhard Leibholz (1901-1982) – Leben, Werk und Richteramt*, Baden-Baden: Nomos Verlagsgesellschaft.
Zweigert, Konrad (1952), »Die Verfassungsbeschwerde«, in: *JuristenZeitung* 7, S. 321-329.
– (1971), »Duktus der Rechtsprechung des Ersten Senats des Bundesverfassungsgerichts und einige Erinnerungen an seine Anfangszeit«, in: *Das Bundesverfassungsgericht 1951-1971*, herausgegeben vom Bundesverfassungsgericht, Karlsruhe: C. F. Müller, S. 95-120.
– (1976), »Einige rechtsvergleichende und kritische Bemerkungen zur Verfassungsgerichtsbarkeit«, in: *Bundesverfassungsgericht und Grundgesetz*, Band 1, herausgegeben von Christian Starck, Tübingen: J. C. B. Mohr (Paul Siebeck), S. 63-75.

Matthias Jestaedt

Phänomen Bundesverfassungsgericht
Was das Gericht zu dem macht, was es ist

A. Wer Verfassungsrecht sät, wird Verfassungsrechtsprechung ernten

Kaum eine zweite Institution ist für das freiheitlich-demokratische Deutschland, welches sich aus den Trümmern des NS-Regimes erhoben hat, so prägend und so kennzeichnend wie das Bundesverfassungsgericht. Wer sich ein verlässliches Bild davon machen möchte, wie die Uhren im Nachkriegsdeutschland gehen, kann dies nicht ohne einen eingehenden Blick auf das Wirken des Gerichts im Karlsruher Schlossbezirk. Manche meinen – wohl etwas augenzwinkernd – gar, dass statt von der Bonner respektive der Berliner Republik von der Karlsruher Republik zu sprechen sei. Auch Ernst-Wolfgang Böckenfördes besorgte Diagnose, dass sich ein »gleitender Übergang vom parlamentarischen Gesetzgebungsstaat zum verfassungsvollziehenden Jurisdiktionsstaat« (Böckenförde 1981: 402) vollzogen habe, darf als Ausdruck der ganz außerordentlichen Stellung und Bedeutung des Bundesverfassungsgerichts in der grundgesetzlichen Ordnung verstanden werden. Schließlich dokumentieren die regelmäßigen Spitzenwerte des Gerichts auf der Beliebtheitsskala in der Öffentlichkeit dessen singuläre Position (Vorländer/Brodocz 2006).

Die heutige Fraglosigkeit dieser Erfolgsgeschichte darf indes nicht den Sinn dafür trüben, dass es sich dabei keineswegs von Anfang an um einen Selbstläufer, um eine zwangsläufige, normativ zwingende Entwicklung gehandelt hat. Ganz im Gegenteil. Das Bundesverfassungsgericht ist nicht zu Unrecht als »verspätetes Verfassungsorgan« (Schiffers 1984: VII) bezeichnet worden, nahm es doch erst ein halbes Jahr nach Verabschiedung des Gesetzes über das Bundesverfassungsgericht (BVerfGG) vom 12. März 1951, nämlich am 7. September 1951, seine Spruchtätigkeit auf – und damit zwei Jahre nach der Konstituierung oder Wahl der anderen Bundesverfassungsorgane (Bundestag: 14. August 1949/ 7. September 1949, Bundesrat: 7. September 1949, Bundespräsident: 12. September 1949, Bundeskanzler: 15. September 1949, Bundeskabinett: 20. September 1949). Die Stammfassung des Grundgesetzes vom 23. Mai 1949 schwieg sich über einige der heute zentralen Charakteristika sowohl des Anspruchs als auch der operativen Wirksamkeit des Bundesverfassungsgerichts aus, sei es, weil der Parlamentarische Rat die Entscheidung dem einfachen Gesetzgeber (oder der Selbstorganisation des Gerichts) bewusst überantworten wollte, sei es, weil die künftigen Herausforderungen und Entwicklungen schlicht unabsehbar waren. So war, um vier ganz unterschiedliche Aspekte beispielhaft zu nennen, die Frage nach dem Status des Gerichts als Verfassungsorgan durch das Grundgesetz nicht geklärt worden;[1] die so charakteristische Ausgestaltung als Zwillingsgericht – ein Gericht mit zwei gleichberechtigten Senaten, die jeweils als »das Bundesverfassungsgericht« judizieren – ordnete ebenso erst das BVerfGG an; auch die Verfahrensart, die den richterlichen Arbeitsaufwand und den Ruf des Bundesverfassungsgerichts wie keine zweite prägt, nämlich die Verfassungsbeschwerde, ist erst 1951 einfachgesetzlich eingeführt und sogar erst 1969 ins Grundgesetz aufgenommen worden; als Reaktionen auf die steigende Arbeitslast sind erst nach und nach die aus drei Richtern bestehenden Kammern (früher: Vorprüfungsausschüsse) und ein entsprechendes Annahmeverfahren, in dem weit mehr als 90 Prozent sämt-

1 Erst das Bundesverfassungsgerichtsgesetz bestimmt in leicht gewundener Weise in § 1 Abs. 1: »Das Bundesverfassungsgericht ist ein allen übrigen Verfassungsorganen gegenüber selbständiger und unabhängiger Gerichtshof des Bundes.«

licher Eingänge erledigt werden, eingerichtet und jedem Richter wissenschaftliche Mitarbeiter (in den fünfziger Jahren zunächst nur einer, heute sind es durchschnittlich vier) zugeordnet worden.

Dass mit der durch den Verfassunggeber gefällten Grundsatzentscheidung für eine institutionell verselbstständigte, nach Zahl und Gewicht ihrer Zuständigkeiten starke Verfassungsgerichtsbarkeit erst in Umrissen erkennbar war, in welcher Weise und in welche Richtung sich das Gericht entwickeln würde, ist überdies dem Umstand geschuldet, dass das Bundesverfassungsgericht als Gesamtphänomen sowohl unter verfassungshistorischen als auch unter verfassungsvergleichenden Auspizien präzedenzlos dasteht: Zwar wurden bei der Beratung von Grundgesetz und Bundesverfassungsgerichtsgesetz immer wieder Bezüge namentlich zum Weimarer Reichsstaatsgerichtshof und zum U.S. Supreme Court – überraschenderweise nicht zum österreichischen Verfassungsgerichtshof – hergestellt. Doch sowohl in zahlreichen typusprägenden Einzelheiten als auch im Gesamtkonzept stellt das grundgesetzliche Verfassungsgericht eine originelle Neuschöpfung dar, für deren Wirken und Funktionieren man nicht auf Erfahrungswerte von Spruchkörpern früherer Epochen oder ausländischer Rechtsordnungen zurückgreifen konnte.

Das Phänomen, dass sich das *law in action* anders entwickelt und darstellt, als es das *law in the books* vorzeichnet und vermuten lässt, dass also (verfassungs)gesetzgeberische Intention und Wirkung deutlich auseinandergehen können, lässt sich vielfach beobachten. Mit besonderem Nachdruck gilt dies jedoch für ein Höchstgericht, welches – wie ein Verfassungsgericht – mit der Macht des letzten, da nicht mehr durch andere Instanzen revisiblen Wortes ausgestattet ist. Wohl an keinem anderen Verfassungsgericht in Geschichte und Gegenwart wird man so nachhaltig und so eingängig die Erkenntnis belegen können, dass die Macht des letzten Wortes, ist sie einmal entfesselt, sich von jenen, die sie schufen, und von jenen, die von Rechts wegen über ihren Fortbestand entscheiden, nur mehr begrenzt steuern lässt. Dies schon deswegen, weil die Macht zu verbindlicher Verfassungsinterpretation zwangsläufig die Macht einschließt, die Grundlagen der eigenen, in der Verfassung niedergelegten Kompetenzen autoritativ – und das heißt: mit Rechtswirkung für und gegen alle sonstigen Kompetenzkonkurrenten – feststellen zu können.

Sowenig in den für das Bundesverfassungsgericht weichenstellenden Jahren 1949 und 1951 die spätere Entwicklung voraussehbar, planbar und bestimmbar war, so wenig wird man, fragt man nach den Gründen und Faktoren, die das Bundesverfassungsgericht zu dem haben werden lassen, was es geworden ist, es bei einem Verweis auf die Bestimmungen des Grundgesetzes einerseits und des Bundesverfassungsgerichtsgesetzes andererseits bewenden lassen dürfen. Vielmehr kann eine Vielzahl und Vielfalt von untereinander in komplexen Wechselbeziehungen stehenden Entwicklungsbedingungen namhaft gemacht werden, von denen, neben der Kompetenzfülle des Gerichts, gerne die akzeptanzerheischende Überzeugungskraft der Karlsruher Spruchtätigkeit und die Autorität der Richterpersönlichkeiten eigens herausgestellt werden (Vorländer 2006: 9ff.). Eine allmählich einsetzende Historisierung des Karlsruher Wirkens trägt das Ihre dazu bei, die konkreten sozialen, ökonomischen, politischen und geistesgeschichtlichen Kontexte der vergangenen 60 Jahre Bundesverfassungsgericht auszuleuchten und in ihrer Bedeutung für die Rechtsprechungsentwicklung zu würdigen. So unverzichtbar diese vier Aspekte für eine Erklärung des Phänomens Bundesverfassungsgericht auch sind, so wenig sind damit die Ingredienzien der Erfolgsmischung bereits vollzählig benannt. Andererseits ist es nicht minder selbstverständlich, dass sich – denkt man nur an schwer greif- und messbare sozial- und motivationspsychologische Faktoren – die Elemente wie ihre Interdependenzen nicht wirklich erschöpfend benennen lassen (Brodocz 2006; Kranenpohl 2010). Die folgenden Überlegungen bemühen sich darum, die ausgesprochen juridischen Faktoren und Momente – das heißt die mit dem spezifischen Fachwissen des Rechtswissenschaftlers erfassbaren Entwicklungsbedingungen – ausfindig zu machen und in ihrem Zusammenwirken nachzuzeichnen.

B. Grundgesetz und Bundesverfassungsgericht – eine asymmetrische Erfolgsgemeinschaft

B.I *Constitutio* und *viva vox constitutionis*

Wer dem Erfolgsgeheimnis des Bundesverfassungsgerichts in den 60 Jahren seines Bestehens nachforscht, wird bald auf eine parallel verlaufende und – wie sich bei näherem Hinsehen schnell herausstellt – damit aufs engste verwobene Erfolgsgeschichte stoßen. Es ist jene des Grundgesetzes selbst. Ohne Übertreibung lässt sich von einer wirkungsverstärkenden wechselseitigen Abhängigkeit sprechen, dass nämlich die überragende Bedeutung, die das Grundgesetz im Nachkriegsdeutschland errungen hat, nicht ohne das Wirken des Bundesverfassungsgerichts erklärt werden kann wie umgekehrt Stärke und Ausstrahlungskraft des Letzteren ohne das Erstere undenkbar wären. Die eine Erfolgsgeschichte kann infolgedessen nicht ohne die andere erzählt und verstanden werden. Grundgesetz und Bundesverfassungsgericht sind in ihrem Erfolg oder, weiter noch, in ihrem Schicksal aufeinander angewiesen (Voßkuhle 2009: 917ff.).

Freilich ist diese Erfolgs- oder Schicksalsgemeinschaft nicht eine symmetrisch angelegte: Es ist zwar das Bundesverfassungsgericht, welchem – wenn auch keineswegs die alleinige, so doch – die autoritative Interpretation der Bundesverfassung zusteht. Mit anderen Worten: Im Falle seiner Anrufung entscheidet »Karlsruhe« verbindlich darüber, wie die Bestimmungen des Grundgesetzes ausgelegt und angewendet werden müssen. In letzter Instanz spricht das Grundgesetz durch das Bundesverfassungsgericht, ist dieses also dessen maßgebliches Sprachrohr. Doch es ist das Grundgesetz, welches dem Gericht seine Sonderstellung allererst einräumt und seine verbindliche Deutungsmacht zuweist. Was das Grundgesetz gibt, kann es grundsätzlich auch wieder nehmen, wenn auch die mehr oder minder juristisch verbrämten Beharrungskräfte insoweit nicht unterschätzt werden dürfen.

Auffällig ist auch die Ähnlichkeit der – wenn man so sagen darf – Erfolgsstrategien: Beide, Grundgesetz und Bundesverfassungsgericht, betreten die Arena innerstaatlichen Strebens nach Aufmerksamkeit und Durchsetzungsmacht, kurz: nach Autorität im Staate, als Neulinge – mit zwar ordentlicher Grundausstattung und ansehnlicher Veranlagung, aber doch einerseits ohne vorab fest definierte Zukunftsperspektive und andererseits ohne Garantie dafür, dass und wie nachhaltig sie die ihnen zugedachten Rollen würden spielen können. Und trotzdem setzen sich beide mit ihrem jeweils geradezu hegemonialen Führungs- und Steuerungsanspruch gegen ihre kampferprobten älteren Konkurrenten, die sie zunächst nahezu reflexhaft als traditionslose Emporkömmlinge einstufen, durch.

B.II Durchsetzung der Verfassung gegenüber Konkurrenzkonzepten: Denken von der Verfassung her

Im diachronen wie im synchronen Vergleich fällt die Grundgesetz-Orientierung, um nicht zu sagen: die Verfassungsfixierung, im heutigen Deutschland auf. Keine deutsche Verfassung vor (oder, soweit es die geltenden Landesverfassungen betrifft, neben) dem Grundgesetz war von so großer rechtspraktischer, also im engeren Sinne juristischer Bedeutung einerseits und von so überragender Wichtigkeit für die politische Grundbefindlichkeit der Deutschen andererseits. In wohl keinem anderen Land der Erde und wohl zu keiner anderen Zeit wird und wurde bei der Lösung alltäglicher Rechtsfälle, mögen sie sich zwischen Privaten abspielen, im Staat-Bürger-Verhältnis oder im staatlichen Binnenbereich, so häufig und so intensiv auf die Verfassung rekurriert wie im Deutschland des Grundgesetzes. Die Verfassung fungiert nicht mehr bloß als Sonderrecht für das Politische, sondern sie steigt zu der jede Rechtsbeziehung durchdringenden, allbezüglichen Wertordnung auf. Die Orientierung des sonstigen Rechts, des Gesetzesrechts voran, am Grundgesetz ist so durchgreifend und so lückenlos, dass zehn Jahre nach dessen Inkrafttreten der Präsident des Bundesverwaltungsgerichts das Verwaltungsrecht als »konkretisiertes Verfassungsrecht« charakterisierte (Werner 1959) und heute zunehmend von einer Konstitutionalisierung der Rechtsordnung die Rede ist, die manche mit Zufriedenheit und als Zeichen reifer Verfassungsstaatlichkeit, andere wiederum mit Sorge und als Zeichen fehlgeleiteter Verfassungsstaatlichkeit betrachten. In affirmativer Lesart stellt sich die Ausrichtung der Rechtsordnung im Übrigen am Grundgesetz als Prozess der Verfassungskonkretisierung und damit der freiheitlich-demokratischen Werteverwirklichung dar, indes bei kritischer Lesart der Verlust des Selbststandes des Gesetzesrechts (und damit des Politischen) hervortritt und der politische Wettbewerb sich in bloßem Verfassungsvollzug zu erschöpfen droht. Um die nicht im engeren Sinne juristische Bedeutung des Grundgesetzes zu erfassen und zu deuten, ist das sehr deutsche Konzept des Verfassungspatriotismus entworfen und ausbuchstabiert worden (Sternberger 1979; Müller 2010). Von der Grundordnung der innerstaatlichen Rechtserzeugung über die oberste rechtliche Werteordnung avanciert das Grundgesetz zur – weit mehr als nur rechtlichen – Integrationsordnung des Gemeinwesens, zum (partiellen) Nation-Ersatz (Isensee 1986).

Wie weit sich das Grundgesetz als Ordnungs- und Orientierungsrahmen gegenüber Konkurrenzangeboten durchgesetzt hat, zeigt sich daran, wie stark der ehedem und andernorts deutlich stärker ausgeprägte Primat des Politischen dem Primat der Verfassung weichen muss. Wenige politische Fragen werden heute öffentlich diskutiert und gelöst, ohne die Antwort maßgeblich zumindest auch auf die Verfassung zu stützen, mag es um so Unterschiedliches gehen wie den Auslandseinsatz deutscher Soldaten (BVerfGE 90, 286ff. [1994]), um die Pendler-Pauschale (BVerfGE 122, 210 [2008]) oder die Höhe und Berechnung von Hartz-IV-Sätzen (BVerfGE 125, 175 [2010]). Die Verfassung erscheint hier als politische Agenda. Dementsprechend gibt es – getreu dem Motto: *quod non est in constitutione, non est in mundo* – immer wieder Bestrebungen, das Grundgesetz um allerlei Staatsziele zu ergänzen. Auf eine Kurzformel gebracht: Unter dem Grundgesetz zieht in Deutschland – und wie es den Anschein hat: je länger, desto mehr – das Denken von der Verfassung her ein.

B.III Durchsetzung des Verfassungsgerichts gegenüber Konkurrenzinstitutionen: *Karlsruhe locuta, causa finita*

Auch das Bundesverfassungsgericht, welches als präzedenzlose Erfindung des Grundgesetzes seine Rolle und Stellung, seine Funktions- und Wirkungsweise inmitten der und gegenüber den traditionserprobten Trägern staatlicher Macht erst noch finden, erkämpfen und behaupten muss, besteht die institutionellen und funktionellen Rangordnungskämpfe, aufs Ganze gesehen, mit durchschlagendem Erfolg. Dabei muss es sich, hat doch der Parlamentarische Rat sich mit der Fixierung einiger Eckdaten begnügt und auch der Gesetzgeber des Bundesverfassungsgerichtsgesetzes aus dem Jahre 1951 wichtige Fragen ausgespart, zu nicht unerheblichen Teilen gleichsam selbst erfinden. Insbesondere mit zwei Behauptungen setzt sich das Gericht durch: Zum einen mit dem Anspruch, nicht nur *ein* wenn auch herausgehobener Hüter der Verfassung unter vielen zu sein, sondern der im Rechtsalltag im wahrsten Sinne des Wortes alles entscheidende Hüter. Zwar sind alle staatlichen Gewalten, wie Art. 20 Abs. 3 und Art. 1 Abs. 3 GG in exemplarischer Deutlichkeit zeigen, auf das Grundgesetz verpflichtet und zu dessen Wahrung und Verwirklichung bestellt, doch sämtliche diesbezüglichen Bemühungen laufen in letzter – und keineswegs nur selten involvierter – Instanz bei *einem* Organ zusammen, eben dem Bundesverfassungsgericht. Dabei lässt sich dessen effektive Deutungsautorität nicht hinreichend mit der eigens gesetzlich fixierten Bindungswirkung verfassungsgerichtlicher Entscheidungen (§ 31 BVerfGG) erklären. Denn ganz unabhängig vom konkreten Fallbezug und von der Reichweite von Rechtskraft, Gesetzeskraft und sonstiger Bindungswirkung kann sich keine Deutung und Handhabung des Grundgesetzes etablieren und Wirkung entfalten gegen und selbst ohne den Karlsruher Segen. Zum anderen reüssiert das Gericht auch weitestgehend mit den Behauptungen, die seine eigene Stellung im institutionellen und funktionellen Gefüge der organisierten Staatsgewalt betreffen. Als Stichworte mögen an dieser Stelle genügen: der Status als Verfassungsorgan, die Haushalts- sowie die Verfahrensautonomie.

Selbstredend sind die hier etwas reißerisch Rangordnungskämpfe genannten Vorgänge weder einmalige noch zur Gänze offen ausgetragene Ereignisse mit eindeutigem und endgültigem Ausgang, sondern komplexe und unabgeschlossene, auf zahlreichen Ebenen und in zahlreichen Fragestellungen sich abspielende Prozesse. Gleichwohl können einige spektakuläre historische Schlaglichter zur Veranschaulichung der Karlsruher Durchsetzungsmacht benannt werden. Sie betreffen das Verhältnis des Verfassungsgerichts zu Bundesverfassungsorganen (Regierung, Gesetzgeber, Verfassungsgesetzgeber) auf der einen und zur Fachgerichtsbarkeit auf der anderen Seite.

B.III.1 Verfassungsorgan unter Verfassungsorganen

Bereits im ersten Jahr seines Bestehens ging das noch junge Bundesverfassungsgericht auf Konfrontationskurs mit den vom Grundgesetz zweifelsfrei als Bundesverfassungsorgane eingesetzten Staatsleitungsorganen, allen voran mit der Bundesregierung im Allgemeinen und dem Bundesjustizminister Thomas Dehler im Besonderen. In seiner berühmt gewordenen Denkschrift über »Die Stellung des Bundesverfassungsgerichts« vom 27. Juni 1952 (Bundesverfassungsgericht 1957) wie auch in der Rechtsprechung der Folgejahre behauptete das Gericht, wie man ergänzen muss: auf schmaler verfassungsgesetzlicher Grundlage, seine verfassungsrechtliche Stellung sei nicht jener der oberen Bundesgerichte – gemeint waren der Bundesgerichtshof, das Bundesverwaltungsgericht, das Bundesarbeitsgericht, das Bundessozialgericht und der Bundesfinanzhof – vergleichbar, sondern »als Gericht« sei es von Grundgesetzes wegen »zugleich ein oberstes Verfassungsorgan« (BVerfGE 7, 1 [14] – Berliner Ehrengericht [1957]). Darauf gründete es nicht nur seinen Anspruch auf Unabhängigkeit unter anderem von der Dienstaufsicht des Bundesjustizministeriums, mit dem das Gericht in manchen Fragen sowohl der Verfassungsauslegung als auch des organisatorisch-funktionellen Verhältnisses über Kreuz stand, sondern auch den Anspruch, den sonstigen Bundesverfassungsorganen, also Bundespräsident, Bundestag, Bundesrat und Bundesregierung, auf Augenhöhe gegenüber- und gegebenenfalls entgegenzutreten. Wie das aussehen konnte, musste die Bundesregierung anno 1961 im Bund-Länder-Streit um die Gründung der Deutschland-Fernsehen GmbH erfahren. Darin trat das Gericht auf ganzer Linie und mit weitausgreifender Begründung der Rechtsauffassung der von Konrad Adenauer geführten Bundesregierung in teils recht schroffer Weise[2] entgegen und sprach über Adenauers Prestigeprojekt eines Bundesrundfunks das Verfassungs(widrigkeits)verdikt (BVerfGE 12, 205 [220-223, 223-264] – Deutschland-Fernsehen [1961]). Der Bundesgesetzgeber erlebte insbesondere in den Anfangsjahren der sozialliberalen Koalition in den siebziger Jahren, was es bedeutete, dass die Grundlagen des Gemeinwesens in verbindlicher Weise nicht von den demokratischen Front-Organen Bundesregierung, Bundestag und Bundesrat, sondern von dem in der Karlsruher Schlossparkidylle angesiedelten Bundesverfassungsgericht ausbuchstabiert wurden. Ob die Demokratisierung des Gemeinwesens in Gestalt der Einführung der Mitbestimmung in der Gruppenuniversität, ob die Liberalisierung der Gesellschaft durch die sogenannte Fristenlösung des § 218 StGB oder die neue Ost- und Deutschlandpolitik *sub specie* des Grundlagenvertrages: Auf zentralen Feldern sozialliberaler Reformpolitik richtete das Bundesverfassungsgericht für die Politik ärgerliche Hindernisse auf, wies auf unüberwindbare Grenzen hin und bremste damit den Reformdrang des neuen demokratischen Establishments aus (BVerfGE 35, 79 ff. – Gruppenuniversität [1973]; BVerfGE 36, 1 ff. – Grundlagenvertrag [1973]; BVerfGE 39, 1 ff. – Fristenlösung [1975]). Sogar der

2 So beginnen etwa die Ausführungen zu der Kompetenzvorschrift des Art. 73 Nr. 7 GG (»Post- und Fernmeldewesen«) mit dem Satz: »Die Auslegung, die die Bundesregierung Art. 73 Nr. 7 GG gibt, ist unrichtig.«

verfassungändernde Gesetzgeber musste erfahren, dass das Karlsruher Zwillingsgericht seine Hüter-Rolle gegenüber dem Herrn der Verfassung selbstbewusst ausspielte. So war es im Jahre 1996 der Zweite Senat, der die Asylnovelle mit der Einführung des Art. 16a GG (BVerfGE 94, 49ff.), und im Jahre 2004 der Erste Senat, der den Großen Lauschangriff mit der Ergänzung von Art. 13 GG jeweils gerade noch passieren ließen (BVerfGE 109, 279ff.); wie knapp der Verfassungsgesetzgeber an einer Blamage vorbeischrammte, belegt das Sondervotum zweier Richterinnen, die die für den Großen Lauschangriff zentrale neue Verfassungsbestimmung des Art. 13 Abs. 3 GG für verfassungswidriges Verfassungsrecht hielten. Bezeichnend für das Verhältnis von Verfassungsgesetzgeber und Verfassungsgericht ist es, dass eine allfällige »Korrektur« eines Karlsruher Judikates durch eine nachfolgende Änderung der entsprechenden Grundgesetz-Bestimmung ganz überwiegend als illegitim, da als Unterlaufen der verfassungsgerichtlichen Autorität wahrgenommen und gebrandmarkt würde (Jestaedt 2002; Jestaedt 2010).

B.III.2 Gericht unter Gerichten

Doch nicht nur auf der Staatsleitungsebene behauptete sich das Bundesverfassungsgericht im Verhältnis und im Vergleich zu seinen Konkurrenten um Autorität und (Deutungs-)Macht. Als judikativer Spruchkörper, und zwar als neuartiges, das überkommene Rechtsprechungsgefüge von sachlich abgesetzten Instanzenzügen durcheinanderwirbelndes Gericht hatte es sich im Kreise der und gegenüber den anderen Gerichten, den sogenannten Fachgerichten, zu positionieren und zu profilieren.

Die von der Anlage her vielleicht gefährlichste Konkurrenz überstand das Bundesverfassungsgericht indes kampflos und verlustfrei: Das Grundgesetz hatte in seiner Stammfassung noch die Einrichtung eines Obersten Bundesgerichts verfügt.[3] Der Parlamentarische Rat hatte also die rechtsprechende Gewalt mit einer Art Doppelspitze ausgestattet, dem Bundesverfassungsgericht in Art. 93 und 94 GG für die Entscheidung von (Bundes-)Verfassungsfragen auf der einen und dem Obersten Bundesgericht in Art. 95 GG als Garant der Rechtsprechungseinheit des Bundes innerhalb der Fachgerichtsbarkeit auf der anderen Seite.[4] Doch der Gesetzgeber erfüllte den Einrichtungsauftrag nicht; im Jahre 1968 wurden die Bestimmungen über das Oberste Bundesgericht aus dem Grundgesetz getilgt und durch die Einführung des ungleich unbedeutenderen Gemeinsamen Senates der obersten Gerichtshöfe des Bundes ersetzt. Fortan firmierten die fünf ehedem »obere Bundesgerichte« genannten Spruchkörper als »oberste Bundesgerichte« oder auch als »oberste Gerichtshöfe des Bundes«,[5] ohne damit freilich auf eine Stufe mit dem Bundesverfassungsgericht zu gelangen.

Alle ernsthafteren Konflikte zwischen Verfassungsgericht und Fachgerichten hat ersteres konsequent für sich entschieden. Pars pro toto seien vier Positionierungskämpfe genannt: Anfang bis Mitte der fünfziger Jahre wurde das Verhältnis zwischen dem Bundesverfassungsgericht einerseits und den oberen Bundesgerichten andererseits durch den sogenannten »Gutachten-Streit« belastet (Baldus 2005:

3 Art. 95 Abs. 1 GG der Stammfassung von 1949 lautete: »Zur Wahrung der Einheit des Bundesrechts wird ein Oberstes Bundesgericht errichtet.«

4 Die Doppelspitzen-Lösung kommt auch in der Ursprungsfassung von Art. 92 GG deutlich zum Ausdruck: »Die rechtsprechende Gewalt ist den Richtern anvertraut; sie wird *durch das Bundesverfassungsgericht, durch das Oberste Bundesgericht*, durch die in diesem Grundgesetze vorgesehenen Bundesgerichte und durch die Gerichte der Länder ausgeübt.« (Hervorhebungen nicht im Original)

5 Vgl. Gesetz zur Wahrung der Einheitlichkeit der Rechtsprechung der obersten Gerichtshöfe des Bundes vom 19. Juni 1968, BGBl. I S. 661.

237 ff.): Vordergründig ging es darum, ob ein Bundesgericht, welches nach der Stammfassung des Bundesverfassungsgerichtsgesetzes im Rahmen einer konkreten Normenkontrolle (Art. 100 Abs. 1 GG) den Antrag eines Instanzgerichtes an das Bundesverfassungsgericht weiterzuleiten hatte, eine eigene verfassungsrechtliche Stellungnahme – eben: ein »Gutachten« – beifügen dürfe oder nicht. Hintergründig ging es darum, ob und wie weit die letztinstanzlichen Bundesgerichte in Fragen der Verfassungsauslegung mitreden und damit in offene Deutungskonkurrenz zum Bundesverfassungsgericht treten durften. Den »Gutachten-Streit« entschied der Bundesgesetzgeber zugunsten des Bundesverfassungsgerichts, indem er die unmittelbare Anrufung desselben seitens der Instanzgerichte vorsah (§ 80 Abs. 1 BVerfGG). Die wohl berühmteste Entscheidung des Bundesverfassungsgerichts, das »Lüth-Urteil« vom 15. Januar 1958 (BVerfGE 7, 198), welches Bahnbrechendes zur Wirkung der Grundrechte in Privatrechtsverhältnissen enthält, gehört ebenfalls in diesen Zusammenhang, trat der Erste Senat hier doch erfolgreich den auf das Grundgesetz bezogenen Deutungsansprüchen der Zivilgerichte im Allgemeinen und des Bundesgerichtshofes sowie des Bundesarbeitsgerichtes im Besonderen entgegen. Mit der Doppellehre von der »objektiven Wertordnung« und der »Ausstrahlungswirkung« der Grundrechte auf das gesamte (Unterverfassungs-) Recht sicherte sich das Bundesverfassungsgericht zusätzlich die prozessuale Möglichkeit, jedes zivilgerichtliche Urteil vollumfänglich auf seine Grundrechtskonformität hin zu überprüfen (Brodocz 2005: 271 ff.; Wahl 2005: 371 ff.). Aufs Ganze gesehen, fügten und fügen sich die Fachgerichte nolens volens dem verfassungsbezogenen Suprematie-Anspruch des Bundesverfassungsgerichts. Einzelne Ausreißer wie zu Beginn des 21. Jahrhunderts der Streit um das Ver-

sammlungsrecht von Demonstranten mit neonazistischem Hintergrund oder der Disput um die Befolgung von Judikaten des Europäischen Gerichtshofes für Menschenrechte (»Görgülü«) entfachten dementsprechend großes Aufsehen, auch wenn sich letztlich weder das Oberverwaltungsgericht für das Land Nordrhein-Westfalen im ersten noch das Oberlandesgericht Naumburg im zweiten Fall gegen die Karlsruher Vorgaben erfolgreich zur Wehr setzen konnten. Gegen das Bundesverfassungsgericht ist eben kein anderes Justiz-Kraut gewachsen. *Karlsruhe locuta, causa finita*. Darin zeigt sich die – wohl schon seit dem »Lüth-Urteil« – unangefochtene Spitzenstellung des Bundesverfassungsgerichts im Bereich der Rechtsprechung, die sich, das sei für das Verhältnis von Verfassungsgerichtsbarkeit und Fachgerichtsbarkeit eigens hervorgehoben, nicht nur und noch nicht einmal am stärksten in den wenigen spektakulären *hard cases*, sondern gerade und am nachhaltigsten in den rund 160.000 alltäglichen Verfahren der Urteilsverfassungsbeschwerde beweist und bewährt. Überhaupt ist darauf hinzuweisen, dass die Beziehung des Bundesverfassungsgerichts zu den sonstigen Gerichten tatsächlich deutlich spannungsfreier ist, als es in dazu einschlägigen Publikationen den Anschein hat (Jestaedt 2001). Die Überzeichnung von Spannungslagen dürfte nicht selten damit zusammenhängen, dass die Wahrnehmung der verfassungsgerichtlichen Entscheidungen mit fachrichterlichem Bezug verzerrt ist. In den Blick geraten zumeist nur die spektakulären Senats- und einige wenige herausragende Kammerentscheidungen, zumal auch nur diese publiziert werden. Senatsentscheidungen sind aber unter dreifachem Gesichtspunkt nicht repräsentativ: Erstens machen sie noch nicht einmal ein Prozent aller Entscheidungen des Bundesverfassungsgerichts (in Urteilsverfassungsbeschwerdeverfahren) aus; zweitens liegt die Erfolgsquote bei Senatsentscheidungen um den Faktor 15 bis 30 höher als bei Kammerentscheidungen; und drittens entscheidet der Senat regelmäßig nur bei neu auftretenden Grundsatzfragen, alles Übrige erledigen weitestgehend geräuschlos die Kammern.

C. Drei folgenreiche Weichenstellungen

Aus juridischer Sicht ragen drei institutionelle und funktionelle Weichenstellungen aus der Fülle der Entwicklungsfaktoren und -bedingungen heraus, die in ihrem Wirkungszusammenhang im diachronen wie synchronen Rechtsvergleich das Bundesverfassungsgericht als dritten Archetyp eines Verfassungsgerichts – neben den beiden älteren Grundmodellen, dem US-amerikanischen Supreme Court und dem österreichischen Verfassungsgerichtshof – erscheinen lassen. Es sind dies die Entscheidungen erstens für eine Verfassungsgerichtsbarkeit im engeren Sinne (dazu I.), zweitens für eine konzentrierte und isolierte Verfassungsgerichtsbarkeit (nachfolgend II.) und schließlich drittens für eine flächendeckende, allen sonstigen Gerichten übergeordnete Verfassungsgerichtsbarkeit (unten III.). Alle drei Weichenstellungen zugunsten des Ob und des Wie von Verfassungsgerichtsbarkeit schließen weitreichende Voraussetzungen beziehungsweise Folgen für das Verständnis von Verfassung ein.

C.I. Die Weichenstellung für einen richterlichen Hüter der Verfassung

Die Staatsgerichtsbarkeit, d.h. die judikative Bewältigung von Konflikten zwischen Mitgliedstaaten des Bundes respektive zwischen Verfassungsorganen eines einzelnen Staates, sei es eines Glied-, sei es des Zentralstaates, weist in Deutschland eine Jahrhunderte währende Tradition auf, in die sich auch der Weimarer Staatsgerichtshof für das Deutsche Reich einreiht (Geiger 1952: XI ff.; Voßkuhle 2010a: Art. 93 RN 2 ff.). Im Gegensatz dazu setzt sich die Verfassungsgerichtsbarkeit als die richterliche Konfliktbewältigung, deren Maßstab die Verfassung als allem anderen Recht übergeordnete Rechtsquelle bildet, erst nach dem Zweiten Weltkrieg durch. Noch in der Weimarer Zeit tobte ein facettenreicher Grundsatzstreit über die Frage, wer der Hüter der Verfassung sein könne und solle. Die Gegner eines – vom Reichsgericht zaghaft und zögerlich angedachten (RGZ 111, 320ff. – Aufwertungsgesetz [1925]; RGZ 124, 173ff. – Schutzpolizisten [1929]) – richterlichen Prüfungsrechts, also der richterlichen Rechtsmacht, Gesetze und Verordnungen auf ihre Verfassungsmäßigkeit hin zu überprüfen und gegebenenfalls zu verwerfen, machten vor allem geltend, dass die Überprüfung von Parlamentsgesetzen am Maßstab der Verfassung (Normenkontrolle; *judicial review*) wegen der Eigenart der Verfassung auf der einen und der strikten Beschränkung der Rechtsprechung auf die Entscheidung von Rechtsfragen auf der anderen Seite nicht Aufgabe von Richtern sein könne, sondern justizfremde Teilhabe an der Verfassungsgesetzgebung darstelle (Schmitt 1931). Als Hüter der Verfassung schied damit ein mit Normenkontrollbefugnissen ausgestattetes Verfassungsgericht aus. Das entsprach der weitverbreiteten demokratietheoretischen Auffassung, wonach der unmittelbar demokratisch legitimierte Gesetzgeber nicht dem Votum eines in seiner Demokratizität prekären Richtergremiums unterworfen werden könne. Die wenigen Gegner dieser Auffassung (Kelsen 1931) fanden mit ihrem Plädoyer für eine echte Verfassungsgerichtsbarkeit, welches den politischen Charakter regulärer Rechtsprechung hervorhob, den justizhindernden Sondercharakter von Verfassungsrecht bestritt und die Demokratiekonformität des *judicial review* herausstellte, kein Gehör.

Nach dem Zusammenbruch des NS-Regimes änderten sich die Meinungs- und Rechtslage – auch ohne vorbereitenden oder begleitenden wissenschaftlichen Diskurs – ebenso schlagartig wie nachhaltig. Wohl nicht zuletzt unter dem Einfluss der westlichsten Siegermacht entschieden sich sämtliche vorgrundgesetzliche Landesverfassungen aus den Jahren 1946 und 1947, das heißt die Verfassungen in der US-amerikanischen und in der französischen Besatzungszone (Baden, Bayern, Bremen, Hessen, Rheinland-Pfalz, Saarland, Württemberg-Baden sowie Württemberg-Hohenzollern), für die Einführung einer mit Normenkontrollbefugnissen begabten Verfassungsgerichtsbarkeit. Ganz in diesen Bahnen verliefen denn auch die Beratungen zum Grundgesetz in den Jahren 1948 und 1949. Sosehr sowohl im Verfassungskonvent von Herrenchiemsee als auch noch im Parlamentarischen Rat über Stellung und Organisation des Bundesverfassungsgerichts kontrovers diskutiert wurde, so sehr bestand von Anfang an Einigkeit darüber, dass dem neu zu schaffenden Bundesgericht das richterliche Prüfungsrecht zustehen solle, dass es mithin nicht nur – in der Nachfolge des Reichsstaatsgerichtshofs – ein Staatsgerichtshof im engeren Sinne, sondern auch ein echtes Verfassungsgericht sein solle. Der – zwar nicht alleinige, aber doch höchste – Hüter der Verfassung sollte ein Gericht sein (Geiger 1952: XIXff.).

Diese Richtungsentscheidung des Verfassunggebers setzt zweierlei voraus, nämlich zum einen, dass die Verfassung einen tauglichen Rechtsmaßstab abgibt (sogleich 1.), und zum anderen, dass Gesetzgebung als justiziable Ausübung von Staatsgewalt betrachtet werden kann (dazu 2.). Das führt zu einer besonderen Form der Kopplung von Recht und Politik (unten 3.).

Sollen Verfassungsfragen – und das ist ja die Grundbehauptung aller Verfassungsgerichtsbarkeit – justiziable Fragen, das heißt durch Richter im Wege der Rechtsprechung beantwortbare Fragen, sein, so müssen sie sich als echte und reguläre Rechtsfragen begreifen lassen. Anders gewendet: Der Maßstab, anhand dessen der vor Gericht getragene Konflikt zu entscheiden ist, muss, soll es sich bei dem Spruchkörper um ein Gericht im herkömmlichen Verständnis und bei dessen Tätigkeit um Rechtsprechung handeln, ein rechtlicher Maßstab sein. Verfassungsgerichtsbarkeit setzt also zunächst voraus, dass es sich bei der Verfassung um Recht handelt (Voßkuhle 2010a: Art. 93 RN 24 ff.). So banal das heute klingen mag, so wenig selbstverständlich ist dies doch in verfassungshistorischer Perspektive. Ob und gegebenenfalls welche Art von Rechtscharakter Verfassungen zukam – ob sie etwa mehr waren als eine besonders herausgehobene Form einer Selbstverpflichtung des Herrschers gegenüber den Herrschaftsunterworfenen, eines Gentlemen's Agreement zwischen den Mächtigen, eines politisch sanktionsbewehrten *code of conduct*, eines *soft law* für souveränitätsbezogene Fragen oder eines Set von Programmsätzen und regulativen Ideen –, war lange Zeit alles andere als klar und konnte auch dahingestellt bleiben, weil und solange es keine echte Verfassungsgerichtsbarkeit gab. Noch zu Zeiten der Weimarer Republik bezweifelten prominente Gegner eines richterlichen Hüters den regulären Rechtscharakter der Verfassung, indem sie etwa, wie Carl Schmitt, auf der Grundlage einer Verdoppelung des Verfassungsbegriffs das Verfassungsgesetz (die Verfassung im positivrechtlichen Sinne) in Geltung und in Inhalt abhängig sahen von der Verfassung als der vor- und außerrechtlichen »Gesamtentscheidung über Art und

Form der politischen Entscheidung«, der Verfassung im positiven Sinne (Schmitt 1928: 20ff.). Der positivrechtlichen Verfassung, dem Verfassungsgesetz, wie überhaupt allem positiven Recht ermangelte es in dieser Sicht an normativem Selbststand. Verfassungsgerichtsbarkeit hingegen impliziert, dass die Verfassung als Entscheidungsmaßstab kraft ihrer Normativität wie kraft ihrer Positivität Selbststand besitzt, dass, mit anderen Worten, Verfassungsstreitigkeiten als Fragen des positiven Rechts darstellbar und diskutierbar, isolierbar und entscheidbar sind (Böckenförde 1999). Denn erst diese Transformationsmöglichkeit gestattet die Überantwortung der Entscheidung an Gerichte (Lembcke 2007).

So versteht sich denn auch das Grundgesetz zwar als dem Rang und dem Regelungsgegenstand nach besonderes, aber doch von seiner Struktur und Textur her reguläres, das heißt positives Recht. Das Grundgesetz als Verfassungsgesetz ist, unbeschadet seines besonderen Erzeugungs- und Abänderungsverfahrens (Art. 79) und seines Maßstabscharakters für sonstiges Recht (Vorrang der Verfassung, Art. 1 Abs. 3 und Art. 20 Abs. 3), positives Recht wie sonstiges positives Recht auch. Es handelt sich bei der Bundesverfassung – nicht anders als bei jeder Landesverfassung – der Rechtsquelle nach um Gesetzesrecht, wird es doch in Gesetzesform im Gesetzgebungsverfahren erzeugt und modifiziert, mögen dabei auch Besonderheiten der Urkundlichkeit und des Entscheidungsquorums gelten (Art. 79 Abs. 1 und 2 GG), die sonstiges Gesetzesrecht nicht erfüllen muss. In seiner regulären Rechtlichkeit liegt ja gerade eine zentrale Wirksamkeitsbedingung des Grundgesetzes: Zwar büßt es dadurch den Charakter des Ewigen und Heiligen ein, wird es gleichsam entzaubert; denn als positives, von Menschen erzeugtes und damit auch grundsätzlich wieder änderbares Recht ist es kontingent und disponibel. Doch durch ihre Integration in das positive Recht, und zwar als höchste Norm der innerstaatlichen positivrechtlichen Normenpyramide, gewinnt die Verfassung erst eigentlich die Position, um alles übrige positive Recht innerhalb der staatlichen Rechtsordnung in rechtlich – und das heißt auch: richterlich – fassbarer Weise prägen, leiten und lenken zu können. Erst dadurch avanciert sie zum durch Richtermacht bewehrten Konfliktlösungsinstrument.

C.I.2 Justiziabilität der Gesetzgebung: Normenkontrolle

Verfassungsgerichtsbarkeit setzt indes nicht nur voraus, dass die Verfassung regulären Rechtscharakter besitzt. Ihr strukturbestimmendes Element markiert die Normenkontrolle. Als Normenkontrollgerichtsbarkeit setzt sie voraus, dass die Rechtsordnung im Sinne eines sämtliche Normen umfassenden Stufenbaus konzipiert wird, in den die Gesetzgebung eingegliedert und eingebunden ist. Der Gesetzgeber ist in diesem Stufenbau-Konzept nicht mehr, wie es das Reichsgericht noch in den späten zwanziger Jahren in Bezug auf den Weimarer Gesetzgeber formuliert hatte, »selbstherrlich«: »Der Gesetzgeber ist selbstherrlich und an keine anderen Schranken gebunden als an diejenigen, die er sich selbst in der Verfassung oder in anderen Gesetzen gezogen hat.« (RGZ 118, 325 [327] – Aufwertungs- und Anleiheablösungsgesetz [1927]). Das Gesetz ist nicht mehr alleinige Quelle allen Rechts, und der Gesetzgeber disponiert nicht mehr frei über das Recht und seine Bindungen. Vielmehr reiht sich die gesetzgebende Gewalt in den hierarchisierten Rechtskonkretisierungs- und -individualisierungsprozess als Akteur unter vielen ein, mag sie auch einen besonders gewichtigen Rechtsgewinnungsbeitrag leisten. Das – wie es fortan bezeichnenderweise heißt: – einfache Gesetz und das

Verfassungsgesetz sind wegen ihrer unterschiedlichen Erzeugungsvoraussetzungen und ihrer unterschiedlichen Verdrängungsmacht nun strikt zu unterscheiden, desgleichen der Gesetzgeber und der Verfassungsgesetzgeber, worüber auch die allfällige Personenidentität in Bundestag und Bundesrat nicht hinwegtäuschen darf. Unter dem Grundgesetz erscheint die Legislative nicht mehr als »selbstherrliche«, sondern, wie Art. 1 Abs. 3 und Art. 20 Abs. 3 unmissverständlich zum Ausdruck bringen, als verfassunggebundene, verfassungsunterworfene Gewalt, Gesetzgebung infolgedessen nicht als freie, nur sich selbst bindende Rechtsschöpfung, sondern – je nach Zungenschlag – als Verfassungskonkretisierung, als Verfassungsaktualisierung oder als Verfassungsvollzug. Damit ist, um Missverständnisse zu vermeiden, noch nichts gesagt über Reichweite und Detailliertheit, Grad und Intensität der Gesetzesdeterminierung durch Verfassungsrecht, sondern »lediglich« zum Ausdruck gebracht, dass Gesetzgebung wie alles übrige Unterverfassungsrecht Rechtserzeugung in Bindung an die und im Rahmen der Verfassung ist. Das jedoch ist für die Unterwerfung der Gesetzgebung unter einen Richterspruch entscheidend: Denn die (Befolgung der) Rechtsbindung des Gesetzgebers – und um nichts anderes als eine besondere Form der Rechtsbindung handelt es sich bei der Verfassungsbindung – kann einer justiziellen Kontrolle unterzogen werden (Böckenförde 1999: 161 f.). Gesetzgebung wird in diesem Sinne justiziabel. Das demokratietheoretische Problem, dass die rechtsprechende Gewalt Akte der gesetzgebenden Gewalt aufheben und insoweit als »negativer Gesetzgeber« (Kelsen 1929: 56) fungieren kann, mag, zumindest vordergründig, unter Hinweis auf den positivrechtlich statuierten Vorrang der Verfassung entschärft werden.

Nimmt man die Einbeziehung sowohl der Verfassung als auch des Parlamentsgesetzes in den Stufenbau der Rechtsordnung zusammen, so verschieben sich nicht nur die Gewichte im Verhältnis des Verfassungsgerichts zum Gesetzgeber. Da in konsequenter Fortführung des Gedankens der flächendeckenden Verfassungsbindung aller Staatsgewalt auch alle sonstigen Akte verfassungsgerichtlicher Kontrolle zugänglich sind, ändern sich überdies das Verhältnis der Verfassungsgerichtsbarkeit zur Fachgerichtsbarkeit (sowie zur Exekutive) auf der einen und die Stellung der Verfassung im Gefüge der Rechtsquellen auf der anderen Seite (dazu ergänzend II. und III.).

C.I.3 Kopplung von Recht und Politik

Mit der »Rechtwerdung« der Verfassung einerseits und der Justiziabilität der Gesetzgebung in Gestalt der Normenkontrolle andererseits ist die Grundlage für die der grundgesetzlichen Ordnung eigentümliche Kopplung von Recht und Politik gelegt. Keine politische Frage ist per se verfassungs- und damit eben auch verfassungsgerichtsexemt. Die ausgebaute Verfassungsgerichtsbarkeit à la Bundesverfassungsgericht erfüllt und dementiert gleichermaßen das doppelte Menetekel einer Politisierung der Justiz bei gleichzeitiger Juridifizierung der Politik. Sie erfüllt es, weil das Verfassungsgericht in die politischen Streitigkeiten, die vor seine Schranken getragen werden, hineingezogen und weil alles, worüber das Gericht befindet, im Lichte des Verfassungsrechts betrachtet und gedeutet wird. Doch zugleich dementiert sie es, weil sie den Boden dafür bereitet, an die Stelle einer schroffen Alternative eine differenzierte Zuordnung von Politik und Recht zu setzen. Zum einen gibt es keine Erzeugung von Recht, ohne dass der Rechtserzeuger eigene politische Wertungen einbringen müsste. Und zum anderen hört ein politisches Prinzip oder eine politische Regel nicht mit der Positivierung, das heißt mit der Verrechtlichung auf, Politik zu sein. Das Prinzip oder die Regel ist Politik fortan eben in einem besonderen, selbstregulierten Aggregatzustand, der Recht heißt. Das Verfassungsrecht und mit ihm das Verfassungsgericht beanspruchen Entscheidungsmacht »nur« für diesen spezifischen Aggregatzustand. Die zumeist negativ konnotierte Wendung vom Verfassungsrecht als »politischem Recht« muss vor diesem Hintergrund neu buchstabiert werden (Isensee 1992; Böckenförde 1999: 163 f.).

So sah es bereits der Parlamentarische Rat, der das Bundesverfassungsgericht zwar als Gericht, aber doch als ein besonderes Gericht »mit einem gewissen politischen Akzent« (von Dömming u.a. 1951: 673, s. a. 665, 668) einrichtete. Das Bundesverfassungsgerichtsgesetz trug dem mit der hybriden Charakterisierung als Verfassungsorgan auf der einen und als Gericht auf der anderen Seite Rechnung. In seiner »Statusschrift« ergänzte das Bundesverfassungsgericht, dass die Verfassungsgerichtsbarkeit im Unterschied zu aller sonstigen Gerichtsbarkeit »es mit einer besonderen Art von Rechtsstreitigkeiten, nämlich den ›politischen‹ Rechtsstreitigkeiten zu tun hat. Unter politischen Rechtsstreitigkeiten sind dabei solche Rechtsstreitigkeiten zu verstehen, bei denen über politisches Recht gestritten wird und das Politische selbst an Hand der bestehenden Normen zum Gegenstand der richterlichen Beurteilung gemacht wird« (Bundesverfassungsgericht 1957: 144 f.). Als Gericht ist es darauf beschränkt, Rechtsfragen zu entscheiden. Doch dabei bedient es sich gewisser Instrumente, deren sich kein anderes Gericht bedienen darf, sei es, dass es um Fragen des eigenen Verfahrensrechts, sei es, dass es um Art und Weise der Auslegung des Maßstabsrechts, das heißt des Grundgesetzes, geht (wie der Rekurs auf die Staatspraxis oder die politische Folgenbetrachtung) (Roellecke 2005a: § 67 RN 16).

C.II Die Weichenstellung für eine isolierte Verfassungsgerichtsbarkeit

Mit der Option für die Ergänzung der bloßen Staatsgerichtsbarkeit um die echte Verfassungsgerichtsbarkeit ist noch nicht über die institutionelle Form der Wahrnehmung der am Maßstab der Verfassung judizierenden Rechtsprechung entschieden. Insoweit bieten sich drei Grundmodelle an: Das erste ist das Supreme-Court-Modell, in welchem das Höchstgericht zugleich die Aufgaben eines Verfassungsgerichtes wahrnimmt. Hier fallen also höchstes Fachgericht und Verfassungsgericht institutionell zusammen. Der US-amerikanische Supreme Court, der 1791 seine ersten Entscheidungen absetzte, ist das typusprägende Exempel der integrierten Verfassungsgerichtsbarkeit. Im zweiten Modell sind Fachgerichtsbarkeit und Verfassungsgerichtsbarkeit institutionell getrennt. Für Verfassungsfragen ist ein institutionell verselbstständigtes Verfassungsgericht vorgesehen, welches den Fachgerichten gegenübersteht. Das historische Vorbild dieses zweiten Modells einer isolierten Verfassungsgerichtsbarkeit ist der österreichische Verfassungsgerichtshof nach dem Bundes-Verfassungsgesetz vom 1. Oktober 1920, dem für die ordentliche Gerichtsbarkeit der Oberste Gerichtshof und für die Verwaltungsgerichtsbarkeit der Verwaltungsgerichtshof als Höchstgerichte zur Seite stehen. Im dritten Modell ist die Verfassungsgerichtsbarkeit nicht bei einem einzigen Gericht konzentriert, sondern mehreren oder sogar allen Gerichten anvertraut; aber selbst in diesem Fall der diffusen Verfassungsgerichtsbarkeit ist in aller Regel die Staatsgerichtsbarkeit einem darauf spezialisierten (Staats-)Gerichtshof zugewiesen. Heute zählt die Verfassungsgerichtsbarkeit zur Grundausstattung eines Verfassungsstaates. Die ganz überwiegende Zahl der Staaten hat sich für das US-amerikanische oder aber für das österreichische Modell einer konzentrierten Verfassungsgerichtsbarkeit mit Normverwerfungsmonopol entschieden; unter den europäischen Staaten präferieren die meisten das österreichische Modell. Dazu zählt auch die Bundesrepublik Deutschland, die mit dem Bundesverfassungsgericht dem Modell einer konzentrierten und isolierten Verfassungsgerichtsbarkeit folgt (Böckenförde 1999: 170ff.). Das zieht eine Reihe von Konsequenzen nach sich.

C.II.1 Sonder-Gerichtsbarkeit

Der Vorteil einer konzentrierten und isolierten Verfassungsgerichtsbarkeit liegt zunächst einmal in der strukturell größeren Sichtbarkeit, Aufmerksamkeit und Dignität, die dem gerichtlichen Schutz der Verfassung zuwächst. Die Verfassung und ihr Schutz werden durch ein darauf spezialisiertes und nur für diese Spezialaufgaben zuständiges Gericht aus dem Kreis der regulären Rechtsschutzorgane herausgehoben und ausgezeichnet. Der Sondercharakter der Verfassung wird unterstrichen. Die Sonderstellung der Verfassungsgerichtsbarkeit als derjenige Zweig der Gerichtsbarkeit, deren Spruch auch die sonstigen Verfassungsorgane unter Einschluss des Gesetzgebers unterworfen sind, wird durch die Verselbstständigung augenfällig gemacht. So würde ohne die institutionelle Alleinstellung des Verfassungsgerichts die These kaum plausibel vertreten werden können, ihm eigne der Status eines Verfassungsorgans. Die Konzentration der Normenkontrolle bei einem Gericht, sprich: die Monopolisierung der Normverwerfungskompetenz bei einem Höchstgericht, hat überdies den Charme, dass erstens nicht jedes noch so unbedeutende Instanzgericht Entscheidungen des parlamentarischen Gesetzgebers aufheben und dass es zweitens nicht zu divergierenden Entscheidungen unterschiedlicher Spruchkörper und damit zu Unsicherheit über die Geltung eines Gesetzes kommen kann.

Doch die Errichtung eines eigenen, von der sonstigen Gerichtsbarkeit abgesetzten Verfassungsgerichtshofes birgt nicht nur Chancen, sondern auch Risiken, die sich just aus der Isolierung des Verfassungsrechtsschutzes ergeben. Die größte Gefahr: In institutioneller Hinsicht können sich Konkurrenzsituationen zur Fachgerichtsbarkeit auftun, die sich durch das »politische« Sondergericht für Verfassungsfragen herausgefordert fühlen kann (Roellecke 2005b). Es tritt dann ein, wofür sich in Frankreich der Begriff der »concurrence des juges« eingebürgert hat: Das Verfassungsgericht streitet mit den Höchstgerichten der Fachgerichtsbarkeit um die Verfahrens- und Deutungsvorherrschaft. Besonders prekär kann diese Konkurrenz für das Verfassungsgericht dann werden, wenn es aufgrund seiner Richterrekrutierung, seiner seltenen Befassung und der mit beidem einhergehenden mangelnden juristisch-professionellen Qualität seiner Entscheidungen den Vergleich mit den mit altgedienten Berufsrichtern besetzten letztinstanzlichen Fachgerichten schwerlich bestehen kann. Der französische Conseil constitutionnel mag als Beispiel herhalten. Das Bundesverfassungsgericht hatte in seiner Geschichte, wie bereits kurz angesprochen, mehrfach Rangordnungskämpfe namentlich mit anderen Bundesgerichten zu bestehen (dazu vorstehend B.III.2.). Dass es diese, aufs Ganze gesehen, überaus erfolgreich bestanden hat, dürfte nicht zuletzt darauf zurückzuführen sein, dass es sich wirksamer Instrumente zur Sicherstellung richterlicher Professionalität bedienen konnte. Dazu zählen insbesondere die Auswahl des richterlichen Personals, die Unterstützung der Richter durch wissenschaftliche Mitarbeiter sowie die Einrichtung des Systems von Kammern.

Die Richterauswahl ist, unbeschadet des praktizierten parteipolitischen Proporzsystems in den Wahlgremien von Bundestag und Bundesrat und der daran vielfach geäußerten Kritik zum Trotz, ganz überwiegend mit Augenmaß und glücklicher Hand getroffen worden. Bereits der Gesetzgeber war darauf bedacht, eine richterliche Mindestprofessionalität bei den Mitgliedern des Bundesverfassungsgerichts sicherzustellen. So mussten zunächst jedem aus zwölf Richtern bestehenden Senat mindestens vier Bundesrichter angehören, heute sind es mindestens drei von acht Richtern in jedem Senat (§ 2 Abs. 3 BVerfGG). Aber auch die übrigen Senatsmitglieder, unter denen seit einiger Zeit die Staatsrechtslehrer deutlich dominieren, müssen die Befähigung zum Richteramt aufweisen. Damit stellt das Bundesverfassungsgericht heute ein reines Juristengericht gar. Nur äußerst selten sind Richter des Bundesverfassungsgerichts einmal aus ihrer richterlichen Rolle gefallen, haben gar offen Partei ergriffen. Von kaum nennenswerten Ausnahmen abgesehen, haben sich die Richterinnen und Richter, einmal als solche bestellt, mehr ihrem Senat als ihren Entsendern in Bundestag oder Bundesrat verpflichtet gefühlt. Dieser Karlsruher »Corpsgeist«, der dadurch unterstützt wird, dass das Bundesverfassungsgericht keine zeitlich begrenzten Sessionen kennt, sondern ganzjährig berät und entscheidet, sollte in seiner Bedeutung für die Qualität und die Autorität der verfassungsgerichtlichen Judikatur nicht unterschätzt werden.

Ein wichtiges Instrument zur Sicherstellung richterlicher Professionalität ist auch die Schaffung eines »Dritten Senates«: Zunächst nicht vorgesehen, wurden beim Ersten Senat ab 1952, beim Zweiten Senat ab 1956 den Richtern wissenschaftliche Mitarbeiter zugeordnet. War es zu Beginn ein Mitarbeiter pro Richter, so stieg die Zahl mit Anschwellen der Verfahrenszahlen stetig an. Mittlerweile verfügt jeder

Richter im Durchschnitt über vier wissenschaftliche Mitarbeiter, die in der Regel zweieinhalb bis drei Jahre am Bundesverfassungsgericht tätig sind. Zwar ist für sie von Rechts wegen keine bestimmte Qualifikation vorgeschrieben; unbeschadet dessen besitzen sie nahezu ausnahmslos die Befähigung zum Richteramt. Das Gros bilden an das Bundesverfassungsgericht abgeordnete Richter aus der ordentlichen und der Verwaltungsgerichtsbarkeit, gefolgt von Staatsanwälten und Hochschulassistenten, die überwiegend bei den Professorenrichtern beschäftigt sind (Gehle 2005: RN 19ff. vor §§93aff.; Zuck 2006: 283ff.). Sie sind für die Großverfahren ebenso wie für die große Zahl unspektakulärer Kleinverfahren unentbehrlich, sichern sie doch durch ihre Zahl und Kompetenz die judikative Qualität und Professionalität der Entscheidungen des Bundesverfassungsgerichts ganz entscheidend.

Als »Ventil gegen eine etwaige Überflutung des Bundesverfassungsgerichts« (Rupp-von Brünneck, in: BVerfGE 42, 143, 154 [154] – Deutschland-Magazin [1976]) durch Verfassungsbeschwerden im Jahre 1956 eingeführt und seither mehrfach reformiert, dienen die Kammern, die früher Dreier-Ausschüsse und Vorprüfungsausschüsse genannt wurden und das sogenannte Annahmeverfahren betreiben (§§93aff. BVerfGG), auch der richterlich-professionellen Bewältigung der Vielzahl an Verfassungsbeschwerden und jüngst auch konkreten Normenkontrollen (§81a Satz 1 BVerfGG). Jeder Senat besitzt grundsätzlich drei Kammern mit je drei Richtern. Die Kammern, die derzeit mehr als 99 Prozent der rund 6500 Verfahren im Jahr erledigen, judizieren auf einstimmiger Grundlage (§93d Abs. 3 Satz 1 BVerfGG) und können nicht nur über Annahme oder Ablehnung der Verfassungsbeschwerde entscheiden, sondern ihr im Falle offensichtlicher Begründetheit auch stattgeben (§93c Abs. 1

Satz 1 BVerfGG). Die sich durch die schiere quantitative Beanspruchung nahezu zwangsläufig einstellenden Entscheidungsroutinen prägen und verstärken den richterlich-professionellen Charakter der Karlsruher Judikatur.

Aber natürlich hängen auch aus Sicht der Fachgerichtsbarkeit Akzeptanz und Autorität der Judikatur des Bundesverfassungsgerichts nicht allein an mehr oder minder institutionellen Faktoren. Nicht minder wichtig ist die Qualität der Entscheidungen, namentlich die Qualität der Entscheidungsbegründung. Insoweit kommt dem Bundesverfassungsgericht die notorische Beziehung und die enge Verzahnung mit der Staatsrechtslehre zugute. Darauf wird zurückzukommen sein (unten D.).

C.II.2 Maßstabsweite als Kompetenzgrenze

Für das Verfassungsgericht gilt wie für jedes Gericht: Die Reichweite seiner Kontrollbefugnisse geht nicht über die Reichweite des von ihm autoritativ auszulegenden Maßstabsrechts hinaus. Angesichts der Institutionalisierung eines exklusiv auf Verfassungsfragen spezialisierten Gerichtes bedeutet das, dass dieser Spruchkörper nur in jenen Fällen sachentscheidungsberufen ist, die sich als verfassungsrechtliche Streitigkeiten erweisen. Recht sprechen kann das Bundesverfassungsgericht folglich nur, wenn und soweit der Verfahrensgegenstand – etwa ein Gesetz, ein Urteil, ein Vertrag oder auch eine Maßnahme eines Verfassungsorgans – an den Vorgaben des Grundgesetzes zu messen ist (abgesehen von der Fallkonstellation, dass die Konformität von Landesrecht mit Bundesrecht im Range unterhalb des Grundgesetzes in Rede steht). Wo derartige verfassungsrechtliche Vorgaben fehlen, mag ein allfälliger Rechtsstreit von einem anderen Gericht entschieden werden können: Das Bundesverfassungsgericht darf dazu aber keine Sachentscheidung treffen. Für eine auf die Verletzung der Meinungsfreiheit gestützte Urteilsverfassungsbeschwerde bringt das der Erste Senat verallgemeinerungsfähig wie folgt auf den Punkt: In deren Rahmen habe das Gericht »nur die Beachtung der verfassungsrechtlichen Anforderungen zu gewährleisten. Dagegen ist es nicht Sache des Bundesverfassungsgerichts, den jeweiligen Rechtsstreit, der trotz des grundrechtlichen Einflusses seine Eigenart als Zivil- oder Strafverfahren nicht verliert, selbst zu entscheiden. Deswegen reicht die Kontrollbefugnis nicht weiter als die Anforderungen, die das Grundrecht an die Deutung von Äußerungen stellt« (BVerfGE 94, 1 [9f.] – Deutsche Gesellschaft für Humanes Sterben [1996]). Wo keine *Verfassungs*klage, da kein *Verfassungs*richter.

Das unterscheidet das Bundesverfassungsgericht namentlich vom US-amerikanischen Supreme Court, der neben seinen Befugnissen als Verfassungsgericht auch und, angesichts der Verfahrensgestaltungen, insbesondere die Stellung eines Bundesrevisionsgerichtes innehat. Dieser kann den Fall, soweit revisibles Recht vorliegt, grundsätzlich unter jedem rechtlichen Aspekt würdigen; es muss sich nicht um einen spezifisch verfassungsrechtlichen Aspekt handeln. Ja, der Supreme Court kann sogar, wenn er seine Entscheidung sowohl auf einfaches Bundesrecht wie auf die Bundesverfassung stützen kann, wählen, welchen der einschlägigen Maßstäbe er zur Begründung seiner Entscheidung heranziehen möchte. Im Kontrast dazu wird die Beschränkung auf einen einzigen Maßstab – die Verfassung – ein so entscheidungsfreudiges Gericht wie das Bundesverfassungsgericht tendenziell dazu animieren, diesem Maßstab besonders intensive Auslegungsbemühungen zuteilwerden zu lassen, dehnt sich doch mit dem Maßstab, dem Verfassungsinhalt, auch die gegenüber einem Supreme Court beschränktere Macht eines institutionell verselbstständigten Verfassungsgerichts. Dabei darf die Gefahr nicht verkannt werden, die darin besteht, dass *in praxi* die verfassungsrechtlich statuierte Abhängigkeit »Wo kein Verfassungsrecht, da kein Verfassungsgericht« umgekehrt wird in »Wo das Verfassungsgericht, da auch Verfassungsrecht«.

C.III Die Weichenstellung für das Pyramidenmodell der Verfassungsgerichtsbarkeit

Teilt das Bundesverfassungsgericht mit dem österreichischen Verfassungsgerichtshof den Charakter als konzentriertes und isoliertes Verfassungsgericht, so setzt es sich doch in einem ganz wesentlichen, das Wirken und die Wirksamkeit des Bundesverfassungsgerichts prägenden Detail vom österreichischen Vorbild ab: Während der Verfassungsgerichtshof ein Höchstgericht unter drei gleichberechtigten Höchstgerichten ist, von denen keines Rechtsprechungsgewalt über eines der beiden anderen besitzt, ist das Bundesverfassungsgericht kraft einer einzigen Verfahrensart allen anderen Gerichtszweigen übergeordnet. Die Entscheidung für die sogenannte Urteilsverfassungsbeschwerde, das heißt eine Verfassungsbeschwerde, mit der ein Grundrechtsberechtigter die Verletzung eigener Grundrechte durch eine Entscheidung eines Fachgerichtes rügt, verleiht dem Bundesverfassungsgericht die Rechtsmacht, jedes fachrichterliche Erkenntnis, welches vor seine Schranken gebracht wird, als grundrechtswidrig aufzuheben und die Sache an das Ausgangsgericht (oder ein von ihm zu bestimmendes Gericht) zurückzuweisen. Terminologisch ungenau, in der Sache aber nicht unzutreffend, spricht man davon, dass das Bundesverfassungsgericht die Rolle eines »Superrevisionsgerichtes«

wahrnehme. Insoweit nähert sich das deutsche Modell, welches an sich auf der Option für das österreichische Modell einer isolierten Verfassungsgerichtsbarkeit fußt, dem US-amerikanischen Modell einer integrierten Verfassungsgerichtsbarkeit an; denn auch der U.S. Supreme Court fungiert als eine Art Superrevisionsgericht. Zur Unterscheidung vom reinen österreichischen Modell wird die durch das Grundgesetz und das Bundesverfassungsgerichtsgesetz verwirklichte Konzeption von Verfassungsgerichtsbarkeit als Pyramidenmodell bezeichnet. Die Urteilsverfassungsbeschwerde bildet daher ein – wenn nicht das – specificum des deutschen Weges in puncto Verfassungsgerichtsbarkeit.

Aus Gründen der Klarstellung sei hinzugefügt, dass es zwar eine weitere Verfahrensart gibt, die von ihrer Anlage her sowohl fachgerichtliche als auch verfassungsgerichtliche Entscheidungen zusammenführt, dass diese aber nicht ein dem Pyramidenmodell entsprechendes Über-/Unterordnungsverhältnis zwischen Verfassungsgerichtsbarkeit und Fachgerichtsbarkeit zur Folge hat: Es handelt sich um die sogenannte Richtervorlage oder auch konkrete Normenkontrolle, die das Grundgesetz in Art. 100 Abs. 1 vorsieht. Die meisten Staaten mit einer institutionell verselbstständigten Verfassungsgerichtsbarkeit kennen diese Verfahrensart, auch wenn sie überwiegend keine Urteilsverfassungsbeschwerde vorsehen (wie beispielsweise Österreich oder seit 2009 auch Frankreich). Im Recht der Europäischen Union steht mit dem Vorabentscheidungsverfahren ein ähnlicher Rechtsbehelf bereit (Art. 267 Vertrag über die Arbeitsweise der Europäischen Union); auch das Unionsrecht kennt keine Urteilsverfassungsbeschwerde. Bei der konkreten Normenkontrolle setzt ein Fachgericht das bei ihm anhängige Verfahren aus und legt dem Verfassungsgericht die Frage vor, ob eine gesetzliche Norm, von deren Geltung die Entscheidung des konkreten Falles abhängt, verfassungskonform und damit der fachrichterlichen Entscheidung zugrunde zu legen oder aber verfassungswidrig und nichtig sei und daher bei der Entscheidung außer Betracht zu bleiben habe. Das Verfassungsgericht, gleich wie seine Normenkontrollentscheidung ausfällt, entscheidet nicht den Ausgangsfall und berührt daher nicht die Rechtsprechungsmacht des anfragenden Fachgerichtes.

C.III.1 Urteilsverfassungsbeschwerdegericht

Es ist schon erstaunlich: Eine einzelne Variante einer einzigen Verfahrensart, zu deren Einführung man sich weder in den Beratungen des Herrenchiemseer Verfassungskonvents noch in jenen des Parlamentarischen Rates durchringen mochte, die daher zunächst einfachgesetzlich durch das Bundesverfassungsgerichtsgesetz aus dem Jahre 1951 installiert (§§ 90ff.) und erst 1969, das heißt 20 Jahre nach Inkrafttreten des Grundgesetzes, in Verfassungsrang erhoben worden ist, hat die Rechtsprechung des Bundesverfassungsgerichts vom ersten Tage an quantitativ nahezu völlig und auch qualitativ ganz maßgeblich beherrscht (Löwer 2005: § 70 RN 163). Lag die Zahl der Verfassungsbeschwerden zu Beginn der fünfziger Jahre noch zwischen 400 und 900 pro Jahr, so unterschritt sie ab 1958 nicht mehr die 1000er-Marke; seit 1976 gehen jährlich nicht weniger als 2000 Verfassungsbeschwerden ein, seit 1979 jeweils mehr als 3000; nach der Wiedervereinigung schnellte die Verfahrenszahl hoch und bewegte sich 15 Jahre lang zwischen 4000 und 6000 Verfahren; seit 2006 liegt sie kontinuierlich über 6000 Verfahren jährlich.[6] Die Urteilsverfassungsbeschwerde ist ein Unter-

6 Sämtliche der hier und im Folgenden genannten statistischen Daten sind entnommen aus oder berechnet auf der Grundlage der gerichtsseitig erstell-

fall der Individualverfassungsbeschwerde gemäß Art. 93 Abs. 1 Nr. 4a GG. Sie betrifft nämlich jene Verfassungsbeschwerden, die sich gegen fachrichterliche Entscheidungen richten. Diese freilich machen angesichts des Umstandes, dass eine Verfassungsbeschwerde grundsätzlich erst und nur dann zulässig ist, wenn alle fachgerichtlichen Abhilfemöglichkeiten ausgeschöpft sind (§ 90 Abs. 2 BVerfGG, Subsidiaritätsgrundsatz), den Löwenanteil mit etwa 93 Prozent aller Verfassungsbeschwerden aus. Berücksichtigt man darüber hinaus, dass rund 98 Prozent aller vom Bundesverfassungsgericht von 1951 bis einschließlich 2010 gefällten verfahrensbeendenden Entscheidungen – das heißt knapp 161 000 von insgesamt rund 164 500 – Erkenntnisse in Verfassungsbeschwerdeverfahren waren, so ist unschwer zu erkennen, in welchem Maße das Bundesverfassungsgericht Urteilsverfassungsbeschwerdegericht ist. Diese Einschätzung ist nur geringfügig abzuschwächen, rechnet man aus der Gesamtzahl der Entscheidungen die Beschlüsse der Kammern, die mittlerweile gut 99 Prozent aller Verfassungsbeschwerde-Entscheidungen ausmachen, und die an den Fingern einer Hand abzuzählenden Plenarentscheidungen heraus. Denn selbst bei Zugrundelegung ausschließlich der Erledigungen durch Senatsentscheidung handelt es sich bei annähernd drei Vierteln der Verfahren um Verfassungsbeschwerden; für in der Sache so spektakuläre Verfahren wie den Organstreit, die abstrakte Normenkontrolle oder den Bund-Länder-Streit, für die es keine Kammerzuständigkeit gibt, bleiben selbst bei dieser Kalkulation nur niedrige einstellige Prozentanteile übrig.

ten Jahresstatistik des Bundesverfassungsgerichts für das Geschäftsjahr 2010, die unter http://www.bverfg.de/organisation/statistik_2010.html (Abrufdatum: 10. April 2011) abzurufen ist. Seit einigen Jahren ist das Gericht dazu übergegangen, die Jahresstatistik unter eine Überschrift zu stellen; die 2010er-Statistik steht unter dem Motto »Vollbeschäftigung«.

Erledigungen durch Entscheidung 1951-2010

Verfahrensart	Plenum, Senat, Kammer 1951-2010		Senat 1951-2010	
	absolut	Prozent	absolut	Prozent
Parteiverbot	5	0,003	5	0,090
Wahlprüfungsbeschwerde	158	0,096	158	2,836
Organstreit	95	0,058	95	1,705
abstrakte Normenkontrolle	108	0,066	108	1,938
Bund-Länder-Streit	26	0,016	26	0,467
konkrete Normenkontrolle	1253	0,762	1042	18,701
einstweilige Anordnung	1752	1,065	*	*
Verfassungsbeschwerde	160995	97,862	4018	72,111
Plenarentscheidung	4	0,002	(4)	0,072
sämtliche Verfahren	164512	100,000	5572	100,000

* In der Statistik des BVerfG werden die Verfahren des vorläufigen Rechtsschutzes nicht nach Senats- und Kammerentscheidungen aufgeschlüsselt; daher werden sie hier nicht mitgerechnet.

Bringt die Weichenstellung für eine isolierte Verfassungsgerichtsbarkeit das Bundesverfassungsgericht in Konkurrenz zu den obersten Bundesgerichten wie Bundesgerichtshof und Bundesverwaltungsgericht, so ordnet die Weichenstellung für das Pyramidenmodell der Verfassungsgerichtsbarkeit das Bundesverfassungsgericht allen anderen Gerichten, die obersten Bundesgerichte wie Bundesgerichtshof und Bundesverwaltungsgericht eingeschlossen, über. Dass damit Spannungslagen hervorgerufen werden können, war bereits Gegenstand der Überlegungen (oben B.III.2.). Auf der anderen Seite darf aber nicht übersehen werden, dass durch das Pyramidenmodell der Kontakt und der Austausch zwischen Verfassungsgericht und Fachgerichten sich quantitativ wie qualitativ deutlich intensiver gestaltet oder doch gestalten kann als in einem Rechtsprechungssystem, in welchem bestenfalls mit Richtervorlagen beziehungsweise Vorabentscheidungsersuchen Verfahrensarten bereitgehalten werden, in welchen Fachgerichte und Verfassungsgerichte in unmittelbare Berührung gelangen. Die größere Intensität des Kontaktes birgt natürlich die Gefahr häufigerer und gravierenderer Konfrontation. Doch dass diese sich nicht notwendigerweise aktualisieren respektive diese das Verhältnis zur Fachgerichtsbarkeit bestimmen muss, belegen auf recht eindrückliche Weise bereits die statistischen Zahlen des Bundesverfassungsgerichts: Die Erfolgsquote bei sämtlichen Verfassungsbeschwerden liegt, bezogen auf die gesamten 60 Jahre Karlsruher Judikatur, gerade einmal bei 2,4 Prozent (4308 Stattgaben bei 179 528 Verfassungsbeschwerdeverfahren) mit eher fallender denn steigender Tendenz (2006: 2,31 %; 2007: 2,45 %; 2008: 1,90 %; 2009: 1,88 %; 2010: 1,71 %). Ähnlich stellen sich die Zahlen dar, rechnet man die übrigen Verfassungsbeschwerden heraus und blickt nur auf die Erfolgsaussichten von Verfassungsbeschwerden gegen Gerichtsentscheidungen: In den letzten 20 Jahren (1991-2010) waren von den insgesamt 97093 Urteilsverfassungsbeschwerden lediglich 2522 erfolgreich, was einem Anteil von 2,60 Prozent entspricht. Für das unter institutionellem Aspekt interessanteste Konfrontations- und Kooperations-Verhältnis, nämlich jenes der obersten Bundesgerichte zum Bundesverfassungsgericht, sind bezeichnenderweise nicht höhere, sondern deutlich niedrigere Zahlen zu vermelden: Nimmt man sämtliche fünf oberste Bundesgerichte (Bundesgerichtshof, Bundesverwaltungsgericht, Bundessozialgericht, Bundesarbeitsgericht, Bundesfinanzhof) zusammen, so hatte das Bundesverfassungsgericht in der Zeit von 1991 bis 2010 über insgesamt 18 170 gegen höchstrichterliche Entscheidungen gerichtete Verfassungsbeschwerden zu befinden; nur in 313 Fällen – sprich: in 1,72 Prozent – gab es den Beschwerden statt. Bei einer nach Gerichtszweigen getrennten Betrachtung zeigen sich sogar noch niedrigere Erfolgsquoten, was sich daraus erklärt, dass bei Verfassungsbeschwerden gegen Entscheidungen des Bundesverwaltungsgerichts die relativ hohen Erfolgsquoten in Asylsachen zu Buche schlagen und die Gesamtquote beträchtlich nach oben zieht (Bundesgerichtshof; 1,52 %; Bundesverwaltungsgericht: 4,01 %; Bundessozialgericht: 0,91 %; Bundesarbeitsgericht: 0,98 %; Bundesfinanzhof: 1,24 %). Die obersten Bundesgerichte dürfen, wie eine interessante Vergleichszahl nahelegt, sich über die 313 in den letzten 20 Jahren durch das Bundesverfassungsgericht aufgehobenen Entscheidungen unbeschadet spektakulärer Einzelfälle in Summe nicht beklagen: Im annähernd identischen Zeitraum (1992-2010) hat das Bundesverfassungsgericht auf dem Normenkontrollwege immerhin 213 Normen des Bundes- und Landesrechts als verfassungswidrig beanstandet. Umgekehrt dürfen die niedrigen Erfolgsquoten von Urteilsverfassungsbeschwerden auch als zuversichtlich stimmendes Zeichen dafür gelesen und gedeutet werden, dass die Fachgerichte, aufs Ganze gesehen, verlässlich Grundrechtsschutz prästieren, ihre zunächst unvertraute Rolle als Hüter der Verfassung also angenommen haben und weiterhin ernst nehmen. Überdies legt die nach wie vor steigende Anzahl von Verfassungsbeschwerden bei eher sinkender Erfolgschance den Schluss nahe, dass dem Verfahren der Individualbeschwerde, mittels derer ein Privater eine Grundrechtsverletzung durch die Staatsgewalt rügen kann, eine unvermindert hohe Bedeutung als Rechtsschutz-Ventil zukommt. Dies wie auch der Umstand, dass eine partielle oder gar totale Abschaffung der Urteilsverfassungsbeschwerde den Charakter des Bundesverfassungsgerichts nahezu unweigerlich auf gravierende Weise verändern würde, sind bei allen berechtigten Überlegungen zur Eindämmung oder Beseitigung der Überlast beim Bundesverfassungsgericht im Auge zu behalten.

C.III.2 Omnipräsenz der Grundrechte – Omnipräsenz des BVerfG

An keiner anderen Verfahrensart als der (Urteils-)Verfassungsbeschwerde lässt sich einfacher und nachhaltiger demonstrieren, wie der Erfolg des Grundgesetzes – in Gestalt der Grundrechte – mit dem Erfolg des Bundesverfassungsgerichts zusammenhängt. Statt als (Urteils-)Verfassungsbeschwerdegericht kann das Bundesverfassungsgericht denn auch ebenso gut als Grundrechtsfachgericht bezeichnet werden.

Das liegt zunächst schlicht und ergreifend daran, dass mit der Individualverfassungsbeschwerde nach Art. 93 Abs. 1 Nr. 4a GG, die ja, wie gesagt, rund 98 Prozent aller Verfahren beim Bundesverfassungsgericht ausmacht, nur die Verletzung von Grundrechten und grundrechtsgleichen Rechten gerügt werden kann. Auf die Verletzung sonstiger Rechtspositionen im Verfassungsrang kann dagegen eine Individualverfassungsbeschwerde nicht unmittelbar gestützt werden. Es liegt daher im Interesse jedes Beschwerdeführers, Grundrechte möglichst extensiv auszulegen beziehungsweise ausgelegt zu sehen. Will das Bundesverfassungsgericht eine Verfassungsbeschwerde in der Sache entscheiden, so sieht es sich mit Rücksicht darauf, dass ausschließlich der Maßstab der Grundrechte die eigene Sachentscheidungskompetenz zu begründen imstande ist, der Notwendigkeit gegenüber, gegebenenfalls einer expansiven Grundrechtsauslegung das Wort zu reden. Vielzahl und Vielgestaltigkeit der zur Entscheidung unterbreiteten Fallkonstellationen im Verfassungsbeschwerdeverfahren begünstigen darüber hinaus eine immer stärker ins Detail gehende und am Einzelfall orientierte Grundrechtsauslegung und -handhabung.

Umgekehrt ist es die vom Verfassungsgericht entwickelte Grundrechtsdogmatik, die der Verfassungsbeschwerde immer weitere Anwendungsfelder erschließt. Zwei Entscheidungslinien stechen hier in besonderer Weise heraus. Es sind dies die »Elfes«-Dogmatik und die »Lüth«-Dogmatik, die, bereits in den Anfangsjahren des Gerichts entwickelt, zusammengenommen die Leitmelodie der Karlsruher Grundrechtsjudikatur ausmachen, die in späteren Jahren zwar ergänzt, verfeinert und ausgebaut, aber nicht im Kern verändert wird. Auf das sogenannte »Elfes-Urteil« vom 16. Januar 1957 (BVerfGE 6, 52ff.) gehen zwei für Grundrechtsschutz und Verfassungsbeschwerdeverfahren richtungweisende Thesen zurück: zum einen die These von der grundsätzlichen Lückenlosigkeit des Grundrechtsschutzes und zum anderen die These, Grundrechtskonformität setze voraus, dass die gesetzliche Ermächtigungsgrundlage für einen Grundrechtseingriff auch im Übrigen mit der Verfassung im Einklang stehen muss. Die erste These führt dazu, dass grundsätzlich jedes Verhalten einer Privatperson Gegenstand des Grundrechtsschutzes sein und jede dem Staat zuzurechnende Beschränkung desselben als ein das verfassungsrechtliche Rechtfertigungsregime auslösender Grundrechtseingriff – mindestens in die von Art. 2 Abs. 1 GG geschützte allgemeine Handlungsfreiheit – betrachtet werden kann. Die zweite These erweitert den effektiven Grundrechtsschutz über den Kreis der Rechte, die die Privatperson ausdrücklich als Grundrechtsträger bezeichnen, hinaus dadurch, dass eine Eingriffsrechtfertigung nur gelingt, wenn die gesetzliche Eingriffsgrundlage nicht nur als solche grundrechtskonform ist, sondern weitergehend auch den sonstigen verfassungsrechtlichen Vorgaben – etwa der Gesetzgebungszuständigkeit oder des Gesetzgebungsverfahrens – entspricht. Auf diese Weise werden Sätze des objektiven Verfassungsrechts subjektiviert, sprich: ihre Nichtbeachtung kann von einem Grundrechtsträger, der ja an sich durch Verfassungsbestimmungen der Gesetzgebungszuständigkeit oder des Gesetzgebungsverfahrens weder begünstigt noch verpflichtet wird, in einem Verfassungsbeschwerdeverfahren mit Erfolg geltend gemacht werden. Beides führt zu einer ganz erheblichen Ausweitung des Grundrechtsschutzes und damit des Anwendungsterrains der Individualverfassungsbeschwerde. Das »Lüth-Urteil« vom 15. Januar 1958 (BVerfGE 7, 198 ff.) geht noch einen Schritt weiter, indem es erklärt, dass die Grundrechte nicht nur dazu bestimmt sind, als Abwehrrechte die Freiheitssphäre des Einzelnen vor Eingriffen der staatlichen Gewalt zu sichern, sondern dass das Grundgesetz in seinem Grundrechtsabschnitt eine »objektive Wertordnung« aufgerichtet hat, die auf sämtliche Rechtsbeziehungen ausstrahlt, dergestalt, dass kein Rechtsverhältnis zu ihr im Widerspruch stehen darf und jedes Rechtsverhältnis in ihrem Sinne auszulegen und ins Werk zu setzen ist. Damit spricht sich das Gericht auch und gerade für die zuvor namentlich von Seiten der Privatrechtsprechung und Privatrechtslehre vehement bestrittene Privatrechtswirkung der Grundrechte, also die Wirkung der Grundrechte auch auf die Rechtsbeziehungen zwischen Privatpersonen, aus. Grundrechte werden somit als allbezügliche Rechte interpretiert und operationalisiert. Kein Rechtsverhältnis ist infolgedessen per se davon ausgenommen, grundrechtsrelevant zu sein. Anders gewendet: Jedes Rechtsverhältnis, an dem eine grundrechtsbegabte Person beteiligt ist, lässt sich fortan im Prinzip als Grundrechtsverhältnis reformulieren;

jeder einfache Rechtsverstoß hat folgeweise grundsätzlich das Potenzial, zugleich einen Grundrechtsverstoß – mit der Möglichkeit der Rüge mittels Verfassungsbeschwerde – darzustellen (Wahl 2005: 371 ff.). Verstärkt und vertieft wird der Doppelprozess der Grundrechts- wie der verfassungsgerichtlichen Zuständigkeitsexpansion durch Entdeckung, Entwicklung und Entfaltung des im Grundgesetz nicht ausdrücklich genannten Verhältnismäßigkeitsgrundsatzes. Gemeinhin wird das sogenannte »Apotheken-Urteil« vom 11. Juni 1958 (BVerfGE 7, 377 ff.) als Meilenstein der Verhältnismäßigkeitsdogmatik bezeichnet. Der Grundsatz der Verhältnismäßigkeit erlaubt nicht nur die Strukturierung allfälliger Abwägungsprozeduren, sondern gestattet es dem Bundesverfassungsgericht, weil es bei seiner Anwendung auf die Erhebung und Würdigung sämtlicher abwägungsrelevanter Umstände des Einzelfalles ankommt, die Verfassungsprägung aller Rechtsverhältnisse bis in die Tatsachenebene hinein auszubuchstabieren. Durch die Quasi-Omnipräsenz der Grundrechte sieht sich die Fachgerichtsbarkeit einer – wenn nicht im Einzelfall aktualisierten: zumindest potenziellen – Quasi-Omnipräsenz des Bundesverfassungsgerichts gegenüber: Es gibt im Grundsatz keinerlei fachrichterlichen Reservate mehr, die vor der Kontrolle und der Einwirkung durch das Verfassungsgericht sicher sind.

Um den mit diesen Strategien expansiver Auslegung und Anwendung der Grundrechte eröffneten Verfassungsbeschwerdestrom tunlichst auf ein bewältigbares Maß zu kanalisieren, werden bald eine Reihe von Schleusen- und Filter-Strategien ersonnen, angefangen von der gesetzlichen Einrichtung des Annahmeverfahrens vor den Kammern (§§ 93a ff. BVerfGG) bis hin zu äußerst flexiblen, je nach bundesverfassungsgerichtlichem Bedarf kalibrierbaren Rechtsprechungsformeln, unter denen die sogenannte »Hecksche

Formel«, wonach das Bundesverfassungsgericht »nur bei einer Verletzung von spezifischem Verfassungsrecht durch die Gerichte [...] auf Verfassungsbeschwerde hin eingreifen« kann (BVerfGE 18, 85 [92] – Patentbeschluss [1964]), die berühmteste ist.

D. Symbiose mit der Staatsrechtslehre

D.I Wissenschaftsorientierte Verfassungsjudikatur

Sowohl im nationalen Vergleich mit den Fachgerichten als auch im internationalen Vergleich mit anderen Verfassungsgerichten sticht das Bundesverfassungsgericht durch seinen Rechtsprechungs- und Begründungsstil, das heißt seine besondere Art, Entscheidungen abzusetzen und zu begründen, heraus (Lerche 2001). Will man die Eigenart von Stil, Duktus und Reflexionsniveau der Karlsruher Judikatur auf einen Nenner bringen, so bietet sich vielleicht die Kennzeichnung als überdurchschnittlich wissenschaftsorientiert an.

Bereits äußerlich erinnern Entscheidungen des Bundesverfassungsgerichts, vergleicht man sie mit Judikaten ähnlicher Gerichte innerhalb derselben richterlichen Begründungskultur, an wissenschaftliche Abhandlungen. So weisen Entscheidungen des Bundesverfassungsgerichts im Verhältnis zu solchen des Bundesgerichtshofs und des Bundesverwaltungsgerichts, um nur die beiden prominentesten unter den obersten Bundesgerichten herauszugreifen, rund den dreifachen Umfang auf:[7] Während die beiden letztgenannten Gerichte im Schnitt mit neun Druckseiten pro Ju-

7 Der Vergleich bezieht sich auf Entscheidungen der drei Gerichte, wie sie in den letzten Jahren in der jeweiligen amtlichen Entscheidungssammlung mitgeteilt worden sind, genauer auf BVerwGE 119 bis 128, auf BGHZ 165 bis 174 sowie auf BVerfGE 100 bis 125. Im strengen Sinne sind die Werte freilich nur unter Vorbehalt kommensurabel. Denn in den Entscheidungssammlungen von Bundesgerichtshof und Bundesverwaltungsgericht werden die Entscheidungen nicht stets vollständig, sondern bisweilen gekürzt mitgeteilt; das ist bei der amtlichen Sammlung der Entscheidungen des Bundesverfassungsgerichts anders. Dafür werden sozusagen zum Ausgleich – auch dies im Gegensatz zur verfassungsgerichtlichen Entscheidungssammlung – nur ausgewählte, d. h. für besonders bedeutsam gehaltene Judikate des Bun-

dikat ihr Auslangen haben, benötigt das Bundesverfassungsgericht – im Übrigen, ohne dass sich relevante Längenunterschiede bei Erkenntnissen des Ersten und des Zweiten Senats feststellen ließen – durchschnittlich knapp 30 Druckseiten für eine Entscheidung. Selbst ohne Rubrum, Tenor und Tatbestand, das heißt, wenn man ausschließlich auf die Entscheidungsgründe im engeren Sinne, die Ausführungen zu Zulässigkeit und Begründetheit, blickt, zählt ein Judikat des Bundesverfassungsgerichts noch durchschnittlich 17 Druckseiten. Die längste Entscheidung der letzten zehn Jahre war das in vielerlei Hinsicht aufsehenerregende »Lissabon-Urteil« des Zweiten Senates vom 30. Juni 2009 (BVerfGE 123, 267-437) mit 171 Druckseiten, gefolgt vom Urteil des Ersten Senats vom 2. März 2010 zur Vorratsdatenspeicherung (BVerfGE 125, 260-385), welches immerhin noch 125 Druckseiten zählt. Die mit Abstand längste Entscheidung, die das Bundesverfassungsgericht jemals abgesetzt hat, ist das – in mehr als nur quantitativer Hinsicht – monografisch daherkommende, sogar mit einer urteilsatypischen dreistufigen Gliederung und Überschriften versehene »KPD-Urteil« des Ersten Senats vom 17. August 1956 (BVerfGE 5, 85-393); es füllt mit seinen 309 Druckseiten fast einen ganzen Band. Selbst Kammerentscheidungen, die der Sache nach nur bereits vom Senat entschiedenen Rechtsfragen gelten (§ 93a Abs. 2 Buchst. a), § 93c Abs. 1 Satz 1 BVerfGG), sind mit durchschnittlich knapp sieben Druckseiten Länge fast so umfangreich wie die regulären Judikate der Senate der obersten Bundesgerichte; die umfangreichste Kammerentscheidung bildet ein Fragen des kirchlichen Selbstbestimmungsrechts betreffender Nichtannahmebeschluss (sic!) der 2. Kammer des Zweiten Senats vom 17. Oktober 2007 mit 33

desgerichtshofs und des Bundesverwaltungsgerichts in die jeweilige amtliche Sammlung aufgenommen.

Druckseiten (BVerfGK 12, 308-340 – Belegungsrecht kirchlicher Pflegeeinrichtungen).

Gewiss gibt es Verfassungsgerichte, die den durchschnittlichen Seitenumfang eines Karlsruher Spruches übertrumpfen – zu denken ist hier in erster Linie an den US-amerikanischen Supreme Court, dessen Entscheidungssammlung mittlerweile (Stand: April 2011) stolze 563 voluminöse Bände zählt. Doch ist dabei immer auch die unterschiedliche Begründungskultur zu berücksichtigen, die etwa beim US-amerikanischen Verfassungsgericht, an kontinentaleuropäischen Stilmaßstäben gemessen, kolloquialer daherkommt, von einem häufigen Nebeneinander von »opinion of the Court« auf der einen und »dissentings« und »concurrings« auf der anderen Seite geprägt ist, sich eingehend mit den zugrundeliegenden Fakten und der Frage beschäftigt, ob und inwieweit die aktuelle Entscheidung sich in die bisherige Judikatur einfügt. All dies zeichnet Entscheidungen des Bundesverfassungsgerichts typischerweise nicht aus. Sie sind vielmehr einer Denkungsart und einem Begründungsstil verpflichtet, wie er für die Rechtsdogmatik, jenes spezifisch rechtswissenschaftliche Format der deutschsprachigen Jurisprudenz, kennzeichnend ist. Darin kommt die für das Bundesverfassungsgericht spezifische – um nicht zu sagen: exklusive – Nähebeziehung zu ihrem rechtswissenschaftlichen Pendant, der Staatsrechtslehre, zum Ausdruck. Die Verfassungsdogmatik bildet für beide, die Verfassungsrechtspraxis in Gestalt der Verfassungsrechtsprechung einer- und die Verfassungsrechtswissenschaft andererseits, den gemeinsamen Kommunikationsraum. Darauf wird sogleich zurückzukommen sein (nachfolgend II.).

Zuvor sei aber auf die in manchem nahezu symbiotische Verbindung von Bundesverfassungsgericht und Staatsrechtslehre hingewiesen: Das fängt bereits damit an, dass die Staatsrechtslehre unter dem Grundgesetz von Beginn an im Großen und Ganzen, nach den beiden Anfangsjahrzehnten sogar vorbehaltlos und vollzählig zum Grundgesetz und zu dessen wortgewaltigem Hüter, dem Bundesverfassungsgericht, steht. Anders als in der Weimarer Staatsrechtslehre, die mit ihren brillantesten Köpfen weit über die Grenzen Deutschlands Ausstrahlungskraft besaß, gibt es in der bundesrepublikanischen Staatsrechtslehre keine ernst zu nehmenden Bestrebungen, das Grundgesetz und das Bundesverfassungsgericht zu delegitimieren und Alternativkonzepte zu propagieren. Ganz im Gegenteil entwickelt sich, je länger, desto stärker, eine Grundhaltung, die als bundesverfassungsgerichtspositivistisch beschrieben wird und die im Wesentlichen mit Dogmatik, und zwar mit Dogmatik der bundesverfassungsgerichtlichen Judikatur (im Sinne sowohl des *genitivus subiectivus* als auch des *genitivus obiectivus*), ihr Auslangen hat (Schlink 1989; Schlink 2007; Jestaedt 2002). Bereits vor 50 Jahren, nämlich aus Anlass der Feier des zehnjährigen Bestehens des Bundesverfassungsgerichts, konnte Rudolf Smend seine berühmt gewordenen Worte sprechen: »[D]as Grundgesetz gilt nunmehr praktisch so, wie es das Bundesverfassungsgericht auslegt, und die Literatur kommentiert es in diesem Sinne« (Smend 1962: 582). Die Anamnese hat seither ihre Aktualität nicht eingebüßt. Das Karlsruher Verfassungsorakel steht für nicht wenige Staatsrechtslehrer als Theorieersatz. Und für wohl nicht deutlich weniger Staatsrechtslehrer wird man sagen dürfen, dass sie in der Berufung ans Bundesverfassungsgericht die Krönung ihrer professionellen Laufbahn erblickten. Selbstredend werden einzelne Judikate einer – teils auch scharfen und schneidigen – rechtswissenschaftlichen Kritik unterzogen. Doch die bundesverfassungsgerichtsaffirmative Grundhaltung gerät dabei, soweit ersichtlich, nie ernsthaft in Gefahr (Isensee 1996: 1085 ff.; Schulze-Fielitz 1997: 1 ff.). Das ist auch nicht weiter verwunderlich, erscheint doch die Verfassungsrechtswissenschaft gleichsam als die natürliche Verbündete der Verfassungsrechtsprechung: Sie ist neben dem Bundesverfassungsgericht der Hauptprofiteur des sich in der Nachkriegszeit nach und nach etablierenden Denkens von der Verfassung her. Die Verfassungsorientierung (auch) des rechtswissenschaftlichen Räsonnements belohnt die Staatsrechtslehre mit einer zuvor ungekannten Steigerung ihrer Bedeutung, ihrer Wirksamkeit und ihres Renommees im Kreise der übrigen rechtswissenschaftlichen Disziplinen, kürt sie gar zur juridischen Königsdisziplin. Die Staatsrechtslehre ist denn auch dem vom Bundesverfassungsgericht erhobenen Führungsanspruch – anders als die Verfassungsorgane und die Fachgerichtsbarkeit (dazu oben B.II. und III.) – niemals fundamental oder frontal entgegengetreten. Ganz im Gegenteil erwies sie sich praktisch von Anfang an als zwar nicht unkritischer, aber doch immer loyaler Begleiter und als – im Rahmen der einer Wissenschaftsdisziplin gegebenen Möglichkeiten – starker Partner.

Damit soll keineswegs ein einseitiges, asymmetrisches, Principal-agent-Verhältnis behauptet werden (Günther 2006). Wenn nicht alles täuscht, ist es – im Guten wie im Schlechten – die Kritik aus den Reihen der Staatsrechtslehre, die im Bundesverfassungsgericht am aufmerksamsten wahrgenommen wird und die, zumindest mittel- und langfristig, den größten Eindruck hinterlässt, bildet sie doch aus Sicht des Gerichts die »primäre Fachöffentlichkeit« (Lembcke 2007: 216). So verkennt das komplexe und subtile Wechselwirkungsverhältnis, wer annimmt, dass sich stets die Verfassungsrechtswissenschaft an der Verfassungsrechtsprechung orientiert und nicht umgekehrt. Die Wissenschaftsnähe des Bundesverfassungsgerichts wird dadurch befördert, dass es mit der Zeit zu einem Professorengericht geworden ist, einem Gericht, welches von jenen Richterpersönlichkeiten geprägt wird, die neben ihrem Karlsruher Richteramt das Amt eines Rechtsprofessors, vorzugsweise eines Staatsrechtslehrers, an einer deutschen Universität versehen. Überproportional viele der die Rechtsprechung des Gerichts prägenden Richterpersönlichkeiten waren oder sind in der Zunft profilierte Staatsrechtslehrer, man denke, um nur einige der früheren Professorenrichter mit ihren Amtszeiten am Bundesverfassungsgericht zu nennen, an Ernst Friesenhahn (1951-1963), Gerhard Leibholz (1951-1971), Konrad Hesse (1975-1987), Ernst-Wolfgang Böckenförde (1983-1996), Dieter Grimm (1987-1999), Paul Kirchhof (1987-1999) und Wolfgang Hoffmann-Riem (1999-2008). Derzeit sind im Ersten Senat fünf und im Zweiten Senat vier von acht Richter(inne)n, insgesamt also neun von 16 Richter(inne)n, praktizierende Staatsrechtslehrer(innen).[8] Auch das prägt natürlich Denkweise und Begründungsstil des Gerichts und im Gericht.

D.II Verfassungsdogmatik als Kommunikationsformat zwischen Verfassungsrechtswissenschaft und Verfassungsrechtsprechung

Neben den engen personellen Verbindungen und der sich bereits aus der Sache heraus ergebenden gegenständlichen Be-

8 Erster Senat: Ferdinand Kirchhof (Vizepräsident und Senatsvorsitzender; Universität Tübingen), Johannes Masing (Universität Freiburg), Andreas Paulus (Universität Göttingen), Susanne Baer (Humboldt-Universität zu Berlin), Gabriele Britz (Universität Gießen); Zweiter Senat: Andreas Voßkuhle (Präsident und Senatsvorsitzender; Universität Freiburg), Udo Di Fabio (Universität Bonn), Gertrude Lübbe-Wolff (Universität Bielefeld), Peter M. Huber (Universität München).

zogenheit von Bundesverfassungsgericht und Staatsrechtslehre fungiert die Verfassungsdogmatik als das mit Abstand bedeutsamste Bindeglied zwischen beiden, bildet sie doch das beiden – Verfassungsrechtsprechung und Verfassungsrechtswissenschaft – gemeinsame Kommunikations-, das heißt Austausch-, Verständigungs- und Beeinflussungsformat. Sie ist beider gemeinsame Sprache.

Die Verfassungsdogmatik ist indes nichts anderes als der auf die Verfassung bezogene Ableger der Rechtsdogmatik und stellt als solcher im Kreise der hierzulande betriebenen Jurisprudenz kein disziplinäres Alleinstellungsmerkmal der Verfassungsrechtswissenschaft dar. Verlässt man den nationalen Rahmen und blickt über die Grenzen, so wird aber schnell deutlich, dass das Format der Rechtsdogmatik ein sehr deutsches, besser wohl: dem deutschen Sprachkreis verhaftetes disziplinäres Setting ist. Man übertreibt kaum, wenn man sagt, dass echte Rechtsdogmatik nur dort und nur in dem Maße betrieben wird, wo und in dem die deutsche Jurisprudenz Einfluss besitzt. Sie figuriert sozusagen als deren Markenkern. Ist aber die Arbeits- und Begründungsweise des Bundesverfassungsgerichts dogmatikgeleitet und -bestimmt, so lohnt es sich, kurz einen Blick auf das eigengeartete Phänomen der Dogmatik zu werfen.

D.II.1 Telos und Funktionsweise von Dogmatik

Dogmatik zeichnet sich auf der einen Seite durch ihre Ausrichtung und ihren *modus operandi* und auf der anderen Seite durch ihren verklammernden Doppel-Nutzen für Rechtswissenschaft und Rechtspraxis aus. Rechtsdogmatik ist – in des Wortes doppelter Bedeutung – auf Rechtsanwendung ausgerichtet. Idealer oder realer Adressat rechtsdogmatischer Aussagen ist – neben der *scientific community* der akademischen Rechtsdogmatiker selbst – der Teilnehmer am Rechtserzeugungsprozess, der auf der Grundlage und nach Maßgabe bestehenden Rechts Informationen zur Erzeugung neuen Rechts erhält, also namentlich der Gesetzgeber, das Verwaltungsorgan, das Gericht oder der Beteiligte an einem Privatrechtsgeschäft. Der Zweck der Rechtsdogmatik lässt sich in einem ersten Zugriff dahingehend bestimmen, dass sie »auf die Anleitung der praktischen Entscheidungstätigkeit in denjenigen Positionen der organisierten Arbeitswelt [ergänze: mit den Mitteln der Rechtswissenschaft zielt], die typischerweise mit Juristen besetzt sind und in denen die Orientierung an Rechtsnormen zum formalen (offiziellen) Entscheidungsprogramm gehört« (Morlok 1988: 39f.). Dogmatik ist danach »der auf die Bewältigung der praktischen juristischen Tätigkeit zielende Niederschlag der rechtswissenschaftlichen Bearbeitung des Rechtsstoffes« (Morlok 1988: 40). Anders gewendet: Dogmatik fungiert als rechtswissenschaftliche Anwendungshilfe für die entscheidungsberufene Rechtspraxis, indem sie wissenschaftliches Verfügungswissen generiert und bereitstellt. Pointiert: Sie ist die am geltenden Recht ausgerichtete juridische Gebrauchsdisziplin. Ihre Anwendungsorientierung ist also eine doppelte: Sie bezieht sich zum einen auf das anzuwendende Recht; Bezugspunkt ist insoweit das aktuell geltende Recht, die *lex lata*. Und zum anderen richtet sich Dogmatik an einem bestimmten Akteur aus, nämlich dem Teilnehmer im Prozess der praktischen, das heißt auf reale soziale Steuerung ausgerichteten Rechtsgewinnung. Zu diesem Behufe müht sich Dogmatik um eine verständnis- und anwendungserleichternde, Auslegungs- und Anwendungsroutinen begründende und anleitende, typischerweise systematisierende und standardisierende Abbildung und Aufbereitung des anzuwendenden Rechts.

Ihr *modus operandi* kann, in knappster Form, als Drei-Schritt-Verfahren von Dekontextualisierung – Systematisierung – (Re-)Konkretisierung dargestellt werden: In einem ersten Schritt geht es um die Gewinnung dogmatischer Figuren und Konzepte. Dies geschieht, vereinfacht gesagt, dadurch, dass ein rechtliches Phänomen dekontextualisiert, also sowohl seines konkreten Fall- und damit Tatsachenbezuges als auch grundsätzlich seines konkreten positivrechtlichen Normbezuges entkleidet, sozusagen juristisch »keimfrei« gemacht wird. Wird die Rechtsfigur derart von Kontingenz »geläutert«, bleibt das Konzentrat der normativen Aussage, bleibt also »reines«, von Ort, Zeit und Raum gereinigtes Recht übrig. Das Dekontextualisieren dient der Standardisierung, Rationalisierung oder Stabilisierung normativer Erwartungen. – In einem zweiten Schritt werden die so behandelten Rechtssätze dem eigentlichen Systematisierungsprozess in Gestalt der inhaltlichen Konsistenzialisierung unterzogen: Die »kontingenzfreien« Rechtssätze werden in ein in aller Regel hierarchisiertes Verhältnis tunlichster Widerspruchsfreiheit und Vollständigkeit gesetzt. Sie bilden gemeinsam das dogmatische System, das ihnen im Gegenzug Rang und Wirkmächtigkeit zuweist. In diesem System verkörpert sich – zumeist unausgesprochen – die Vorstellung von rechtlicher Ordnung und Einheit. Das Regelwerk der Dogmatik, so die Vorstellung, nimmt das positive Recht auf einer höheren Abstraktionsebene in sich auf. Aus Recht ist Wissenschaft, ist ein Geflecht systematisch verbundener Aussagen geworden. – Im dritten und letzten Schritt entfaltet das so gebildete System seine Wirksamkeit im Prozess der Anwendung auf die konkret-kontingente Normaussage. In einem Prozess der (Re-)Konkretisierung dogmatischer Erkenntnisse wird die fallentscheidende Norm des positiven Rechts einer systematisch eingehegten Deutung unterzogen. Inhalt und Stellung des *in concreto* anzuwendenden Rechtssatzes lassen sich im Wesentlichen im Wege deduktiv-systematischen Räsonnements ermitteln. Das dogmatische System bildet sozusagen die Deutungsmatrix der anzuwendenden Rechtsnorm. Aus Wissenschaft wird so wieder Recht. Der damit geschlossene Rationalisierungskreislauf verbürgt die Verwissenschaftlichung der Rechtsgewinnung – und damit die sich selbst stabilisierende Unverzichtbarkeit der Rechtsdogmatik.

D.II.2 Gemeinsames Medium von Rechtswissenschaft und Rechtspraxis

Rechtsdogmatik bindet die Rechtswissenschaft an die Rechtspraxis *et vice versa*. Sie spinnt gleichsam um beide ein disziplinäres und beide disziplinierendes Band. Sie wird von beiden genutzt und entwickelt, wenn auch regelmäßig in unterschiedlicher Absicht und Erwartung und mit unterschiedlichen Mitteln und Folgen. Nicht zuletzt dieser hybrid-ambivalente Status der Rechtsdogmatik lässt die – wie leicht zu erkennen ist: nicht einfach mit »Ja« oder mit »Nein« zu beantwortende – Frage aufkommen, ob es sich dabei eigentlich noch um Wissenschaft handele.

In idealtypischer Zuspitzung, die aber just in Bezug auf das Bundesverfassungsgericht an die Grenzen ihrer Überzeugungskraft gelangt, lässt sich der unterschiedliche Dogmatik-Zugang von Rechtswissenschaft und Rechtspraxis wie folgt darstellen: Während die Wissenschaft Dogmatik entwickelt, nutzt die Praxis Dogmatik. Dort Systembildung, hier Systemnutzung (Schmidt-Aßmann 2006: Kap. 1 RN 3). Entsprechend unterschiedlich sind Interesse und Anteil an den einzelnen Phasen dogmatischen Tuns: Während die Dekontextualisierung und die Konsistenzialisierung im Fokus wissenschaftlicher Aufmerksamkeit stehen, richtet die Praxis vorzugsweise ihr Augenmerk auf den (Re-)Konkretisierungsschritt, nämlich die Applikation dogmatischer Konzepte und Theoreme. Und während der Rechtswissenschaftler sich regelmäßig bemühen dürfte, dem Wirken rechtsdogmatischen Räsonnements auch und gerade in den *Herstellungs*prozessen von Recht nachzuspüren, dürfte der Rechtspraktiker ein stärker strategisch-taktisches Verhältnis zur Dogmatik pflegen, wonach er sich dieser primär im Modus der *Darstellung* von Recht – despektierlich formuliert: zum Zwecke des Marketings der von ihm getroffenen Rechtsentscheidung – bedient (Esser 1974: 517ff.). Beide ziehen ihren je eigenen Nutzen aus Dogmatik: Die entscheidungsberufene Rechtspraxis profitiert von der Wissenschaftlichkeit der Rechtsdogmatik, kann sie doch daran Rationalität, Konsistenz und Konsequenz der eigenen Rechtsgewinnungstätigkeit überprüfen und ausweisen. Umgekehrt zieht die Wissenschaft hohen Nutzen aus der Praxisanschauung. Neben dem praktischen Tauglichkeitstest der wissenschaftlichen »Theorie« dürften es insbesondere die typischerweise im Ernstfall des praktischen Rechts(auslegungs- und -anwendungs)streits freigesetzten Kreativitätsreserven sein, die dem dogmatischen System einen innovatorischen Schub geben können. Wer einen Fall tatsächlich zu entscheiden oder einen Prozess zu führen hat, denkt eben nicht selten anders und an anderes als derjenige, dem es zuvörderst um die wissenschaftliche Systemreinheit geht.

Das Zusammentreffen von Rechtspraxis und Rechtswissenschaft im Kommunikationsraum der Dogmatik birgt freilich auch ernsthafte Gefahren, können doch die Synergieeffekte – bei Nichtbeachtung des jeweils spezifischen Kompetenzraumes von Wissenschaft einer- und Praxis andererseits – leicht in ein kollusives Zusammenwirken unter dem Deckmantel der Dogmatik umschlagen. Dogmatik dient dann als Selbstermächtigungstitel (Lepsius 2011): In einem Vermengungsakt von Methode und Rechtsquelle »löst« die Rechtspraxis das Kompetenzproblem, unter dem sie leidet, indes die Rechtswissenschaft das Geltungsproblem, welches ihren Aussagen anhaftet, mittels Dogmatik »aus der Welt schafft«. Sätze der Wissenschaft und Sätze des positiven Rechts scheinen solcherart konvertibel, ununterscheidbar zu sein. Diese Gefahr steigt in dem Maße, in dem ein Akteur beide Ambitionen, die der Systembildung und die der Systemnutzung, zugleich verfolgt, wie das beim Bundesverfassungsgericht aus naheliegenden Gründen am ausgeprägtesten (unter allen innerstaatlichen Gerichten) der Fall ist.

D.III Die Etablierung kongenialer Maßstabs-, Auslegungs- und Darstellungskonzepte

Dass das Theorie-Praxis-verkoppelnde Format der Rechtsdogmatik für den gesamten deutschsprachigen Raum kennzeichnend ist, also als solches keine Besonderheit des Verhältnisses von Staatsrechtslehre und Bundesverfassungsgericht darstellt, heißt indes nicht, dass die grundgesetzliche Verfassungsdogmatik sich nicht von den sonstigen Fachdogmatiken (Privatrechtsdogmatik, Strafrechtsdogmatik, Verwaltungsrechtsdogmatik) abhebt. Eher ist das Gegenteil der Fall. Und dieser Umstand ist weithin dem singulären Charakter und Wirken des Bundesverfassungsgerichts geschuldet. Das Gericht »profitiert« nicht nur sozusagen formaliter von der dogmatikvermittelten Verbindung zur Staatsrechtslehre, indem seine Entscheidungen an der Autorität der Wissenschaftlichkeit teilhaben. Auch und gerade materialiter, das heißt in der Art und Weise des Umgangs mit der Verfassung selbst, macht sich das anwendungsorientierte System- und Konkretisierungsdenken der Dogmatik bemerkbar und trägt zur Sonderstellung des Verfassungsgerichts bei. Dass und wie sich die verfassungsdogmatisch geprägte Herangehensweise auf Wahrnehmung und Wirksamkeit sowohl des Grundgesetzes als auch des Bundesverfassungsgerichts selbst auswirkt, sei in der gebotenen Kürze unter den drei Aspekten: Maßstab – Auslegung – Darstellung zu erläutern versucht. Die nachfolgende Skizze erhebt selbstredend nicht den Anspruch auf Vollständigkeit bei gleichzeitiger Detailtreue, das heißt eine den – in des Wortes doppelter Bedeutung – unübersehbaren Gemeinsamkeiten wie Besonderheiten der Judikate Rechnung tragende Darstellung zu sein. Ein solcher Anspruch scheiterte, von vielem Weiteren abgesehen, bereits daran, dass »das Bundesverfassungsgericht« nur in einer abstrahierend-institutionellen Sicht ein identischer Akteur ist; empirisch hat man es hingegen mit zwei – nimmt man neben den Senaten noch die Kammern hinzu: mit acht (zwei plus sechs) – Kollegialspruchkörpern zu tun, deren Besetzung im Zeitverlauf einem ständigen Wandel unterworfen ist. Angesichts dessen kann es hier nur darum gehen, einige generalisierbare und repräsentative Linien zu identifizieren und zu extrapolieren. Dabei wird sich zeigen, dass mit den Mitteln und als Ausdruck von Dogmatik Maßstabs-, Auslegungs- und Darstellungskonzepte entwickelt wurden, die den drei oben (unter C.I.-III.) angesprochenen Weichenstellungen für (1.) eine Verfassungsgerichtsbarkeit, die (2.) institutionell verselbstständigt ist und (3.) Rechtsprechungsgewalt auch über die sonstigen Gerichte besitzt, kongenial sind, sie also aufnehmen und verstärken. Gemeinsam ist diesen verfassungsdogmatischen Bemühungen das Denken von der immer wieder herzustellenden, wertbegründeten und wertbegründenden Einheit, als die das System »Verfassung« imaginiert wird.

D.III.1 Verfassung als alles durchdringendes Einheitskonzept

Kongenial zu der nach ihren Kontrollmöglichkeiten nahezu omnipräsenten und omnipotenten Verfassungsgerichtsbarkeit erscheint die Verfassung – der Maßstab verfassungsgerichtlichen Wirkens – als das die ganze (innerstaatliche) Rechtsordnung materialiter durchdringende Einheitskonzept. Dem pyramidalen Rechtsprechungsmodell (oben C.III.1.) korrespondiert die Deutung der Rechtsordnung als pyramidaler Stufenbau, innerhalb dessen die oberste Hierarchiestufe, eben die Verfassung, weitestgehende Determinierungsmacht auf die nachfolgenden Stufen der Rechtskonkretisierung und -individualisierung auszuüben trachtet. Diese Deutung ist mehr als die bloße Ausbuchstabierung des Vorrangs der Verfassung gegenüber allem sonstigen innerstaatlichen Recht. Denn das Konzept des Vorrangs ist zunächst ein bloß formales: Im Falle des Widerspruchs von Normen entfaltet sich die im Verhältnis zu allen übrigen innerstaatlichen Rechtsnormen größere Rechtsverdrängungsmacht von Verfassungsnormen. Sie setzen sich im Kollisionsfalle durch. Mit diesem Kollisionslösungsmechanismus sind aber noch keinerlei Aussagen verbunden über die konkrete Reichweite und Dichte der Steuerung des einfachen Rechts durch die Verfassung. Das ist keine Frage des Vorrangs (oder auch der Geltung), sondern eine des Inhalts der Verfassung, wenngleich das Vorrangargument gerne zur Begründung des weitausgreifenden materialen Verfassungsverständnisses herangezogen wird.

Am anschaulichsten und wohl auch am nachhaltigsten lässt sich das angesprochene Verständnis von Verfassung an zwei dogmatischen Konzepten studieren: am Wertordnungsmodell auf der einen und an der sogenannten verfassungskonformen Auslegung auf der anderen Seite. Von der im »Lüth-Urteil« aus dem Jahr 1958 (BVerfGE 7, 198 ff.) begründeten These der sich im Grundrechtsabschnitt des Grundgesetzes verkörpernden »objektiven Wertordnung«, die ihre »Ausstrahlungswirkung« in alle Bereiche des Rechts hinein entfaltet, war bereits die Rede (oben C.III.2.). Zwar ist seit einiger Zeit die Wert-Semantik zugunsten der – freilich ihrerseits wenig glücklich gewählten – Rede von den »objektivrechtlichen Gehalten« der Grundrechte ausgewechselt worden; in der Sache und in der Substanz ist der darin zum Ausdruck gelangende Gedanke von der Multifunktionalität und Allbezüglichkeit der Grundrechte als verfassungsrechtlichen Wertentscheidungen jedoch dadurch keineswegs abgeschwächt worden. Ganz im Gegenteil wurden nach und nach weitere Dimensionen und Funktionen der Grundrechte freigelegt, so insonderheit die Dimensionen als Leistungs- und Teilhaberecht (grundlegend das »Numerus-clausus-Urteil«, BVerfGE 33, 303 ff. [1972]), als staatliche Schutzpflicht (bahnbrechend die erste Abtreibungsentscheidung: BVerfGE 39, 1 ff. [1975]) und als organisations- und verfahrensrechtsdeterminierende Schutzgewährleistung (richtungweisend das »Hochschul-Urteil«, BVerfGE 35, 79 ff. [1973]). Zusammengenommen entfalten Grundrechte danach so etwas wie eine Rundumwirkung.

Das – vom Bundesverfassungsgericht in ständiger Rechtsprechung selbst fortlaufend angewandte und auch den Fachgerichten zur Anwendung angediente – Instrument der »verfassungskonformen Auslegung« dient der Durchsetzung der verfassungsgesetzlichen »Ausstrahlungswirkung« auf das Gesetzesrecht. Gegenstand der hier angesprochenen Auslegung ist nicht die Verfassung selbst, sondern das Gesetz. Voraussetzung für eine »verfassungskonforme Auslegung« ist, dass einer einfachgesetzlichen Vorschrift auf der Grundlage der herkömmlichen Auslegungsmethoden unterschiedliche Norminhalte entnommen werden können, aber wenigstens einer der so ermittelten Norminhalte nicht mit den verfassungsrechtlichen Vorgaben im Einklang steht. Dann besteht nach der Lehre von der »verfassungskonformen Auslegung« die verfassungsrechtliche Pflicht des Gesetzesanwenders, die nicht verfassungskonformen Auslegungsvarianten zu verwerfen und die (respektive eine) verfassungskonforme Variante zu wählen. Paradigmatisch begründet der Erste Senat des Bundesverfassungsgerichts diese Vorgangsweise wie folgt:

> »Denn das Grundgesetz ist als ranghöchstes innerstaatliches Recht nicht nur Maßstab für die Gültigkeit von Rechtsnormen aus innerstaatlicher Rechtsquelle; auch inhaltlich ist jede dieser Rechtsnormen im Einklang mit dem Grundgesetz auszulegen. Sie empfängt daraus im Rahmen ihres Wortlauts gegebenenfalls einen ergänzenden Sinn oder ist, wenn die übrigen Voraussetzungen hierfür erfüllt sind, im Einklang mit dem Grundgesetz fortzubilden. Auch das Grundgesetz ist Teil der Gesamtrechtsordnung, die als Sinnganzes verstanden werden muß und jeglicher Auslegung innerstaatlichen Rechts zugrunde zu legen ist.« (BVerfGE 51, 304 [323] – Bundesprüfstelle für jugendgefährdende Schriften [1979])

Mit dem Instrument der »verfassungskonformen Auslegung« erschließt das Bundesverfassungsgericht sich und allen sonstigen zur autoritativen Gesetzesauslegung berufenen staatlichen Instanzen, namentlich also den instanzabschließenden Fachgerichten, weitreichende Korrekturmöglichkeiten gegenüber dem Gesetzgeber und dessen Produkten, den Gesetzen. Wer das Verhältnis des Bundesverfassungsgerichts zum Gesetzgeber betrachtet, darf sein Augenmerk nicht nur auf die 632 Fälle richten, in denen das Bundesverfassungsgericht in den letzten 60 Jahren Normen des Bundes- (452 Normen) und des Landesrechts (180 Normen) als verfassungswidrig beanstandet hat; er muss auch die statistisch nicht verzeichnete, aber wahrscheinlich markant höhere Zahl von Fällen der Teilnichtigkeitserklärung ohne Normtextänderung, als die sich die »verfassungskonforme Auslegung« auswirkt, einbeziehen. Der Vorrang der Verfassung liefert für die dadurch sich vollziehende Verschiebung der Gewaltenteilung das gute verfassungsstaatliche Gewissen – ergänzt durch das doch recht bemühte Argument, die Korrektur des Gesetzes im Wege der »verfassungskonformen Auslegung« schone den Gesetzgeber, weil die sonst fällige Kassation des Gesetzes die härtere Sanktion darstelle. Die »verfassungskonforme Auslegung« sieht sich dem Vorwurf ausgesetzt, dass sie gar keine echte (Gesetzes-)Auslegung, sondern Normverwerfung in anderem Gewande ist und ihre Rechtfertigung aus der Verwechslung oder doch zumindest Vermischung von Inhalts- und Geltungsfrage zieht: Die durch Auslegung zu beantwortende Frage, welchen Inhalt ein Gesetz habe, wird mit der regelmäßig mittels Rechtsetzung – nämlich Normkassation oder Normbestätigung – zu beantwortenden Frage, ob das Gesetz mit dem durch Auslegung ermittelten Inhalt denn angesichts der Verfassung Geltung beanspruchen könne, vermengt respektive vermischt (Lembke 2009). Unbeschadet dieses schwer auszuräumenden Grundsatzeinwandes genießt die »verfassungskonforme Auslegung« nachhaltigen Zuspruch und charakterisiert die (nachkriegs)deutsche Variante des Denkens von der Verfassung her (Löwer 2005: §70 RN 126f.).

Mit beiden Ansätzen, jenem der Multifunktionalität der Grundrechte wie jenem der »verfassungskonformen Auslegung«, lässt sich leicht – und wie Robert Alexy mit seiner Prinzipienlehre mit großer Durchschlagskraft demonstriert hat (Alexy 1986) – der Optimierungsgedanke verbinden:

Grundgesetzlich gewährleistete Rechtspositionen streben als Prinzipien nach weitestgehender Realisierung. Damit schlägt das Denken von der Verfassung in ein Streben nach Konstitutionalisierung um.

D.III.2 Verfassungsauslegung als interpretatorischer Sonderfall

Kongenial dem Sonderstatus sowohl der Verfassung im Kreise der Rechtsquellen als auch des Verfassungsgerichts im Kreise der Rechtsprechungsorgane ist die heute weithin akzeptierte These, dass Verfassungsauslegung vom methodisch-dogmatischen Zugriff her etwas anderes darstellt als bloße Gesetzesauslegung. Das ist erklärungsbedürftig, ist doch das Grundgesetz seiner Form und seinem Erzeugungsverfahren nach auch »nur« ein Gesetz und verdankt es seine Wirkmacht nicht zuletzt dem Umstand, dass es als das höchste Gesetz die übrigen Gesetze (und untergesetzlichen Normen) steuern kann. Gleichwohl hat sich die These vom interpretatorischen Sondercharakter, ohne dass das Bundesverfassungsgericht sie je ausdrücklich und ausführlich begründet hätte, ja selbst ohne dass sie allzu offensiv vom Gericht herausgestellt worden wäre, durchgesetzt. Die mangelnde Begründung verwundert allerdings schon deswegen kaum, weil das Gericht, das ansonsten wenig Scheu zeigt, wortreich zu agieren, regelmäßig recht schmallippig wird, wenn es um Fragen der eigenen Methode geht. Das wird man dem Verfassungsgericht auch nicht ohne weiteres anlasten können, ist es doch von Verfassungs wegen berufen, Fälle zu entscheiden, und nicht, methodologische Traktate zu verfassen. Im Gros der Entscheidungen wird denn auch – insoweit der Fachgerichtsbarkeit durchaus vergleichbar – keine einzige Silbe zur angewandten oder auch bevorzugten

Auslegungsmethode verloren; sie lässt sich vielfach noch nicht einmal verlässlich aus der Entscheidungsbegründung rekonstruieren. Verallgemeinernd kann man sagen, dass die Karlsruher Rechtsprechung nicht einem Kanon von in ihrer methodologischen Konsistenz reflektierten und in der Judikatur permanent konsequent praktizierten Auslegungsregeln folgt. Vielmehr befleißigt sich das Bundesverfassungsgericht eines für Höchstgerichte nicht untypischen Methodenpragmatismus. Das BVerfG »hält« keine der Auslegungstheorien samt dazugehöriger Auslegungsmethoden »durch«. Es stellt auslegungs*theoretische* Reflexion nicht über das auslegungs*praktische* Vorgehen. Die jeweils anzuwendende Auslegungsmethode wird prinzipiell von Fall zu Fall bestimmt. Und diese wird gegebenenfalls aus dem fallweise für erforderlich gehaltenen »Verschnitt« mehrerer Auslegungstheorien oder -methoden generiert.

Das alles wäre kaum einer Erwähnung wert, würde das Bundesverfassungsgericht nicht in anderer Hinsicht die als klassisch geltenden und – nicht ganz zutreffend – mit dem Namen von Friedrich Carl von Savigny verbundenen Canones der Gesetzesauslegung (die grammatische, die historische, die systematische und die teleologische Interpretation) zum Verfassungsmaßstab für fachrichterliches Handeln heranziehen. Die aus Art. 20 Abs. 2 Satz 2 und Abs. 3 GG hergeleiteten verfassungsrechtlichen – und infolgedessen vom Bundesverfassungsgericht auf ihre Einhaltung hin kontrollierbaren – »Grenzen der richterlichen Rechtsfindung« bestimmt es nämlich in seinem Beschluss zur sogenannten Rügeverkümmerung wie folgt:

> »Die Auslegung des einfachen Gesetzesrechts einschließlich der Wahl der hierbei anzuwendenden Methode ist Sache der Fachgerichte und vom Bundesverfassungsgericht nicht umfassend auf ihre Richtigkeit zu untersuchen. Das Bundesverfassungsgericht beschränkt seine Kon-

trolle […] auf die Prüfung, ob das Fachgericht bei der Rechtsfindung die gesetzgeberische Grundentscheidung respektiert und von den anerkannten Methoden der Gesetzesauslegung in vertretbarer Weise Gebrauch gemacht hat.« (BVerfGE 122, 248 [257f.] – Rügeverkümmerung [2009])

Mutatis mutandis vergleichbar geht das Bundesverfassungsgericht vor, wenn es im »Honeywell-Beschluss« aus dem vergangenen Jahr die sogenannte Ultra-vires-Kontrolle des Handelns des Gerichtshofs der Europäischen Union (EuGH) umreißt (BVerfGE 126, 286 [302ff., insbesondere 305ff.] [2010]). Dass Entsprechendes für die Auslegung der Verfassung durch das Bundesverfassungsgericht selbst gilt, lässt sich den Karlsruher Judikaten nicht entnehmen. Mehr noch: Während das Bundesverfassungsgericht sich bereits mehrfach mit der Frage nach den Grenzen richterlicher Rechtsfortbildung – genauer wäre es wohl zu formulieren: mit den Grenzen fachrichterlicher *Gesetzes*fortbildung – befasst hat (prominent der »Soraya-Beschluss« aus dem Jahre 1973 [BVerfGE 34, 369ff.] sowie der schon zitierte Beschluss zur »Rügeverkümmerung« aus dem Jahre 2009 [BVerfGE 122, 248ff.], fehlt es bereits an Begriff und Konzept verfassungsrichterlicher *Verfassungs*fortbildung. Es steht also kein Raster bereit, mit dem Verfassungsauslegung und Verfassungsfortbildung, sollte es sie geben, unterschieden werden könnten – eine für ein Verfassungsgericht, welches über die Macht der autoritativen Verfassungsauslegung verfügt, nicht unkomfortable Situation (Roellecke 2010: § 14 RN 31f.).

Sieht man näher hin, so steht die These, dass es sich bei der Verfassungsauslegung um einen interpretationsmethodologischen Sonderfall handele, auf schwachen Füßen. Dies auch deswegen, weil die Vorstellung, die Fachgerichte orientierten sich bei ihrer Gesetzesauslegung mehr oder minder strikt an der sogenannten »Savignyschen Quart«, wenig mit der forensischen Realität gemein hat. Auch bei der Fachgerichtsbarkeit haben dogmatische Operationen – das Denken vom (beweglichen) System her – in großem Maße klassisch-methodische Anleitungen zu Lippenbekenntnissen degradiert, die zwar, wenn es passt, gerne abgegeben werden, die aber selten den wahren Grund für das »So und nicht anders« einer Entscheidung darstellen dürften. Das ändert aber nichts daran, dass die These von der Besonderheit der Verfassungsinterpretation den praktischen Erfolg gezeitigt hat, dass dem Bundesverfassungsgericht gemeinhin eine größere Auslegungsfreiheit bei seinen Bemühungen, das Grundgesetz zu interpretieren, zugestanden wird als den Fachgerichten bei der Gesetzesauslegung.

Um wenigstens einen schwachen Eindruck davon zu vermitteln, wie der dogmatikgesteuerte Interpretationszugriff beim Bundesverfassungsgericht funktioniert, sei auf die Karlsruher Grundrechtshandhabung hingewiesen. Sie erfolgt grundsätzlich systembezogen, wobei dieses dogmatische System kein geschlossen-starres, sondern ein offen-bewegliches ist, welches von zwei – durchaus nicht vollauf parallel verlaufenden – Grundgedanken beherrscht ist: nämlich zum einem von dem Impetus, die Grundrechte zu möglichster Wirksamkeitsentfaltung zu bringen, und zum anderen vom Gedanken verhältnismäßiger Rechtsgüterzuordnung. Während der erste Gedanke die Tendenz zu ebenso fallabgewandter wie extensiver, um nicht zu sagen: flächendeckender Grundrechtsauslegung und Grundrechtsanwendung in sich trägt, fungiert der zweite Gedanke als Medium der Kalibrierung des effektiven Grundrechtsschutzes sowohl in der Gesamtrechtsordnung als auch und gerade im Einzelfall (Jestaedt 1999: 42 ff.). Die diesen beiden Grundgesetzen des Systems dienenden dogmatischen Systembausteine stecken grundsätzlich den Reflexionsrahmen der Verfassungsinterpretation ab und umschreiben das zur Verfügung stehende Argumentationsraster. Mit groben Pinselstrichen seien einige zentrale Bauelemente des vom Bundesverfassungsgericht entwickelten grundrechtsdogmatischen Systems skizziert: Gleichviel, um welches Grundrecht es sich im Einzelnen handelt, erörtert das Gericht eine Verletzungsrüge in aller Regel im Dreischritt-Schema von grundrechtlichem Schutzbereich, staatlichem Eingriff und Eingriffsrechtfertigung. Dass der Verfassungstext als solcher das Schutzbereich-Eingriff-Schranken-Schema nicht vorhält, ist heute keiner Erwähnung und Überlegung mehr wert. Ein weiterer Systembaustein ist das Denken in Spezialgewährleistungen einerseits und grundsätzlich flächendeckenden Auffanggewährleistungen andererseits. Das gilt gleichermaßen für Freiheits- und Gleichheitsrechte. Der eigentliche Clou daran ist die – oben bereits thematisierte (unter C.III.2.) – tendenzielle Lückenlosigkeit der Grundrechtsgewährleistungen. Das Systemdenken drängt auf Lückenlosigkeit und kann mit der Vorstellung nur punktuellen oder sektoralen Grundrechtsschutzes nichts anfangen. Ganz auf dieser grundrechtsausweitenden Linie liegt, dass wichtiger als die vom Verfassungsgesetzgeber formulierte Fassung eines grundrechtlichen Tatbestandes die schutzerheischende »grundrechtstypische Gefährdungslage« (BVerfGE 61, 82 [108] – Sasbach [1982]) erscheint, in der sich ein Bürger oder eine Bürgerin dem Staat gegenüber befindet. Folge dessen ist, dass es keine unüberwindlichen Schwierigkeiten bereitet, bei neuartigen Gefährdungslagen neuartige Grundrechtsgewährleistungen interpretatorisch aufzuspüren. Die wunderbare Grundrechtsvermehrung unter dem Grundgesetz findet einen ihrer bedeutsamsten Katalysatoren in der bereits erwähnten Entdeckung der Mehrdimensionalität von Grundrechtsgewährleistungen (oben C.III.2. und D.III.1.). Es scheint, wenn nicht alles täuscht, mehr eine Frage der konkreten Schutzbedürftigkeit des Grundrechtsträgers zu sein denn eine solche des einzelnen Grundrechtstatbestandes, ob und welche Schutzdimension zur Verfügung steht. Die Grundrechtsausweitung, genauer: das extensive Verständnis der grundrechtlichen Schutzbereiche, löst freilich eine in vielem parallel – man könnte auch umgekehrt formulieren: komplementär – verlaufende Bewegung auf der Seite der Grundrechtsschranken aus: In dem Maße, in dem das grundrechtliche Schutzversprechen flächendeckend-entgrenzt verstanden wird, erhebt sich die – systemische – Notwendigkeit, auch die Beschränkungsmöglichkeiten extensiv zu verstehen und zu aktualisieren. Die Karlsruher Rechtsprechung befriedigt dieses Bedürfnis, indem sie, wenn nicht dem Worte, so doch der Sache nach, das verfassungstextlich vorgesehene differenzierte Schrankenregime nivelliert und der Herrschaft der Güterabwägung unterstellt. Der zu den Freiheitsrechten entwickelte Verhältnismäßigkeitsgedanke als Kerngehalt jeder Eingriffsrechtfertigung strahlt sogar auf Struktur und Dogmatik des allgemeinen Gleichheitssatzes aus.

Dieses offen-dynamische System verfassungsgerichtlicher Grundrechtsdogmatik erlaubt es auf der einen Seite, nicht zuletzt durch die Homogenisierung der Gewährleistungsstrukturen, praktisch sämtliche Rechtsfragen als Grundrechtsfragen auszuflaggen und zu behandeln. Und auf der anderen Seite gestattet der aus systematischen Gründen ebenso flächendeckende Einsatz des großen »Weichmachers« (Ossenbühl 1995: 909) – gemeint ist natürlich der Verhältnismäßigkeitsgrundsatz – sowohl den effektiven Grundrechtsschutz im Einzelfall wie die Reichweite verfassungsgerichtlichen Rechtsschutzes differenzierend und differenziert zu steuern. Anders gewendet: Die die Verfassungsinterpretation dirigierenden dogmatischen Figuren könnten für ein methodenpragmatisch operierendes Gericht kaum besser ersonnen sein, liefern sie diesem doch sowohl Gründe, *in abstracto* die Verfassungsgewährleistungen denkbar weit zu interpretieren (gegebenenfalls sogar neue zu extrapolieren), als auch Gründe, *in concreto* den effektiven Verfassungsrechtsschutz deutlich enger zu kalibrieren. Dieser gleichzeitig systembildende, einzelfallorientierte und dabei zukunftsoffene Zugriff ist in entscheidender Weise dafür verantwortlich, dass auch nach 60 Jahren verfassungsgerichtlicher Kontrolle der Fachgerichtsbarkeit noch nicht der Punkt erreicht ist, an dem diese exponierte Form der Grundrechtskontrolle überflüssig geworden ist und der außerordentliche Rechtsbehelf der Urteilsverfassungsbeschwerde mangels (Rechtsschutz-)Bedürfnis abgeschafft werden kann.

D.III.3 Die Etablierung kongenialer Darstellungskonzepte

Weit weniger wichtig als die angesprochenen Maßstabs- und Auslegungsfragen, aber doch für ein Gesamtbild auch nicht zu vernachlässigen ist die Präsentationsform verfassungsgerichtlicher Erkenntnisse. Denn auch an ihr lässt sich die Sonderstellung des Verfassungsgerichts und des Verfassungsrechts ablesen. Markantester Ausdruck gleichermaßen des *dogmatic approach* wie der »Wissenschaftslastigkeit« der Rechtsprechung des Bundesverfassungsgerichts ist das von beiden Senaten nahezu ausnahmslos verwendete Präsentationsschema: Die Begründetheitserwägungen von Senatsentscheidungen zerfallen, von seltenen Ausnahmen abgesehen, in zwei Teile. Während im erstem Teil, dem – von Oliver Lepsius treffend so genannten – Maßstäbeteil (Lepsius 2008: 111 ff.), die grundgesetzlichen Maßstäbe mehr oder minder ohne Fallbezug herauspräpariert, in ihrem systematischen Kontext analysiert und auf ihren regulierenden *impact* hin reflektiert werden, folgt im zweiten, dem Subsumtionsteil, die Applikation der Maßstäbe auf den konkreten Sachverhalt. Der Maßstäbeteil ist von einer entsprechenden wissenschaftlichen Abhandlung – etwa der Kommentarliteratur – weder in Aufbau noch in Duktus oder Stil ohne weiteres zu unterscheiden und fungiert, wie leicht zu erkennen, als das dogmatische Herzstück der Entscheidung, können hier doch die beiden dogmatischen Hauptoperationen – das Dekontextualisieren und das Systematisieren – in voller Reinheit zur Entfaltung gelangen. Die Staatsrechtslehre richtet denn auch ihr wissenschaftliches, über den Einzelfall und die Einzelfrage hinausgehendes Augenmerk nahezu ausschließlich auf die systemisch-allgemeinen Ausführungen im Maßstäbeteil, indes den fallgeprägten, konkret-individuellen Überlegungen im Subsumtionsteil – abgesehen von den gerade an der dort entschiedenen Frage interessierten Spezialisten (wie Grundgesetz-Kommentatoren) – nur selten größere Aufmerksamkeit zuteilwird. Dass es sich beim Maßstäbeteil um den auch aus Sicht der Judikatur selbst wichtigsten Entscheidungsbestandteil, sozusagen die vor die Klammer des Falles gezogene allgemeine Interpretations- und Applikationsessenz handelt, erhellt daraus, dass judikaturstabilisierende Selbstzitate späterer Entscheidungen fast ausschließlich aus den Maßstäbeteilen früherer Erkenntnisse stammen. Das verfassungsgerichtliche Argument gilt – Ausdruck der »Dogmatiklastigkeit« – eben grundsätzlich dem System und nicht dem Fall.

E. Eine unwahrscheinliche Erfolgsgeschichte

E.1 Evolutionäre Unwahrscheinlichkeit

Das Bundesverfassungsgericht ist sowohl im nationalen Vergleich zu sonstigen Gerichten (seien es die sogenannten Fachgerichte im Allgemeinen oder die obersten Bundesgerichte im Besonderen, seien es die Landesverfassungsgerichte) als auch im internationalen Vergleich zu anderen Spruchkörpern (seien es sonstige Verfassungsgerichte, seien es internationale Gerichte, die – wie der Europäische Gerichtshof für Menschenrechte [EGMR] in Straßburg – verfassungsgerichtsähnliche Funktionen aufweisen) ein außergewöhnlich mächtiges und wirksames Gericht. Sinn der vorstehenden Überlegungen war es nicht nur, darzulegen, inwiefern und wodurch das Karlsruher Gericht so unwahrscheinlich erfolgreich ist und wirkt. Sinn war es ebenso, ein wenig Gespür dafür zu vermitteln, wie wenig absehbar, wie evolutionär unwahrscheinlich, wie wenig planvoll gesteuert die Entwicklung zu der »Karlsruher Republik« war, die das Bundesverfassungsgericht in 60 Jahren genommen hat. Die Hochstimmung des runden Geburtstages mag einen vom »Wunder von Karlsruhe« sprechen lassen. Dieses ist freilich nicht minder – das sei noch einmal in Erinnerung gerufen – ein Wunder des Grundgesetzes, dem es ebenso wenig in die Wiege gelegt war, Deutschlands beständigste und wirkmächtigste, glückendste und glücklichste Verfassung zu werden. Und doch haftet beider Erfolg auch immer ein Moment der Entgrenzung an, geht damit die Gefahr der Übertreibung und Überreizung einher. Dies umso mehr, als die Institutionalisierung der Macht des letzten Wortes das Hüter-Dilemma unweigerlich heraufbeschwört: *Quis cu-*

stodiet ipsos custodes? Und so sind Letztentscheidung und Kompetenzüberschreitung (Mayer 2000) bereits institutionell-funktionell nicht mehr eindeutig zu trennen.

E.II Exportfähiges Erfolgsmodell?

Das Bundesverfassungsgericht gilt als verfassungsstaatlicher Exportschlager. Und das ist auch sicher richtig, schaut man auf die normativen Strukturen, sprich: die institutionell-organisatorische Ausgestaltung und die funktionell-kompetenzielle Ausstattung. In der weltweiten Konkurrenz des US-amerikanischen Modells einer integrierten Verfassungsgerichtsbarkeit mit dem österreichischen Modell einer isolierten Verfassungsgerichtsbarkeit hat es in zentraler Weise zum Bedeutungszuwachs und zur Attraktivität des letzteren beigetragen.

Aber wenigstens unter zwei Aspekten sind doch nicht unwesentliche Vorbehalte anzubringen: Zum einen ist selbst unter jenen Rechtsschutzsystemen, welche sich wie etwa Portugal und Spanien oder eine Reihe von mittel- und osteuropäischen Ländern nach dem Fall des Eisernen Vorhangs bei ihrer Option für ein institutionell verselbstständigtes Verfassungsgericht vom deutschen Modell haben inspirieren lassen, die Einführung der wohl für das Karlsruher Gericht prägendsten Verfahrensart – der Individualverfassungsbeschwerde – die seltene Ausnahme. Dabei dürften nicht die mangelnde Bedeutung und Durchschlagskraft der Verfassungsbeschwerde die Übernahme behindert haben; eher dürfte es umgekehrt die – vielfach unerwünschte – Dominanz des Verfassungsgerichts gewesen sein, die sich, wie das Beispiel des Bundesverfassungsgerichts überdeutlich vor Augen führt, in entscheidender Weise über das Medium der Grundrechtsbeschwerde auch und gerade gegen richterliche Entscheidungen zur Geltung bringt. Und zum anderen lässt sich das deutsche Modell nicht einfach dadurch kopieren oder transplantieren, dass man dem Grundgesetz und dem Bundesverfassungsgerichtsgesetz analoge rechtliche Grundlagen schafft. Denn nicht weniger als an der positivrechtlichen Hardware hängen das spezifische Wesen und Wirken des Gerichts an der im weitesten Sinne rechtskulturellen Software. Welches Verständnis von Verfassung und welche Methode der Auslegung und Handhabung derselben ein Verfassungsgericht zugrunde legt, welches Ansehen und welche Akzeptanz ein derartiges Gericht bei den Staatsleitungsorganen, den anderen Gerichten, der Öffentlichkeit und jedem Einzelnen genießt, mit welchem Geschick das richterliche Personal ausgewählt wird und in welcher Professionalität und in welchem Geist dieses seines Amtes waltet, ergibt sich – um nur einige wenige Fragen aufzugreifen – nicht aus dem geschriebenen Recht. Hier sind ganz andere personelle und institutionelle, evidente und latente, transparente und diffuse Faktoren und Effekte am Werke, die sich weder vollauf in ihren Wechselwirkungen erfassen noch gar in ihrer Gesamtheit bewusst-programmierend »machen« lassen.

E.III Das Bundesverfassungsgericht – ein Zukunftsmodell?

Nicht wenige meinen, das Bundesverfassungsgericht habe – auch insoweit im Schlepptau des Grundgesetzes – seinen Zenit überschritten. Wie die deutsche Bundesverfassung einerseits durch die internationale, andererseits und insbesondere durch die supranationale Einbindung Deutschlands relativiert worden ist (Grimm 1990), so hat namentlich das zusammenwachsende Europa mit seinen beiden konkurrierenden Höchstgerichten, dem EGMR und dem EuGH, das Bundesverfassungsgericht von der ersten in die zweite Reihe versetzt (Papier 2006). Und die These, dass Rolle und Bedeutung des Bundesverfassungsgerichts sich künftig mehr und mehr im »europäischen Verfassungsgerichtsverbund« (Voßkuhle 2010b) bestimmen werde, hat einiges für sich. Doch wie in Bezug auf die Nationalstaaten und deren Verfassungen ist auch hier vorschnellen Abgesängen und Niedergangserzählungen mit Skepsis und Gelassenheit zu begegnen. Jedenfalls gibt es in Anbetracht der Rolle, die das Bundesverfassungsgericht für die freiheitlich-demokratische Grundordnung in Deutschland spielte und nach wie vor spielt, und der Vorbildwirkung für Verfassungsgerichte anderer Staaten wie für die Spruchkörper internationaler Organisationen keinen Grund, eine allfällige Entwicklung zu begrüßen oder gar zu beschleunigen. Mögen auch einzelne Entscheidungen aus Karlsruhe wegen einer überbordenden, insbesondere den Gesetzgeber einengenden Verfassungsinterpretation heftigen Widerspruch hervorrufen und verdienen, so ist doch keine zweite Instanz in Sicht, die es – von den Bedürfnissen unserer Rechtskultur her betrachtet – jetzt oder in absehbarer Zukunft mit der Rechtsprechung des Bundesverfassungsgerichts in puncto richterlichen Augenmaßes und juridischer Qualität aufnehmen könnte. Das Bundesverfassungsgericht also als Zukunftsmodell? Ja, sicher.

Alexy, Robert (1986), *Theorie der Grundrechte*, Frankfurt am Main: Suhrkamp Verlag.

Baldus, Manfred (2005), »Frühe Machtkämpfe. Ein Versuch über die historischen Gründe der Autorität des Bundesverfassungsgerichts«, in: *Das Lüth-Urteil in (rechts-)historischer Sicht. Die Konflikte um Veit Harlan und die Grundrechtsjudikatur des Bundesverfassungsgerichts*, herausgegeben von Thomas Henne und Arne Riedlinger, Berlin: Berliner Wissenschafts-Verlag, S. 237-248.

Böckenförde, Ernst-Wolfgang (1981), »Nachwort. Gesetzesbegriff und Gesetzesvorbehalt. Bemerkungen zur Entwicklung und zum heutigen Stand der Diskussion«, in: ders. ([2]1981), *Gesetz und gesetzgebende Gewalt. Von den Anfängen der deutschen Staatsrechtslehre bis zur Höhe des staatsrechtlichen Positivismus*, Berlin: Duncker & Humblot.

– (1999), »Verfassungsgerichtsbarkeit. Strukturfragen, Organisation, Legitimation«, in: ders., *Staat, Nation, Europa. Studien zur Staatslehre, Verfassungstheorie und Rechtsphilosophie*, Frankfurt am Main: Suhrkamp Verlag, S. 157-182.

Brodocz, André (2005), »Lüth und die Deutungsmacht des Bundesverfassungsgerichts«, in: *Das Lüth-Urteil in (rechts-)historischer Sicht. Die Konflikte um Veit Harlan und die Grundrechtsjudikatur des Bundesverfassungsgerichts*, herausgegeben von Thomas Henne und Arne Riedlinger, Berlin: Berliner Wissenschafts-Verlag, S. 271-289.

– (2006), »Die souveränen Deuter. Symbolische Voraussetzungen – instrumentelle Rahmenbedingungen – praktische Auswirkungen«, in: *Die Deutungsmacht der Verfassungsgerichtsbarkeit*, herausgegeben von Hans Vorländer, Wiesbaden: VS Verlag für Sozialwissenschaften, S. 95-119.

Bundesverfassungsgericht (1957), »Denkschrift des Bundesverfassungsgerichts. Die Stellung des Bundesverfassungsgerichts vom 27. Juni 1952«, in: *Jahrbuch des öffentlichen Rechts der Gegenwart* N. F. 6, S. 144-148.

Doemming, Klaus-Berto von/Rudolf Werner Füßlein/Werner Matz (1951), »Entstehungsgeschichte der Artikel des Grundgesetzes«, in: *Jahrbuch des öffentlichen Rechts der Gegenwart* N. F. 1., S. V-XV, 1-941.

Esser, Josef (1974), »Dogmatik zwischen Theorie und Praxis«, in:, *Funktionswandel der Privatrechtsinstitutionen. Festschrift für Ludwig Raiser zum 70. Geburtstag*, herausgegeben von Fritz Baur, Josef Esser, Friedrich Kübler und Ernst Steindorff, Tübingen: J. C. B. Mohr (Paul Siebeck), S. 517-539.

Gehle, Burkhard (²2005), »Vorbemerkungen zu §§93aff.«, in: *Bundesverfassungsgerichtsgesetz. Mitarbeiterkommentar und Handbuch*, herausgegeben von Dieter C. Umbach, Thomas Clemens und Franz-Wilhelm Dollinger, Heidelberg: C.F. Müller Verlag, S. 1241-1255.

Geiger, Willi (1952), *Gesetz über das Bundesverfassungsgericht vom 12. März 1951*, Berlin und Frankfurt am Main: Verlag Franz Vahlen.

Grimm, Dieter (1990), »Die Zukunft der Verfassung«, in: *Staatswissenschaften und Staatspraxis* 1, S. 5-33.

Günther, Frieder (2006), »Wer beeinflusst hier wen? Die westdeutsche Staatsrechtslehre und das Bundesverfassungsgericht während der 1950er und 1960er Jahre«, in: *Das Bundesverfassungsgericht im politischen System*, herausgegeben von Robert Christian van Ooyen und Martin H.W. Möllers, Wiesbaden: VS Verlag für Sozialwissenschaften, S. 129-139.

Hillgruber, Christian/Christoph Goos (³2011), *Verfassungsprozessrecht*, Heidelberg: C.F. Müller Verlag.

Isensee, Josef (1986), »Die Verfassung als Vaterland: Zur Staatsverdrängung der Deutschen«, in: *Wirklichkeit als Tabu. Anmerkungen zur Lage* (= Schriften der Carl Friedrich von Siemens Stiftung, Band 11), herausgegeben von Armin Mohler, München: Oldenbourg Verlag, S. 11-35.

Isensee, Josef (1992), »Verfassungsrecht als ›politisches Recht‹«, in: *Handbuch des Staatsrechts der Bundesrepublik Deutschland*, Band VII, herausgegeben von dems. und Paul Kirchhof, Heidelberg: C.F. Müller Verlag, § 162, S. 103-188.

– (1996), »Bundesverfassungsgericht – quo vadis?«, in: *JuristenZeitung* 51, S. 1085-1093.

Jestaedt, Matthias (1999), *Grundrechtsentfaltung im Gesetz. Studien zur Interdependenz von Grundrechtsdogmatik und Rechtsgewinnungstheorie*, Tübingen: J.C.B. Mohr (Paul Siebeck).

– (2001), »Verfassungsrecht und einfaches Recht – Verfassungsgerichtsbarkeit und Fachgerichtsbarkeit«, in: *Deutsches Verwaltungsblatt* 116, S. 1309-1322.

– (2002), »Verfassungsgerichtspositivismus. Die Ohnmacht des Verfassungsgesetzgebers im verfassungsgerichtlichen Jurisdiktionsstaat«, in: *Nomos und Ethos. Hommage anläßlich des 65. Geburtstages von Josef Isensee*, herausgegeben von Otto Depenheuer, Markus Heintzen, Peter Axer und Matthias Jestaedt, Berlin: Duncker & Humblot, S. 183-228.

– (2010), »Herr und Hüter der Verfassung als Akteure des Verfassungswandels. Betrachtungen aus Anlass von 60 Jahren Grundgesetz«, in:

60 Jahre Bundesrepublik Deutschland (= Atzelsberger Gespräche 2009, Erlanger Forschungen, Reihe A, Band 121), herausgegeben von Helmut Neuhaus, Erlangen: Universitätsbund Erlangen-Nürnberg e.V., S. 35-99.
Kelsen, Hans (1929), »Wesen und Entwicklung der Staatsgerichtsbarkeit«, in: *Veröffentlichungen der Vereinigung der Deutschen Staatsrechtslehrer* 5, S. 30-88.
– (1931), »Wer soll der Hüter der Verfassung sein?«, in: *Die Justiz. Monatsschrift für Erneuerung des Deutschen Rechtswesens. Zugleich Organ des Republikanischen Richterbundes* 6, S. 576-628.
Kranenpohl, Uwe (2010), *Hinter dem Schleier des Beratungsgeheimnisses. Der Willensbildungs- und Entscheidungsprozess des Bundesverfassungsgerichts*, Wiesbaden: VS Verlag für Sozialwissenschaften.
Lembcke, Oliver W. (2007), *Hüter der Verfassung. Eine institutionentheoretische Studie zur Autorität des Bundesverfassungsgerichts*, Tübingen: J. C. B. Mohr (Paul Siebeck).
Lembke, Ulrike (2009), *Einheit aus Erkenntnis? Zur Unzulässigkeit der verfassungskonformen Gesetzesauslegung als Methode der Normkompatibilisierung durch Interpretation*, Berlin: Duncker & Humblot.
Lepsius, Oliver (2008), »Zur Bindungswirkung von Bundesverfassungsgerichtsentscheidungen«, in: *Realitätsprägung durch Verfassungsrecht*, herausgegeben von Rupert Scholz, Dieter Lorenz, Christian Pestalozza u. a., Berlin: Duncker & Humblot, S. 103-117.
– (2011), »Kritik der Dogmatik«, in: *Was weiß Dogmatik?*, herausgegeben von Gregor Kirchhof, Stefan Magen und Carsten Schneider, Tübingen: J. C. B. Mohr (Paul Siebeck) (im Erscheinen).
Lerche, Peter (2001), »Stil und Methode verfassungsgerichtlicher Entscheidungspraxis«, in: *Festschrift 50 Jahre Bundesverfassungsgericht*, Band I, herausgegeben von Peter Badura und Horst Dreier, S. 333-361.
Löwer, Wolfgang (2005[3]), »Zuständigkeiten und Verfahren des Bundesverfassungsgerichts«, in: *Handbuch des Staatsrechts der Bundesrepublik Deutschland*, Band III, herausgegeben von Josef Isensee und Paul Kirchhof, Heidelberg: C. F. Müller Verlag, § 70, S. 1285-1526.
Mayer, Franz C. (2000), *Kompetenzüberschreitung und Letztentscheidung. Das Maastricht-Urteil des Bundesverfassungsgerichts und die Letztentscheidung über Ultra vires-Akte in Mehrebenensystemen. Eine rechtsvergleichende Betrachtung von Konflikten zwischen Gerichten am Beispiel der EU und der USA*, München: Verlag C. H. Beck.
Morlok, Martin (1988), *Was heißt und zu welchem Ende studiert man Verfassungstheorie?*, Berlin: Duncker & Humblot.

Müller, Jan-Werner (2010), *Verfassungspatriotismus*, Berlin: Suhrkamp Verlag.

Ossenbühl, Fritz (1995), »Abwägung im Verfassungsrecht«, in: *Deutsches Verwaltungsblatt* 110, S. 904-912.

Papier, Hans-Jürgen (2006), *Das Rechtsprechungsdreieck Karlsruhe – Luxemburg – Straßburg*, Vortrag im Sommersemester 2006, 11. Juli 2006 (= Speyerer Vorträge 89), Speyer: Deutsche Hochschule für Verwaltungswissenschaften.

Roellecke, Gerd ([3]2005a), »Aufgaben und Stellung des Bundesverfassungsgerichts im Verfassungsgefüge«, in: *Handbuch des Staatsrechts der Bundesrepublik Deutschland*, Band III, herausgegeben von Josef Isensee und Paul Kirchhof, Heidelberg: C. F. Müller Verlag, § 67, S. 1201-1219.

– ([3]2005b), »Aufgabe und Stellung des Bundesverfassungsgerichts in der Gerichtsbarkeit«, in: *Handbuch des Staatsrechts der Bundesrepublik Deutschland*, Band III, herausgegeben von Josef Isensee und Paul Kirchhof, Heidelberg: C.F. Müller Verlag, § 68, S. 1221-1232.

– (2010), »Institutionelle Gewähr der Verfassung«, in: *Verfassungstheorie*, herausgegeben von Otto Depenheuer und Christoph Grabenwarter, Tübingen: J.C.B. Mohr (Paul Siebeck), § 14, S. 489-503.

Schiffers, Reinhard (1984), »Einleitung«, in: *Grundlegung der Verfassungsgerichtsbarkeit. Das Gesetz über das Bundesverfassungsgericht vom 12. März 1951*, bearbeitet von Reinhard Schiffers, Düsseldorf: Droste Buchverlag, S. VII-LIII.

Schlaich, Klaus (1980), »Die Verfassungsgerichtsbarkeit im Gefüge der Staatsfunktionen«, in: *Veröffentlichungen der Vereinigung der Deutschen Staatsrechtslehrer* 39, S. 99-143.

–/Stefan Korioth ([8]2010), *Das Bundesverfassungsgericht: Stellung, Verfahren, Entscheidungen*, München: Verlag C.H. Beck.

Schlink, Bernhard (1989), »Die Entthronung der Staatsrechtswissenschaft durch die Verfassungsgerichtsbarkeit«, in: *Der Staat* 28, S. 161-172.

– (2007), »Abschied von der Dogmatik. Verfassungsrechtsprechung und Verfassungsrechtswissenschaft im Wandel«, in: *JuristenZeitung* 62, S. 157-162.

Schmidt-Aßmann, Eberhard ([2]2006), *Das allgemeine Verwaltungsrecht als Ordnungsidee. Grundlagen und Aufgaben der verwaltungsrechtlichen Systembildung*, Berlin: Springer Verlag.

Schmitt, Carl (1928), *Verfassungslehre*, München und Leipzig: Duncker & Humblot.

– (1931), *Der Hüter der Verfassung*, Tübingen: J. C. B. Mohr (Paul Siebeck).

Schulze-Fielitz, Helmuth (1997), »Das Bundesverfassungsgericht in der Krise des Zeitgeistes. Zur Metadogmatik der Verfassungsinterpretation«, in: *Archiv des öffentlichen Rechts* 122, S. 1-31.
Smend, Rudolf (1962), »Das Bundesverfassungsgericht. Festvortrag zur Feier des zehnjährigen Bestehens des Bundesverfassungsgerichts am 26. Januar 1962«, in: ders. ([3]1994), *Staatsrechtliche Abhandlungen und andere Aufsätze*, Berlin: Duncker & Humblot, S. 581-593.
Sternberger, Dolf (1979), »Verfassungspatriotismus«, in: ders. ([2]1990), *Schriften*, Band 5, Frankfurt am Main: Insel Verlag, S. 13-17.
Vorländer, Hans (2006), »Deutungsmacht – Die Macht der Verfassungsgerichtsbarkeit«, in: *Die Deutungsmacht der Verfassungsgerichtsbarkeit*, herausgegeben von dems., Wiesbaden: VS Verlag für Sozialwissenschaften, S. 9-33.
–/André Brodocz (2006), »Das Vertrauen in das Bundesverfassungsgericht. Ergebnisse einer repräsentativen Bevölkerungsumfrage«, in: *Die Deutungsmacht der Verfassungsgerichtsbarkeit*, herausgegeben von dems., Wiesbaden: VS Verlag für Sozialwissenschaften, S. 259-295.
Voßkuhle, Andreas (2009), »Stabilität, Zukunftsoffenheit und Vielfaltssicherung – Die Pflege des verfassungsrechtlichen ›Quellcodes‹ durch das BVerfG«, in: *JuristenZeitung* 64, S. 917-924.
– ([6]2010a), »Kommentierung Artikel 93 GG«, in: *Kommentar zum Grundgesetz*, Band 3, herausgegeben von Hermann von Mangoldt, Friedrich Klein und Christian Starck, München: Verlag Franz Vahlen, S. 665-787.
– (2010b), »Der europäische Verfassungsgerichtsverbund«, in: *Neue Zeitschrift für Verwaltungsrecht* 29, S. 1-8.
Wahl, Rainer (2005), »Lüth und die Folgen: Ein Urteil als Weichenstellung für die Rechtsentwicklung«, in: *Das Lüth-Urteil in (rechts-)historischer Sicht. Die Konflikte um Veit Harlan und die Grundrechtsjudikatur des Bundesverfassungsgerichts*, herausgegeben von Thomas Henne und Arne Riedlinger, Berlin: Berliner Wissenschafts-Verlag, S. 371-397.
Werner, Fritz (1959), »Verwaltungsrecht als konkretisiertes Verfassungsrecht«, in: *Deutsches Verwaltungsblatt* 74, S. 527-533.
Zuck, Rüdiger (2006), »Die Wissenschaftlichen Mitarbeiter des Bundesverfassungsgerichts«, in: *Das Bundesverfassungsgericht im politischen System*, herausgegeben von Robert Christian van Ooyen und Martin H. W. Möllers, Wiesbaden: VS Verlag für Sozialwissenschaften, S. 283-292.

Oliver Lepsius

Die maßstabsetzende Gewalt

1. Verfassung und Verfassungsinterpretation

Das Grundgesetz zählt das Bundesverfassungsgericht zur rechtsprechenden Gewalt. Seine Kompetenzen liegen in der Entscheidung von Fällen aufgrund besonderer Verfahrensarten. Art. 93 Abs. 1 GG nennt als die wichtigsten die Verfassungsbeschwerde bei individuellen Grundrechtsverletzungen, den Organstreit zwischen Verfassungsorganen, den Bund-Länder-Streit sowie die abstrakte Normenkontrolle; Art. 100 Abs. 1 GG fügt die konkrete Normenkontrolle hinzu. Damit sind die wichtigsten Verfahrensarten aufgeführt; im Grundgesetz finden sich weitere Verfahrensarten.[1] Aus freien Stücken kann das Bundesverfassungsgericht daher nicht tätig werden. Seine Zuständigkeit wird erst durch einen Rechtsstreit eröffnet, der zugleich eine besondere Qualität aufweisen muss: Er muss im Verfassungsrecht wurzeln, entweder weil Normen des Grundgesetzes selbst einschlägig sind oder weil die Zuständigkeit dem Gericht verfassungsrechtlich übertragen ist. Wie auch sonst gilt für die rechtsprechende Gewalt: Wo kein Kläger, da kein Richter. Für das Bundesverfassungsgericht gilt zusätzlich: Wo kein Streit über Verfassungsrecht, da keine Zuständigkeit.

Diese Eingangsfeststellungen mögen überraschen. Schließlich ist die tatsächliche Kompetenzfülle des Karlsruher Gerichts mit der im Grundgesetz angelegten Reduktion des

1 Etwa: Verwirkung von Grundrechten (Art. 18); Parteiverbotsverfahren (Art. 21 Abs. 2); Wahlprüfung (Art. 41 Abs. 2); Anklage des Bundespräsidenten (Art. 61); Richteranklagen (Art. 98 Abs. 2, 5); Divergenzvorlagen (Art. 100 Abs. 3); auch der Bundesgesetzgeber hat dem Gericht in verschiedenen Gesetzen Zuständigkeiten übertragen: etwa im Parteiengesetz (Vollstreckung eines Parteiverbots), im Gesetz über Parlamentarische Untersuchungsausschüsse (Verfahrenskontrolle), im Gesetz über das Parlamentarische Kontrollgremium oder im Wahlprüfungsgesetz (vgl. für die Einzelheiten: Voßkuhle 2010: RN 216f.).

Bundesverfassungsgerichts auf die Falllösung offensichtlich nur unvollkommen umschrieben. Zumindest geht die politische Wahrnehmung seiner rechtlichen Kompetenzen darüber hinaus. Dem Gericht wird regelmäßig attestiert, es habe das letzte Wort, es lege die Verfassung letztverbindlich aus, kurzum: Es sei der oberste Hüter der Verfassung (Lembcke 2007) – eine Charakterisierung, die das Bundesverfassungsgericht vor allem auch selbst für sich in Anspruch nimmt (Bundesverfassungsgericht 1957: 144-149; BVerfGE 1, 184 [196] [1952]; 119, 247 [258] [2007]). Dadurch war es »handstreichartig in das Gefüge der Staatsfunktionen nach dem Grundgesetz eingebrochen« (Schlaich 1981: 101). »Wir haben das letzte Wort« (Hassemer 2008b: 38). Aber stimmt das? Sind nicht auch die anderen Verfassungsorgane zur Verfassungsinterpretation berufen (skeptisch auch Jestaedt 2007a: 12f., 29f.)? Leben wir nicht vielmehr in einer »offenen Gesellschaft der Verfassungsinterpreten« (Häberle 1975: 297; siehe auch Sunstein: 2009)? Und kann sich der Letztentscheidungsanspruch des Gerichts nicht bloß auf das Entscheiden von Fällen beziehen, wohl kaum aber auf den inhaltlichen Verfassungskonsens?

Hier nun zeigt sich die wahre Macht »Karlsruhes«: Seine Entscheidungen reichen über den Fall hinaus (vgl. Lerche 2004: 522f.). Die Interpretation des Grundgesetzes, die nur anlässlich eines Rechtsstreits erging, übersteigt den zu entscheidenden Sachverhalt. Das ist auch das erklärte Ziel des Bundesverfassungsgerichts. Es hält sich für den »maßgeblichen Interpreten und Hüter der Verfassung«, für die »verbindliche Instanz in Verfassungsfragen« (BVerfGE 40, 88 [93f.] – Versagung der Wiedereinsetzung in den vorigen Stand [1975]). Weithin wird seine Rechtsprechung als eine generell-abstrakte Verfassungsinterpretation akzeptiert, die über die entscheidungserhebliche, fallbezogene Konkretisierung der Verfassung hinausreicht. Das Gericht profitiert als Institution von der Vorrangregel, die das Grundgesetz in Art. 20 Abs. 3 GG aufstellt: Die Legislative ist an die Verfassung, die Exekutive und die Judikative sind zusätzlich an das einfache Recht gebunden; für die Grundrechte wird dieser »Vorrang der Verfassung« in Art. 1 Abs. 3 GG wiederholt: Sie binden alle Gewalten als unmittelbar geltendes Recht. Der Vorrang der Verfassung kommt dem Text des Grundgesetzes zu, nicht notwendigerweise aber der Rechtsprechung des Bundesverfassungsgerichts. Das Bemerkenswerte ist nun: Der im Grundgesetz angeordnete Vorrang der Verfassung wirkt zugleich institutionell: Praktisch gilt das Grundgesetz so, wie das Bundesverfassungsgericht es auslegt, und die Literatur kommentiert es in diesem Sinne, konnte Rudolf Smend schon zum zehnten Geburtstag des Gerichts feststellen (Smend 1968: 582). Übersehen wir nicht die Ironie, die im Wort »praktisch« liegt. Natürlich besteht eine geltungstheoretische Differenz zwischen der Geltung der Verfassung und ihrer fallbezogenen Anwendung durch das Gericht zur Lösung von speziellen Fällen, für die seine Sonderzuständigkeit eröffnet ist. Trotz dieser Differenz von Verfassungsnorm und Anwendung der Norm, trotz der Differenz von Norm und Gericht: praktisch, also in seiner juristisch-sozialen Wahrnehmung, gilt die Verfassung in der Interpretationsvariante des Gerichts. Dann aber droht eine gedankliche Konfusion des Vorrangs der Verfassung mit der Zuständigkeit des Verfassungsgerichts. Das materielle Verfassungsrecht verfließt mit dem Verfassungsprozessrecht: Die Vorrangregel des Verfassungsrechts strahlt auf die besondere Zuständigkeit des Verfassungsgerichts aus. Praktisch gilt das Grundgesetz in seiner verfassungsrichterlichen Anwendung. Zwischen dem materiellen Vorrang der Verfassung und der Zuständigkeit des Bundesverfassungsgerichts sollte man aber deutlich differenzieren. Der Auftrag zur verfassungsgerichtlichen Verfassungsauslegung ist nämlich lediglich die Folge seiner Kompetenz zur Entscheidung von Fällen. Mit anderen Worten: Zwar gilt der Vorrang der Verfassung materiell immer, aber er kann von der Institution nur umgesetzt werden, wenn der Rechtsweg zum Bundesverfassungsgericht eröffnet ist. Anders als Gesetzgebung und Regierung kann das Bundesverfassungsgericht nicht aus freien Stücken tätig werden; die Wahrnehmung seiner Kompetenz hängt vom Entschluss anderer ab, einen konkreten Fall vor das Gericht zu tragen. Deswegen kann das Grundgesetz auch praktisch nicht so gelten, wie es das Bundesverfassungsgericht auslegt. Denn natürlich gilt es auch, wenn noch keine Karlsruher Rechtsprechung vorliegt, etwa in den ersten Jahren der Bundesrepublik oder nach einer Verfassungsänderung. Diese Einsicht aber droht die Machtfülle des Gerichts als oberster Hüter der Verfassung zu relativieren.

Die Letztentscheidungskompetenz des Bundesverfassungsgerichts besteht nämlich nur in kasuistischer Form, eben nur bei der Entscheidung von Verfassungsstreitigkeiten, also konkreten Fällen (vgl. Schlaich 1981: 126). Der Letztentscheidungsanspruch reicht freilich darüber hinaus, bezieht sich nämlich auf die Verfassung als Ganzes. Man darf aber vom materiellen Vorrang der Verfassung keine bruchlos durchschlagende institutionelle Vorrangstellung des Gerichts ableiten. Peter Lerche hat das schön ausgedrückt: Im Konkreten habe die Entscheidungspraxis des Bundesverfassungsgerichts das letzte Wort – also nicht im Generellen, mag man ergänzen. Und Lerche selbst ergänzt, es überstiege die Kompetenz jeder Gerichtsbarkeit, ins Abstrakte gewendete Fragen konkreter Art endgültig zu beantworten (Lerche 2001: 335 f.). Was uns als Ausdruck oberster Verfassungshütung entgegentritt, kann daher nichts anderes als eine Verdichtung kasuistischer Einzelfallentscheidungen sein, schließlich kann das Gericht nur durch seine Entscheidungen sprechen. Seine Verfassungsauslegung ist prozessual gebunden, nämlich an die Notwendigkeit, eine bestimmte Rechtsfrage zu entscheiden.

Gleichwohl gehen die Wirkungen seiner Entscheidungen über die Streitschlichtung im Einzelfall hinaus. Man liest Karlsruher Urteile regelmäßig aus einer anderen Perspektive: als Richtungsentscheidungen für das politische System, als Konturierungen des gesellschaftlich Zulässigen, als Mahnungen, die sich auf das moralisch Gebotene beziehen. Zugleich werden Verfassungsgerichte als politische Akteure begriffen (Häberle 1979: 436ff.; Landfried 1984; Schneider 1999a; Eberl 2006: 8ff.). Man hebt ihren positiven Beitrag zur Akzeptanz der Verfassungsordnung (Schaal 2000) oder zur Qualität der bundesdeutschen Demokratie hervor (Kneip 2009; 337-347), bezeichnet sie als »Reparaturbetrieb« des Parlaments (Schneider 1999b) oder wirft ihnen vor, sich politisch einzumischen und zum »Ersatzgesetzgeber« geworden zu sein (Scholz 1999).

Praktisch entscheidet das Bundesverfassungsgericht also nicht bloß Fälle, sondern es formuliert Werte. Und diese Werte weisen keine politische oder relativistische Natur auf, sondern sind Ausdruck höchstrangiger Rechtsbindung. Verfassungsrechtsprechung und Rechtspolitik müssen hier ineinander übergehen. Denkt man an berühmte Entscheidungen zum Schwangerschaftsabbruch, Steuerrecht, Nichtraucherschutz oder zum Regelsatz bei Hartz IV, um nur einige Beispiele zu nennen, mag mit Fug und Recht gefragt werden, wo die Grundrechtsbindung aufhört und die Gestaltung des einfachen Rechts beginnt.[2] Abstrakt gespro-

2 BVerfGE 39, 1 – Abtreibung I (1975); 88, 203 – Abtreibung II (1993); 93, 121 –

chen: Indem die Verfassungsgerichtsbarkeit die rechtlichen Bindungen des politischen Prozesses effektuiert, steigert sie die Verrechtlichung der Politik (Wahl 2003a: 124; Grimm 2001: 20ff.). Winfried Hassemer, damals Vizepräsident des Bundesverfassungsgerichts, stellt lakonisch fest, der Vorwurf, das Gericht mache Politik, sei alt, iterativ und im Wesentlichen zutreffend (Hassemer 2007: 82). Letztlich begrenze nur eine kritische Öffentlichkeit die Justizpolitik aus Karlsruhe (Hassemer 2008: 10). Die hier offenbar für unbeschränkbar gehaltene Entscheidungsmacht des Gerichts beruhe auch auf einer Sachlogik, die der richterlichen Pragmatik innewohne und die sich nicht methodisch, sondern eher rechts- und richtersoziologisch einhegen lasse (Hassemer 2007, 144-151). Nicht allein in der Gesellschaft oder unter den politischen Akteuren, offenbar auch in Teilen des Gerichts selbst wird seine Funktion nicht nur in der Rechtsprechung gesehen, sondern in justizpolitischen Kompetenzen. Man kann es auch so formulieren: Es besteht offenbar eine Divergenz zwischen der rechtlichen Kompetenz des Gerichts, Fälle zu entscheiden, und der tatsächlichen Wirkung seiner Entscheidungen, die über die Lösung von Rechtsfragen hinausgeht und politisches Themen-Setting sowie Wertmanifestationen betrifft, welche als letztverbindliche Auslegung der Verfassung akzeptiert und sanktioniert werden. Die Machtfülle und die politische Bedeutung des Verfassungsgerichts beruhen nicht auf seiner Kompetenz, als Gericht Rechtsstreite zu entscheiden, sondern aus der darüber hinausweisenden Aufgabe, dem politischen Handeln einen inhaltlichen Rahmen vorzugeben (vgl. Habermas 1992: 294ff.). Man mag dies für eine notwendige Konsequenz oder für das »Wesen« der Verfassungsgerichtsbarkeit halten.

Vermögensteuer (1995); 121, 317 – Nichtraucherschutz (2008); 122, 210 – Pendlerpauschale (2008); 125, 175 – Hartz IV (2010).

Aus der Kompetenz, Fälle zu entscheiden, folgt keine generell-abstrakte Kompetenz zur Verfassungsauslegung als solcher oder zur inhaltlichen Rahmensetzung oder gar zum Räsonnement über Werte oder Staatsaufgaben. Verfassungsauslegung ist lediglich ein Mittel, um einen konkreten Rechtsstreit am Maßstab des Grundgesetzes zu entscheiden. Verfassungsauslegung hat eine dienende Funktion für die Sachentscheidung; sie ist kein Selbstzweck. Wie aber kann das Bundesverfassungsgericht über das Instrument der Verfassungsauslegung eine solch weite politische und gesellschaftliche Funktion ausfüllen, wenn seine Kompetenzen doch nur die eines Gerichts sind, das Fälle entscheidet? Schließlich hat auch der gegenwärtige Präsident des BVerfG klargestellt, das Gericht agiere verfassungsakzessorisch und gesetzesdeterminiert (Voßkuhle 2010a: RN 18). Die tatsächliche Stellung des Bundesverfassungsgerichts ist daher erklärungsbedürftig. Aus der Ordnung des Grundgesetzes folgt sie jedenfalls nicht. Auch der Vorrang der Verfassung gibt keinen institutionellen Vorrang der Verfassungsrechtsprechung her. Wie kann man die Bedeutung des Karlsruher Gerichtes dann erklären? Die These dieses Essays lautet: Das Gericht hat sich durch die spezifische Art und Weise, wie es seine rechtsprechenden Aufgaben erfüllt, einen Sonderstatus geschaffen (vgl. eingrenzend bereits Ehmke 1963: 67-69; Schlaich 1981: 126-137; auch Schenke 2009: 58, 61). Gewiss, es zählt zur rechtsprechenden Gewalt, denn es entscheidet schließlich Rechtsstreite. Funktional wichtiger allerdings wurde etwas anderes. Das Bundesverfassungsgericht hat sich nicht als rechtsprechende Gewalt verstanden, sondern als eine neue Gewalt selbst erfunden:

als »maßstabsetzende Gewalt«. Die maßstabsetzende Gewalt geht über die rechtsprechende hinaus, weil die verfassungsrechtlichen und politischen Wirkungen der Karlsruher Entscheidungen die Bindungswirkung ihrer Tenorierungen überschreiten. Sie bleibt, naturgemäß, hinter der rechtsetzenden Kompetenz der Legislative zurück, auch wenn die Verfassungsauslegung des Bundesverfassungsgerichts das Grundgesetz über Einzelfälle hinaus konkretisiert und seine Verfassungsinterpretation gerade auch für rechtsgestalterische Fragen für maßgeblich gehalten wird (Lepsius 2008a: 114).[3]

II.1 Aufteilung der Entscheidungsbegründung in Maßstäbe- und Subsumtionsteile

Das Bundesverfassungsgericht bedient sich einer spezifischen Entscheidungs- und Begründungstechnik, die sich im Laufe der Jahre herausgebildet hat und die heute nahezu standardisiert verwendet wird. Es teilt die Begründung in aller Regel in zwei Blöcke auf: Im ersten Block werden allgemein gehaltene Aussagen zur Auslegung der Verfassung getroffen. In Stil und Duktus unterscheiden sich diese Aus-

3 Vgl. dazu sowie zur Legitimation der quasilegislativen Rechtserzeugung der Judikative: Möllers 2005: 136-145. Die wahrscheinlich immer noch wirkmächtigste Theorie zur Legitimation der Verfassungsgerichtsbarkeit in der Demokratie stammt von Ely 1980. Nach seiner »representation-reinforcement theory« ist die legislatorische Funktion der Verfassungsauslegung nur zur Korrektur von Repräsentationsdefiziten im politischen Prozess geboten, also primär aus Gründen der Verfahrenskontrolle, nicht aber der abstrakten Wertededuktion. Die Theorie wurde von den US-amerikanischen Gegebenheiten abstrahiert und verallgemeinert durch Nino 1996: 199ff. Elys repräsentationstheoretische Rechtfertigung der Verfassungsgerichtsbarkeit hat man in Deutschland jedoch wenig rezipiert (etwa Habermas 1992: 321; Riecken 2003). Sie leitet die Karlsruher Rechtsprechung nicht an.

sagen nicht von einem Lehrbuch. Man wird dort abstrakt über den Verfassungsinhalt belehrt. Lesen wir ein gelungenes Beispiel *pour prendre le ton* (BVerfGE 124, 300 [320f.] – Wunsiedel [2009]):

»Art. 5 Abs. 1 Satz 1 GG gewährleistet jedermann das Recht, seine Meinung frei zu äußern und zu verbreiten. Meinungen sind durch die subjektive Beziehung des Einzelnen zum Inhalt seiner Aussage geprägt (vgl. BVerfGE 7, 198 [210]). Für sie ist das Element der Stellungnahme und des Dafürhaltens kennzeichnend (vgl. BVerfGE 7, 198 [210]; 61, 1 [8]; 90, 241 [247]). Insofern lassen sie sich auch nicht als wahr oder unwahr erweisen. Sie genießen den Schutz des Grundrechts, ohne dass es darauf ankommt, ob die Äußerung begründet oder grundlos, emotional oder rational ist, als wertvoll oder wertlos, gefährlich oder harmlos eingeschätzt wird (vgl. BVerfGE 90, 241 [247]). Die Bürger sind dabei rechtlich auch nicht gehalten, die der Verfassung zugrunde liegenden Wertsetzungen persönlich zu teilen. Das Grundgesetz baut zwar auf der Erwartung auf, dass die Bürger die allgemeinen Werte der Verfassung akzeptieren und verwirklichen, erzwingt die Werteloyalität aber nicht (vgl. BverfG, Beschlüsse der 1. Kammer des Ersten Senats vom 24. März 2001 – 1 BvQ 13/01 –, NJW 2001, S. 2069 [2070] und vom 15. September 2008 – 1 BvR 1565/05 –, NJW 2009, S. 908 [909]). Geschützt sind damit von Art. 5 Abs. 1 GG auch Meinungen, die auf eine grundlegende Änderung der politischen Ordnung zielen, unabhängig davon, ob und wie weit sie im Rahmen der grundgesetzlichen Ordnung durchsetzbar sind. Das Grundgesetz vertraut auf die Kraft der freien Auseinandersetzung als wirksamste Waffe auch gegen die Verbreitung totalitärer und menschenverachtender Ideologien. Dementsprechend fällt selbst die Verbreitung nationalsozialistischen Gedankenguts als radikale Infragestellung der geltenden Ordnung nicht von vornherein aus dem Schutzbereich des Art. 5 Abs. 1 GG heraus. Den hierin begründeten Gefahren entgegenzutreten, weist die freiheitliche Ordnung des Grundgesetzes primär bürgerschaftlichem Engagement im freien politischen Diskurs sowie der staatlichen Aufklärung und Erziehung in den Schulen gemäß Art. 7 GG zu.«

Mit solchen allgemein gehaltenen Worten legt das Gericht den Maßstab dar, den es dem Fall zugrunde legen will. Auf die Pflege und Darlegung des Maßstabs verwendet das Gericht oft viel Mühe. Der Leser darf davon ausgehen, dass die hier getroffenen Aussagen sorgsam formuliert und im Senat genau abgestimmt wurden. Hier werden die materiellrechtlichen Weichen gestellt – nicht nur für die Entscheidung des vorliegenden Falles, sondern auch für das Verständnis und die Fortbildung des Verfassungsrechts über den Fall hinaus. Diese Aussagen zeichnen sich dadurch aus, dass sie keinerlei Fallbezug aufweisen, sondern ihre Stimmigkeit nur aus dem generell-abstrakten Bezug zu den einschlägigen Normen des Grundgesetzes beziehen. Dieser »Maßstäbeteil« wird in der Entscheidungsbegründung auch formell abgegrenzt. Meistens trägt er die Gliederungsziffer »C. I.«: Er steht zu Beginn der Begründetheit, die in aller Regel mit dem Gliederungsbuchstaben »C« bezeichnet wird (weil typischerweise unter »A« der Streitgegenstand und die Verfahrensgeschichte, unter »B« die Zulässigkeit des Verfassungsprozesses behandelt werden).

Davon deutlich abgesetzt, vom Gericht meist als »C. II.« gegliedert, folgt die Anwendung des Maßstabs auf den zu entscheidenden Sachverhalt. Erst in diesem zweiten Abschnitt, dem »Subsumtionsteil«, fließt der spezifische Fallbezug in die Begründung ein. Die zuvor generell-abstrakt vorgenommene Maßstabsbildung wird nun auf den Sachverhalt angewendet, den das Gericht zu entscheiden hat. Regelmäßig leitet das Gericht diesen subsumierenden Teil mit Formulierungen ein wie »Diesen Maßstäben wird die angegriffene Vorschrift nicht gerecht« – oder »Das geltende Recht genügt den dargestellten verfassungsrechtlichen Vorgaben nicht«.[4] Jetzt erst liest man die für den konkreten Fall entscheidungserheblichen Überlegungen. Natürlich befolgt

4 Diese Formulierungen entstammen BVerfGE 115, 188 (140) – Luftsicherheit (2006) sowie BVerfGE 117, 1 (37) – Erbschaftsteuer (2006). Natürlich kann es, wenn der Rechtsbehelf keinen Erfolg hat, auch umgekehrt heißen: Diesen Maßstäben genügt die angegriffene Norm.

das Gericht diese Begründungstechnik nicht immer, inzwischen aber doch in aller Regel, und zwar unabhängig davon, welche Verfahrensart der Entscheidung zugrunde liegt (Verfassungsbeschwerde, Normenkontrolle, Organstreit) oder wo der materielle Schwerpunkt des Rechtsstreits liegt. Man kann von einer mittlerweile standardisierten Begründungstechnik sprechen.

II.2 Konsequenzen dieser Aufteilung

Die Trennung zwischen der materiellen Verfassungsinterpretation im Maßstäbeteil und ihrer Anwendung auf die Sachverhalte im Subsumtionsteil dient auf den ersten Blick der klaren Strukturierung der Begründung. Auf den zweiten Blick hat dieses Verfahren allerdings erhebliche Folgen für die Verfassungsinterpretation und die institutionelle Zuständigkeit des Bundesverfassungsgerichts. Weil beide Teile getrennt werden, wirken subsumierende Aussagen auf die Fortentwicklung der Maßstäbe höchst selten ein (vgl. Lepsius 2008a: 112). Das können sie schon wegen des Aufbaus nicht, weil die Präsentation des Maßstabs abstrakt erfolgt und seiner Subsumtion vorangestellt wird. Bei der Ermittlung und Fortentwicklung der Maßstäbe braucht das Bundesverfassungsgericht daher auf Tatsachenaspekte oder die Kontexte früherer Entscheidungen keine Rücksicht zu nehmen. Daher löst sich die Verfassungsinterpretation des Bundesverfassungsgerichts ganz zwanglos von den Rechtsstreiten, die allein das Gericht ermächtigen, die Verfassung zu interpretieren (wo kein Kläger, da kein Richter).[5] Auf diese

5 Vgl. auch Volkmann 2011: bei II, der den Entwicklungsgang des deutschen Verfassungsrechts unter anderem so beschreibt: von der Tatsache zur Norm, von der Form zum Inhalt, von der Limitierung zur Programmierung, vom

Weise entsteht eine im Abstrakten bleibende Verfassungsschicht namens »Maßstab«, die rein normativ behandelt wird, ohne Bezugnahme auf die Sachverhalte. Nur diese Sachverhalte aber waren es, die als Rechtsstreite die Zuständigkeit zur Verfassungsinterpretation begründeten. Die Konstellationen des Falles sollten daher zum Verständnis der vorgefundenen verfassungsrechtlichen Maßstäbe unverzichtbar sein. Nur wenn der Tatsachenbezug bei der Weiterverarbeitung der Entscheidung berücksichtigt wird, kann eine zuverlässige Aussage über die Bindungswirkung der Entscheidung getroffen werden. Dass die Verfassung so und nicht anders ausgelegt wurde, ist ohne den zugrundeliegenden Fall unverständlich.

Diese der Genese der Verfassungsauslegung zugrunde liegende Verbindung von Sachverhaltskontext und Norminterpretation wird vom Bundesverfassungsgericht dagegen bewusst gekappt. Möglicherweise hochgradig kontextbezogene Aussagen werden tendenziell von den Fakten abstrahiert, aus dem politischen Zusammenhang herausgerissen, neutralisiert und rechtlich objektiviert. Man sieht dies rein praktisch an dem Umstand, dass das Bundesverfassungsgericht in den Maßstäbeteilen zwar zahlreiche seiner früheren Entscheidungen flankierend zitiert, die in Bezug genommenen Entscheidungspassagen in der Regel aber wiederum aus den Maßstäbeteilen stammen. Dadurch gewinnt man den Eindruck eines zeitübergreifenden und sachverhaltsunabhängigen Verfassungsverständnisses. Man könnte auch von einer unhistorischen und unpolitischen, ahistorischen wie akontextuellen Verfassungsinterpretation sprechen. Daran hat das Gericht naturgemäß ein vitales Interesse. Da es an

Teil zum Ganzen. Diese Tendenzen werden durch die Maßstabsbildung ermöglicht, bzw. Maßstäbe sind die methodologischen Folgen dieser Entwicklung.

die Verfassung gebunden ist und seine Rechtserkenntnis aus der Verfassung ableiten muss, tut das Gericht zur Akzeptanz der Begründungen gut daran, seine Entscheidungen nicht als Ausdruck einer kontextuellen Verfassungsinterpretation zu präsentieren, sondern gerade das Fallübergreifende, normativ Beständige und Zeitgeistlose zu betonen. Die Entkontextualisierung erleichtert die Begründung erheblich, und das ist eine umso erfolgversprechendere Strategie, als das Gericht selbst die Mittel dafür in den Händen hält: die Ablösung der normativen Aussagen von den Entstehungskontexten und politischen Interessen.

Wenn sich aber die Entwicklung und Fortschreibung der Maßstäbe als ein Diskurs darstellt, der sich von den konkreten Interessenkonflikten löst und eine unpolitische Richtung nimmt, die auf Verwissenschaftlichung sowie auf die Begründung generell-abstrakter, zeitloser normativer Grundsätze abzielt, stellt sich naturgemäß die Frage: Wohin ist die aus der Maßstabsbildung eskamotierte politische Kontextualisierung gewandert? Wenn die Verfassungsgerichtsbarkeit die jeweiligen Funktionsweisen von Recht und Politik aufeinander bezieht (Beaud/Pasquino 2007; Jestaedt 2011), muss es auch einen methodischen Ort geben, wo eine solche Koppelung stattfindet. Der Maßstäbeteil hat das Potenzial, solch ein Ort zu sein – aber kann er tatsächlich diese Koppelungsfunktion erbringen, wenn er methodisch Ausdruck einer unpolitischen, generell-abstrakten Verfassungsinterpretation sein muss? Daher kann die Koppelungsfunktion nur im Subsumtionsteil erfolgen. Und in der Tat hat das Bundesverfassungsgericht in methodischer Ergänzung zur Maßstabsbildung im Subsumtionsteil mit dem Verhältnismäßigkeitsgrundsatz eine Korrespondenzkategorie geschaffen, mit der gewährleistet wird, wie die Anwendung der Maßstäbe auf den Einzelfall rationalisiert und zugleich politische Abwägungs-, Verteilungs- und Zweckmäßigkeitsentscheidungen respektiert werden können, ohne dass der Vorrang der Verfassung vor einem Primat des Politischen einknicken muss.

Mit dem Verhältnismäßigkeitsgrundsatz gelingt dem Bundesverfassungsgericht erneut Bewundernswertes: Die Politik muss ihre Handlungen der Rationalität des Bundesverfassungsgerichts unterwerfen. Es ist das Bundesverfassungsgericht, das durch die Anwendung des Verhältnismäßigkeitsgrundsatzes über die Spielräume der Politik entscheidet. Mithin erfolgt die Koppelung von Politik und Recht in einer institutionell vereinseitigten Form, nämlich nach den selbstgesetzten Regeln des Gerichts, die Ausdruck der Verfassungsbindung sein sollen. Mit Fug und Recht kann man insofern von einer Form der Politikverdrängung sprechen.[6] (Vgl. Lepsius 2008a: 112.)

II.3 Der Maßstab als unangreifbare Zwischennorm und Vehikel zur Kompetenzausdehnung

Auch das Grundgesetz kennt die Unterscheidung von gesetzgebender, vollziehender und rechtsprechender Gewalt (Art. 20 Abs. 2 Satz 2 GG, Art. 1 Abs. 3 GG). Auf das Bundesverfassungsgericht passt sie jedoch nicht eins zu eins. Das Gericht wirkt nämlich nicht mehr nur als judikative und noch lange nicht als legislative Gewalt. Wie wir sahen, liegt seine Entscheidungsgewalt auf der Zwischenebene der Maß stabsbildung. Hierin liegt seine eigentliche Kompetenz-

6 Vgl. kritisch Jestaedt 2011: bei IV., der von »verdrängter Politik« spricht, die ihre Kompensationsformen in objektiven Auslegungslehren, der Dogmatizität des Rechtsgewinnungsprozesses mit seiner Systemorientierung oder im Verhältnismäßigkeitsgrundsatz finde.

hoheit. Es begreift die Verfassung als einen Maßstab (Lerche 2001: 337-339), über den es selbst institutionell wie materiell verfügt. Betrachten wir den Normcharakter von Maßstäben etwas näher.

Verfassungsrechtliche Maßstäbe unterscheiden sich sowohl von den generell-abstrakten Normen des Grundgesetzes (dem positiven Verfassungsrecht) als auch von individuell-konkreten Urteilen, die solche Normen im Lichte des Rechtsstreits und des Fallbezugs anwenden. Maßstäbe sind Zwischenkonkretisierungen, die Entscheidungserwartungen stabilisieren, sie aber nicht garantieren. Sie prägen die Erwartungen gegenüber der Verfassungsinterpretation, ohne diese zu determinieren. Maßstäbe bewegen sich normtheoretisch auf einer unklaren Zwischenebene, die einerseits eine Konkretisierungsstufe unterhalb der Normen des Grundgesetzes anzusiedeln ist, andererseits oberhalb der Konkretisierungstiefe der rechtsprechenden Entscheidung liegt. Maßstäbe sind keine Normen, deren Status in Geltungskategorien ausgedrückt werden kann. Maßstäbe sind aber auch keine Werte, die auf einer Präferenzaggregation fußen.[7] Der Verbindlichkeitsgrad von Maßstäben folgt einerseits aus ihrer generell-abstrakten verfassungstextlichen Ableitung, andererseits aus ihrer konkreten, fallbezogenen Sanktionierung.

Damit gelingt es Maßstäben, das Problem der doppelten Existenz von Normen zu bewältigen: Einerseits gelten Normen generell-abstrakt, ohne dass sie der Anwendung auf

7 Vgl. auch Habermas 1992: 309-316, der diese Frage in der Dichotomie von Normen und Werten diskutiert. Normen und Werte unterscheiden sich demnach durch ihre Bezüge zu obligatorischem bzw. teleologischem Handeln, durch binäre bzw. graduelle Kodierung des Geltungsanspruchs, durch die absolute bzw. relative Verbindlichkeit und durch die Kriterien, denen der Zusammenhang von Norm- bzw. Wertsystemen genügen muss.

einen konkreten Sachverhalt bedürften. Menschen beachten Rechtsnormen, ohne dass diese ihnen gegenüber individuell sanktioniert werden müssten. Die Legitimität der Rechtsordnung ruht letztlich auf der freiwilligen Anerkennung des Rechts, denn eine zwangsweise Durchsetzung der Rechtsordnung wäre praktisch gar nicht möglich und setzte im Übrigen einen Polizeistaat voraus. Normen weisen bereits aufgrund ihrer generell-abstrakten Geltung eine handlungsanleitende Wirkung auf. Andererseits zeigt sich der normative Befehl immer nur in einer individuell-konkreten Umsetzung, also in einer behördlichen oder gerichtlichen Sanktionierung der Norm. Was die Norm jenseits des freiwilligen Gehorsams verlangt, zeigt sich erst im Verwaltungsakt oder im Urteil. Dieselbe Rechtsnorm gilt und wirkt daher in unterschiedlicher Form: generell-abstrakt und individuell-konkret – und diese Erscheinungsformen werden institutionell unterschiedlichen Gewalten zugewiesen, nämlich der Legislative auf der einen sowie der Exekutive und Judikative auf der anderen Seite. Oder mit den Worten Konrad Hesses (Hesse 1959: 8): Der Geltungsanspruch einer Verfassungsnorm ist mit den Bedingungen seiner Realisierung nicht identisch, sondern er tritt als ein eigenes Element zu diesen Bedingungen hinzu.

Mit der Technik der Maßstabsbildung gelingt dem Bundesverfassungsgericht die Errichtung einer Zwischennorm in einem diffusen generell-individuellen Bereich, der quer zur Differenz von abstrakter und konkreter Geltung und Wirkung der Norm liegt. Der Maßstab beansprucht eine Konkretisierung der generell-abstrakten Verfassungsnorm und zugleich eine Generalisierung der individuell-konkreten Anwendungsbereiche. Als Norm erreichen Maßstäbe einen epistemologischen Status, der Rechtsnormen ansonsten verwehrt ist, zumal wenn wir Rechtsnormen kompetenziell auf die Institutionen zurückbeziehen, die für ihre Errichtung wie Anwendung zuständig sind. Maßstäbe sind Normen eines Zwischenreichs, nicht von dieser Welt der drei Gewalten.

Maßstäbe haben des Weiteren das Potenzial, den Stufenbau der Rechtsordnung zu überwinden. Das Grundgesetz errichtet eine Normenhierarchie und unterscheidet zwischen den Stufen Verfassungsrecht, Gesetzesrecht, Verordnungs- und Satzungsrecht, Einzelakte (Urteile, Verwaltungsakte). Die Bindungswirkung der Normen nimmt absteigend zu: Der Gesetzgeber ist nur an die verfassungsmäßige Ordnung, die vollziehende Gewalt und die Rechtsprechung sind an Gesetz und Recht gebunden (Art. 20 Abs. 3 GG). Es besteht also ein verfassungsrechtlicher Zusammenhang zwischen dem Stufenbau der Rechtsordnung und der Kompetenzordnung. Diesen Zusammenhang können Maßstäbe aushebeln, indem sie die Rechtsordnung materiell und einheitlich betrachten. Wir werden später auf Maßstäbe treffen, die etwa die Differenz von Verfassung und Gesetz konterkarieren, indem sie gesetzliche Strukturentscheidungen zu verfassungsrechtlich erheblichen Maßstäben erklären, also legislative Entscheidungen im Rang erhöhen. Als Beispiel dieses Vorgehens wird die Konstitutionalisierung des Steuerrechts dienen. Aber auch umgekehrt funktioniert die Nivellierung des Stufenbaus durch Maßstäbe. Erinnert sei an die verfassungskonforme Auslegung von Gesetzen oder an das Heranziehen der über dem »einfachen« Verfassungsrecht angesiedelten Ewigkeitsgarantie als eines Maßstabs zur Kontrolle der Verfassungsänderung. Als Beispiel für dieses Vorgehen werden wir auf die »Lissabon-Entscheidung« zurückgreifen, es ließe sich aber auch die verfassungskonforme Auslegung der Verfassungsänderung für den großen Lauschangriff anführen (BVerfGE 109, 279 [316-319] [2004]). Jedenfalls lädt die auf eine generell-abstrakte materielle Aussage gerichtete Maßstabsbildung dazu ein, normenhierarchische und folglich auch kompetenzielle Differenzierungen zu vernachlässigen.

Die Maßstabsbildung ist daher auch eine Vorbedingung für verschiedene, für sich genommen fragwürdige methodische Praktiken, mit denen das Bundesverfassungsgericht seine Entscheidungsmacht ausgedehnt hat, wie etwa die verfassungskonforme Auslegung des einfachen Rechts (kritisch Lembke 2009), die verfassungskonforme Auslegung der Verfassungsänderung (BVerfGE 109, 279 [316-319] – Großer Lauschangriff [2004]), die Erfindung des »bloß verfassungswidrigen« im Vergleich zum nichtigen Gesetz (zu den Abstufungen Schlaich/Korioth 2010: RN 380ff.) oder das Argumentieren mit der »Identität des Grundgesetzes« (BVerfGE 124, 300 [321, 329] – Wunsiedel [2009]; BVerfGE 125, 260 [324] – Vorratsdatenspeicherung [2010]) bis zur Erfindung einer »Identitätskontrolle« (BVerfGE 123, 267 [353f.] – Lissabon [2009]). Solche Strategien, mit denen der Stufenbau der Rechtsordnung im Namen der materiellen Meta-Nivellierung aufgelöst wird, können nur funktionieren, wenn sich der Meta-Maßstab seinerseits nicht wieder auf eine Normenschicht bezieht, die in der Normenhierarchie eindeutig lokalisiert werden kann. Das Argumentieren mit Maßstäben ist daher auch eine Voraussetzung für nicht wenige Folgeerfindungen des Bundesverfassungsgerichts.

Maßstäbe verschleiern schließlich die verschiedenen argumentationslogischen Begründungszusammenhänge von Normen und Werten (vgl. Habermas 1992: 313), weil sie sich formell als Ausdruck von Normen und materiell als Ausdruck von Werten präsentieren. Diese Verschleierung fällt deswegen nicht negativ auf, weil mit dem Maßstab in den Stufenbau der Rechtsordnung auf einer Zwischenstufe eine janusköpfige Normstruktur eingezogen wird. Auf diese

Zwischenstufe nun hat niemand außer dem Verfassungsgericht selbst Zugriff. Da die Maßstäbe vom Gericht konstruiert sind, kann sie nicht einmal der verfassungsändernde Gesetzgeber modifizieren. Wohl kann er in den Grenzen der Ewigkeitsgarantie des Art. 79 Abs. 3 GG das Grundgesetz seinem Wortlaut nach ändern. Ob und wie aber eine Verfassungsänderung auch die verfassungsgerichtlichen Maßstäbe verändert, entscheidet wieder allein das Bundesverfassungsgericht.

Das Herauspräparieren verfassungsrechtlicher Maßstäbe erklärt die besondere Funktion der deutschen Verfassungsgerichtsbarkeit zwischen Normanwendung und Normsetzung: Maßstäbe vermengen die bloß streitschlichtend ausgelöste Kompetenz mit der inhaltlichen Hoheit zur Verfassungsinterpretation.[8] Der Maßstab muss sich von der Verfassungsinterpretation im Einzelfall lösen und ermöglicht es dem Gericht daher, seine materielle Interpretation mit einer Entscheidungswirkung auszustatten, die über den konkreten Fallbezug hinausreicht. Auf dieser Zwischenebene ist das Gericht sowohl institutionell als auch materiell unangreifbar. Seine Entscheidungsgewalt soll hier als maßstabsetzende Gewalt begriffen und beschrieben werden – als eine vierte (oder dreieinhalbte) Gewalt mit einem Aufgabenpro-

8 Lerche (1961: 700 f.) beschrieb das Problem vor 50 Jahren noch als dreifache Funktion der Verfassungsgerichtsbarkeit: streitschlichtende Funktion, rechtserklärende Funktion und normverwirklichende Funktion. »Zwischenformeln, Maße und Standards« sollten verfassungsgerichtliche Entscheidungen auszeichnen, bedürften aber einer disziplinierenden Methode, die Lerche das »Ansichtenverfahren« nennt. Damit besäße man die notwendige Mittelstufe zwischen rationalem Grundsatz und Einzelfallentscheidung. Unbehagen überkomme einen aber dann, »wenn in diesen methodischen Bezirken populärerweise ›ganz scharfe‹ Grenzen gezogen und Begriffe ›restlos geklärt‹ oder ›sonst exakt definiert‹ werden, wo es doch vorzüglich nur um Nuancierungen geht und kritischer Respekt bewahrt werden muß gegenüber dem Geheimen und dem Geheimnis.«

fil, das zwischen Rechtsprechung und Rechtsetzung, zwischen Falllösung und Rahmensetzung liegt.

Mit der Selbstermächtigung zur maßstabsetzenden Gewalt löst sich das Bundesverfassungsgericht auch von seinem Status als Gericht. Bereits in den fünfziger Jahren betrieb das Gericht in der Status-Denkschrift seine institutionelle Beförderung vom Teil der rechtsprechenden Gewalt zum Verfassungsorgan (siehe dazu auch oben Schönberger, S. 23-25 sowie Jestaedt, S. 102) – ein Status, den der Wortlaut des Grundgesetzes nicht hergab (Thoma 1953; näher dazu Häußler 1994: 23-28; skeptisch bereits Schlaich 1981: 133). Seine institutionelle Selbsteinordnung als Verfassungsorgan wird durch die Selbstermächtigung zur maßstabsetzenden Gewalt komplettiert. Denn erst hierdurch kann der erhobene Status als Verfassungsorgan eingelöst werden; erst hierdurch zeichnet sich das Gericht frei von der Bindung an die Rechtserzeugung durch andere Gewalten, sei es die Bindung an das Gesetz, sei es die Bindung an das verfassungsändernde Gesetz. Der materielle Vorrang der Verfassung wird institutionell auf die Tätigkeit des Gerichts ausgedehnt. Das Gericht billigt sich einen institutionellen Status zu, der nur der Verfassung zukommt. Aber auch umgekehrt gilt: Die institutionelle Kompetenz des Gerichts wird materiell auf die Verfassung erstreckt. Treibt man die Aussage auf die Spitze, so könnte man sagen, dass der Erfolg des Gerichts von seiner Selbsterfindung als maßstabsetzende Gewalt abhängt – sowohl in inhaltlicher als auch in institutioneller Hinsicht. Der Hüter der Verfassung mutiert zum Herrn der Verfassung.

Die Funktion als maßstabsetzende Gewalt ist dem Gericht nicht in den Schoß gefallen, etwa durch unbeeinflussbare Eigenheiten des politischen Prozesses im modernen Verfassungsstaat. Das Gericht hat sich diese Stellung vielmehr durch eine besondere Entscheidungstechnik selbst erarbeitet. Man kann darin eine Strategie der Selbstermächtigung, zumindest aber der Selbsterhöhung sehen, eine Strategie, die sowohl die institutionellen als auch die materiellen Grenzen der Verfassungsgerichtsbarkeit überschreitet, indem eine im Normengefüge der Verfassung nicht vorgesehene Zwischenkategorie erfunden wird: der Maßstab.

Zwar verwendet das Gericht selbst das Wort »Maßstab« in nahezu jeder seiner Entscheidungen;[9] dennoch ist die normtheoretische und kompetenzielle Bedeutung dieser Normkategorie in der verfassungsrechtlichen Literatur bislang noch wenig beleuchtet worden.[10] Betrachten wir daher die Herausbildung verfassungsrechtlicher Maßstäbe näher.

9 In jedem seiner aktuell 125 Entscheidungsbände verwendet das Bundesverfassungsgericht die Formel vom verfassungsrechtlichen/grundgesetzlichen Maßstab. Rein quantitativ hat die Verwendung dieser Formel zugenommen. Während in den Entscheidungsbänden aus der ersten Hälfte der Existenz des Gerichts (also Fällen aus den Jahren 1951 bis ca. 1981) noch zahlreiche Entscheidungen ohne die Bezugnahme auf einen Maßstab auskamen, haben diese seither deutlich zugenommen. Inzwischen dürfte es kaum eine Sachentscheidung des BVerfG geben, die sich nicht auf einen Maßstab beruft.

10 Vgl. etwa Schlaich 1981: 111 f., 120, 124; Lerche 2001: 336-340, 356-358; Lepsius 2008: 111-117; am Beispiel der unbegrenzten Auslegung/Abwägung entfaltet von Jestaedt 1999: 44-53.

III. Maßstabsbildung bei »C. I.«

Es ist an der Zeit, diese grundsätzlichen Aspekte mit einigen Beispielen zu unterfüttern. Bevor wir auf den Verhältnismäßigkeitsgrundsatz als den zentralen »C. II.«-Maßstab im Subsumtionsteil zurückkommen, sollten wir den Blick zuerst auf das »C. I.«-Problem werfen. Wie die Entkontextualisierung der Verfassungsrechtsprechung und die institutionelle Erhebung des Bundesverfassungsgerichts durch materielle Maßstabsbildung ihren Anfang nahmen, verdeutlichen zwei berühmte Entscheidungen, die das Bundesverfassungsgericht in den ausgehenden fünfziger Jahren gefällt hat: »Elfes« und »Lüth«. Beide Entscheidungen müssen im Zusammenhang begriffen werden (Grimm 2001: 202-204).

III.1 »Elfes«: Die Subjektivierung des objektiven Rechts

Im »Elfes-Urteil« (BVerfGE 6, 32 [36ff.] [1957]) beseitigt das Bundesverfassungsgericht die Begrenzung seiner Verfassungsinterpretation auf das Rechtsschutzinteresse des Beschwerdeführers. Wäre das Bundesverfassungsgericht »bloß« Gericht – und nicht generell-abstrakter »Hüter der Verfassung« –, dürfte eine Verfassungsbeschwerde das Bundesverfassungsgericht nur so weit zur verfassungsgerichtlichen Kontrolle ermächtigen, wie das Rechtsschutzinteresse des Beschwerdeführers reicht. Die Verfassungsbeschwerde dient zur Abwehr von Grundrechtsverletzungen, also zur Wahrung subjektiver Rechte. Sie dient nicht zur Wahrung des objektiven Verfassungsrechts; diese Funktion kommt der abstrakten Normenkontrolle zu, die aber nur von bestimmten Verfassungsorganen eingelegt werden kann

(Art. 93 Abs. 1 Nr. 2 GG). Im »Elfes-Urteil« nun gelingt dem Bundesverfassungsgericht die Umwandlung der Verfassungsbeschwerde von einem Verfahren, das dem subjektiven Grundrechtsschutz dient, zu einem Verfahren, das die Wahrung des objektiven Verfassungsrechts bezweckt. Das ist eine wichtige Voraussetzung, um überhaupt als »Hüter der Verfassung« agieren zu können, denn ansonsten hinge diese weitgefasste Kompetenz von der »Zufälligkeit« ab, dass ein Verfassungsorgan eine abstrakte Normenkontrolle anhängig macht oder bei einer Verfassungsbeschwerde sich das subjektive Rechtsschutzinteresse eines Bürgers mit dem objektiven Verfassungsrecht deckt. Mit anderen Worten: Die Verfahrensarten würden den Prüfungsumfang des Bundesverfassungsgerichts beschränken. Zwar könnte es anlässlich verschiedener Verfahren immer wieder verfassungsinterpretierend Stellung nehmen, aber dem Gericht stünde nicht jederzeit das gesamte Verfassungsrecht als Prüfungsmaßstab zur Verfügung.

Die Transformation der Verfassungsbeschwerde in ein objektives Beanstandungsverfahren (vgl. Gusy 2001) erfolgt nun nicht, wie man meinen könnte, durch verfassungsprozessuale Mittel, sondern durch die konstruktive Fortbildung des materiellen Verfassungsrechts. Art. 2 Abs. 1 GG gewährt jedem das Recht auf die »freie Entfaltung seiner Persönlichkeit«. Das Bundesverfassungsgericht entnimmt Art. 2 Abs. 1 GG allerdings ein Recht auf allgemeine Handlungsfreiheit mit der Folge, dass jedwedes Handeln grundrechtlichen Schutz genießt oder, anders ausgedrückt, jedes hoheitliche Handeln mit Außenwirkung für den Einzelnen zum rechtfertigungsbedürftigen Grundrechtseingriff wird. Bei der Rechtfertigung dehnt das Gericht den Text des Art. 2 Abs. 1 GG ein weiteres Mal aus: Der Staat dürfe in das Grundrecht auf allgemeine Handlungsfreiheit durch jede

Norm eingreifen, die formell und materiell verfassungsgemäß sei. Der Wortlaut des Grundgesetzes hatte den Gesetzesvorbehalt hier spezieller gefasst und auf eine »Schrankentrias« beschränkt. Konsequent ergänzt das Bundesverfassungsgericht seine weite Schutzbereichsbestimmung bei Art. 2 Abs. 1 GG (»allgemeine Handlungsfreiheit«) durch einen weiten Gesetzesvorbehalt und versteht den Gesetzesvorbehalt der »verfassungsmäßigen Ordnung« bei Art. 2 Abs. 1 GG als »jedes verfassungsgemäßes Gesetz«. Was ist damit gewonnen?

Auf den ersten Blick scheint diese Verfassungsinterpretation den Freiheitsschutz des Bürgers zu perfektionieren. Der Bürger bewegt sich von nun an immer im grundrechtlich geschützten Bereich. Sein Grundrechtsschutz hängt nicht von der Qualifikation bestimmter Verhaltensweisen (»Entfaltung der Persönlichkeit«) als grundrechtswürdig ab – und damit auch nicht von einem Streit über die Kompetenz, wer dies festlegen darf. Diese Frage will das Bundesverfassungsgericht nicht entscheiden und legt – freiheitsfreundlich – dem Bürger die Bestimmung seines Freiheitsbereichs in die Hand. Sogar das Reiten im Walde genießt daher Grundrechtsschutz (BVerfGE 80, 137 – Reiten im Walde [1989]; Sondervotum Grimm: 164), und selbst die Verkehrsampel wird zu einem Grundrechtseingriff, was dem Ärger über das Rotlicht aber nicht abhilft, wenn die Ampel rechtmäßig errichtet wurde.

Auf den zweiten Blick scheint der Fall daher wie gewonnen, so zerronnen.[11] Denn was bleibt an effektivem Freiheitsgewinn übrig, wenn der Staat diesen durch jede verfassungsgemäße Norm beseitigen kann? Aus der allgemeinen Handlungsfreiheit des Art. 2 Abs. 1 wird tatsächlich entwe-

11 Vgl. zum Fall und zur Person Wilhelm Elfes (1884-1969) oben Schönberger, S. 34; Christoph Fiedler in Menzel 2000: 76-83.

der die Pflicht, verhältnismäßige Freiheitseingriffe zu dulden, oder ein Recht auf die Gewährleistung einer Mindestrationalität, die der Gesetzgeber bei seinen Regelungen einhalten muss (zur Kritik bereits Ehmke 1963: 82-86). In der vom Bundesverfassungsgericht gewählten Interpretation des Grundgesetzes, die auf den Wortlaut keine Rücksicht nahm, gewährt Art. 2 Abs. 1 GG letztlich einen Anspruch auf eine rationale Begründung staatlichen Handelns.

Erst auf den dritten Blick wird der Effekt der »Elfes-Konstruktion« deutlich. Die verfassungsmäßige Ordnung wurde subjektiviert. Der Gewinner dieses Prozesses heißt Bundesverfassungsgericht: Zum einen kann es jegliches hoheitliches Handeln (seine Außenwirkung, also die Betroffenheit eines Bürgers vorausgesetzt) zumindest am Auffanggrundrecht des Art. 2 Abs. 1 GG materiell überprüfen (befürwortend Kahl 2000). Zum anderen ist garantiert, dass sich wohl immer ein Beschwerdeführer für eine Verfassungsbeschwerde finden wird, so dass das Gericht seinen Auftrag, dessen Grundrechtsschutz zu gewährleisten, notgedrungen auf eine Prüfung des objektiven Verfassungsrechts ausdehnen kann, denn es muss die formelle und materielle Rechtmäßigkeit des hoheitlichen Handelns prüfen. Ob das Gesetzgebungsverfahren oder die Gesetzgebungskompetenzen eingehalten wurden, also ob objektives Verfassungsrecht verletzt wurde, wird zu einer notwendigen Vorfrage für die Prüfung einer subjektiven Grundrechtsverletzung.

Die gewählte Auslegung des materiellen Rechts (hier des Art. 2 Abs. 1 GG) hat daher vor allem einen prozessualen Effekt. Aus der Verfassungsbeschwerde wird de facto ein Normenkontrollanspruch des Bürgers, und davon profitiert das Bundesverfassungsgericht, weil es das gesamte Staatshandeln an den Grundrechten messen kann (zur Kritik Bethge 2007). Die rechtsschutzbezogene Hürde auf dem Weg zur maßstabsetzenden Gewalt war gefallen: Das objektive Recht war subjektiviert.[12]

III.2 »Lüth«: Die Objektivierung des subjektiven Rechts

Nur wenig später fiel auch die materielle Hürde. Diese Leistung erbrachte die wahrscheinlich berühmteste Entscheidung, die das Bundesverfassungsgericht je fällte: das »Lüth-Urteil« vom 15. Januar 1958 (BVerfGE 7, 198 [1958]; vgl. Wesel 2004: 131-138). Neben dem »Elfes-« und dem »Apotheken-Urteil« (BVerfGE 7, 377 [1958]) begründet das »Lüth-Urteil« die Grundrechtstheorie des Bundesverfassungsgerichts. Verkürzt könnte man sagen: »Elfes« steht für die prozessuale Einbettung: Jeder Eingriff in die allgemeine Handlungsfreiheit kann durch eine Verfassungsbeschwerde gerügt werden, so dass die Verfassungsbeschwerde praktisch zur Normenkontrolle des Bürgers mutiert und einen

12 Das ist bis heute ständige Rechtsprechung. Vgl. aus der neueren Rechtsprechung BVerfGE 125, 39 – einkaufsoffener Sonntag (2009): Die christlichen Kirchen konnten im Wege der Verfassungsbeschwerde das Berliner Ladenöffnungsgesetz angreifen und die Verletzung von Art. 139 WRV i. V. m. Art. 140 GG rügen (Sonn- und Feiertage bleiben als Tage der Arbeitsruhe und seelischen Erhebung geschützt), obwohl es sich dabei nicht um Grundrechte, sondern um objektives Verfassungsrecht handelt. Als prozessualer Hebel dient hier eine aus dem Grundrecht aus Art. 4 Abs. 1 und 2 GG (Glaubensfreiheit, Freiheit der Religionsausübung) abgeleitete Schutzverpflichtung des Gesetzgebers. Die Antragsgegner (Abgeordnetenhaus und Senat von Berlin) bezweifelten die Beschwerdebefugnis der Kirchen. Das BVerfG sah jedoch keine Probleme in Bezug auf die Zulässigkeit der Verfassungsbeschwerde (BVerfGE 125, 39 [74]). Das Rechtsproblem ist hier nicht, ob das Ladenöffnungsgesetz gegen die Feiertagsruhe verstößt, sondern ob dies von den Kirchen als Grundrechtsträgern des Art. 4 Abs. 1 und 2 GG gerügt werden kann. Zur Analyse dieser Entscheidung schreibt Wißmann (2011), das BVerfG eröffne Entscheidungsspielräume, die ihm nicht zustehen. Er kritisiert die Subjektivierung des objektiven Rechts, die sich als prozessuale Privilegierung bestimmter Kreise auswirkt.

objektiven Kontrollauftrag erhält. »Apotheke« steht für die Prüfungsdogmatik und Kontrolldichte, nämlich die relationale Aufbereitung des Gesetzesvorbehaltes als Vorstufe zum daraus entwickelten Grundsatz der Verhältnismäßigkeit.[13] »Lüth« schließlich steht für die Umsetzung des materiellen Vorrangs der Verfassung, nämlich die Überführung subjektiver Grundrechte in eine objektive Wertordnung, die von der verfassungsrechtlichen Normenhierarchie profitiert und als Maßstab der gesamten Rechtsordnung gilt.[14] Mit »Lüth« ist der Weg zur maßstabsetzenden Gewalt auch inhaltlich frei, denn hier wurden aus subjektiven Rechten objektive Normen (Papier 2009: RN 5).

Das Grundgesetz wolle keine wertneutrale Ordnung sein, stellt das Bundesverfassungsgericht zu Eingang seiner Begründung fest, und habe in seinem Grundrechtsabschnitt eine objektive Wertordnung aufgerichtet. Hierin komme eine prinzipielle Verstärkung der Geltungskraft der Grundrechte zum Ausdruck:

> »Dieses Wertsystem, das seinen Mittelpunkt in der innerhalb der sozialen Gemeinschaft sich frei entfaltenden menschlichen Persönlichkeit und ihrer Würde findet, muß als verfassungsrechtliche Grundentscheidung für alle Bereiche des Rechts gelten; Gesetzgebung, Verwaltung und Rechtsprechung empfangen von ihm Richtlinien und Impulse. So beeinflußt es selbstverständlich auch das bürgerliche Recht; keine bürgerlich-rechtliche Vorschrift darf in Widerspruch zu ihm stehen, jede muß in seinem Geiste ausgelegt werden. Der Rechtsgehalt der Grundrechte als objektiver Normen entfaltet sich im Privatrecht durch das Medium der dieses Rechtsgebiet unmittelbar beherrschenden Vorschriften. Wie neues Recht im Einklang mit dem grundrechtlichen Wertsystem stehen muß, so wird bestehendes älteres Recht inhaltlich auf dieses Wertsystem ausgerichtet; von ihm her fließt ihm ein

13 Zu diesem siehe noch unten S. 201 ff., 231 ff.
14 Die Literatur zu dieser zentralen Weichenstellung in der Grundrechtstheorie ist naturgemäß überwältigend. Bei den Verweisen beschränke ich mich auf Goerlich 1973; Dreier 1993; Jarass 2001; Wahl 2004.

spezifisch verfassungsrechtlicher Gehalt zu, der fortan seine Auslegung bestimmt. Ein Streit zwischen Privaten über Rechte und Pflichten aus solchen grundrechtlich beeinflußten Verhaltensnormen des bürgerlichen Rechts bleibt materiell und prozessual ein bürgerlicher Rechtsstreit. Ausgelegt und angewendet wird bürgerliches Recht, wenn auch seine Auslegung dem öffentlichen Recht, der Verfassung, zu folgen hat.« (BVerfGE 7, 198 [205 f.]) [Nachweise weggelassen])

Grundrechte binden also nicht nur im Verhältnis Staat–Bürger, sondern beeinflussen die gesamte Rechtsordnung. Auch die Rechtsverhältnisse zwischen Bürgern können deshalb an den Grundrechten gemessen werden. Das ist eine zentrale Weichenstellung (vgl. Wahl 2004: RN 2-5), denn sie erweitert die Rechtswirkungen der Grundrechte über subjektive Abwehrrechte hinaus um eine Dimension, die zwar durch eine individuelle Betroffenheit ausgelöst wird, inhaltlich aber überindividuell, nämlich in einem generell-abstrakten, objektiven Sinne materiell wirkt. Rainer Wahl spricht von der Wiedergeburt der Rechtsordnung aus dem Geist der Grundrechte (Wahl 2004: RN 1; vgl. auch Grimm 2001: 307-311). Damit hatte das Bundesverfassungsgericht einen universalisierbaren inhaltlichen Maßstab begründet, dessen Reichweite über das prozessual Entscheidungserhebliche hinausging, also das Gericht ermächtigte, Gesetze auch über ihre individuelle Betroffenheit hinaus materiell zu überprüfen. Wir sehen, wie die »Elfes-Doktrin« unmittelbar umgesetzt wird: Die Verfassungsbeschwerde, die dem subjektiven Grundrechtsschutz des Beschwerdeführers dient (Art. 93 Abs. 1 Nr. 4a GG), mutiert auf Seiten des Gerichts zum objektiven Kontrollauftrag.[15]

15 Das BVerfG hat dementsprechend darauf beharrt, die Verfassungsbeschwerde erschöpfe sich nicht im subjektiven Grundrechtsschutz, sondern habe auch die Aufgabe, das objektive Verfassungsrecht »zu wahren, auszulegen und fortzubilden« (so BVerfGE 98, 218 [243] – Rechtschreibreform [1998]; 124, 300 [318] – Wunsiedel [2009]). Daher hat das BVerfG

Diese erst einmal rein materiellrechtliche Deutung der Grundrechte als Wertordnung hat erneut erhebliche institutionelle Konsequenzen. Erst das »Lüth-Urteil« hat das Bundesverfassungsgericht zu dem gemacht, was es ist (Hennis 1999: 492). Die Entwicklung der Rechtsprechung bewirkte den Bedeutungsgewinn des Bundesverfassungsgerichts als Institution (Schulze-Fielitz 2009: 14). Indem das Gericht den Vorrang der Verfassung stark macht, die Normenhierarchie objektiviert und inhaltlich mit den Grundrechten – nicht mit dem Staatsorganisationsrecht – besetzt, stärkt es naturgemäß seine eigene Stellung. Rechtlich sind dafür zwei Strategien maßgeblich: Zum einen verfolgt das Gericht erneut einen rein materiellrechtlichen Ansatz: Es geht ihm zentral um die inhaltliche Auslegung der Verfassung. Zum anderen wird der subjektive Rechtsschutzauftrag objektiviert und damit eine entscheidende Kompetenzhürde nivelliert. Auf diese Weise kann es sich weitgehend von einengenden materiellen Kompetenzgrenzen freizeichnen: zum einen von der inhaltlichen Bindung an die Verfassung, die als »objektive Wertordnung« ein normatives Eigenleben zu führen beginnt, dessen Wachsen und Gedei-

selbst Verfassungsbeschwerden entschieden, die in der Zwischenzeit zurückgenommen worden waren oder deren Beschwerdeführer gestorben war, bei denen das subjektive Rechtsschutzinteresse also entfallen war. Hier zeigt sich die prozessuale Entsubjektivierung der inhaltlichen Objektivierung: Ist die Zuständigkeit des Gerichts einmal begründet, gibt dieses seinen materiellen Entscheidungsanspruch nicht auf, selbst wenn die Funktion der Verfassungsbeschwerde, die im subjektiven Freiheitsschutz liegt (man bedenke die Zulässigkeitshürden, die für eine Verfassungsbeschwerde vom Beschwerdeführer verlangen, selbst, gegenwärtig und unmittelbar in seinen Grundrechten verletzt zu sein), nicht mehr erfüllt werden kann. Mit seinen Entscheidungen will das Gericht nicht (nur) subjektive Rechte wahren, sondern es dehnt seine hier nur aus dem subjektiven Rechtsschutzauftrag folgende Prüfungsbefugnis zur objektiven Rechtswahrung aus. Diese Kompetenz hat sich das BVerfG zugebilligt; sie folgt weder aus dem GG noch aus dem BVerfGG (vgl. zur Kritik etwa Wißmann 1999).

hen allein in den Händen des Gerichts (nicht jedenfalls des verfassungsändernden Gesetzgebers) liegt, zum anderen in nicht unerheblichem Umfang von den prozessualen Zugangsvoraussetzungen, die erfüllt sein müssen, damit das Gericht überhaupt tätig werden kann, und schließlich von der ansonsten prozessrechtlich gebotenen Begrenzung der Entscheidungszuständigkeit auf den Streitgegenstand. Am »Lüth-Urteil« kann man besonders gut beobachten, wie die materielle Verfassungsauslegung zum Vehikel der Selbstermächtigung wurde. Interessant daran ist schließlich auch, wie ein kompetenzielles Problem (Prüfungsbefugnis) einer materiellrechtlichen Lösung zugeführt wurde. Prozessrechtliche oder kompetenzielle Prüfungsgrenzen ahnt man heute eher, als dass man sie tatsächlich vorfindet. Heute kann man resümieren: Die Vielzahl prozessrechtlicher Zugangsmöglichkeiten (neben der Verfassungsbeschwerde vor allem auch abstrakte und konkrete Normenkontrolle, Organstreit, Bund-Länder-Streit) erlaubt es dem Gericht, die gesamte einfachgesetzliche Rechtsordnung mit seinen »verfassungsrechtlichen Deutungen zu imprägnieren und seine eigenen Auslegungsansprüche auszudehnen« (Schule-Fielitz 2009: 14; vgl. auch Schuppert/Bumke 2000: 48-62).

Die Erhebung subjektiver Rechte zu objektiven Maßstäben findet ihre begründungstechnische Fortsetzung in der Trennung von Maßstäbe- und Subsumtionsteil. Diese Trennung kann man bereits im »Lüth-Urteil« beobachten. Das Gericht beginnt mit abstrakten Darlegungen zur Bedeutung der Grundrechte, erfasst diese als objektive Wertordnung, behandelt das Verhältnis der Grundrechte zum einfachen Recht. Erst danach setzt die Anwendung dieser Grundsätze auf den Fall ein. Da wir an der Wiege der modernen deutschen Grundrechtstheorie stehen, sollten wir uns den Fall näher anschauen, der dieses Urteil ausgelöst hat. Denn es steht zu erwarten, dass der Erste Senat 1958 die Strategie, einen universalisierbaren verfassungsrechtlichen Maßstab durch die Objektivierung subjektiver Rechte zu gewinnen, nicht ohne Grund, sondern im Angesicht des zu entscheidenden Falles gewählt hat. Sowohl die Rechtsfrage als auch ihre symptomatische Bedeutung für die junge Bundesrepublik und nicht zuletzt das institutionelle Setting des noch jungen Bundesverfassungsgerichts sind für die gewählte Lösung von entscheidender Bedeutung.

Erich Lüth (1902-1989), in der Weimarer Republik für die DDP Mitglied in der Hamburger Bürgerschaft, Pazifist, Gegner des Nationalsozialismus, wurde 1946 Direktor der Staatlichen Pressestelle in Hamburg. Die Bewältigung der nationalsozialistischen Vergangenheit und die Aussöhnung mit Israel waren ihm besondere Anliegen. Lüth zählte zum 1933 untergegangenen demokratischen Deutschland, das die junge Bundesrepublik nun dezidiert antinationalsozialistisch aufbaute. Mit Ingrimm beobachtete er, wie die alten nationalsozialistischen Eliten in der jungen Bundesrepublik wieder Fuß fassten. Zu ihnen zählte Veit Harlan (1899-1964), Regisseur mehrerer antisemitischer Propagandafilme, darunter des berüchtigten *Jud Süß*. Harlan symbolisierte den verbreiteten Typus des willfährigen Karrieristen, der sich bereitwillig in den Dienst des Nationalsozialismus stellte, seine Handlungen aber nicht ideologisch infiziert sah. Im Entnazifizierungsverfahren wurde Harlan 1949 als »Entlasteter« eingestuft. Harlans erster Nachkriegsfilm, eine Schnulze mit dem Titel *Unsterbliche Geliebte*, sollte 1950 bei der »Woche des deutschen Films« Premiere haben. Lüth rief dazu auf, den Film nicht zu zeigen bzw. sich diesen Film nicht anzusehen. Die Sache entwickelte sich zum Skandal, und die Verleihfirma fürchtete um ihre Einnahmen. Sie erwirkte beim Landgericht Hamburg eine einstweilige Verfügung gegen

Lüth. Das Landgericht sah in Lüths Aufruf eine nach § 826 BGB sittenwidrige Aufforderung zum Boykott. Sie verstoße gegen die »demokratische Rechts- und Sittenauffassung des deutschen Volkes«. Gegen diese Entscheidung erhob Lüth Verfassungsbeschwerde: Das Urteil des Landgerichts Hamburg verletze sein Grundrecht auf Meinungsfreiheit.[16] Das Bundesverfassungsgericht gab Erich Lüth recht.

Beim Konflikt der Meinungsfreiheit mit dem Sitten- und Ehrschutz handelt es sich um einen klassischen Rechtskonflikt. Was dieser Fallkonstellation die Würze gab, war zum einen der nationalsozialistische Hintergrund und die symbolische Bedeutung für den erstarkten gesellschaftlichen Einfluss der alten NS-Eliten, die sich nun mit zivilrechtlichen Mitteln gegen die Zivilcourage derjenigen wehrten, die die NS-Vergangenheit anprangerten. Zum anderen ging es um die vermeintliche Neutralität des Zivilrechts, das gerade in der deutschen Rechtstradition von der Aura des Unpolitischen umgeben ist. In diesem Fall zeigte sich, wie eine per se unverdächtige Norm, die nur die Rechtsbeziehungen zwischen Bürgern regeln will, zur Waffe im gesellschaftlich-politischen Meinungskampf werden kann. Die »unpolitische« Norm hatte also handfeste politische Effekte. Was bliebe von der Meinungsfreiheit übrig, wenn sie im gesellschaftlichen Umgang durch privatrechtliche Gesetze eingeschränkt werden könnte, bloß weil diese die Regelung der nichthoheitlichen, unpolitischen Rechtsbeziehungen unter Bürgern bezwecken? Das überwiegend aus Gegnern des Nationalsozialismus zusammengesetzte Bundesverfassungsgericht konnte es kaum zulassen, dass ein vermeintlich unpolitisches Zivilrecht im Meinungskampf die alten NS-Eliten privilegierte.[17]

16 Der Fall ist anschaulich aufgearbeitet und bewertet in Henne/Riedlinger 2005.

17 Vgl. auch Schönberger 2011b, der das Gericht als Geburtshelfer der zwei-

§ 826 BGB erfasst die vorsätzliche sittenwidrige Schädigung, also etwa die Rechtsfrage, ob Rolf Breuer durch öffentliche Äußerungen für die Deutsche Bank AG die Kreditwürdigkeit von Leo Kirch beeinträchtigt und ihn dadurch in den Ruin getrieben hat. Es geht also um handfeste bürgerlich-rechtliche Konflikte. Hier aber war das Problem, ob das Landgericht bei der Anwendung einer Norm des Zivilrechts im Privatrechtsverkehr die Grundrechte (Meinungsfreiheit) zu berücksichtigen habe. Zwar ist nach Art. 1 Abs. 3 GG der Gesetzgeber des BGB genauso an die Grundrechte gebunden wie das Landgericht, welches das BGB anwendet. Doch Art. 1 Abs. 3 GG spielte in der Urteilsbegründung keine Rolle, und § 826 BGB ist keine prinzipiell verfassungswidrige Norm. Lediglich seine Anwendung in diesem Fall verkennt die Bedeutung der Meinungsfreiheit. Hier zeigt sich die Tragweite der Lösung des Bundesverfassungsgerichts: Indem es die Grundrechte zu einem objektiven Wertmaßstab erklärte, machte es die Anwendung des Privatrechts zu einer Frage des Verfassungsrechts. Auf diese Weise wurde aus einem Zivilrechtsstreit ein Verfassungsprozess. Das Bundesverfassungsgericht war damit zuständig und konnte die Anwendung der BGB-Norm auf ihre Übereinstimmung mit dem verobjektivierten Maßstab überprüfen.

Bei dieser Gelegenheit beäugt das Bundesverfassungsgericht das Vorgehen des Landgerichts, mithilfe des Tatbestandsmerkmals »sittenwidrig« in § 826 BGB seine eigenen moralischen Maßstäbe anzulegen, wie es dies tat, als es Lüths Äußerung als Verstoß gegen die »demokratische Rechts- und Sittenauffassung des deutschen Volkes« bewertete. Ge-

ten deutschen Demokratie würdigt. Früh sei es mit aller Konsequenz auf Distanz zum vergifteten Erbe der NS-Zeit gegangen (siehe auch Herbert 2006: 96-102).

rade Generalklauseln, belehrte das Bundesverfassungsgericht das Landgericht, fungierten über Tatbestandsmerkmale wie »gute Sitten« als Einbruchstellen für die Ausstrahlungswirkung der Grundrechte im bürgerlichen Recht.[18]

III.3 Institutionelle Ursachen

Die Strategie der materiellen Objektivierung hatte also auch eine institutionelle Komponente, nämlich den Zivilgerichten eine eigene inhaltliche Rechtskontrolle zu verwehren, die auf Generalklauseln wie »gute Sitten« oder »Treu und Glauben« rekurriert und diese zum Einfallstor für überpositive Rechtsvorstellungen nimmt. Das Bundesverfassungsgericht hatte guten Grund, hier wachsam zu sein. Denn bei der nationalsozialistischen Uminterpretation der hergebrachten Rechtsordnung nach 1933 waren die Generalklauseln bereits behilflich gewesen, weil sie sich im Geiste der nationalsozialistischen Weltanschauung oder der Volksgemeinschaft auslegen ließen (Rüthers 2005; zum methodischen Kontext Lepsius 1994). Nach dem Zweiten Weltkrieg hatte der Bundesgerichtshof diese Methode der Sache nach fortgeführt, die Inhalte jedoch im Sinne einer Naturrechtsrenaissance ersetzt (vgl. Weinkauff 1960; zur Analyse Kühl 1998). Dieses Verfahren, unter Rückgriff auf Naturrecht überpositive Gedanken in die Anwendung des Rechts einfließen zu lassen, bedrohte den Vorrang der Verfassung und die Stellung des Bundesverfassungsgerichts. Man darf nicht vergessen, dass das Bundesverfassungsgericht der Newcomer

18 Vgl. BVerfGE 7, 198 (206). Das Gericht beruft sich hier auf Günter Dürig, der zuvor die Generalklauseln als Einbruchstellen der Grundrechte in das bürgerliche Recht bezeichnet hatte und dessen Schriften auch im Übrigen die Senatsberatung beeinflusst haben, wie Böckenförde (1989: 26) belegt.

in Karlsruhe war und mit dem Bundesgerichtshof einen Nachbarn hatte, der sich in der Tradition des Reichsgerichts sah und ein entsprechendes Ethos pflegte.

Die Erhebung der Grundrechte zur objektiven Wertordnung schlug dem Bundesgerichtshof das Naturrecht aus der Hand. Die Rechtsordnung im Ganzen mit ihren Generalklauseln war im Lichte der Verfassung auszulegen, also im Geiste der Rechtsprechung des Bundesverfassungsgerichts. Damit ließ sich nicht nur der Vorrang der Verfassung gegenüber überpositiven Ideen etablieren, die in der Nachkriegszeit zirkulierten (Naturrecht und materiale Gerechtigkeit, materiale Wertethik), sondern das Bundesverfassungsgericht behauptete sich auch institutionell gegenüber den selbstbewussten obersten Bundesgerichten wie dem Bundesgerichtshof, dem Bundesarbeitsgericht oder dem Bundesverwaltungsgericht, die in den fünfziger Jahren munter eigene Wege beschritten hatten.[19]

Mit der »objektiven Wertordnung« als materiellem Meta-Maßstab reagierte das Bundesverfassungsgericht daher auf mehrere Herausforderungen und Rechtsprobleme. Das »Lüth-Urteil« erweist sich somit vor allem als eine hochgradig zeitgebundene Entscheidung. Mit anderen Worten: Die Begründung der Grundrechtstheorie des Bundesverfassungsgerichts atmet die Luft der fünfziger Jahre; sie ist nicht Ausdruck von Sachgesetzlichkeiten, Systembildung, Dogmatik oder vorgefasster und abstrakt begründbarer Theorie.

19 Das BAG hatte unter seinem Präsidenten Hans Carl Nipperdey bereits die unmittelbare Drittwirkung der Grundrechte im Arbeitsrecht praktiziert (Nipperdey 1961), griff also in arbeitsrechtlichen Fragen freimütig auf die Grundrechte zu. Das BVerwG hatte unter seinem Präsidenten Fritz Werner unter Rückgriff auf die Grundrechte das überkommene Verwaltungsrecht subjektiviert (Werner 1959; zur Analyse Schönberger 2006). Beide Ansätze forderten die institutionelle Stellung des Bundesverfassungsgerichts als Hüter der Verfassung heraus.

Ohne den nationalsozialistischen Kontext des Sachverhaltes, ohne den Rückgriff der zivilgerichtlichen Vorinstanz auf das Sittengesetz und ohne die institutionelle Konkurrenz durch die obersten Bundesgerichte, die diverse Strategien zur Inkorporation höheren Rechts gefunden und praktiziert hatten, wäre »Lüth« so nicht entschieden worden. Auch die Wortwahl bei der Formel von der »objektiven Wertordnung« verrät die philosophische Großwetterlage der fünfziger Jahre. Das heißt aber auch: Die Verfassungsinterpretation des Bundesverfassungsgerichts ist nicht aus sich selbst heraus erklärlich. Schon gar nicht kann man die Entscheidungsgründe aus dem Normtext des Grundgesetzes oder einer technischen Verfassungsbindung herleiten. Der Verfassungsinterpretation liegen ersichtlich Zwischenschritte und Prämissen zugrunde, die im »Lüth-Urteil« zum Teil angedeutet sind. Begreifbar wird die Begründung aber erst durch die Kontextualisierung des Sachverhalts: das Kompetenzproblem, die rivalisierenden Institutionen, die geistig-philosophische Situation der Zeit und natürlich durch die Rechtslage.

III.4 Weiterverarbeitung von Maßstäben

Vielen mag dies als eine Selbstverständlichkeit erscheinen. Die Interpretationsprobleme beginnen aber, wenn der einst in einem ganz bestimmten Entscheidungskontext erstellte Maßstab normativ verselbständigt und auf ganz andere Konstellationen transponiert wird. Genau dieses passiert nun bei der Weiterverarbeitung eines Maßstabs: Obwohl er in hohem Maße einer spezifischen Fallkonstellation geschuldet war, beginnt er bald, ein von dem historischen Kontext, aus dem heraus er allein verständlich ist, abgelöstes normatives Eigenleben zu führen. Im »Lüth-Urteil« wurde der Maßstab noch mit Blick auf die Lösung des konkreten Falles entwickelt. Im Verlaufe der Jahre aber gerieten die faktischen Bedingtheiten der normativen Lösung immer mehr aus dem Blick, und die vom Bundesverfassungsgericht dann praktizierte Aufspaltung in Maßstäbe- und Subsumtionsteile befördert dieses. Bei der Entscheidung eines neuen Falles werden daher üblicherweise die Entstehungskontexte der maßstabsbildenden Urteile ausgeblendet. Man kann dies bei der »objektiven Wertordnung« gut verfolgen. Weder das Bundesverfassungsgericht noch die Verfassungsrechtswissenschaft fragt danach, ob die Formel von der »objektiven Wertordnung« eine spezifisch antinationalsozialistische Stoßrichtung hat und daher auf Gegenwartsprobleme nicht mehr bruchlos anwendbar ist. Niemand bezweifelt überdies, dass sie auch auf Legislativakte Anwendung findet, obwohl sie sich im Entstehungskontext eindeutig gegen die Judikative als Staatsgewalt richtete. Ob das junge Bundesverfassungsgericht wohl ein Gesetz der jungen Bonner Demokratie an der objektiven Wertordnung hätte scheitern lassen? Diese Frage stellte der Fall nicht.

Die objektiv-rechtliche Bindung aller Staatsgewalten an die Grundrechte wirft jedoch ein erhebliches institutionelles Problem auf. Warum sollte der Gesetzgeber im gleichen Umfang an die objektivrechtlichen Dimensionen der Grundrechte gebunden sein wie die vollziehende oder die rechtsprechende Gewalt? Insofern ist es wichtig, sich zu vergegenwärtigen, dass die Erfindung der Grundrechte als objektiver Wertordnung gerade nicht die Grundrechtsbindung des Gesetzgebers bezweckte. Da aber der Entstehungskontext der Verfassungsauslegung bei ihrer Weiterverarbeitung unter den Tisch fällt, werden normative Aussagen tendenziell über die einst mit ihnen beabsichtigte Rechtswirkung hinaus ausgedehnt – und zwar ohne dass diese Ausdehnung auffiele und thematisiert würde. Denn man könnte sie ja überhaupt nur wahrnehmen, wenn man die kontextuellen Grenzen der Bindungswirkung des Präjudizes vor Augen hätte. Genau dies ist aber in Deutschland nicht der Fall. Gerade die kontextbezogenen Bindungen der Verfassungsinterpretation werden bei ihrer weiteren Verwertung außer Acht gelassen: Entscheidungen werden weder historisiert noch kontextualisiert. Der Sachverhalt mag Rechtshistoriker interessieren, den Dogmatiker kümmert er nicht, ja der Dogmatiker darf sich nicht um ihn kümmern, weil jede Kontextualisierung der Dogmatisierung der Entscheidung zuwiderliefe.

Im Hinblick auf die »objektive Wertordnung« kann insofern eine teilweise Entwarnung gegeben werden. Als subsumtionsfähiger Maßstab war der Begriff von Anfang an zu undifferenziert. Schon in den siebziger Jahren nimmt seine Verwendung in der Rechtsprechung ab, in den achtziger Jahren lässt sie deutlich nach. Das Bundesverfassungsgericht hatte die objektivrechtlichen Gehalte der Grundrechte inzwischen anders ausdifferenziert (als Teilhabe- und Verfahrensrechte, Organisationsmaximen, Schutzpflichten) und diese Dimensionen an die primär abwehrrechtliche, subjektive Funktion der Grundrechte zurückgekoppelt. Jedenfalls hat das Gericht immer wieder die geltungsverstärkende Funktion der objektiven Grundrechtslehren für das subjektive Recht akzentuiert und selbst in prominenten Fällen, die zu objektivrechtlichen Lösungen eingeladen hätten, von diesen Abstand genommen (besonders etwa BVerfGE 115, 118 [152] – Luftsicherheit [2008]). Man kann insofern von einer Re-Subjektivierung der objektivrechtlichen Grundrechtsgehalte sprechen (Kahl 2010, RN 12; vgl. auch Bethge 2007). Nicht in dem Sinne, dass neue subjektive Verfassungsrechte kreiert würden, sondern in der Weise, dass erst eine einschlägige subjektive Rechtsposition objektive Grundrechtswirkungen akzessorisch (»geltungsverstärkend«) auslösen kann. Damit konnte das Gericht den in den objektiven Grundrechtsfunktionen liegenden strukturellen Gefahren für die Verfassungsordnung vorbeugen, ohne dass die gesellschaftliche Breitenwirkung subjektiver Rechte geschmälert worden wäre (Capitant 2001: 175-189). Anders gesagt: Da der Meta-Maßstab »Wertordnung« nicht subsumierbar war, mussten teilbereichsspezifische Maßstäbe entwickelt werden. Gleichwohl bleibt das »Lüth-Urteil« die verbindende Klammer aller objektivrechtlichen Ausprägungen der Grundrechte. Und dementsprechend ist auch bei der Ausdifferenzierung spezieller objektiver Grundrechtsdimensionen keine Rücksicht auf eine gewaltenspezifisch graduell abgestufte Bindungswirkung genommen worden. Hier liegt das wesentliche Legat der im »Lüth-Urteil« begonnenen Strategie der materiellen Objektivierung bei gleichzeitiger Ausdehnung der institutionellen und materiellen Bindung auf Kosten begrenzender prozessualer und kompetenzieller Kriterien.

Machen wir eine Gegenprobe: Ist das »Lüth-Urteil« schon Rechtsgeschichte oder noch geltendes Recht? Ein dogmatisch ausgebildeter deutscher Jurist kann diese Frage nicht beantworten, denn er will die Entscheidung nicht kontextualisieren. Würde er sie kontextualisieren, ließe sie sich nicht mehr in die dogmatische Maßstabsbildung integrieren. Der Gegenwartsstatus des »Lüth-Urteils« muss daher unklar bleiben: Einerseits ist es die Quelle der objektiven Grundrechtslehren, andererseits ergießt sich deren Fluss inzwischen in ein Delta. Darf die Quelle versiegen? Umgekehrt: Historisierte und kontextualisierte man das Urteil, stiege naturgemäß der Begründungsaufwand für die sachbereichsspezifische Ausdifferenzierung objektivrechtlicher Grundrechtsdimensionen. Das Bild wandelte sich: Aus einem Strom mit Delta entstünden separate Flüsse mit eigenständigen Quellen (lies: Fällen als Quellen). Nicht wenige Staatsrechtslehrer sehen darin eine Gefahr für die Einheit und Widerspruchsfreiheit der Rechtsordnung und beklagen eine Aufgabe der Systemorientierung.[20] Aber dies ist nur wieder der Reflex einer materiellen Grundorientierung im deutschen Rechtsdenken, das auf generell-abstrakte Normen fixiert ist und die tatsächlichen Geltungskontexte der Normen vernachlässigt (erhellend Ehmke 1963: 77-81).

III.5 Entkontextualisierung statt *distinguishing*

»C. I.« liest sich mitunter wie eine lehrbuchartige Darstellung. In früheren Jahrzehnten enthielt der Maßstäbeteil oft gehaltvolle verfassungsrechtliche Erörterungen. Der Stil war nicht so apodiktisch, wie wir es heute oft vorfinden. Es wurden Prämissendiskurse geführt, funktionelle Überlegungen angestellt, Gründe jenseits der bloßen normativen Geltungsbehauptung und des gerichtlichen Selbstzitats gegeben, auch wenn es rückblickend nichts zu romantisieren gibt.[21] In den letzten Jahrzehnten hingegen ging das Gericht immer mehr dazu über, die Begründung des Maßstabs

20 Vgl. die Debatte im Anschluss an Lepsius (2010a: 194-204), der die Zukunftsfähigkeit der Idee der materiellen Einheit der Rechtsordnung und ihren Systemanspruch im Verwaltungsrecht in Zweifel zog.

21 Vgl. etwa die nach wie vor einschlägigen Analysen von Ehmke (1963) oder Schlaich (1981). Ehmke wollte die Entscheidungsbegründungen aus den Kontexten heraus begreifen und behandeln; er propagierte gewissermaßen ein amerikanisches Vorgehen. Schlaich wollte die Urteilsbegründungen näher an den Verfassungstext heranführen. Beide beklagen die autonome Loslösung der Entscheidungskultur, sei es von den Kontexten, sei es von den Normtexten.

durch Verweise auf frühere eigene Entscheidungen zu ersetzen. Solche Kettenverweise gehören inzwischen zum Üblichen. Die Senate erwecken den Eindruck von gefestigter Kontinuität. Man soll den Eindruck gewinnen, als ob sich die Rechtsprechung des Bundesverfassungsgerichts kontinuierlich entwickelte und einen hohen Grad an Stabilität und Berechenbarkeit aufweist. Kettenverweise signalisieren: Wir befinden uns in einem abstrakten verfassungsrechtlichen Diskurs, in dem es nicht um die Lösung konkreter Rechtsprobleme, sondern um die inhaltliche Deutung der Verfassung unabhängig von ihrer konkreten Anwendung geht. Das Gericht pflegt seine Maßstäbe und entwickelt sie sorgsam weiter. Dabei versucht es Brüche in der eigenen Argumentation zu vermeiden. Will es dem Eindruck dezisionistischer Rechtserkenntnis entgegentreten, muss es die Kontinuität seiner materiellen Verfassungsinterpretation behaupten. Es ist die materielle Verfassungsdeutung, an die das Gericht sich gebunden fühlt, letztlich sein eigenes Verständnis der Verfassung, wie es sich in der Rechtsprechung manifestiert. Damit aber verlagert sich die Verfassungsinterpretation von der Verfassung auf die Verfassungsrechtsprechung. Die Maßstäbe selbst werden diejenigen Teile des Verfassungsrechts, die der Um- und Neubildung unterliegen – und dies sichert die institutionelle und materielle Deutungshoheit des Bundesverfassungsgerichts, weil keine andere Gewalt Zugriff auf seine »Maßstäbe« nehmen kann.

Das Gericht steht damit aber vor dem selbsterzeugten Problem, dass sich die normative Geltungsgrundlage verschiebt: von der Verfassungsbindung zur Maßstabsbindung. Da die Verfassungsinterpretation überwiegend in Gestalt der Maßstabsbildung hervortritt, gerät das Gericht in eine Abhängigkeit von seiner eigenen Rechtsprechung. Es kann von seinen Maßstäben nicht ohne weiteres abweichen, denn damit würde es sich entweder das Eingeständnis des früheren Rechtsirrtums oder den Vorwurf der Justizpolitik einhandeln. Zugleich kann das Bundesverfassungsgericht auch nicht auf jene Technik zurückgreifen, mit der Obergerichte üblicherweise die Kohärenz der Rechtsprechung sichern und zugleich Entscheidungsfreiheit für neue Fallkonstellationen bewahren, nämlich die Technik des »distinguishing«, also der Unterscheidung von Sachverhalten im Hinblick auf ihre normative Behandlung. Diese Technik haben die Gerichte des *common law*-Rechtskreises zu hoher Kunst getrieben (Postema 2002: 595-599; Schauer 1987; Fikentscher 1975: 62ff., 95ff.). Sie vermögen leicht variierende und bisweilen auch divergierende Entscheidungsgrundlagen aufrechtzuerhalten, indem sie die jeweiligen Fälle anhand ihrer Sachverhalte differenzieren und entsprechende Fallgruppen bilden. Es sind dann die Tatsachen des Falles, der zur Entscheidung ansteht, die den Freiraum für eine normative Beweglichkeit und dynamische Rechtsentwicklung schaffen. Diese Technik aber steht dem Bundesverfassungsgericht wegen seines »C. I.«-Vorgehens nicht zur Verfügung. Da die Ausgangstatsachen der Fälle für die Maßstabsbildung gerade unerheblich sind, können die Maßstäbe nicht durch ein *distinguishing* fortentwickelt werden. Das ist der Preis der Entkontextualisierung der Maßstäbe und der Verweise auf frühere Maßstäbe, nämlich des Umstandes, dass die in Bezug genommene Aussage aus ihrem Ursprungskontext herausgetrennt, in einen neuen Kontext überführt und dort mit anderen Aussagen zu einem neuen Ganzen amalgamiert wird (so beschrieben von Jestaedt 2009a: 532).

IV. Verhältnismäßigkeit als »C. II.«-Maßstab

IV.1 Die relationale Funktion der Verhältnismäßigkeit

Ein Verfassungsverstoß kann bereits in der Anwendung und Auslegung einer Norm liegen, die per se verfassungsrechtlich ganz unverdächtig ist. Die Verfassungswidrigkeit liegt hier nicht in der Gesetzgebung, sondern bei der Anwendung des Gesetzes durch eine Behörde oder ein Gericht. Hier war auch das konkrete Problem im »Lüth-Urteil« angesiedelt: Kann durch ein allgemeines Gesetz wie § 826 BGB, also einer Norm, die meinungsindifferente Zwecke verfolgt, die Meinungsfreiheit eingeschränkt werden? Nach Art. 5 Abs. 2 GG findet die Meinungsfreiheit ihre Schranken in solchen allgemeinen Gesetzen. Der Fall Lüths aber zeigt, dass es nicht auf eine generell-abstrakte Qualifikation eines Gesetzes als »abstraktes, meinungsneutrales« ankommen kann, sondern selbst solche meinungsneutralen Gesetze unter bestimmten Umständen meinungsbeschränkende Effekte auslösen. Dasselbe Gesetz kann also in dem einen Fall eine verfassungskonforme Rechtsgrundlage liefern, in dem anderen Fall nicht. Hier erweist sich, wie die Wirkung von Rechtsnormen von der prozessualen Situation ihrer Geltendmachung abhängt. Die Normen dürfen nicht nur in einer generell-abstrakten, auf Geltung reduzierten Gestalt beurteilt werden. Es kommt auf den Kontext der Normanwendung an – und dies ist gerade diejenige Einsicht, die das Bundesverfassungsgericht, wenn es um die eigenen Rechtsgrundlagen, nämlich die Artikel des Grundgesetzes, geht, mithilfe der Maßstäbeteile vertuschen kann, weil es über ihm keine Instanz gibt, die zwischen Geltung und Wirksamkeit der Verfassungsnorm zu entscheiden hätte.

Die Frage nach der differenzierten verfassungsrechtlichen Relevanz eines Gesetzes, das nicht prinzipiell verfassungswidrig ist, aber unter Umständen verfassungswidrig sein kann, entzieht sich der Behandlung im Maßstäbeteil. Bei der konkreten Untersuchung, wie sich das Verfassungsrecht auf die Anwendung des einfachen Rechts auswirkt, droht das einheitliche Bild in einer situationsabhängigen Kasuistik verloren zu gehen. An dieser Stelle greift der Grundsatz der Verhältnismäßigkeit, der nicht (wie bei »C. I.«) als materieller, sondern als relationaler Maßstab formuliert ist. Es findet eine Zweck-Mittel-Kontrolle statt, die zuerst fragt, welchen Zweck der Gesetzgeber verfolgen wollte, und sodann das gewählte Mittel mit dem Zweck dreifach abgleicht: Ist das Mittel überhaupt zur Erreichung des Zwecks geeignet (Geeignetheit)? Gibt es mildere, aber gleich gut geeignete Mittel (Erforderlichkeit)? Und schließlich: Überwiegt das Rechtsgut, das der Gesetzgeber schützen will, das Rechtsgut, in welches das dazu in Anspruch genommene Mittel eingreift (Angemessenheit)? In der Herausbildung dieses relationalen Maßstabs (zur Struktur: Merten 2009: RN 50 ff.) liegt die wahrscheinlich größte juristische Leistung des Bundesverfassungsgerichts – übrigens eine arbeitsteilig mit der deutschen Verfassungsrechtswissenschaft erbrachte Leistung.[22]

22 Aus der umfangreichen Literatur hier nur etwa Lerche 1999; Schlink 2001. Man kann von einer verfassungsrechtlichen Erfindung sprechen, die dem Vorrang der Verfassung oder dem Stufenbau der Rechtsordnung gleichkommt. Der Verhältnismäßigkeitsgrundsatz zählt im Übrigen zu den Weltexportschlagern der deutschen Rechtswissenschaft (vgl. etwa Grimm 2007; von Arnauld 2008).

Durch die Ausbildung eines Maßstabs der Verhältnismäßigkeit kann das Gericht Fälle lösen, ohne dass deswegen die generell-abstrakten Maßstäbe modifiziert werden müssten und unter kasuistischem Anpassungsdruck stünden. Mehr noch: Da der Verhältnismäßigkeitsgrundsatz verallgemeinerbar ist, kann er seinerseits als (relationaler) Maßstab angesehen werden. Bei aller einzelfallorientierten Verfassungsrechtsprechung bleibt dadurch immer der Eindruck einer materiellen Kohärenz und methodischen Rationalität gewahrt. Das Bundesverfassungsgericht kann nach außen hin als »Hüter der Verfassung« erscheinen, auch wenn es im Alltag Tausende von Verfassungsbeschwerden zu entscheiden hat. Der Anspruch, Verfassungsorgan zu sein, bleibt aufrechterhalten, auch wenn seine Kammern tatsächlich wie ein oberstes Revisionsgericht agieren. Oder, um es anders auszudrücken: Der Verhältnismäßigkeitsgrundsatz ermöglicht die Existenz generell-abstrakter materieller verfassungsrechtlicher Maßstäbe, weil sowohl die faktischen Umstände des Einzelfalls als auch die situative Anwendung der zu überprüfenden Norm von diesen isoliert werden können.

Aber der Verhältnismäßigkeitsgrundsatz leistet noch mehr: Zum einen ermöglicht er die Konkretisierung der Maßstäbe nach den Umständen des Falles, vor allem auf der Prüfungsstufe der Angemessenheit. Zum anderen verkoppelt er Recht und Politik, vor allem bei der Zweckbestimmung und auf den Prüfungsstufen der Geeignetheit und Erforderlichkeit. Die Politik hat das Recht der Zweckbestimmung, die für die Zwecke der verfassungsrechtlichen Prüfung jedoch letztlich vom Gericht durch Auslegung des Gesetzeszwecks festgelegt wird. Der Politik verbleibt die Bestimmung der Mittelauswahl, die gleichwohl vom Gericht auf Geeignetheit, Erforderlichkeit und Angemessenheit überprüft wird.

Auf den Prüfungsstufen Zweckbestimmung (1) und Angemessenheit (4) erfolgt eine normativ angeleitete Prüfung; auf den Stufen der Geeignetheit (2) und Erforderlichkeit (3) hingegen betrifft die Prüfung Aspekte, die im tatsächlichen Bereich liegen. Ob das Mittel geeignet ist oder ob es mildere, gleich gut geeignete Mittel gibt, lässt sich nur in Ansehung der konkreten Umstände beurteilen. Mit generalisierbaren normativen Maßstäben kommt man hier nicht weiter, denn erst Tatsachen ermöglichen die Rechtskontrolle.

Dies aber stellt das Bundesverfassungsgericht als maßstabsetzende Gewalt vor ein Problem: Es kann naturgemäß nicht die Kompetenz beanspruchen, bei Tatsachen das letzte Wort haben zu wollen. Schließlich können bei Tatsachen alle mitreden – ein genereller Kompetenzanspruch des Gerichts (oder auch nur von Juristen) wäre abwegig, anders als bei der Beurteilung rein normativer Fragen. Das mag umgekehrt erklären, warum das Bundesverfassungsgericht auch im Teil »C. II.« seine Fälle am liebsten anhand der Angemessenheit entscheidet und die vorgelagerten Prüfungsstufen (Zweckbestimmung, Geeignetheit und Erforderlichkeit) fast nie entscheidungserheblich sind.[23] Angesichts seines Kom-

23 In der Rechtsprechung zur modernen Sicherheitsgesetzgebung kann man freilich die Entwicklung beobachten, stärker auf die tatsachenrelevanten Prüfungsstufen abzustellen (näher Lepsius 2010b), wohl auch, weil die Abwägung von Freiheit und Sicherheit ein strukturelles Ungleichgewicht aufweist. Individuelle Freiheitsrechte und kollektive Sicherheitsinteressen sind nicht kommensurabel. Auch darf darauf aufmerksam gemacht werden, dass etwa die Verfassungswidrigkeit der Abschussbefugnis nach § 14 Abs. 3 LuftSiG bereits nach der Prüfung der Geeignetheit feststand (BVerfGE 115, 118 [140 ff.] [2006]). Der Senat brach hier freilich nicht ab, sondern entschied den Fall unter Rückgriff auf Art. 1 Abs. 1 GG materiell durchgehend auf allen vier Prüfungsstufen. Nur auf Letzteres konzen-

petenzanspruchs ist es verständlich, wenn das Gericht Fälle vorzugsweise mit normativen Erwägungen löst, also als Rechtsfrage bewältigt – und das heißt: bei der Angemessenheit entscheidet. Das ist auch aus einem anderen Grund verständlich: Das Bundesverfassungsgericht tut sich schwer, Tatsachen zu erheben (vgl. Ossenbühl 1976; Bryde 2001). Zwar kann es Beweis erheben (§ 26 BVerfGG), aber es ist keine Tatsacheninstanz. Rein praktisch ist das Gericht auf die Tatsachen angewiesen, die die »Vorinstanzen« oder der Gesetzgeber erhoben haben. Auch institutionell wäre kaum nachvollziehbar, warum ein Senat in Karlsruhe die faktischen Umstände, die einem Gesetz zugrunde liegen, besser erheben könnte als etwa der Deutsche Bundestag oder die Umstände, die einem Rechtsstreit zugrunde liegen, besser als das Fachgericht. Das Bundesverfassungsgericht kann sich jedoch auch nicht schlicht mit den Tatsachenfeststellungen begnügen, wie sie dem Senat vorgelegt werden. Man denke an Verfassungsbeschwerden, die auf eine Verletzung der Meinungsfreiheit gestützt werden. Es kommt auf die Umstände der Meinungsäußerung an, wie schon der Fall Lüth belegte.[24]

Angesichts der Bedeutung, die Tatsachen für die Prüfung der Verhältnismäßigkeit spielen, verlangt das Bundesverfassungsgericht vom Gesetzgeber zunehmend, seine Zweck- und Mittelüberlegungen mit empirisch nachprüfbaren Daten zu belegen. Bisweilen prüft der Senat etwa nach, ob der

trierte sich dann die öffentliche Diskussion der Entscheidung (erläuternd Lepsius 2006).

24 Weitere Beispiele wären: BVerfGE 93, 266 (295 ff.) – Soldaten sind Mörder (1993): Das BVerfG beanstandete, dass die Vorinstanzen den Sinn der Beleidigungen nicht richtig erfasst hätten; oder BVerfGE 94, 1 (10f.) – Flugblatt Schopenhauer-Kongress (1996) sowie 107, 275 (282) – Schockwerbung Benetton II (2003): Das BVerfG ermahnte die Vorinstanzen, den Kontext der Äußerung zu berücksichtigen.

Gesetzgeber Daten vollständig erhoben hat, ob ihre Erhebung nachvollziehbar ist und ob die Daten richtig gewichtet wurden (als Beispiele BVerfGE 106, 62 [152ff.] – Altenpflege [2002]; BVerfGE 125, 175 [227ff.] – Hartz IV [2010]). Das Bundesverfassungsgericht behandelt hier den Gesetzgeber wie ein Verwaltungsgericht das Landratsamt bei Ermessensentscheidungen. Besondere Schwierigkeiten entstehen, wenn der Gesetzgeber den Zweck der Regelung mit Prognosen begründet, weil hier die Tatsachenbasis, aufgrund derer eine Norm erlassen wird, hochgerechnet wird. Zwar billigt das Gericht dem Gesetzgeber gewohnheitsmäßig einen Einschätzungs-, Beurteilungs- und Prognosespielraum zu,[25] begrenzt diesen jedoch sogleich durch das Statuieren von Beobachtungs-, Überprüfungs- und Nachbesserungspflichten.[26] In manchen Fällen akzeptiert das Gericht die Tatsachenbehandlung durch den Gesetzgeber, in anderen Fällen tut es das nicht. Der Eindruck dürfte nicht täuschen, dass die Wahl des einen oder des anderen von der Anwendung des Verhältnismäßigkeitsmaßstabs abhängt. Wenn das Gericht den Fall weniger gut über die Angemessenheit lösen kann, etwa weil die Abwägung nur schwerlich überprüft werden kann (Zielkonflikte; zu viele divergierende Interessen, die sich nicht eindeutig in zwei abwägbare Rechtsgüter umformulieren lassen; Kommensurabilitätsprobleme wie Freiheit vs. Sicherheit oder Bedürftigkeit vs. Budgetrecht), weicht das Gericht auf tatsachenorientierte Prüfungsstufen wie Geeignetheit und Erforderlichkeit aus und verlangt entsprechende Nachweise als Voraussetzung für seine Prüfungsfähigkeit.

25 Jüngere Beispiele: BVerfGE 102, 197 (218) – Spielbanken (2000); BVerfGE 115, 276 (309) – Sportwetten (2006); BVerfGE 125, 260 (329) – Vorratsdatenspeicherung (2010).

26 BVerfGE 49, 89 (130, 142f.) – Kalkar (1978); BVerfGE 88, 203 (310f.) – Schwangerschaft II (1993); BVerfGE 95, 267 (314) – LPG-Altschulden (1997); BVerfGE 111, 333 (360) – Brandenburgisches Hochschulgesetz (2004).

Das Gericht benötigt bestimmte Informationen, damit es seinen relationalen Prüfungsmaßstab anlegen kann. Wer aber garantiert, dass diese Daten im politischen Prozess ausschlaggebend gewesen sind oder auch nur bereitgestellt werden können? Wurden denn diejenigen Daten erhoben und berücksichtigt, die das Bundesverfassungsgericht nachträglich aus Gründen seiner Verhältnismäßigkeitsprüfung für erheblich hält? Im Gesetzgebungsprozess mögen ganz andere Überlegungen eine Rolle gespielt haben. Das Parlament sollte auch aus dem Bauch heraus Gesetze erlassen dürfen. In aller Regel werden die politischen Motive für die gewählte gesetzliche Lösung nicht mit denjenigen Kautelen übereinstimmen, die das Bundesverfassungsgericht für seine Rechtskontrolle benötigt. Schließlich folgt der politische Prozess anderen Regeln als die Verhältnismäßigkeitsprüfung und muss andere Hürden nehmen. Vor allem muss er zur Mehrheitsbildung Kompromisse schließen. Kompromisse aber verunklaren Zweck-Mittel-Relationen eher, als dass sie sie erhellen, denn Voraussetzung des Kompromisses ist, dass alle Beteiligten nachgeben und daher Pakete geschnürt und zusätzliche Abhängigkeiten geschaffen werden, so dass die Mittel den womöglich pluralen Zwecken nicht eindeutig zugeordnet werden können. Kompromisse ermöglichen die politische Handlungsfähigkeit (vgl. Waldron 1999: 266ff., 282ff.; Simmel 1923: 248-251). Verhältnismäßigkeit ermöglicht die Rechtmäßigkeitskontrolle. Beide sind keine natürlichen Freunde, oder anders gesprochen: Die Rationalität der Politik funktioniert anders als die Rationalität des Rechts.

Was eingangs als besondere Leistung des Verhältnismäßigkeitsgrundsatzes gepriesen wurde, einen Ort zur Koppelung von Recht und Politik bereitzustellen (zum grundsätzlichen Problem Jestaedt 2011), erweist sich auf den zweiten Blick als Hindernis. Denn die Art und Weise, wie das Gericht die Ergebnisse der politischen Willensbildung verarbeitet, richtet sich nach seinen Maßstäben. Die Koppelung wird einseitig. Schließlich ist der Grundsatz der Verhältnismäßigkeit nicht aus dem institutionellen, kompetenziellen oder verfahrensbezogenen Bedürfnis heraus entwickelt worden, einen Koppelungsmodus von demokratischer Rechtspolitik und rechtsstaatlicher Demokratiekontrolle zu gewinnen.

Die Genese des Verhältnismäßigkeitsgrundsatzes trägt rechtsstaatliche Züge, nicht demokratietheoretische. Als verfassungsrechtliche Quelle des Verhältnismäßigkeitsgrundsatzes gibt das Bundesverfassungsgericht regelmäßig das Rechtsstaatsprinzip, allgemeine Rechtsgrundsätze oder auch nur die Grundrechte und ihr Wesen im Allgemeinen an (vgl. Merten 2009: RN 24 f.; von Arnauld 2000; Stern 1993; Hirschberg 1981). Anders gesagt: Die verfassungsrechtliche Herleitung der Verhältnismäßigkeit ist nicht geklärt. Man bedient sich üblicherweise vager Bezüge auf verschiedene, eher abstrakte Grundsätze. Das aber stellt kein erhebliches Problem dar, denn bei einem Maßstab lässt sich naturgemäß nicht eindeutig bestimmen, woher er stammt und wie er sich herleitet. Bekanntlich folgt der Status des Maßstabs aus einer normativen Zwischenlage, die im Stufenbau der Rechtsordnung nicht eindeutig eingeordnet werden kann. Klarheit besteht jedoch darüber, dass der Grundsatz der Verhältnismäßigkeit nicht vom Demokratieprinzip abstammt und daher Respekt vor der demokratischen Rechtspolitik nicht zu seinen Kernfunktionen zählt.

Sein Ziel war es zum einen, einen Grundrechtsschutz nach Maßgabe des einfachen Rechts zu verhindern, eine Einengung, die vor allem durch die Ausdehnung des Grundrechtsschutzes auf die allgemeine Handlungsfreiheit zu befürchten stand (BVerfGE 6, 32 – Elfes [1957]; BVerfGE 80, 137 – Reiten im Walde [1989]). Sein Ziel war zum anderen die Aufrechterhaltung des Vorrangs der Verfassung vor der Grundrechtsprägung durch Gesetze (vgl. Lerche 2009: RN 13 ff.) und damit auch die Sicherung des generell-abstrakten materiellen Maßstabs vor seiner notgedrungen sachbereichsspezifischen Applikation. Sein Ziel war schließlich die Berechenbarkeit und Rationalisierung des Subsumtionsteils – alles also rechtsstaatliche Ziele, die auch bestens erreicht wurden.

Eines jedoch leistet der Verhältnismäßigkeitsgrundsatz nicht: Die Eigenheiten des politischen Prozesses spielen bei der theoretischen Ausformulierung des Verhältnismäßigkeitsgrundsatzes höchstens eine sekundäre Rolle. Ob und wie sie bei der Prüfung berücksichtigt werden, ist eine Frage der praktischen Handhabung im Einzelfall, nicht aber im Prüfungsraster bereits ex ante abgesichert. Mit anderen Worten: Mit dem Verhältnismäßigkeitsgrundsatz kann das Bundesverfassungsgericht seine Prüfungsrationalität, die auf rechtsstaatlichen und grundrechtlichen Funktionsbedingungen beruht, auf Kosten der Funktionsbedingungen der Politik durchsetzen. Der politische Prozess ist folglich gezwungen, zweigleisig zu verfahren (zum Problem typologisch Stone Sweet 2000 vgl. auch Scholz 1999: 8): Er muss ein Gesetz nicht nur im Bundestag, im Bundesrat und womöglich im Vermittlungsausschuss politisch rechtfertigen, sondern auch noch an die rechtliche Rechtfertigung vor dem Bundesverfassungsgericht denken.[27] Politische und

27 Auf diese Probleme wies schon Schlaich (1981: 114 f.) hin: Man könne nicht den Gesetzgeber in die Schlacht um allseitige Konkordanz schicken – Regierung, Minderheit, Verbände, Bundesrat – und ihn mit der Installie-

verfassungsrechtliche Rechtfertigung folgen anderen Größen. Folglich zwingt das Bundesverfassungsgericht dem politischen Prozess seine Rationalitätsmaßstäbe auf, auch wenn jene diese institutionell nicht immer oder nur schwerlich erbringen kann (vgl. Gusy 1985; Heun 1992).

Man denke an ein Gesetz – etwa jenes zu den Hartz-IV-Regelsätzen –, das den Vermittlungsausschuss durchlaufen hat und nichts anderes sein kann als ein Kompromiss von koalitionären und föderativen Interessengegensätzen. Wie reagiert das Gericht (BVerfGE 125, 175 [2010])? Nachdem mit erheblichem Aufwand materielle Vorgaben im Maßstäbeteil geschaffen wurden, man nämlich mit dem Pathos der Menschenwürde einen verfassungsunmittelbaren Leistungsanspruch erfunden hatte, verkümmert dieser dann im Subsumtionsteil zu einem Anspruch des Bürgers auf nachvollziehbare Entscheidung und eine technokratische Darlegungslast des Gesetzgebers (zur Kritik Rixen 2010a). Diese Praxis der gerichtlichen Koppelung von Politik und Recht verschafft dem Hartz-IV-Empfänger zwar fünf Euro mehr, aber der Preis für die Verfassungsordnung ist viel höher: Der politische Prozess wird mit Rationalitätserwartungen belastet, die quer zu seinen Funktionsbedingungen verlaufen und seine Handlungsfähigkeit nicht stärken. Auch die verfassungsrechtlichen Maßstäbe leiden. Ein aus der Menschenwürde folgender verfassungsunmittelbarer Leistungsanspruch auf das Existenzminimum verpufft hier zur buchstäblich kleinen Münze. Es entsteht eine Divergenz zwischen dem Pathos des Maßstabs bei »C. I.« und der Beschaulichkeit seiner Rechtsfolge bei »C. II.«.

Das wirft für die Technik der Maßstabsbildung, insbe-

rung des Vermittlungsausschusses (Art. 77 Abs. 2 GG) anhalten, auch noch den Kompromiss der letzten Minute zu suchen, um dann von ihm die Ruhe und Souveränität des Karlsruher Gerichtssaals zu erwarten.

sondere ihre substanziellen Teile, Probleme auf: Kann das Gericht seinen eigenen maßstabsbildenden Ansprüchen noch genügen, wenn der Fall letztlich nicht materiell, sondern prozedural entschieden wird (Anspruch auf nachvollziehbare Berechnung)? Die Entscheidungstechnik über Maßstäbe ist letztlich im Substanziellen verhaftet. Sie begreift den Vorrang der Verfassung als Vorrang einer aus Grundrechten abgeleiteten materiellen Ordnung. Sie offenbart ihre Schwächen, wenn Kriterien der institutionellen Differenzierung benötigt werden oder die sachverhaltsorientierte Auffächerung der Rechtsprobleme ansteht.

V. Probleme bei der Maßstabsetzung

V.1 Dynamik durch Zeitablauf

Die Zeit der großen materiellen Verfassungsinterpretationen scheint im Ablaufen begriffen. Das Allermeiste ist schon entschieden worden, und wenn das Bundesverfassungsgericht heute entscheidet, darf es seine bereits entwickelten Maßstäbe nicht ignorieren. Große neue verfassungsrechtliche Maßstäbe kann es schon wegen der üppigen Judikatur kaum geben. Wenn das Gericht gleichwohl einen neuen Wurf wagt, setzt es sich heute eher der Kritik der Verfassungsrechtswissenschaft aus. Auch die Zeiten, in denen die Staatsrechtslehre dem Gericht so wohlwollend gefolgt ist, dass man sie des Bundesverfassungsgerichtspositivismus zeihen konnte (Schlink 1981: 161; dagegen Lerche 2002: 649), neigen sich dem Ende zu. Die neueren Großentwürfe des Gerichts (z. B. Computergrundrecht, Identitätskontrolle des »Lissabon-Urteils«, Hartz-IV-Anspruch) finden jedenfalls deutlich kritischere Aufnahme in der Wissenschaft (am Beispiel der Grundrechtstheorie: Höfling 2003; Kahl 2004), als man dies für frühere Jahrzehnte konstatieren kann. Ein Grund ist darin zu sehen, dass die Herleitung der Maßstäbe nach 125 Bänden in der amtlichen Entscheidungssammlung detailliert auf Konsistenz mit der früheren Rechtsprechung überprüft werden kann. Hier bleiben immer öfter immer mehr Wünsche offen. Nicht zu Unrecht hat man dem Bundesverfassungsgericht daher vorgehalten, es könne insbesondere von den Fachgerichten keine Bindung an seine Entscheidungen verlangen, wenn es sich selbst nicht an diese halte (Schlink 2007). Man kann es auch so formulieren: Das Bundesverfassungsgericht benötigt argumentative Flexibilität. Warum sollte es seine Rechtsprechung nicht auch einmal ändern? Warum wollte man es auf Maßstäbe festlegen, die für die sechziger oder achtziger Jahre passten? Warum sollten neue Probleme nicht auch nach neuen Maßstäben entschieden werden?

Rächt sich hier nicht das Erfolgsrezept der Maßstabsbildung? Gerade Maßstäbe beziehen ihre Überzeugungskraft nicht aus kontextuellen Erwägungen, sondern sie ruhen in der Verfassung selbst, haben also eine normative Qualität, die sie von den sich wandelnden Umständen und der Lebensvielfalt der Fälle unabhängig macht. Ihr Anspruch wird durch einen Wandel in der Rechtsprechung bedroht – und das Bundesverfassungsgericht hat seine Maßstäbe auch so gut wie nie verworfen.[28] Ihr normativer, im Vorrang der Verfassung wurzelnder Status enthebt sie vor allem auch des klassischen Instruments, mit dem Gerichte die Bindungskraft älterer Entscheidungen abschwächen und die Dynamik der Rechtsprechung sichern: Das Bundesverfassungsgericht kann seine Fälle nicht im Wege des *distinguishing* relativieren, also unter Verweis auf die geänderte Sach- und Rechtslage von früher getroffenen Aussagen Abstand nehmen. Gerade dieses klassische Instrumentarium höchstrichterlicher Rechtsprechung funktioniert bei der Maßstabsbildung nicht, denn Maßstäbe griffen bei ihrer Formulierung keine dem Wandel unterliegenden Kriterien auf, die ein *distinguishing* ermöglichen würden, sondern wurden sachverhaltsindifferent formuliert. Gerade darin lag ihre hervorstechende Eigenschaft, die für den großen Erfolg der bundesverfassungsgerichtlichen Rechtsprechung verantwortlich

28 Als Ausnahme mag man die Rechtsprechung zur Parteienstaatlichkeit sowie der Finanzierung der Parteien zitieren. Auch der Wandel bei der Rechtsprechung zur Abtreibung (BVerfGE 39, 1 [1975] einerseits, BVerfGE 88, 203 [1993] andererseits) zeugt jedenfalls von einer signifikanten Erweiterung des zugrunde gelegten Maßstabs für den Lebensschutz.

zeichnet. Wenn es seiner Methode treu bleiben will, kann das Gericht kaum anfangen, Maßstäbe mit der Besonderheit des Falles zu erklären. Vor allem droht dann sein eigener institutioneller Anspruch, Hüter der Verfassung zu sein, verloren zu gehen. Das Gericht entschiede sonst Fälle wie andere Gerichte auch. Nein, Maßstäbe können fortentwickelt, nicht aber geändert werden.

Unweigerlich holt die Dynamik der Rechtsentwicklung die maßstabsetzende Gewalt ein. Auf diese Dynamik ist sie nicht gut vorbereitet, weil ihre Legitimation (so der vom Bundesverfassungsgericht selbst gewählte Weg) primär aus der Verfassungsbindung fließt, also materieller Natur ist, und nicht aus seiner Kompetenz zur Streitschlichtung, also nicht prozessual abgeleitet wird. Es ist eine selbstverschuldete institutionelle Tragik, dass die Dynamik der Rechtsentwicklung ausgerechnet für ein Gericht zum Problem wird, also eine Gewalt, von der man annehmen sollte, dass sie auf wandelnde Umstände zu reagieren gewohnt ist. Wenn der Bundestag Gesetze ändert, tut er, was er institutionell tun soll. Wenn ein Gericht Fälle entscheidet, tut es auch, was es tun soll. Aber wenn ein Gericht Maßstäbe ändert, dann hat es ein Problem.

Es bedarf daher keiner hellseherischen Fähigkeiten, um zu prognostizieren, dass die Zeit der großen Maßstäbe vorbei ist. Denn die generell-abstrakt stimmige Verfassungsauslegung durch »C. I.«-Teile wird immer weniger das vollständige Bild vermitteln. Den kleinen Maßstäben gehört die Zukunft, nämlich der sachverhaltsbezogenen Ausdifferenzierung des Vorgezeichneten in Fallgruppen und Unterfallgruppen. Der methodische Ort dafür aber ist der Subsumtionsteil. Er wird tendenziell wichtiger, die Karlsruher Rechtsprechung dadurch aber auch unüberschaubarer. Die wahre Musik spielt bei »C. II.«, und oft sind es sogar die

Kammerbeschlüsse und nicht mehr die Senatsentscheidungen, aus denen die aktuelle Rechtsprechung erst ersichtlich wird (vgl. exemplarisch Höfling/Rixen 2000). Seit 2004 veröffentlicht das Bundesverfassungsgericht eine Auswahl seiner Kammerentscheidungen in einer neubegründeten amtlichen Sammlung neben den Senatsentscheidungen (BVerfGK). Das ist kein Zufall, sondern zeigt die Akzentverlagerung der Rechtsprechung.

V.2 Funktionalistische Untermaßstäbe bei den Freiheitsrechten

Wir beobachten schon länger, wie es zu ausdifferenzierten Untermaßstäben gekommen ist. Die Maßstäbe des Versammlungsrechts sind in den Subsumtionsteil abgewandert; das Entscheidende steht fast nur noch in Kammerentscheidungen (vgl. Hoffmann-Riem 2011: RN 19-85). Auch der verfassungsrechtliche Schutz des Eigentums, um ein anderes Beispiel zu nennen, hängt davon ab, welche Funktion das Eigentumsrecht für die individuelle Freiheitsentfaltung ausübt und welche sozialen Bezüge der Eigentumsgegenstand aufweist (vgl. näher Wieland 2004: RN 27; Badura 1994: RN 76). Wir treffen auf graduelle Maßstäbe, die mit dem sozialen Bezug des Eigentumsobjekts ab- und mit dem individuellen Bezug des Eigentums zunehmen – dies ließe sich als Faustregel formulieren. In der Praxis führt dies zu einer höchst ausdifferenzierten Eigentumsrechtsprechung, in der dann Grundeigentum, Anteilseigentum an Produktionsmitteln oder das Eigentum juristischer Personen geringer geschützt wird als etwa das Eigentum an beweglichen Sachen (vgl. BVerfGE 50, 290 [335 ff.] – Mitbestimmung [1979]; Analyse bei Lepsius 2010d: RN 54 ff., 74 ff.). Von einem einheitlichen Maßstab beim Eigentumsschutz kann keine Rede sein, vielmehr wird nach der sozialen und individuellen Funktion des Eigentumsrechts differenziert, was im Übrigen auch angesichts der Sozialbindung des Eigentums (Art. 14 Abs. 2 GG) geboten ist. Das Fehlen eines einheitlichen Maßstabs beim Eigentumsschutz wird nur beklagen, wer von einem Phänotyp des Eigentums ausgeht und übersieht, dass bereits die Rechtsordnung Eigentumsverhältnisse als Bündel mit höchst unterschiedlichen Kombinationen von Rechten und Pflichten ausgestaltet hat. Die Differenzierung endet erst bei der Enteignung, die formalistisch als Entzug der Privatnützigkeit (i.d.R. der Verfügungsbefugnis) definiert wird (BVerfGE 58, 300 [330ff.] – Naßauskiesung [1981]; BVerfGE 100, 226 [243] – Denkmalschutz [1999]). Im Ergebnis unterliegt das verfassungsrechtlich geschützte Eigentum einem graduellen Maßstab, dessen Schutzniveau aber nicht ohne Berücksichtigung der sozialen Funktion des Eigentums festgestellt werden kann. Mit anderen Worten: Die entscheidenden Rechtsfragen liegen nicht beim allgemeinen Maßstab der Eigentumsgarantie, sondern bei der Ausdifferenzierung und Abgrenzung der Fallgruppen. An die Stelle eines Maßstabs ist eine graduelle, funktionalistische Betrachtung getreten. Ein ähnliches Bild ergibt die Rechtsprechung zur Berufsfreiheit: Auch hier treffen wir auf eine graduell abgestufte Maßstabsbildung, die nach Berufswahl und Berufsausübung, nach dem Erwerb zum Zwecke des individuellen Lebensunterhalts und nach der allgemeinen Chancengleichheit des Erwerbs (Wettbewerb) differenziert. Erneut kann man fragen, ob es dem Bundesverfassungsgericht (aber auch der verfassungsrechtlichen Literatur) gelingt, die aus den Fallbezügen der Erwerbstätigkeit abzuleitende Differenzierung des Schutzniveaus noch in der Form eines Maßstabs auszudrücken. Im Grunde passt auch hier die Faustformel zum Eigentumsschutz: Je größer der individuell-freiheitliche Bezug, desto intensiver werden Beruf und Erwerb grundrechtlich geschützt.

Den nicht juristischen Leser mag der Befund, dass der Grundrechtsschutz von der Bedeutung des Grundrechts für den individuellen Freiheitsschutz des Einzelnen abhängt und mit steigender individuell-freiheitlicher Bedeutung zunimmt, nicht überraschen. Diese rundum sinnvolle Aussage aber lässt sich in Maßstäben schwerlich abbilden. Denn sie macht den Maßstab von einem Kriterium abhängig, das nicht generell-abstrakt bestimmt werden kann: die Funktion des Rechts für die Freiheit des Einzelnen. Das den Fall entscheidende Kriterium lässt sich normativ nur in einer höchst generalisierten und daher konkret wenig aussagekräftigen Weise formulieren. Die eigentliche Aufgabe liegt hier im Ausdifferenzieren von verallgemeinerungsfähigen Kriterien für gesteigerten und abgeschwächten grundrechtlichen Schutz. Aber selbst das Ausdifferenzieren solcher Fallgruppen muss für die Umstände des Einzelfalls offenbleiben. So müssten etwa freie Berufe stärker geschützt werden, weil hier der existenzielle individuelle Bezug näher liegt als die Erwerbstätigkeit juristischer Personen, weil etwa bei Kapitalgesellschaften der Durchgriff auf das Individuum nur mittelbar erfolgt (wenn überhaupt wie bei Konzernen oder auch Stiftungen). Da sich die Maßstabsbildung aber primär an normativen Merkmalen orientiert, kann sie solche funktionalen und sozialen Differenzierungen kaum aufgreifen.

V.3 Maßstäbe im Staatsorganisationsrecht

Bislang haben wir uns mit Maßstäben beschäftigt, die aus den Grundrechten hergeleitet wurden. Wie aber steht es um

Maßstäbe im staatsorganisationsrechtlichen Teil des Grundgesetzes? Hier zeigt sich uns ein eher gegenläufiges Bild: Sie gelingen nicht recht im Staatsorganisationsrecht – und das sagt wieder einiges über die Qualität und Defizite von Maßstäben aus. Man denke an den Versuch des Zweiten Senats, in Art. 68 GG einen Maßstab für die Problematik zu finden, ob eine Vertrauensfrage des Bundeskanzlers zulässig ist, die nur zu dem Zweck gestellt wird, Neuwahlen herbeizuführen, obwohl sich die Regierung auf eine parlamentarische Mehrheit stützen kann. 1983 versuchte sich das Gericht an einem Maßstab, indem es feststellte, eine unechte, nämlich auflösungsgerichtete Vertrauensfrage setze als »ungeschriebenes Tatbestandsmerkmal« des Art. 68 GG voraus, dass sich der Bundeskanzler der stetigen parlamentarischen Unterstützung durch die Mehrheit des Bundestages nicht sicher sein kann (so BVerfGE 62, 1 [42] – Bundestagsauflösung 1983). Darunter subsumierte das Bundesverfassungsgericht insbesondere Äußerungen der FDP-Fraktion, die – obschon die Partei soeben die Koalition gewechselt und Helmut Kohl zum Kanzler gewählt hatte – aus Sicht des Gerichts die Einschätzung Kohls rechtfertigten, sich der Stimmen der Liberalen nicht sicher sein zu können. Detailliert bewertete das Bundesverfassungsgericht zwischenzeitliche Landtagswahlergebnisse und Parteitagsbeschlüsse (BVerfGE 62, 1 [50-62]), um das Vorliegen seiner Voraussetzungen zu bejahen und die Auflösung des Deutschen Bundestages wenige Wochen vor seiner Neuwahl für verfassungsmäßig zu erklären. Bei der Entscheidung zur Bundestagsauflösung 2005 aufgrund der auflösungsgerichteten Vertrauensfrage Gerhard Schröders spielte der Maßstab von 1983, jenes ungeschriebene Tatbestandsmerkmal der stetigen parlamentarischen Unterstützung durch die Mehrheit des Bundestages, aber keine Rolle mehr (kritisch deswegen das Sondervotum von

Jentsch, BVerfGE 114, 121 [174-177] – Bundestagsauflösung [2005]). Nun ließ der Senat »die berechtigte Einschätzung des Bundeskanzlers [genügen], die Handlungsfähigkeit der Bundesregierung [sei] im Hinblick auf die Mehrheitsverhältnisse im Parlament beeinträchtigt« (BVerfGE 114, 121 [162] – Bundestagsauflösung [2005]). Die inhaltliche Konturierung des Jahres 1983 wurde aufgegeben. Mit den dem Gericht zur Verfügung stehenden Erkenntnismitteln ließen sich, so das Hauptargument des Senats, zu dem vom Bundeskanzler behaupteten Verlust seiner parlamentarischen Mehrheit keine sicheren Feststellungen treffen (BVerfGE 114, 121 [155]). Was dem Senat 1983 noch gelang, traute er sich 2005 nicht mehr zu. Freilich wäre er angesichts des handstreichartigen Vorgehens Schröders auch nicht in gleichem Maße fündig geworden wie 1983, als der Koalitionsbruch der FDP eingehend dokumentiert war. Stattdessen gibt der Senat den inhaltlichen Kontrollmaßstab auf und ersetzt ihn durch den Respekt vor den übereinstimmenden Willensäußerungen von Bundeskanzler, Bundestag und Bundespräsident.[29]

Wie immer man diese Entscheidungen in der Sache beurteilen mag, sie demonstrieren jedenfalls die Grenzen der Maßstabsbildung im Staatsorganisationsrecht. Dessen Rechtsprobleme lassen sich nicht materialisieren, denn es geht um Kompetenzkonflikte, Organzuständigkeiten, Verfahrensfragen. Außerdem lassen sie sich nicht von den jeweiligen politischen Interessen ablösen, wie die nicht ana-

29 Die Entscheidung ist überdies in sich widersprüchlich, weil sie fordert, der Entschluss des Bundeskanzlers müsse auf Tatsachen gestützt sein (BVerfGE 114, 121 [160]), diese Tatsachen allerdings der prognostischen Bewertung des Kanzlers überlässt. Die Bedeutung der faktischen Umstände für die auflösungsgerichtete Vertrauensfrage wird doppelt und jeweils unterschiedlich beantwortet. Die Entscheidung ist vielfach kritisiert worden (vgl. etwa Schenke 2006; Schoch 2006; Ipsen 2007; in der Sache richtig auch das Sondervotum von Jentsch, BVerfGE 114, 121 [170-181]).

logiefähige, auf den Koalitionsbruch der FDP abstellende Entscheidung aus 1983 zeigt. Ein daraus abgeleiteter Maßstab kann nicht auf den ganz anders gelagerten politischen Kontext des Jahres 2005 und die anderen politischen Motive des Bundeskanzlers als Initiator des Verfahrens übertragen werden. Die Maßstabsbildung scheitert folglich an der fehlenden Materialisierbarkeit des Rechtsstreits sowie den Kontexten, die eben nicht hinweggedacht werden können.

Diese Beobachtung wiederholt sich, wenn wir an andere, eigentlich im Prinzip maßstabsfähige Rechtsfragen im Staatsorganisationsrecht denken. Zur Wesentlichkeitslehre etwa, einem von den siebziger bis in die neunziger Jahre viel diskutierten Grundsatzproblem des Verfassungsrechts (vgl. Lerche 2009: RN 54 ff.; Staupe 1986), gibt es zwar eine reichhaltige Judikatur; zur Ausbildung eines verallgemeinerungsfähigen Maßstabs ist es indes nicht gekommen. Das Bundesverfassungsgericht löste die sich hier stellenden Rechtsfragen über eine Anknüpfung an die Grundrechtstheorie: wesentlich und deshalb der Regelung durch Parlamentsgesetz – und nicht durch Rechtsverordnung – bedürftig ist jedenfalls, was grundrechtliche Bezüge aufweist. Offensichtlich gelang es nicht, die Frage, welche Regelungen durch welche Gewalt (Legislative, Exekutive, aber auch: judikative Rechtsfortbildung) zu erbringen und entsprechend organisatorisch abzusichern und demokratisch zu legitimieren sind, in einem theoretisch befriedigenden Rahmen zu klären. Es herrscht eine sich an den Grundrechten der Regelungsbetroffenen orientierende Judikatur vor, die zu entsprechend sachbereichsspezifischen Antworten neigt (die Wesentlichkeit des Sexualkundeunterrichts in der Schule wurde bejaht, die der Rechtschreibreform verneint). Ein weiteres Negativbeispiel nichtgelingender Maßstabsbildung wäre die damit zusammenhängende Bestimmung des Delegationsverbots nach Art. 80 Abs. 1 Satz 2 GG mit dem nur sehr begrenzten Erfolg des Gerichts, die dortigen Merkmale »Inhalt, Zweck und Ausmaß« zu interpretieren (Nierhaus 1997). Naturgemäß entziehen sich andere Fragen des Staatsorganisationsrechts wie etwa die Kompetenzverteilung zwischen Bund und Ländern, das Gesetzgebungsverfahren oder die Zustimmungsbedürftigkeit von Bundesgesetzen einer Materialisierung mithilfe von Maßstäben. In dem Moment, in dem kompetenzielle und institutionelle Aspekte einschlägig werden, und das ist im Staatsorganisationsrecht typischerweise der Fall, zeigen sich die Grenzen der Maßstabsbildung: Sie erfasst das Rechtsproblem primär materiell und damit hier gerade nicht in seiner Gänze.

Das Überraschende an dieser im Grunde auf der Hand liegenden Einsicht – Maßstäbe gelingen im Staatsorganisationsrecht nicht – ist etwas anderes: In der Rechtsprechung des Bundesverfassungsgericht ist der gesamte Bereich des Staatsorganisationsrechts erstaunlich theoriefrei, man könnte auch sagen: konzeptionslos geblieben (vgl. Lepsius 2004: 376-381). So strahlend die Rechtsprechung im Bereich der Grundrechtslehren dasteht, so blass wirkt sie im Staatsorganisationsrecht. Angebote zu einer Lehre, welche Handlungen von welchen Gewalten mit welchen Handlungsformen vorzunehmen sind,[30] sei es aus rechtsstaatlichen, sei es aus föderativen, sei es aus demokratietheoretischen Erwägungen, findet man selten[31] – mit einer wichtigen Ausnahme,

30 Das mahnte schon Ehmke (1963: 89) an, der sich gegen eine Interpretation der Verfassung aus einem materiellen, in sich geschlossenen System heraus wandte und die Einbeziehung staatsorganisationsrechtlicher Aspekte, die insbesondere aus dem Demokratieprinzip folgen, in die Interpretationstechnik forderte (funktionellrechtliche Verfassungsprinzipien) (zu Letzteren auch Heun: 1992). Als »funktionell-rechtlichen Grenzgänger« hat Schulze-Fielitz das BVerfG bezeichnet (1997: 9).

31 Zu vorübergehender Beliebtheit brachte es ein Diktum aus dem Jahr 1984,

nämlich der Legitimationskettendogmatik bei der Frage der demokratischen Legitimation des Staatshandelns.[32] So maßstabsorientiert das Bundesverfassungsgericht vorgeht, wenn der grundrechtliche Bereich betroffen ist, wenn also eine Materialisierung möglich ist, so maßstabslos verfährt es, wenn ein solches Vorgehen nicht einschlägig ist. In dieser Situation treffen wir dann auf eine weithin orientierungslose Kasuistik, die sich stark an Einzelfällen und der Verfassungspraxis orientiert. Man denke etwa an eine Entscheidung aus dem Jahr 2005, in der das Gericht dem Bundestag in bestimmten Fällen das Recht zur Verordnungsgebung einräumte, den Bundestag also mit einer Handlungsform ausstattete, die verfassungsrechtlich der Exekutive zusteht

in dem das BVerfG die soeben in den Bundestag eingezogene Partei Die Grünen paternalistisch belehrte, warum ihr Begehren, eine gesetzliche Regelung der Nachrüstung mit Pershing-Raketen durch den Bundestag zu erreichen, zum Scheitern verdammt war. Diese höchst kontextbezogene Aussage wurde von der staatsrechtlichen Literatur später gerne verselbständigt und zu einer vielzitierten Organisationstheorie des BVerfG stilisiert. In der Entscheidung (BVerfGE 68, 1 [86] – Nachrüstung [1984]) hieß es: Die im Art. 20 Abs. 2 GG »als Grundsatz normierte organisatorische und funktionelle Unterscheidung und Trennung der Gewalten dient zumal der Verteilung von politischer Macht und Verantwortung sowie der Kontrolle der Machtträger; sie zielt auch darauf ab, daß staatliche Entscheidungen möglichst richtig, das heißt von den Organen getroffen werden, die dafür nach ihrer Organisation, Zusammensetzung, Funktion und Verfahrensweise über die besten Voraussetzungen verfügen, und sie will auf eine Mäßigung der Staatsgewalt insgesamt hinwirken.« Praktisch jedoch hätte dieses abstrakt-generell gefasste Diktum des BVerfG zu einer Privilegierung der Exekutive auf Kosten des Bundestages geführt und konnte schon deswegen verfassungsrechtlich nicht überzeugen.

32 Kaum ein Thema hat das Staatsorganisationsrecht in den letzten 20 Jahren so sehr beschäftigt wie dieses. Auslöser war eine auf Böckenförde (1987) zurückgehende Rechtsprechung in BVerfGE 83, 37 – Ausländerwahlrecht Schleswig-Holstein (1990); BVerfGE 83, 60 – Bezirksversammlungen Hamburg (1990). Inzwischen sind die einst klaren Grundsätze flexibilisiert worden und haben dadurch an normativer Schärfe verloren (vgl. etwa BVerfGE 107, 59 – Wasserverband [2002]). Zur Stringenz der ursprünglichen Kettendogmatik Jestaedt (1993).

(BVerfGE 114, 196 – Änderungsverordnung [2005]; zur Kritik Möllers 2007), und dafür als zentrales Argument auf die Staatspraxis abstellte, die das inzwischen eben so handhabe. Als negative Kontrastschablone zur Maßstabsbildung verstanden, ist diese Entscheidung ironischerweise sogar konsequent: Von einem Verfassungsgericht, dessen Maßstabsbildung zu erheblichem Teil mit der Nivellierung der Normenhierarchie arbeitet (Maßstäbe als Zwischennorm, verfassungskonforme Auslegung des einfachen Rechts, Rechtskontrolle auch der Verfassungsänderung an Meta-Maßstäben), kann man kein Verständnis für den Stufenbau in der einfachen Rechtsordnung und die Abstufungsnotwendigkeit von Gesetz und Verordnung (als Ausdruck unterschiedlicher Handlungsformen des Parlaments und der Verwaltung) erwarten.

Im Bereich des Staatorganisationsrechts jedenfalls zeigt das Bundesverfassungsgericht eine bemerkenswerte Zurückhaltung gegenüber der Eigenlogik des politischen Prozesses; es vertraut hier auf die Selbstkontrolle der Organe und begreift sich als einen Akteur unter mehreren. Institutionelle und kompetenzielle Aspekte drücken sich als Zurückhaltung bei der Kontrolldichte aus, ohne dass diese freilich auf einer Institutionentheorie oder einem demokratietheoretisch unterfütterten Kompetenzverständnis beruhte. Eher sind es praktische Überlegungen, die das Bundesverfassungsgericht im Staatsorganisationsrecht Zurückhaltung üben lassen. Man könnte auch sagen: Es ist das Unvermögen, bestimmte Rechtsprobleme maßstabsorientiert zu behandeln, das zum Respekt vor dem politischen Prozess führt.

Im Verhältnis zur Politik zeigt die Rechtsprechung dadurch ein janusköpfiges Antlitz. Handelt der politische Prozess mit Grundrechtsbezug, greift das Bundesverfassungsgericht zu einer maßstabsgebundenen intensiven Rechtskontrolle, in welcher die Eigenlogik der Politik kaum verfassungstheoretisch berücksichtigt werden kann. Das mag von der Warte einer freiheitsfreundlichen Grundrechtskontrolle aus plausibel erscheinen, lässt aber im Hinblick auf ein Institutionenverständnis, das den Grundrechtsbezug übergreift, Fragen offen. Denn in der Regel wird das Handeln von Staatsorganen anders überprüft, wenn es nicht in Grundrechte eingreift. Tendenziell fehlen dann staatsorganisationsrechtliche Prüfungsmaßstäbe, so dass der Interorganrespekt einen größeren Stellenwert einnimmt. Das heißt aber auch: Unter den Staatsorganen wird das gesetzgebende Parlament einem strengeren Prüfungsmaßstab unterzogen als andere Staatsorgane, weil die typische Handlungsform des Parlaments das Gesetz – und damit nach »Elfes« der Grundrechtseingriff ist. Letztlich entscheidet dann reflexiv doch die Fähigkeit zur Vermaßstäblichung über die gerichtliche Kontrolldichte, und das heißt das Ausmaß, in dem sich Rechtsfragen materialisieren und entkontextualisieren lassen. Nicht explizit entwickelt wurde hingegen eine in der verfassungstheoretischen Kompetenzverteilung gegründete Institutionentheorie, mit welcher die Kontrolldichte nicht nur auf grundrechtliche und rechtsstaatliche Anknüpfungspunkte, sondern auch auf demokratietheoretische oder organspezifische Aspekte bezogen werden könnte (vgl. Möllers 2005: 398ff.; Möllers 2008: 90ff.; vgl. für die EU Roland 2008; Möllers 2008: 172ff.).

Es böte sich zum Beispiel an, den Prüfungsmaßstab bei Verfassungsbeschwerden strikter anzuwenden als bei abstrakten Normenkontrollen, weil Erstere dem subjektiven Rechtsschutz dienen, weil der Sachverhalt von den Vorinstanzen im Tatsächlichen aufgearbeitet wurde und die individuelle Betroffenheit eine grundrechtliche Verhältnismäßigkeitsprüfung gewährleistet. Bei der abstrakten Normenkontrolle hingegen kann die konkrete Wirkung der Norm nur hypothetisch mitgedacht werden, so dass der Verhältnismäßigkeitsprüfung notgedrungen unspezifisch prognostische Annahmen zugrunde gelegt werden müssen, jedenfalls die für die Verhältnismäßigkeitskontrolle notwendige Tatsachenbasis (Geeignetheit, Erforderlichkeit) weitgehend fehlt und es für die notwendige Konkretisierung der betroffenen Rechtsgüter (Angemessenheit) an prüfungsfähigen Grundrechtseingriffen fehlt. Die Konsequenz müsste heißen: Bei der Verfassungsbeschwerde ist die Prüfungsdichte intensiver als bei der abstrakten Normenkontrolle, und bei der konkreten Normenkontrolle nimmt sie eine Zwischenstufe ein. Dies wäre eine einfache prozessrechtliche Möglichkeit, wie sich der grundrechtliche Kontrollmaßstab mit einem in Gewaltenteilung und Demokratieprinzip wurzelnden Organrespekt vor dem Parlament verbinden ließe. Nur hat sich das Bundesverfassungsgericht diesen Ansatz verbaut, als es in der »Elfes«-Entscheidung die Verfassungsbeschwerde der Normenkontrolle anglich und an der objektiven Rechtsschutzqualität der Verfassungsbeschwerde festhielt. Mit der herkömmlichen, an Maßstäben orientierten Vorgehensweise wäre eine solche verfassungsprozessual wie staatsorganisationsrechtlich gebotene Differenzierung zwischen Normenkontrollen und Verfassungsbeschwerden daher kaum möglich. Es müsste nämlich prozessual im Hinblick auf die materiellen Rechtswirkungen getrennt werden, was durch Maßstäbe gerade zusammengewachsen ist: subjektives und objektives Verfassungsrecht.

V.4 Erfindung neuer Maßstäbe

Wenden wir uns Feldern zu, in denen die Technik der Maßstabsbildung saftigere Früchte trägt. Da das Gericht zu den meisten Verfassungsfragen bereits Maßstäbe etabliert hat, gibt es nur noch selten die Gelegenheit, neue zu schaffen. Mit der kontinuierlichen Ausdehnung und Verfestigung von Maßstäben nimmt die Flexibilität und Dynamik der Rechtsprechung notgedrungen ab. Nur selten noch findet das Gericht ein unbestelltes Feld vor, auf dem es unbeschwert Maßstäbe säen kann. Manchmal erntet es gleichwohl. Zwei Beispiele aus jüngerer Zeit mögen Praxis und Problem der Schaffung neuer Maßstäbe erhellen.

Betrachten wir zunächst das »Lissabon-Urteil«, in dem der Zweite Senat im Wesentlichen aus der grundgesetzlichen Ausgestaltung des Demokratieprinzips einen neuen Maßstab für die Grenzen der Übertragung von Hoheitsrechten an die Europäische Union ableitete (BVerfGE 123, 267 [340ff.] [2009], siehe auch Möllers in diesem Band, S. 400-402). Hier etablierte das Gericht einen neuen Maßstab und setzte sich von der stärker auf die Souveränität der Mitgliedsstaaten gegründeten Argumentation im »Maastricht-Urteil« ab (BVerfGE 89, 155 [182ff.] [1993]). Die damalige Souveränitätskonzeption übertrug es jetzt auf das Demokratieprinzip und buchstabierte beide als Delegationsgrenze aus.[33] Im Verlauf des Texts verfällt die Urteilsbegründung immer stärker in den Duktus einer aus dem Demokratieprinzip entwickelten Staatslehre für das 21. Jahrhundert. Georg Jellinek hätte daran sicher seine Freude gehabt. Solche sich sehr im Allgemein-Grundsätzlichen bewegenden Kreationen müssen als eigenständige Karlsruher Verfassungsschöpfung empfunden werden, wenn es ihnen nicht gelingt, sich als Fortschreibung hergebrachter Maßstäbe zu tarnen. Ergo wurde das »Lissabon-Urteil« für seine Strategie besonders heftig kritisiert (vgl. etwa Grimm 2009;

33 Zum neugefassten Souveränitätsargument Grimm 2008: 108-123.

Halberstam/Möllers 2009; Schönberger 2009). Matthias Jestaedt sprach sogar von einer »wundersamen Maßstabsvervielfältigung« (Jestaedt 2009b: 503).

Im »Lissabon-Urteil« nimmt Karlsruhe darüber hinaus sogar die Kompetenz in Anspruch, die verfassunggebende Gewalt des Volkes zu schützen. Die Verletzung einer in der Ewigkeitsgarantie festgelegten Verfassungsidentität sei aus Sicht des Demokratieprinzips ein Übergriff in die verfassunggebende Gewalt des Volkes, weil die Veränderung grundlegender Verfassungsprinzipien nicht in die Kompetenz des Gesetzgebers gestellt sei. Wenn wir im »Lissabon-Urteil« dazu den selbstbewussten Satz lesen, »darüber wacht das Bundesverfassungsgericht« (BVerfGE 123, 267 [344] [2009]), dann lässt sich dieser Satz im Kompetenzkonflikt von verfassungsänderndem Gesetzgeber und verfassungsneuschöpfendem Volk auch so verstehen: Das Gericht schützt die Kompetenz eines Volkes, das es nur verfassungstheoretisch gibt, nämlich des *pouvoir constituant*. Dieser ist verfassungsrechtlich jedoch nicht fassbar. Die verfassunggebende Gewalt des Volkes kann verfassungsrechtlich nicht geregelt werden, denn die Verfassung ist das Ergebnis eines früheren *pouvoir constituant*. Die Geltung der Verfassung steht normlogisch immer unter dem Damoklesschwert eines revolutionären Akts der neuen Verfassunggebung. Nur der bisherigen, aktuell geltenden Verfassungsordnung verdankt Karlsruhe jedoch seine Existenz und Kompetenz. Das Gedankengebäude wird allein mit einer unausgesprochenen Prämisse stimmig: Das Verfassungsgericht geriert sich als Treuhänder des *pouvoir constituant*.[34] Das wäre allerdings so, als ob das Kind die Geburt seiner Großeltern arrangiert.

34 Vgl. schon das Diktum des früheren Präsidenten des BVerfG Benda (1979: 114): »Das BVerfG ist legitimiert, im Rahmen der Verfassungsauslegung am pouvoir constituant teilzuhaben.«

Der *pouvoir constituant* braucht jedoch keinen verfassungsgerichtlichen Schutz, weil seine Kompetenz aus dem revolutionären Schöpfungsakt selbst folgt. Das Gericht kann daher nicht das Demokratieprinzip im Sinne der Ewigkeitsgarantie mit der verfassunggebenden Gewalt des Volkes verbinden, denn Art. 79 Abs. 3 GG kann immer nur das Volk in seiner Funktion als *pouvoir constitué* meinen, nicht aber ein Volk in seiner Funktion als *pouvoir constituant*, weil dieses der Verfassung – und damit dem normlogischen Regelungsanspruch des Art. 79 Abs. 3 GG – vorausgeht. Was das Gericht hier als Auslegung des Demokratieprinzips im Sinne der Ewigkeitsgarantie präsentiert, kann nur als eine Strategie der Selbstermächtigung bezeichnet werden: Man billigt sich auf Kosten anderer Verfassungsorgane eine Letztkontrolle zu, für die allerdings ein Volksbegriff in Anspruch genommen wird, den das Grundgesetz gar nicht regeln kann. Andernfalls müsste sich das Grundgesetz wie Baron Münchhausen mit seinen eigenen Haaren aus dem Sumpf ziehen können; andernfalls müsste ihm das normtheoretisch Unmögliche gelingen, nämlich die Geltung der Verfassung in der Verfassung selbst zu regeln. Die hier inkriminierte Stelle aus dem »Lissabon-Urteil« verdeutlicht vor allem eines, nämlich einen extrem gedehnten Kontrollauftrag, der materiell in der vagen, wenn nicht nebulösen Formulierung der »Verfassungsidentität« als einer verfassungsrichterlichen Neuschöpfung wurzelt, welche die bereits sehr prinzipielle Formulierung des Art. 79 Abs. 3 GG (»in den Artikeln 1 und 20 niedergelegte[n] Grundsätze«) an Offenheit nicht nur übertrifft, sondern durch verfassungspsychologisierende Wolkigkeit ersetzt.

In einem anderen, inhaltlich nicht weniger umstrittenen Fall hingegen versteckte der Senat das Umstürzende seiner Entscheidung hinter einem vermeintlich wohletablierten

Maßstab, der sich aber nur scheinbar aus den in Bezug genommenen Selbstzitaten ergab. Die Rede ist von der als »Hartz-IV-Urteil« berühmt gewordenen Entscheidung aus dem Jahr 2010 (siehe auch Möllers, S. 382-384). In diesem Urteil begründet das Gericht erstmals einen unmittelbaren verfassungsrechtlichen Leistungsanspruch auf die Gewährleistung eines menschenwürdigen Existenzminimums. Diesen Geldleistungsanspruch entnimmt der Erste Senat der als Grundrecht verstandenen Menschenwürdegarantie des Art. 1 Abs. 1 GG in Verbindung mit dem objektiven Sozialstaatsprinzip des Art. 20 Abs. 1 GG. Der Menschenwürdesatz fungiert dabei als einklagbare Subjektivierungsfolie für den Sozialstaatsauftrag. Dieses (neue) Grundrecht habe als Gewährleistungsrecht eine eigenständige Bedeutung, nämlich in Gestalt eines Anspruchs auf konkrete (Geld- und Sach-)Leistung (BVerfGE 125, 175 [222] [2010]).

Die Begründungstechnik ist aufschlussreich. Zuerst werden scheinbar bereits bekannte Maßstäbe wiederholt. Die dafür angeführten Belegstellen aus früheren Entscheidungen formulierten diese Aussage aber nur als objektives Gebot, nicht als grundrechtlichen Anspruch.[35] Die zentrale Neuerung der »Hartz-IV-Entscheidung«, nämlich den objektiven Auftrag des Staates, eine menschenwürdige Existenz durch Sozialrecht sicherzustellen, in einen subjektiven Anspruch des Grundrechtsträgers zu überführen, kann nicht aus früheren Entscheidungen abgeleitet werden. Durch ein mehrfaches Hin- und Herwechseln zwischen der objekti-

35 Das Gericht selbst führt an (BVerfGE 125, 175 [222]): BVerfGE 40, 121 (133); 45, 187 (228); 82, 60 (85); 113, 88 (108 f.); 123, 267 (362 f.). Keine dieser früheren Entscheidungen erkannte auf einen grundrechtlichen Anspruch. Die letztzitierte Entscheidung, das »Lissabon-Urteil«, formuliert die Pflicht des Staates, für ein menschenwürdiges Dasein seiner Bürger zu sorgen, als Staatsaufgabe. Alle zitierten Entscheidungen betonen die grundsätzliche Gestaltungsfreiheit des Gesetzgebers.

ven Dimension von Art. 1 Abs. 1 GG und Art. 20 Abs. 1 GG sowie der subjektivrechtlichen Deutung des Menschenwürdesatzes wird nicht deutlich, wie aus einem Staatsauftrag ein grundrechtlicher Leistungsanspruch entsteht. Genau dies hätte aber sorgfältig begründet werden müssen. Stattdessen reiht das Bundesverfassungsgericht behauptende Sätze aneinander, die aber letztlich die neugeschöpfte Rechtsfolge nicht belegen (vgl. BVerfGE 125, 175 [222-224] – Hartz IV [2010]; zur Kritik Rixen 2010b). Die zentrale Aussage, der Leistungsanspruch sei unmittelbar verfassungsrechtlich vorgegeben, wird mit einer Entscheidung begründet, die den Anspruch gerade nicht trägt.[36] Die Entkontextualisierung der zur Begründung herangezogenen früheren Entscheidungen ermöglicht deren Verwertung in einem neuen Problemzusammenhang und verdeckt, was begründungsbedürftig bleibt. Sie ermöglicht die scheinbare Übertragung von Maßstäben, die aber ganz anderen institutionellen Kontexten (Bindung der Legislative statt Bindung der Judikative) und anderen Grundrechtsdimensionen entstammen (Leistungsdimension der Grundrechte statt Abwehrdimension), auf neue Fallkonstellationen. Alle Sünden der Maßstabsbildung scheinen hier zu kulminieren: Subjektivierung des objektiven Rechts, Objektivierung des subjektiven Rechts, unklare materielle Textgrundlage, Nichtberücksichtigung der Fallkonstellationen bei der Weiterverarbeitung früherer Maßstäbe, Negieren der institutionellen Kontexte, Materialisierung von Rechtsfragen, die kompetenzielle und staatsorganisationsrechtliche Voraussetzungen aufweisen. Frei-

36 BVerfGE 125, 175 (224) verweist auf BVerfGE 107, 275 (284) – Schockwerbung Benetton II [2003]. Dort richtete sich der »Leistungsanspruch« auf ein Werbeverbot nach § 1 UWG, also erstens auf ein Tätigwerden der vollziehenden oder rechtsprechenden, nicht aber, wie bei Hartz IV, der gesetzgebenden Gewalt, und zweitens auf eine Gewährleistung der Abwehrdimension der Grundrechte, nicht einer staatlichen Geldleistung.

lich erleichtert die changierende Interpretation des Art. 1 Abs. 1 GG, die in einem Satz die subjektive Einklagbarkeit, in einem anderen die objektive Leistungsdimension hervorhebt, die unsaubere Vorgehensweise. Hier wird nicht präjudiziell ein Maßstab kontextuell fortentwickelt, sondern maßstabsnivellierend an verfassungsrechtliche Grundprinzipien (Menschenwürde, Sozialstaat) appelliert. Wie soll solch eine Rechtserkenntnis des Bundesverfassungsgerichts überhaupt noch auf ihre Verfassungsbindung überprüft werden können? Wird der Menschenwürdesatz zum justizpolitischen Joker? Welche kontextuellen Selbstbindungsgrade darf man von der Rechtsprechung des Bundesverfassungsgerichts überhaupt noch erwarten? Weder der Verfassungstext noch die Verfassungsrechtsprechung helfen weiter. Und das ist durchaus symptomatisch für die Errichtung neuer Maßstäbe.

V.5 Probleme mit der Verhältnismäßigkeit

Wir sahen, dass ein Vorteil des Grundsatzes der Verhältnismäßigkeit in seiner Fähigkeit liegt, inhaltlich divergierende Entscheidungen methodologisch als Ausdruck übergreifender verfassungsrechtlicher Strukturprinzipien darzustellen, mit anderen Worten: Kasuistik und Dogmatik, Ergebnisse und Maßstäbe zu versöhnen, den Umständen des Einzelfalls Rechnung zu tragen und Ausnahmen zuzulassen, ohne dass die Einheit der Rechtsordnung Schaden nimmt. Freilich funktioniert die Anwendung des Verhältnismäßigkeitsgrundsatzes nicht immer. Auch auf der »C.II.«-Ebene stößt die Maßstabstechnik an Grenzen. Zahlreiche Konstellationen schließen die Anwendbarkeit des Verhältnismäßigkeitsgrundsatzes nämlich aus. So eignen sich zum Beispiel ganze Rechtsbereiche nicht für eine Zweck-Mittel-Kontrolle, weil es zur Erreichung des Zwecks typischerweise nur ein Mittel gibt.

Man denke ans Steuerrecht. Für die Deckung des allgemeinen Finanzbedarfs des Staates gibt es nur ein Mittel: die Steuer. Geeignetheit und Erforderlichkeit des Mittels lassen sich hier nicht prüfen, und die Angemessenheitsprüfung würde einen Verwendungsnachweis der Steuer voraussetzen, was deren Wesen widersprechen und in die Budgethoheit des Parlaments eingreifen würde.[37] Auch im Strafrecht stößt man an Grenzen: Die Begründung von Strafzwecken ist seit Jahrhunderten ein heikles Thema. Welche Probleme bei einer Relationierung von Strafe und Strafzweck entstehen, verdeutlicht die »Inzest-Entscheidung« des Bundesverfassungsgerichts: Die strikte Anwendung des Verhältnismäßigkeitsgrundsatzes hätte hier zur Verfassungswidrigkeit der Strafe geführt, was den Senat bewog, den Fall auch mit dem Argument eines seit Hammurabi verfestigten Anstandsgefühls zu lösen. Mit einem Rückgriff auf Maßstäbe des Grundgesetzes kam man hier offenbar nicht weiter.[38] Probleme bereitet die Anwendung der Verhältnismäßigkeit des Weiteren bei Generalklauseln (Wißmann 2008: 231 f.), weil bei ihren Tatbeständen weder Ziele noch Mittel eindeutig bestimmbar sind. Auf die Abhängigkeit von Tatsachen und empirischen Darlegungen bei der Prüfung von Geeignetheit und Erforderlichkeit wurde schon hingewiesen. Daraus erwachsen insbesondere Probleme bei prognostischen Tatbeständen. Schließlich steht die Angemessenheitsprüfung vor großen Schwierigkeiten, wenn zu viele kolli-

37 Vgl. zu einem steuerrechtlichen Fall noch unten S. 245-249.

38 BVerfGE 120, 224 – Inzest (2008). Die Alternative wird im Sondervotum des Senatsvorsitzenden Hassemer, Professor für Strafrecht, deutlich (ebd.: 255 ff.), der den Fall konsequent auf seine Verhältnismäßigkeit untersucht und zu dem Ergebnis kommt, der Inzest-Paragraf sei verfassungswidrig.

dierende Rechtsgüter gleichzeitig involviert sind und keine grundrechtlich bipolaren Rechtsfragen behandelt werden. Sicherheitsgesetze fallen ebenso unter diese Kategorie wie Wirtschaftsgesetze. Gerade im Bereich der Wirtschaftsregulierung verfolgt der Gesetzgeber mehrere Ziele zugleich (hohes Leistungsniveau, Universaldienste, geringer Preis, funktionierender Wettbewerb), denen gleichzeitig mehrere Mittel gegenüberstehen (Netzzugang, Betreiber- und Leistungspflichten, Tarifkontrolle, Aufsichts-, Organisations- und Verfahrenspflichten). Solche Ziel-Mittel-Bündel erschweren die Angemessenheitsprüfung erheblich (Lepsius 2010d: RN 74 ff.). Höchstens im Wege einer Gesamtabwägung könnte das Bundesverfassungsgericht hier tätig werden, müsste dann aber gesellschaftliche Wertentscheidungen treffen und würde sich auf ein genuin politisches Feld begeben, nämlich jenes der Kompromisse.

Umgekehrt kann man feststellen, dass es auch strukturell besonders gut für eine Verhältnismäßigkeitsprüfung geeignete Rechtsfragen gibt. Typischerweise sind dies bipolare normative Konflikte ohne prognostische oder empirische Unklarheiten, also generalisierbare intersubjektive Interessenkonflikte. Hierzu zählen die Rechtsfragen des Zivilrechts sowie klassische Felder der Eingriffsverwaltung im Über-/Unterordnungsverhältnis von Staat und Bürger, nicht aber multipolare Interessenkonflikte, sozialrechtliche Verteilungs- oder wirtschaftsrechtliche Regulierungsentscheidungen sowie generell prognostische Entscheidungen. Dort aber liegen die aktuellen politischen Themen: im Bereich der Verteilungskonflikte. Das Bundesverfassungsgericht steht auch hier vor einem Problem: Die bisherige Konsequenz und Stringenz, mit der der Verhältnismäßigkeitsgrundsatz zur Anwendung kam, wird sich so nicht fortsetzen lassen. Entweder entwickelt das Gericht neue Zugänge zum Subsumtionsproblem, oder es zieht sich bei bestimmten Themenfeldern aus der intensiven Rechtskontrolle auf eine Form der Missbrauchsaufsicht oder Willkürkontrolle zurück. In jedem Fall muss die bisherige gerichtliche Orientierung an einseitig materiellrechtlichen Maßstäben hinterfragt werden mit der Folge, dass das Gericht auch die Frage nach der Legitimation seines Handelns neu beantworten muss. Allein auf eine materielle Verfassungsbindung kann auf diesen Themenfeldern nicht mehr abgestellt werden; institutionelle, kompetenzielle und demokratietheoretische Zusatzerwägungen sind unausweichlich, wenn man nicht bei einer Politisierung der Institution und der Richterwahl landen und auf die Frage, wer die Kontrolleure kontrolliert, eine Antwort jenseits der Richterpsychologie geben will.

Aber selbst auf den »klassischen« Themenfeldern (normativ generalisierbare bipolare Konflikte) stellt sich die Frage, ob die vom Verhältnismäßigkeitsgrundsatz erwartete Vereinheitlichung der maßstabsgerechten Ergebnisse noch gewährleistet werden kann. Stimmen in der Literatur beklagen jedenfalls, der exzessive Umgang mit dem Grundsatz der Verhältnismäßigkeit habe bereits zu übermäßiger Kasuistik geführt (Merten 2009: RN 2). Das zeigt auch die gestiegene Bedeutung der Kammerentscheidungen, in denen sich in vielen Bereichen von der Versammlungsfreiheit bis zum Schutz des geistigen Eigentums die Rechtsentwicklung abspielt, weil die zugrunde gelegten Maßstäbe normativ nicht mehr fortgebildet werden und die Anpassungsleistung heute schon kasuistisch erfolgt.

VI. Maßstäbe oder Präjudizien?

Man könnte meinen, hier zeige sich eine strukturelle Eigenschaft von Obergerichten: Die praktisch gelockerte Normbindung wird durch eine Orientierung an den eigenen Entscheidungen ergänzt und bisweilen ersetzt. An die Stelle der Verfassungsbindung müsste die Bindung an die Verfassungsinterpretation treten. Präjudizien gewährleisteten dann die Berechenbarkeit und Rationalität der Entscheidung. Lässt sich die maßstabsorientierte Rechtsprechung als eine Form des Präjudizienrechts begreifen? Steht das Bundesverfassungsgericht nicht vor demselben Problem wie andere Höchstgerichte, und reagiert es darauf nicht mit vergleichbaren Mitteln?

Es hieße die Einzigartigkeit und Originalität des Bundesverfassungsgerichts bestreiten, wollte man diese Frage bejahen. In der Tat zeigt sich zwischen der Maßstabsetzung einerseits und dem Präjudiziendenken andererseits ein beträchtlicher Unterschied, wie das Vorgehen anderer Gerichte demonstriert, vor allem solcher im *common law*-Rechtskreis, man denke etwa an den U.S. Supreme Court (vgl. auch Schönberger 2011a: bei III.3.). Warum also lassen sich Maßstäbe nicht wie Präjudizien begreifen und verarbeiten?

VI.1 Bedeutung der Fakten im Normendiskurs

Das Bundesverfassungsgericht reduziert die Bindungswirkung seiner früheren Entscheidungen unter Ausblendung seiner Anwendungsbedingungen auf das Normative. Die Bindung hängt nicht von einem Faktenvergleich, sondern von einem Wertungskonsens ab. Sie wird in erster Linie materiellrechtlich und generell-abstrakt bestimmt, während sie in den Vereinigten Staaten primär kompetenz- und prozessrechtlich, also individuell-konkret ermittelt wird (vgl. Lepsius 2007: 320-326). In den USA wird die Norm nicht generell-abstrakt, sondern in einer institutionellen Perspektive behandelt. Normen sind in ihrer Entstehung und Anwendung zu begreifen; sie haben keine von ihren politischen und institutionellen Entstehungskontexten abgelöste Existenz. Nur schwerlich können zeitlose, übergreifende oder transpersonelle Zwecke von Normen ermittelt werden; Amerikaner sprechen in diesen Fällen von *principles*, die aber erst wirken, wenn sie sich auf konkrete Fallnormen herunterbrechen lassen. Wenn der U.S. Supreme Court seine Präjudizien anführt, dann hängt deren (Selbst-)Bindungswirkung nicht nur von der dort getroffenen normativen Aussage ab, wie es tendenziell beim Bundesverfassungsgericht der Fall ist, sondern es kommt entscheidend darauf an, ob der seinerzeit entschiedene Sachverhalt mit der jetzt zu entscheidenden Konstellation vergleichbar ist.[39] Nur bei einer Sachverhaltsanalogie darf die analoge Anwendung der normativen Aussage unterstellt werden, denn die Norm wurde ja zur Behebung eines bestimmten Sachproblems gebildet. Man fragt also: Ist der Interessenkonflikt identisch? Haben sich die Rahmenbedingungen verändert? Empirische Untersuchungen spielen dabei eine wichtige Rolle (vgl. Rosen 1972; Monahan/Walker 2010; siehe auch Lepsius 1997: 143-163, 239-251; allgemeiner Mertz 2008). Im Rahmen der Sachverhaltsanalogie werden aber auch normative Fragen, *policy issues*, mitbehandelt: Welche Effekte hatte das

39 Vgl. zur Diskussion funktionellrechtlicher Interpretationsprinzipien im Vergleich von Bundesverfassungsgericht und U.S. Supreme Court bereits Ehmke 1963: 72-77; Großfeld/Roth 1995; sowie Kau 2007: 408-422; zum Vergleich von EuGH und U.S. Supreme Court Höreth 2008.

Präjudiz, und wie sind diese Effekte im Hinblick auf den jetzt zu entscheidenden Fall zu beurteilen? Normative Aspekte (Effektivität, Zweckmäßigkeit, Machtverteilung, Veränderungsbedürftigkeit) werden daher in die retrospektiv ausgerichtete Analyse des Fallmaterials integriert. Das hat den Vorteil, nicht in abstrakte Erörterungen über Normen und Werte zu verfallen, sondern sie in einem gesellschaftlichen, wirtschaftlichen und politischen Setting, also in einem benennbaren Rahmen behandeln zu können. Dieser Rahmen wird durch den Sachverhalt des Präjudizes vorgegeben: Der Kontext steht historisch fest und kann daher auf einer empirischen Basis behandelt werden.

Dieses Interesse für die Entstehungs- und Wirkungskontexte des Präjudizes hat auch professionspolitische Folgen: Wenn es bei der Diskussion der Bindungswirkung der Präjudizien zu einem erheblichen Teil auch um Tatsachenfragen geht, verlieren Juristen ihr exklusives Zugriffsrecht. Denn bei Tatsachen darf, anders als bei Normen, jeder mitreden. Das erklärt auch den hohen Stellenwert, den interdisziplinäre Zugriffe in der US-amerikanischen Rechtswissenschaft genießen (vgl. Lepsius 2007: 335-340). Historische Analysen, soziologische Erhebungen, psychologische Beurteilungen, ökonomische Bewertungen: Alles kann für die Behandlung des faktischen Kontextes relevant werden, der im Ergebnis über die normative Erheblichkeit des Präjudizes entscheidet.

Mit einer reinen Normauslegung ist es daher in den USA nicht getan. Beschränkte sich ein Gericht auf rein normative Erwägungen, fände seine Entscheidung wenig Zuspruch. Sie gälte als suspekt, weil die Interessenkonflikte hinter der Normauslegung verborgen blieben. Gerade US-Amerikaner hegen gegenüber abstrakten normativen Darlegungen ein gesundes Misstrauen. In ihren Augen ist verkappt politisch, was in Deutschland eher umgekehrt als Ausdruck der Entpolitisierung, Rationalität und Verfassungsbindung verstanden und geschätzt wird.

Noch ein weiterer Unterschied sticht ins Auge. US-amerikanische Entscheidungen sind persönlich und individuell verfasst. Die Urteilsbegründung nennt den Urheber, die Richter sprechen sich mit Namen an. Zustimmende und abweichende Ansichten (*concurring* und *dissenting opinions*) sind üblich. Man argumentiert offen, setzt sich mit den Standpunkten der Richterkollegen auseinander und sucht nach Gegenargumenten. Besonders beim Supreme Court zerfasern die Urteilsgründe bisweilen, weil ein Konsens nur auf der Ebene der abschnittsweisen Kompromissbildung erzielt werden kann. Nicht selten stimmt ein Richter mit unterschiedlichen Mehrheiten: In einem Begründungsabschnitt teilt er oder sie eine Rechtsauffassung, die hier von einer Mehrheit vertreten wird, in einem anderen Abschnitt schließt er oder sie sich der Minderheit an. Unter einem solchen Vorgehen leidet die Vorhersehbarkeit der Entscheidungsfindung. Das ist aber für eine Fallrechtskultur kein unüberwindbares Problem, weil nicht generell-abstrakte normative Diskurse geführt, sondern immer wieder neue Sachverhalte im Angesicht der bestehenden Rechtsprechung entschieden werden.[40]

40 Die negativen Effekte dieses Vorgehens dürfen nicht unterschätzt werden. Es wird für die US-amerikanische Rechtswissenschaft immer schwieriger, die große Masse der Präzedenzfälle noch zu einem nachvollziehbaren Ganzen zu ordnen (»systematisieren« wäre hier wohl das falsche Verb). Für das US-amerikanische Verfassungsrecht jedenfalls gelingt dies nur noch selten. Das letzte Werk, das so etwas leistete (Tribe 2000), wurde vom Verfasser nach der dritten Auflage nicht mehr fortgeführt, weil ihm eine Darstellung des geltenden amerikanischen Verfassungsrechts nicht länger möglich erschien (Tribe 2005; siehe auch Tribe 2008).

In Karlsruhe wird ein anderer Entscheidungsstil gepflegt: Begründungen werden nicht autorisiert. Gelegentlich, nicht immer, werden die Mehrheitsverhältnisse mitgeteilt, freilich nicht persönlich aufgeschlüsselt. Man entscheidet in geheimer Beratung nach seiner freien, aus dem Inhalt der Verhandlung und dem Ergebnis der Beweisaufnahme geschöpften Überzeugung (§ 30 Abs. 1 BVerfGG). Es ist immer der Senat, der entscheidet, nicht der Einzelne. Bereits dadurch erhält die Entscheidung einen entpersonalisierten Charakter. Das Grundgesetz spricht, nicht der Richter – so könnte man diese Haltung interpretieren. Zur Objektivierung der Begründung trägt bei, dass Sondervoten, obzwar seit 1970 zulässig,[41] zur sorgfältig kalkulierten Ausnahme zählen (vgl. Lamprecht 1992; Kau 2007: 472-483). Das Für und Wider der Senatsberatungen findet man vielmehr in die Urteilsbegründung eingebaut. Spricht man Richterinnen und Richter des Bundesverfassungsgerichts auf Inkonsistentes, Mäanderndes oder schlichtweg Obsoletes (*obiter dicta*) in ihren Urteilen an, erhält man in einer vertrauten Stunde zur Antwort, man solle nachsichtig sein, derlei sei der Mehrheitsbildung im Senat geschuldet. Der Berichterstatter eines Falles, der das Entscheidungsvotum vorbereitet, ringt also um die Mehrheit für sein Votum und geht zu diesem Zweck Kompromisse ein. Aus Sicht der Entscheidungsfindung im Senat ist das nachvollziehbar. Auch erleichtert die Aufspaltung in Maßstäbe- und Subsumtionsteil die Mehrheitsbeschaffung, weil im Maßstäbeteil der grundsätzliche Konsens gepflegt

41 Durch die Ergänzung des § 30 Abs. 2 BVerfGG; erstmals praktiziert durch die Richter Geller, von Schlabrendorff und Rupp in BVerfGE 30, 1 (33 ff.) – Verfassungsänderung des Art. 10 GG (1971). Zuvor war es schon zu Begründungsabweichungen gekommen (BVerfGE 20, 162 – Spiegel-Affäre [1966]), die dann zur Änderung des BVerfGG führten.

werden kann, während der Fall selbst, ähnlich wie in den USA, dann mit bisweilen ziselierten Einzelbetrachtungen entschieden wird.[42] Mithilfe sachverhaltsindifferenter Maßstäbe kann daher die Konsensfindung im Generell-Abstrakten erhöht und zugleich die Entscheidung der Sache im Einzelnen erleichtert werden. Der Senat kann es vermeiden, das konkrete Ergebnis ins Grundsätzliche zu ziehen, und zugleich den Fall nutzen, um das Grundsätzliche zu bekräftigen. Nach außen hin vermittelt dies den Eindruck von Harmonie. Mitunter werden entscheidungserhebliche Differenzierungen nivelliert oder so verklausuliert, dass sie bei der Lektüre der Entscheidung nicht gleich ins Auge springen oder an den gesellschaftlichen Konsens appellieren (vgl. Schulze-Fielitz 2000). Mit anderen Worten: Das Gericht steht bei seiner Entscheidungsfindung letztlich unter denselben Kompromisszwängen wie ein Gesetzgeber, und es agiert auch so, wenn es eine generell-abstrakte Normerkenntnis absondert, die naturgemäß in ihrer Begründetheit weder auf die Sachverhalte noch auf die handelnden Richter verweisen darf.

VI.3 Keine Präzedenzfälle aus Karlsruhe

Dieser kurze Vergleich zum *legal reasoning* und zur Entscheidungspraxis in den Vereinigten Staaten kann hier nicht

42 Ein Beispiel bietet das Urteil zum Nichtraucherschutz (BVerfGE 121, 317 [2008]; Sondervoten von Bryde und Masing, ebd., 378 ff., 381 ff.). Masing etwa beklagt eine konzeptbezogen wechselnde, widersprüchliche Argumentation seines Senats. Der Senat schlage dem Gesetzgeber ein ausbalanciertes Konzept aus der Hand und weise den Weg zu einer Extremlösung, die mangels Interessenausgleichs aber unverhältnismäßig sei und paternalistische Gefahren berge (zu früheren paternalistischen Tendenzen auch Schulze-Fielitz 1997: 8 f.).

vertieft werden (zu Letzterer etwa Levi 1949; Sunstein 1996; Sunstein 1999; Atiyah/Summers 1987). Er mag jedoch verdeutlichen, in welch eigenständiger Weise das Bundesverfassungsgericht seine eigene Rechtsprechung verarbeitet, eben nicht als Präjudizien, sondern als normative Emanationen generell-abstrakter Maßstäbe. Man spricht daher auch in Deutschland nicht von Präjudizien oder Präzedenzfällen des Bundesverfassungsgerichts. An der früheren Entscheidung interessiert nicht, wie der Fall letztendlich entschieden wurde, sondern welchen Beitrag die Entscheidung für die Interpretation der Verfassung erbrachte. Hier wird das Modell der Gesetzesauslegung verwendet, das zugleich aber verfremdet wird, weil man mit dem Maßstab kein Gesetz, sondern eine verfassungsrichterlich konstruierte Kondensation der eigenen Rechtsprechung zum Gegenstand der Auslegung macht. Dies zeigt sich umgekehrt etwa in dem Umstand, dass es in Deutschland kaum Literatur über die Auslegung von Gerichtsentscheidungen gibt (vgl. aber etwa Kähler 2011), die Methodenlehren vielmehr um den Normtyp des Gesetzes kreisen. Dieser Tradition ist implizit auch das Bundesverfassungsgericht verpflichtet: Es interpretiert seine eigenen Entscheidungen, als ob diese generell-abstrakte Normtexte wären, also als ob sie strukturell Gesetze wären. Und es kann dies nur tun, weil es seine Entscheidungen im »C. I.«-Teil bereits im Stile generell-abstrakter Normen, nämlich als Maßstäbe formuliert.

Auf eine weitere Eigentümlichkeit darf hingewiesen werden. Anders als in dieser Abhandlung praktiziert, erfährt man beim Zitieren der Entscheidungen des Bundesverfassungsgerichts nur den Band der amtlichen Sammlung sowie die Seitenzahl, mit der die Entscheidung beginnt, und schließlich – meist eingeklammert – die Seite, auf die man sich konkret bezieht. Das ist eine in Deutschland seit Langem verbreitete Praxis. Der Bundesgerichtshof oder das Bundesverwaltungsgericht verfahren genauso, und schon das Reichsgericht zitierte man auf diese Weise. Zwei wichtige Informationen gehen dadurch verloren: Es wird nämlich weder mitgeteilt, aus welchem Jahr die Entscheidung stammt, noch wird der Name des Verfahrens oder eine Kurzbezeichnung des Falles angegeben. Natürlich wissen Experten, welche Knüller sich hinter Chiffren wie »6, 32«, »7, 198«, »39, 1« oder »89, 155« verbergen. Bei den meisten Ziffernkombinationen hingegen ist selbst ihnen nicht geläufig, welcher Fall sich hinter der Belegstelle auftut. Wofür steht »BVerfGE 81, 242« oder »BVerfGE 89, 214«, und in welchem Jahr wurden diese Fälle entschieden?[43] Umgekehrt mag man allerdings fragen: Welcher deutsche Jurist will das wissen? Das Informationsdefizit wird offenbar nicht als Problem empfunden. Und das ist auch nachvollziehbar: Jahreszahl und Sachverhalt transportieren nämlich keine für den deutschen Juristen erhebliche Information. Bei einer generell-abstrakten Normdiskussion ist es schlechterdings unerheblich, aus welchem Jahr die Entscheidung stammt oder welcher Sachverhalt ihr zugrunde lag. Man kann die eigentümliche Zitierpraxis daher einerseits als Ausdruck der spezifisch deutschen Verarbeitung von Rechtsprechung und ihrer Transformation in einen gesetzesanalogen normativen Diskurs begreifen; man kann sie andererseits auch als Voraussetzung für die gewünschte Enthistorisierung und Entkontextualisierung der Judikatur bewerten. Schon beim Zitieren wird die Tatsachendimension ausgeblendet und dadurch die dogmatische Verarbeitung der normativen Aussage sichergestellt. Allgemeine Maßstäbe oder eine Systembildung set-

43 BVerfGE 81, 242 – Handelsvertreter [1990]: eine wichtige Entscheidung zur Drittwirkung der Grundrechte im Vertragsrecht, Vorläufer der noch bekannteren Entscheidung BVerfGE 89, 214 – Bürgschaft [1993].

zen naturgemäß die Abstraktion vom Entstehungskontext voraus.

Auch hier zeigt sich: In der deutschen Praxis verselbständigt sich die Auslegung der Norm von den der Auslegung zugrunde liegenden Sachverhalten. Sie haftet an der Norm, nicht an ihrer Anwendung (Lepsius 2008b: 43-47). Die Auslegung wird nicht institutionell und prozessual verarbeitet, sondern vom Anwendungsbezug der Norm abgekoppelt. Das ist auch insofern fragwürdig, weil Normen zwar abstrakt gelten, aber nur in der konkreten Anwendung wirken. Wer freilich die Wirkung der Norm nicht in ihre Auslegung einbezieht, reduziert den Rechtscharakter von Normen auf abstrakt geltende Deklamationen. Auf dieser Ebene, die rechtlichen Wirkungen vorausliegt, lässt sich natürlich gefahrlos fabulieren, weil von abstrakten Aussagen über Normen noch keine Entscheidungswirkungen ausgehen (diese bleiben den Subsumtionsteilen vorbehalten).

VI.4 Dogmatisierung statt Kontextualisierung

Diese Strategie der Dekontextualisierung und Dehistorisierung, für welche die Zitierpraxis nur das augenfälligste Beispiel ist, erlaubt es dem Bundesverfassungsgericht, seine eigene Rechtsprechung zu dogmatisieren (Jestaedt 2009a: 533). Wenn mithilfe dieser Entscheidungstechnik normative Aussagen von demjenigen Sachverhaltsbezug gelöst werden, zu dessen Behandlung sie einst getroffen wurden, beginnt die Verfassungsinterpretation in der Zuständigkeitshoheit des Bundesverfassungsgerichts ein normatives Eigenleben zu führen. Über diese neu entstehende Zwischenkategorie »verfassungsrechtlicher Maßstab« kann das Gericht autonom verfügen, weil es weder bei der Formulierung noch bei der

Fortentwicklung durch den Bezug auf die Sachverhalte oder durch die Verfahrensart begrenzt wird. Wenn es auf diese einst kompetenzauslösenden Elemente nicht mehr ankommt, weil das Bundesverfassungsgericht bei der Formulierung des Maßstäbeteils auf die Einbeziehung der Sachverhalte verzichtet, dann vermag es sich von den formellen und materiellen Kompetenzgrenzen freizuzeichnen. Die Zitierpraxis des Kettenverweises auf frühere Maßstäbeteile fungiert dann als Begründungsersatz (vgl. Jestaedt 2009a: 520-533). Zwar bleibt die Verfassungsbindung als zentrale materielle Kompetenzgrenze bestehen, aber diese Bindung an die Verfassung stellt sich in Wirklichkeit als eine Bindung an die eigenen Maßstäbe dar, zu denen eine konkrete Verfassungsrechtsprechung geronnen ist. Alles ist gleichsam verfassungsgebundene Verfassungsrechtsprechung, so dass institutionelle Kompetenzkonflikte durch die Materialisierung der Verfassungsordnung ersetzt werden. Dementsprechend ist Verfassungsrichterrecht in Deutschland kein Thema und noch nicht einmal zu einem gängigen Begriff geworden (so zutreffend analysierend bei Jestaedt 2005: 50-52). Auch sprechen wir nicht von einer verfassungsrichterlichen Rechtsfortbildung – um die es sich der Sache nach oft handelt.

VII. Zur Zukunft der maßstabsetzenden Gewalt

Schauen wir uns zwei Fälle aus der neueren Rechtsprechung unter der Perspektive an, welche Zukunft die maßstabsetzende Gewalt heute hat. Funktioniert alles bestens? Oder zeigen sich Erosionserscheinungen, die nach Aushilfsstrategien verlangen? In den Beispielen geht es weniger um Großformeln wie Identitätskontrolle oder Menschenwürde, sondern um die Fortschreibung einer vergleichsweise ausdifferenzierten Rechtsprechung. Für die Alltagspraxis des Bundesverfassungsgerichts mögen sie aussagekräftigere Beispiele liefern als spektakuläre Entscheidungen wie »Lissabon« oder »Hartz IV«. Zugleich vermitteln sie uns einen Eindruck von den Begründungsschwierigkeiten, denen sich die Karlsruher Richterinnen und Richter oft ausgesetzt sehen. Beide Fälle zeigen aber auch, auf welche Hürden die aktuelle Fortschreibung bestehender Maßstäbe stößt – und welche Strategien das Bundesverfassungsgericht selbst entworfen hat, um einerseits die von ihm entwickelten Maßstäbe aufrechtzuerhalten und andererseits eine gleichwohl flexible und doch maßstabskompatible Fall-Lösung zu erreichen.

VII.1 Erster Rettungsversuch: Folgerichtigkeit und andere methodische Maßstabsversuche

Als erstes Beispiel greife ich auf das Urteil zur Pendlerpauschale zurück – eine Entscheidung, die in der Öffentlichkeit mit Wohlgefallen aufgenommen wurde, weil sie die steuerliche Absetzbarkeit der Fahrten zum Arbeitsplatz auch für die ersten 20 Kilometer wieder einführte (BVerfGE 122,

210 – Pendlerpauschale [2008]). Der Bundestag hatte entschieden, Fahrten sollten erst ab dem 21. Kilometer absetzbar sein, und dafür im Wesentlichen fiskalische Erwägungen angeführt, auch als Ergebnis eines Bund-Länder- und parteiübergreifenden Kompromisses. Es sollte schlicht mehr Geld in die Kasse kommen, was auf dem Weg einer schrittweisen Abschaffung von Steuererleichterungen bewerkstelligt werden sollte. Für das Bundesverfassungsgericht hingegen waren rein fiskalische Erwägungen kein sachlicher Differenzierungsgrund, der den Einschnitt nach dem 20. Kilometer rechtfertigen könne. Wenn der Gesetzgeber die Pendlerpauschale einführe, müsse er sie folgerichtig ausgestalten. Die Neuregelung indes befolge kein steuerrechtlich zulässiges Prinzip (z. B. Veranlassungsprinzip, Werkstorprinzip), weswegen sie als Verstoß gegen den allgemeinen Gleichheitssatz des Art. 3 Abs. 1 GG aufzuheben sei. Das Urteil kann als perfekte maßstabsgebundene Durchdringung des Steuerrechts gelesen werden. Tatsächlich überzeugt die technisch so vollkommen anmutende Entscheidung in der Sache nicht (ausführliche Kritik bei Lepsius 2009).

Die Probleme beginnen damit, dass sich Steuergesetze an den Freiheitsgrundrechten nicht überprüfen lassen, weil Steuern zum einen keine Eingriffe in die grundrechtlich geschützten Handlungen und Rechtspositionen darstellen und zum anderen die Zweck-Mittel-Kontrolle des Verhältnismäßigkeitsgrundsatzes nicht passt, weil kein milderes, aber gleich gut geeignetes Mittel zur allgemeinen Finanzierung des Staates zur Verfügung steht.[44] Als Prüfungsmaß-

44 All dies wird vom Bundesverfassungsgericht und Teilen der Literatur freilich bestritten. Das Bundesverfassungsgericht prüft etwa gerne noch die Angemessenheit der Steuer, obwohl dafür mangels Anwendbarkeit des Verhältnismäßigkeitsgrundsatzes kein Spielraum mehr besteht (vgl. zu diesen Rechtsfragen näher Waldhoff 2008 m. w. N.; Kirchhof 2000; Kirchhof 2003: 12 ff.; aus der Perspektive der Gesetzgebung Schenke 2007).

stab bietet sich folglich nur der Gleichheitssatz an. Hier hat das Bundesverfassungsgericht, sofern es nicht um persönlichkeitsrelevante Differenzierungen geht, keine hohen Rechtfertigungshürden errichtet, sondern verlangt bloß einen sachlichen Rechtfertigungsgrund für die Ungleichbehandlung. Um diesen dreht sich letztlich der Streit: Welche Konkretisierungsanforderungen darf das Bundesverfassungsgericht dem Gesetzgeber abverlangen?

Ausgerechnet im Steuerrecht erhebt es sachbereichsspezifisch höhere Anforderungen an den Gleichheitssatz, um einem Kontrollverlust vorzubeugen. Seit den neunziger Jahren entwickelte es ein Reservoir an steuerrechtlichen Prinzipien, die es bei einer Gleichheitsprüfung als steuerverfassungsrechtliche Maßstäbe zur Anwendung kommen lässt (z. B. finanzielle Leistungsfähigkeit, objektives Nettoprinzip u. a. m.). Diese Maßstäbe können dem Verfassungsrecht jedoch schwerlich entnommen werden, weil das Grundgesetz Steuern lediglich als Kompetenzproblem behandelt, dabei jedoch keine inhaltlichen Maßgaben aufstellt. Vielmehr werden die Prinzipien aus dem einfachen Recht (z. B. EStG) extrapoliert und dann bei der Prüfung der Ungleichbehandlung in einen verfassungsrechtlichen Status erhoben. Ihr normenhierarchischer Status ist höchst unklar: Warum wendet das Bundesverfassungsgericht Prinzipien, die es etwa dem EStG, einem Parlamentsgesetz, entnommen hat, beim Gleichheitssatz als verfassungsrechtlichen Differenzierungsmaßstab an? Woraus bezieht das Gericht die Kompetenz, sich Belastungsentscheidungen des Gesetzgebers als verfassungsrechtliche Maßstäbe zu eigen zu machen? Als zentrales Argument dient das aus dem Gleichheitssatz und dem Rechtsstaatsprinzip, aber auch aus dem Bundesstaatsprinzip höchst allgemein abgeleitete Gebot der Folgerichtigkeit (Kirchhof 2003: 45). Dieses Gebot ist eine Variante ähnlicher in den letzten Jahren richterrechtlich behaupteter Prinzipien, mit denen das Gericht die Gestaltungsfreiheit der Parlamentsgesetzgebung erheblich eingeengt hat (Widerspruchsfreiheit, Konzeptbefolgungspflicht).[45]

Das Bundesverfassungsgericht fusioniert hier einfaches Recht mit Verfassungsrecht und übersetzt politische Strukturentscheidungen in verfassungsrechtliche Maßstäbe. Es entwickelt ein Netz strukturierender Vorgaben, deren verfassungsrechtliche Herleitung (subjektivrechtlich oder objektivrechtlich), deren Inhalt (staatsorganisations- oder grundrechtlicher Kern) und deren Status (Verfassungsrecht oder Gesetz) unklar bleiben. Bei der Überprüfung von Steuergesetzen verstrickt sich das Bundesverfassungsgericht immer mehr in den selbsterzeugten Maßstäben konkurrierender Prinzipien und Gegenprinzipien, Verfassungsprinzipien und bloß einfachrechtlich geltender Prinzipien. Die Maßstäbe haben sich hier zu einem Sonderverfassungsrecht verselbständigt, das Grundunterscheidungen des Verfassungsrechts unterläuft (Grundrechte/Staatsorganisationsrecht, subjektives/objektives Recht, Verfassung/Gesetz).

In kaum einem Politikfeld wird der Gesetzgeber heute so gegängelt wie im Steuerrecht, obwohl sich gerade bei Steuern keine materiellen Vorgaben im Grundgesetz finden und die Verfassung die Gestaltung des Steuerrechts, eines Rechtsgebiets, das von politischem und wirtschaftlichem Wandel besonders intensiv beeinflusst wird, dem politischen Prozess überantwortet hat. Schließlich funktioniert in kaum

45 Widerspruchsfreiheit: BVerfGE 98, 83 (97) – Hessisches Abfallgesetz (1998); 98, 265 (301) – Bayerisches Schwangerenhilfeergänzungsgesetz (1998); Konzeptbefolgungspflicht: BVerfGE 121, 317 (357-360) – Nichtraucherschutz [2008]. Diese Rechtsprechung ist Gegenstand intensiver Kritik; Masing spricht von der »Gefahr paternalistischer Bevormundung« (Sondervotum zu BVerfGE 121, 317 [381 ff.]; aus der Literatur statt vieler Hanebeck 2002; Dann 2010).

einem anderen Politikfeld die Kontrolle durch den politischen Prozess besser als im Steuerrecht, sei es durch Kompromisszwänge, sei es unmittelbar durch Wahlen. Um Steuerreformen werden nicht nur Wahlkämpfe geführt, die Steuergesetzgebung steht auch historisch am Beginn des Repräsentationsgedankens (»no tatxation without representation«). Das Bundesverfassungsgericht könnte daher in kaum einem anderen Rechtsgebiet seine Kontrolle beruhigter zurücknehmen, zumal die Anwendung der Grundrechte auf das Steuerrecht nur eingeschränkt möglich ist (nur allgemeine Gleichheitsprüfung ohne Verhältnismäßigkeit).

Die verfassungsgerichtliche Konstitutionalisierung des Steuerrechts ist daher verfassungsrechtlich nicht begrüßenswert. Zudem war sie nur um den Preis erheblicher verfassungsrechtlicher Verwerfungen im politischen Prozess möglich, weil sie extrem kompromissanfällige und wirtschaftlichem wie politischem Dauerwandel unterliegende Gesetze unter einen Kohärenzzwang stellt und an Erwartungen an eine Systemgerechtigkeit misst, die mit den politischen Eigenheiten der Steuergesetzgebung kollidieren. Aus dieser Klemme sucht das Gericht den Ausweg, die Belastungsgrundsätze des Gesetzgebers selbst zum verfassungsrechtlichen Maßstab zu erklären. Doch diese Strategie ist eine unzulässige Vermischung von Normen unterschiedlicher Hierarchiestufen (einfaches Recht und Verfassungsrecht), was nur deswegen nicht ins Auge sticht, weil man methodische Anforderungen wie Folgerichtigkeit, Widerspruchsfreiheit oder Konzeptbefolgung als Ausdruck materieller Maßstäbe präsentiert. Hier wird nicht mehr der Vorrang der Verfassung, sondern eine Systemgerechtigkeit des einfachen Rechts durchgesetzt, die im Grundgesetz keinen Niederschlag findet.

VII.2 Zweiter Rettungsversuch: Sachbereichsspezifischer Ausnahmemaßstab

Im »Wunsiedel-Beschluss« hatte das Gericht 2009 über die Verfassungsmäßigkeit des § 130 Abs. 4 StGB zu befinden, mit dem der Bundestag eine gesetzliche Handhabe gegen die alljährlich am Geburtstag Rudolf Heß' im oberfränkischen Wunsiedel stattfindenden Neonazi-Aufmärsche schaffen wollte. Der Straftatbestand greift in das Recht auf freie Meinungsäußerung (Art. 5 Abs. 1 GG) ein. Ein solcher Eingriff kann gerechtfertigt sein, wenn es sich bei dem Verbotsgesetz um ein »allgemeines Gesetz« nach Art. 5 Abs. 2 GG handelt, also eine Norm, die nicht an die Meinungsäußerung als solche anknüpft, sondern die Äußerung völlig unabhängig vom Inhalt der Meinung erfasst.[46] § 130 Abs. 4 StGB ließ sich jedoch nicht als allgemeines Gesetz rechtfertigen,[47] da die Norm die Aufmärsche ja gerade verbieten wollte. Es han-

46 Zur Vereinfachung wird hier auf nötige Differenzierungen bei der Definition des »allgemeinen Gesetzes« im Sinne von Art. 5 Abs. 2 GG verzichtet (vgl. näher BVerfGE 124, 300 [322] – Wunsiedel [2009]).

47 Dies war in den Vorinstanzen strittig, da zuvor eine weite Auslegung des Begriffs des »allgemeinen Gesetzes« vorherrschte, so dass auch §§ 185, 186 StGB (Strafbarkeit der Beleidigung, üble Nachrede) und frühere Fassungen des § 130 StGB (Volksverhetzung) als allgemeine Gesetze angesehen wurden, weil sie ein allgemeines Rechtsgut schützten und nur mittelbar die Meinungsfreiheit beträfen. Das war ständige Rechtsprechung (vgl. etwa BVerfGE 28, 282 [292] – politische Betätigung von Soldaten [1970]; 39, 334 [367] – politische Treuepflicht von Beamten [1975]; 47, 198 [232] – Wahlsendung der KPD/ML [1978]; 69, 257 [269] – Wahlsendung der Deutschen Zentrumspartei gegen die soziale Indikation [1985]; 90, 241 (251) – Auschwitzlüge [1994]; 93, 266 [291] – Soldaten sind Mörder [1995]; 102, 347 (360) – Schockwerbung Benetton I [2000]; 111, 147 [155] – NPD-Versammlung [2004]). Das Bundesverwaltungsgericht hatte als Vorinstanz § 130 Abs. 4 StGB als allgemeines Gesetz qualifiziert, da es dem öffentlichen Frieden als neutrales Rechtsgut diene (BVerwGE 131, 216 [2008]). Diese Auffassung wies das BVerfG zurück und engte seine frühere weitergefasste Auslegung des »allgemeinen Gesetzes« ein (vgl. näher zu dieser Frage Lepsius 2010c: 529-531; Enders 2008: 1095).

delte sich also um sogenanntes Sonderrecht, so dass die Lex Wunsiedel bei konsequenter Anwendung der verfassungsrechtlichen Maßstäbe als Sonderrecht verfassungswidrig sein musste.

Doch der Fall geht anders aus: Ausnahmsweise lässt das Bundesverfassungsgericht eine Einschränkung der Meinungsfreiheit durch Sonderrecht zu. Das Bundesverfassungsgericht wollte der »geschichtsgeprägten Identität der Bundesrepublik Deutschland« durch eine »auf andere Konflikte nicht übertragbare einzigartige Konstellation« Rechnung tragen (BVerfGE 124, 300 [329] – [2009]):

> »Angesichts des sich allgemeinen Kategorien entziehenden Unrechts und des Schreckens, die die nationalsozialistische Herrschaft über Europa und weite Teile der Welt gebracht hat, und der als Gegenentwurf hierzu verstandenen Entstehung der Bundesrepublik Deutschland ist Art. 5 Abs. 1 und 2 GG für Bestimmungen, die der propagandistischen Gutheißung des nationalsozialistischen Regimes in den Jahren zwischen 1933 und 1945 Grenzen setzen, eine Ausnahme vom Verbot des Sonderrechts für meinungsbezogene Gesetze immanent.« (BVerfGE 124, 300 [327f.] – [2009])

Der »Wunsiedel-Beschluss« ist für die Praxis der Maßstabsanwendung bemerkenswert. Der Erste Senat bekräftigt zuerst die Maßstäbe zur Meinungsfreiheit, hält sie – auch für nationalsozialistische Meinungen – hoch und engt den ausgedehnten Begriff des »allgemeinen Gesetzes« ein, der bislang bewegliche Entscheidungen gewährleistete. Der »C. I.«-Maßstab zur Meinungsfreiheit wird generell-abstrakt ganz stark gemacht. Der Senat versucht geradezu, alle denkbaren Einfallstore, die zur Aufweichung der meinungsfreundlichen Rechtsprechung führen könnten, vorausschauend zuzusperren und eine situative Durchlöcherung des Schutzbereichs von Art. 5 Abs. 1 GG auszuschließen. Bei der Subsumtion des Falles setzt der Senat diesen strengen

Maßstab dann aber außer Kraft. Im Wege der einmaligen Ausnahme drückt das Bundesverfassungsgericht gegenüber § 130 Abs. 4 StGB ein Auge zu. Dafür gibt es auf den ersten Blick weder dogmatische noch methodologische Gründe. Es hilft anscheinend nur die Idee eines in der »Identität des Grundgesetzes« begründeten und seit 60 Jahren schlummernden speziellen Verfassungsvorbehalts, den das Gericht nun wachgeküsst hat. Man mag diese Konstruktion schon historisch bezweifeln, weil der Parlamentarische Rat auf die nationalsozialistische Gewalt- und Willkürherrschaft mit den Bestimmungen zur wehrhaften Demokratie, der Verwirkung von Grundrechten oder auch der Ewigkeitsgarantie explizit reagiert hat, so dass für einen subkutan mitgedachten allgemeinen Verfassungsvorbehalt kein Platz mehr ist. Vor allem aber belegt diese Entscheidung, dass das Bundesverfassungsgericht mit seiner Praxis der Maßstabsbildung an Grenzen stößt. Über viele Jahre ließ sich der meinungsfreundliche Maßstab bei Art. 5 Abs. 1 nur durch eine extensive Auslegung des Vorbehalts der »allgemeinen Gesetze« aufrechterhalten. Mit der Zeit wurde immer unplausibler, warum zwar abstrakt formulierte, dabei jedoch tatsächlich meinungsrelevante Gesetze (z. B. Strafbarkeit der üblen Nachrede oder der Volksverhetzung, beamten- oder soldatenrechtliche Begrenzung der politischen Betätigung) noch als »allgemeine Gesetze« gelten. Bei der Strafbarkeit des Heß-Aufmarsches wurde offenkundig, dass die Einbeziehung immer weiterer Meinungsbeschränkungen in die Kategorie des »allgemeinen Gesetzes« zum Problem wurde. Darauf reagierte das Gericht mit einer Abkehr von seinen Maßstäben – und düpierte das Bundesverwaltungsgericht, das diesen Maßstab zuvor noch mustergültig angewendet hatte (BVerwGE 131, 216 [2008]). Man kann es auch anders ausdrücken: Das Bundesverfassungsgericht sichert den Maßstab beim Schutzbereich, indem es eine situative Ausnahme beim Gesetzesvorbehalt zulässt. Diese wird jedoch nicht mit den besonderen Umständen des Falles gerechtfertigt, also nicht im Wege eines *distinguishing* der Sachverhalte gefunden, sondern mit den besonderen Umständen des Normerlasses begründet, indem ein seit dem Inkrafttreten des Grundgesetzes schlummernder Verfassungsvorbehalt behauptet wird. Solche Argumente können natürlich erst in Erwägung gezogen werden, seitdem alle Mitglieder des Parlamentarischen Rates tot sind.

VII.3 Scheidewege

Beide jüngeren Strategien, um generelle Maßstäbe aufrechtzuerhalten und aus dem Dickicht bestehender Maßstäbe einen Ausweg zu finden, begegnen daher schweren Bedenken. Für die Zukunft zeichnet sich hier ein erhebliches Problem für das Bundesverfassungsgericht ab (zur Diagnose schon Schulze-Fielitz 1997: 25). Verallgemeinert man solche Fälle, dann steht das Gericht vor dem Scheideweg, entweder seine Maßstäbe situativ anzupassen – also Fallgruppenbildung statt Maßstabsbildung betreiben zu müssen; oder seine Maßstäbe kasuistisch außer Kraft zu setzen – also explizite Ausnahmen zuzulassen. Aber die Strategie des »Wunsiedel-Beschlusses«, aus der Identität des Grundgesetzes neue Verfassungsvorbehalte zu schöpfen, funktioniert nur ein einziges Mal. Spätestens beim zweiten Mal droht das Argument der richterrechtlichen Verfassunggebung, also der Vorwurf der Machtusurpation und Gewaltenhybris. Diese Argumentationstechnik wird sich nicht bruchlos fortsetzen und auf beliebige neue Sachverhaltskonstellationen anwenden lassen. Dadurch droht sich das Bundesverfassungsgericht in eine Krise zu manövrieren, weil sein Ansehen, seine institutionelle Stellung und der Respekt vor seinen Entscheidungen gerade der Technik der Maßstabsbildung geschuldet war und weil die Bindung an die (selbsterzeugten) Verfassungsmaßstäbe die Legitimationsbasis des Gerichts darstellte.

Es ist daher erforderlich, neue Begründungstechniken zu entwickeln. Im Grunde können diese nur auf eine stärkere Berücksichtigung der faktischen Umstände des Falles abstellen, also in einem präjudizienhafteren Entscheidungsstil liegen, wie ihn der U.S. Supreme Court und viele andere Obergerichte pflegen. Damit aber ließe sich die Aufteilung von »C. I.« und »C. II.« nicht länger aufrechterhalten: Die Subsumtion müsste unmittelbaren Einfluss auf die Interpretation der Verfassung als normative Entscheidungsgrundlage haben und nicht mehr, wie bislang, davon stilistisch und systematisch getrennt werden. Die Folge wäre eine argumentative Abschichtung der Verfassungsinterpretationen nach den Sachverhalten und ihren Problemzusammenhängen (Fallgruppenbildung). Und dies wiederum würde voraussetzen, dass die empirische, kontextuelle und schließlich historische Aufklärung der Sachverhalte zu einer dogmatisch erheblichen Frage wird, denn nur mit einer genauen Ermittlung des Entscheidungsgegenstandes lässt sich die zukünftige Bindungswirkung der Verfassungsinterpretation bestimmen. Welche Verfassungsinterpretation auf welche Sachverhaltskonstellation passt, kann nur vorausberechnen, wer die früheren Fälle auch im Tatsächlichen beherrscht. Daraus folgt als weitere Konsequenz: Verfassungsinterpretation wird kein rein normatives Geschäft bleiben, das Juristen (und insbesondere Verfassungsrichter) exklusiv ermächtigt, sondern sich in einen arbeitsteiligen, interdisziplinären Prozess verwandeln, in dem Sozialwissenschaftler helfen müssen, juristisch erhebliche Umstände aufzuklären. Allein mit der Verfassungsdogmatik oder einem rein normativen Geltungsdiskurs wird man in Zukunft nicht länger auskommen. Zudem drohen liebgewonnene Ziele wie die Einheit der Verfassung, eine einheitliche Grundrechtstheorie oder eine materielle Systemorientierung auf der Strecke zu bleiben (kritisch schon Ehmke 1963: 89). Verfassungsinterpretation wird sich kontextuell und zeitlich ausdifferenzieren: Die Meinungsfreiheit des Staatsbürgers wird auch maßstäblich eine andere sein als diejenige des Soldaten, Beamten oder Neonazis (was sie ja heute bereits praktisch ist). Die Eigentumsgarantie des Grund- oder Anteilseigentümers wird maßstäblich eine andere sein als bei beweglichen Sachen oder beim geistigen Eigentum (was sie heute gleichfalls praktisch schon ist). Die Lösungen des Jahres 2020 werden andere sein als diejenigen der fünfziger Jahre. Zu einem Maßstab, der über 60, 80, 100 Jahre fortgeschrieben werden kann, werden sie sich kaum fusionieren lassen. Eine zeitliche und kontextuelle Ausdifferenzierung der Verfassungsinterpretation sollte nicht als Verfallsgeschichte begriffen werden. Bereits aufgrund des Zeitablaufs und der damit verbundenen Dynamik des Rechtslebens ist sie unvermeidlich.

Im Übrigen würde eine Abkehr vom Maßstab zum Präjudiz auch die Anschlussfähigkeit der deutschen Rechtsprechung an internationale und insbesondere an europäische Usancen sichern. Anderen obersten Gerichtshöfen und Verfassungsgerichten war aufgrund anderer historischer und institutioneller Gründungsumstände die vom Bundesverfassungsgericht verfolgte Strategie der Maßstabsbildung verwehrt. Üblicherweise entscheiden Gerichte stärker kasuistisch, also präjudiziell und weniger abstrakt-generell als das Bundesverfassungsgericht. Der amerikanische Supreme Court fällt ebenso in diese Kategorie wie der Gerichtshof der Europäischen Union in Luxemburg und erst recht der Europäische Gerichtshof für Menschenrechte in Straßburg. Präjudizien sind die flexiblere und für eine dynamische Rechtsentwicklung passendere Entscheidungsform, weil sie sich mit einer kontextuellen Verbindlichkeit begnügen. Orientierte sich das Bundesverfassungsgericht stärker präjudiziell, entspannte dies auch die Rivalität zwischen Karlsruhe, Luxemburg und Straßburg. Momentan will das Bundesverfassungsgericht diesen Konflikt noch durch eine Kooperation bei den Maßstäben schlichten (vgl. Kirchhof 1998; Steiner 2009; Voßkuhle 2010b: 238 f.). Diesen Kampf wird es schon deshalb verlieren, weil seine Rivalen nicht mit Maßstäben, sondern mit Präjudizien antworten.[48] Wenn der Europäische Gerichtshof für Menschenrechte das allgemeine Persönlichkeitsrecht und die Pressefreiheit im Fall Caroline von Hannover anders abwägt als das Bundesverfassungsgericht,[49] dann muss darin kein Dissens über Maßstäbe liegen, sondern nichts weiter als eine sachbereichsspezifisch anders getroffene Abwägung bei prinzipiellem Konsens über die Bedeutung eines gemeineuropäischen Grundrechtsstandards. Solche Divergenzen sind nicht ins Maßstäbliche zu ziehen, nicht mit konventionskonformen Auslegungen oder über gemeineuropäische Meta-Standards zu beheben, son-

48 Ein Beispiel ist das Urteil des 2. Senats 2 BvR 2365/09 u. a. v. 4.5.2011 – nachträgliche Sicherungsverwahrung II. Um erklären zu können, warum man die Sache komplett anders entschied als 2004 (BVerfGE 109, 133 – nachträgliche Sicherungsverwahrung I), verweist der Senat auf ein Urteil des EGMR, dessen Ergebnis er nun nachvollzieht. Eine Fehlentscheidung kann das BVerfG offenbar nicht eingestehen. Die Korrektur der eigenen Rechtsprechung wird mit fremder Rechtsprechung gerechtfertigt, obwohl die EMRK im Range eines einfachen Gesetzes unter dem Grundgesetz steht. De facto duldet der Hüter der Verfassung jetzt einen anderen Schäfer neben sich.

49 BVerfGE 101, 361 – Caroline II [1999] einerseits, EGMR, EuGRZ 2004, 404 andererseits; zum Problem Oeter 2007; Merli 2007.

dern fallspezifisch zu erklären (liegt der Schwerpunkt bei der Boulevardpresse oder der allgemeinen Pressefreiheit; wie ist die Reichweite des allgemeinen Persönlichkeitsrechts in der Öffentlichkeit und von Personen der Öffentlichkeit, ändert sich die Bewertung bei der Anwesenheit von Kindern etc.), zumal die Textgrundlagen (Grundgesetz und Europäische Menschenrechtskonvention) das Persönlichkeitsrecht anders gewichten.

VII.4 Erste Strategie: Kontextuelle Differenzierung

Was also wäre dem Bundesverfassungsgericht zu raten? Zum einen sollte es die Technik der Maßstabsbildung dergestalt überdenken, dass die Entscheidungskontexte und Sachverhaltsbezüge stärkeren Eingang in die Maßstabsbildung finden. Dies würde zu einer stärker an Fallgruppen orientierten Ausbildung der Prüfungsmaßstäbe führen, also zu einer Ausdifferenzierung in Unter-Maßstäbe, wie sich das heute bereits in der Kammerrechtsprechung abzeichnet. Das Gericht steht schließlich vor dem Problem, wie die Versteinerung seiner eigenen Rechtsprechung in Maßstäben verhindert werden kann. Auch kann es der Historisierung seiner Rechtsprechung nicht entkommen. Ein Sechzigjähriger will schließlich nicht an seiner Jugend gemessen werden, seien es Jugendsünden oder Heldentaten. Das Gericht benötigt also eine Strategie, wie es Entscheidungsfreiräume öffnen kann, ohne dafür frühere Urteile umstürzen oder Maßstäbe quetschen und würgen zu müssen. Solche Entscheidungsfreiräume gewinnt man am besten durch *distinguishing*, also eine sachbereichsbezogene Abschichtung normativer Aussagen. Das Problem freilich liegt darin, dass die bisherige Rechtsprechung methodisch auf ein *distinguish-*

ing nicht vorbereitet ist, weil sie die nötigen Differenzierungskriterien aus den Sachverhalten nicht mitteilt, sondern sich gerade maßstäblich generell-abstrakt gibt. Insofern muss die bisherige Judikatur kontextuell aufgearbeitet werden, um das entsprechende Argumentationsreservoir freizulegen. Diese Aufgabe aber kann das Bundesverfassungsgericht nicht leisten, denn es hat nur die Kompetenz, neue Entscheidungen zu fällen, und ist eben nicht in der Lage, seine früheren Entscheidungen zu korrigieren.[50] Hier liegt daher eine wichtige Aufgabe für die Staatsrechtslehre, die dem Bundesverfassungsgericht zur Seite stehen kann.[51] Das heißt aber auch, dass die Kommentarliteratur ihren Charakter grundlegend verändern muss, denn bislang negiert auch sie die Entscheidungskontexte und sieht ihre Aufgabe in der systemorientierten Perfektionierung der materiellen Maßstäbe. Die Literatur sollte sich hier besser keine Ziele setzen, die mit der Rechtsprechung gleichlaufen, sondern aufarbeiten, wozu die Judikatur selbst gerade nicht in der Lage ist.

Gewänne man neue Entscheidungsfreiräume, indem man die Entscheidungen des Bundesverfassungsgerichts kontextualisiert und historisiert, so würde davon nicht nur das Gericht selbst profitieren, sondern auch der politische Prozess. Der schiere Umfang an maßstabsetzender Verfassungsrechtsprechung engt die Möglichkeiten, Politik zu ge-

50 Ein ganz seltener Fall der Korrektur der eigenen Rechtsprechung geschah 2011 bei der Beurteilung der nachträglichen Sicherungsverwahrung, vgl. Fn. 48. Prozessual war dies nur möglich durch ein inzwischen entgegenstehendes Urteil des EGMR. Materiell konnte der eigene Maßstab nur durch die Übernahme eines fremden korrigiert werden. Diese Rezeption wurde als völkerrechtsfreundliche Auslegung des Grundgesetzes wieder auf die eigene Rechtsprechung gestützt.

51 Vgl. zu diesem Verhältnis besonders Lerche 2002, der die Aufgabe der Verfassungsrechtswissenschaft im Vorausdenken, nicht minder aber auch im Über- und Nach-Denken der Entscheidungen und ihres Sinns sieht.

stalten, kontinuierlich ein. In einem Fünf-Parteien-Parlament und bei weiterer Diffusion der politischen Mehrheitsverhältnisse wird es schon auf der parlamentarischen Ebene zunehmend schwieriger, tragfähige Kompromisse zu finden. Angesichts der gegenwärtigen parteipolitischen Bedingungen und der europa- und völkerrechtlichen Überformung der Politik muss das Bundesverfassungsgericht auch die praktische und inhaltliche Handlungsfähigkeit der Staatsorgane berücksichtigen. Jedenfalls leiden die politischen Akteure an einer zunehmenden Einengung ihrer Handlungsoptionen. Auf eine Demokratie, die auch aus der Gestaltbarkeit der Lebensumstände und der Abänderbarkeit der Entscheidungen ihren Sinn bezieht, wirkt dies lähmend. Es ist daher im übergreifenden verfassungsrechtlichen Interesse, Entscheidungsfreiräume für alle Gewalten, nicht nur für die Verfassungsgerichtsbarkeit, zu gewinnen. Das Bundesverfassungsgericht müsste daher den institutionellen Entscheidungskontext der anderen Gewalten bei seiner Kontrolldichte reflektieren und nicht in einer institutionenegoistischen Sicht nur danach fragen, ob andere die Voraussetzung seiner Rechtskontrolle erfüllen. Auch hier hilft das kontextuelle *distinguishing* der Verfassungsrechtsprechung, weil der politische Prozess Handlungsoptionen nicht an schwer konkretisierbaren verfassungsgerichtlichen Maßstäben vorzensieren braucht, sondern sich auf die politische Zweckmäßigkeit und Überzeugungsfähigkeit konzentrieren kann. Das politisch wünschenswerte Relativieren älterer Verfassungsgerichtsentscheidungen ließe sich mit einer kontextuellen Differenzierung bewerkstelligen. Auf diesem Wege könnte auf elegante Weise auch die vermisste Berücksichtigung demokratietheoretischer und institutioneller Entscheidungsaspekte gewährleistet werden. Das demokratietheoretische Defizit der bisherigen Entscheidungstechnik ließe sich teilweise beheben, ohne dass es einer anspruchsvollen Demokratietheorie bedürfte.

VII.5 Zweite Strategie: Kompetenzielle Differenzierung

Neben einem kontextuellen bietet sich auch ein kompetenzielles *distinguishing* an. Die Bindungswirkung der Maßstäbe sollte nach der Verfahrensart differenzieren, der die Entscheidung entstammt (vgl. schon Schlaich 1981: 115). Die Normenkontrolle verfolgt ein objektives Rechtsschutzziel, die Verfassungsbeschwerde hingegen dient dem subjektiven Grundrechtsschutz. Entsprechend unterschiedlich fokussiert ist die Prüfung durch das Bundesverfassungsgericht: Bei Verfassungsbeschwerden wird das Geschehen auf eine konkrete Verletzung subjektiver Rechte überprüft, bei abstrakten Normenkontrollen scheidet eine subjektivrechtliche Kontrolle weithin aus, und es dominiert die objektive Kontrolle. Es steht daher zu erwarten, dass die Kontrolldichte bei Verfassungsbeschwerden zunimmt, weil es hier um die Abwehr individueller Grundrechtseingriffe geht, dafür aber die generell-abstrakte Entscheidungswirkung abnimmt, weil ein konkreter Fall entschieden wird und nicht die Rechtslage zur Gänze. Bei der Normenkontrolle wird es typischerweise anders sein: Hier wird die Kontrolldichte geringer sein, denn nicht die konkrete Wirkung, sondern die abstrakte Geltung der Rechtsnorm wird überprüft, und man kann die individuell unterschiedlichen Auswirkungen auf die verschiedensten Grundrechtsdimensionen mangels Fallbezug nicht abschätzen. Umgekehrt ist bei Normenkontrollen die generell-abstrakte Bindungswirkung der Bundesverfassungsgerichtsentscheidung höher, weil es primär um die Geltung und nicht um die Wirkung der Norm geht.

Eine solche verfahrensabhängige Differenzierung des Prüfungsumfangs nach den Kriterien subjektiv/objektiv, generell-abstrakte Geltung/individuell-konkrete Wirkung ist auch institutionell plausibel im Angesicht der abgestuften Bindung, die Art. 20 Abs. 3 GG an die Rechtserzeugung durch unterschiedliche Gewalten stellt. Vollziehende und rechtsprechende Gewalt sind danach strikter gebunden, nämlich an Gesetz und Recht, wie Art. 20 Abs. 3 GG formuliert, während die Gesetzgebung schwächer, nämlich nur an die verfassungsmäßige Ordnung gebunden ist. Diese abgestuften Bindungsgrade lassen sich in das Verfassungsprozessrecht als abgestufte Kontrolldichte übertragen. Bei der Normenkontrolle, die sich typischerweise gegen Gesetze, also die Legislative, richtet, fällt diese geringer aus als bei Verfassungsbeschwerden, die sich typischerweise gegen Urteile der Fachgerichte wenden.

Das Bundesverfassungsgericht hat allerdings durch seine Technik der Maßstabsetzung diese zentralen verfassungsrechtlichen Differenzierungen zunichtegemacht, indem es die Verfassungsbeschwerde zu einem objektiven Rechtsschutzverfahren entwickelte und dadurch die Differenz zur Normenkontrolle eingeebnet hat. Für den Prüfungsumfang ist es letztlich gleichgültig, welche Verfahrensart die Zuständigkeit begründete. Das Bundesverfassungsgericht agiert eben als Hüter der Verfassung, nicht als Organ der Rechtspflege. Es vernachlässigt den institutionell und normenhierarchisch ausdifferenzierten Vorrang der Verfassung aus Art. 20 Abs. 3 GG zugunsten der materiell einheitlichen Bindung der Grundrechte aus Art. 1 Abs. 3 GG oder, anders gesprochen: Es vernachlässigt, einmal mehr, das Staatsorganisationsrecht zugunsten der Grundrechte bzw. das strukturelle Recht zugunsten des materiellen.

Die Irrelevanz der Verfahrensart zeigt sich besonders bei

der Maßstabsbildung. Gerade auf sie hat der prozessuale Kontext keine Auswirkung. Auch bei der Weiterverarbeitung der Maßstäbe ignoriert ihn das Gericht. Es zitiert seine eigenen Entscheidungen ganz unbekümmert, ohne den prozessualen Entstehungskontext zu berücksichtigen, so dass bei Verfassungsbeschwerden auf Maßstäbe aus Normenkontrollen und umgekehrt zurückgegriffen wird. Freilich ist dies nicht per se zu beanstanden. Aber für die Bindungswirkung und Reichweite des Maßstabs ist der prozessuale Kontext der Entscheidung eine wichtige Information: Erst hierdurch werden die zentralen verfassungsrechtlichen Differenzierungen wie subjektive Grundrechte und objektives Verfassungsrecht oder die sich in die Normenhierarchie übersetzende Kompetenzordnung deutlich. Deswegen müsste bei der Weiterverarbeitung der Maßstäbe sorgfältig auf die Verfahrensart und die Verfahrensbeteiligten geachtet werden. Man darf nicht, wie es leider Praxis ist, unter ausschließlich materiellen Gesichtspunkten diejenigen Stellen aus 125 Entscheidungsbänden zusammensuchen, die inhaltlich gerade passen. Ein solches Vorgehen droht angesichts des inzwischen überquellenden Reservoirs an maßstabsfähigen Aussagen in den Entscheidungen der letzten 60 Jahre zur Beliebigkeit zu degenerieren.

Mit kompetenziellen Differenzierungen könnte das Bundesverfassungsgericht auch einer bevorstehenden Debatte um seine Legitimation begegnen. Denn es wird immer deutlicher, dass die bisherige Technik der Maßstabsetzung sowie die damit einhergehende Selbstermächtigung zum Hüter der Verfassung legitimationstheoretische Fragen aufwerfen. Die Legitimation des Bundesverfassungsgerichts ergibt sich institutionell aus der Kompetenzordnung des Grundgesetzes (Art. 93-94, 100 GG), also aus besonderen Zuständigkeiten, und sie folgt materiell aus dem Vorrang der Verfassung, also der Verfassungsbindung. Durch die Maßstabsetzung werden beide Legitimationsstränge ausgedünnt, weil beide inzwischen von Eigenleistungen des Gerichts abhängen, nämlich zum einen von seiner prozessualen Nivellierung der zuständigkeitseröffnenden Verfahrensarten und zum anderen von der Umgestaltung der Verfassungsbindung zur Maßstabsbindung. Auch aus Gründen des institutionellen Selbstschutzes sollte sich das Gericht bei seiner Spruchtätigkeit kompetenziellen Differenzierungen zuwenden.

Mit diesen beiden Strategien jedenfalls, der kontextuellen und der kompetenziellen Differenzierung, kann das Bundesverfassungsgericht als maßstabsetzende Gewalt weiterleben, wenn auch in modifizierter und neu ausgerichteter Form. Auf diese Weise lassen sich die am Himmel aufziehenden legitimatorischen und methodischen Gewitter vielleicht überstehen. In der bisherigen Form jedenfalls hat die Maßstabsetzung keine Zukunft mehr. Das verdeutlicht die jüngere Rechtsprechung, in der sich gerade im Methodischen immer mehr Probleme auftun: Ausdifferenzierung der Maßstäbe durch sachbereichsspezifische Kammerentscheidungen, Zuflucht zu stratosphärischen Großformeln wie Menschenwürde oder Verfassungsidentität, Konkurrenz durch europäische Gerichte. Aber auch im Positiven zeigt die neuere Karlsruher Judikatur, wie eine differenzierte Maßstabsbildung aussehen kann. Man blicke auf die Rechtsprechung zu den modernen Sicherheits- und Antiterrorgesetzen nach dem 11. September 2001. Hier gelang dem Bundesverfassungsgericht eine maßstabsorientierte Strategie, um der durch diese Gesetzgebung betriebenen Entindividualisierung, Entrelationierung und kompetenziellen Entdifferenzierung wirksam entgegenzutreten (vgl. Gusy 2010; Poscher 2011). Die dabei vom Bundesverfassungsgericht verfolgten Ansätze gehen in die Richtung einer kontextuellen und kompetenziellen Differenzierung: Stärkung des einfachen (Polizei-)Rechts mit seiner individuellen Zurechnung gegenüber objektiven Sicherheitszuschreibungen; Einfordern von Tatsachen bei der Gefahrenprognose durch die Exekutive; Vermeidung von staatstheoretischen Meta-Diskursen um Sicherheit als Staatsaufgabe; Begründung abwägungsresistenter spezieller Freiheitsbereiche; Zurückhaltung gegenüber objektiven Grundrechtslehren; Verlagerung der Verhältnismäßigkeitsprüfung auf die Tatsachendimension, um einige zu nennen (zur Analyse Lepsius 2010b: 39ff.). Es kann also gelingen.

Schließlich: Verfassungsgerichte gibt es viele, aber das Bundesverfassungsgericht ist gerade in seiner Funktion als maßstabsetzende Gewalt einmalig. Will man diesen spezifisch deutschen Beitrag zum verfassungstheoretischen Welterbe bewahren, muss man ihn weiterentwickeln. Nur wer sich ändert, bleibt sich treu. Das gilt erst recht am 60. Geburtstag. Für die Rente ist es noch zu früh.

Literatur

Arnauld, Andreas von (2000), »Die normtheoretische Begründung des Verhältnismäßigkeitsgrundsatzes«, in: *JuristenZeitung* 55, S. 276-280.

– (2008), »Theorie und Methode des Grundrechtsschutzes in Europa am Beispiel des Grundsatzes der Verhältnismäßigkeit«, in: *Grundrechtsschutz im Dreieck von nationalem, europäischem und internationalem Recht*, herausgegeben von Armin Hatje, Baden-Baden: Nomos Verlagsgesellschaft, S. 41-64.

Atiyah, Patrick S./Robert S. Summers (1987), *Form and Substance in Anglo-American Law. A Comparative Study of Legal Reasoning, Legal Theory, and Legal Institutions*, Oxford: Clarendon Press.

Badura, Peter (^{2}1994), »Eigentum«, in: *Handbuch des Verfassungsrechts*, herausgegeben von Ernst Benda, Werner Maihofer und Hans-Jochen Vogel, Berlin: Verlag Walter de Gruyter, § 10.

Beaud, Olivier/Pasquale Pasquino (Hg.) (2007), *La controverse sur »le gardien de la Constitution« et la justice constitutionnelle. Kelsen contre Schmitt. Der Weimarer Streit um den Hüter der Verfassung und die Verfassungsgerichtsbarkeit. Kelsen gegen Schmitt*, Paris: Les Editions Phantéon-Assas.

Benda, Ernst (1979), »Verfassungskontrolle durch Verfassungsgerichtsbarkeit«, in: *30 Jahre Grundgesetz. Vorträge und Diskussionsbeiträge der 47. Staatswissenschaftlichen Fortbildungstagung 1979 der Hochschule für Verwaltungswissenschaften Speyer* (= Speyerer Vorträge 89), herausgegeben von Detlef Merten und Rudolf Morsey, Berlin: Duncker & Humblot, S. 103-117.

Bethge, Herbert (2007), »Die Grenzen grundrechtlicher Subjektivierung objektiven Verfassungsrechts. Zum aktuellen Stellenwert der Elfes-Konstruktion«, in: *Staat im Wort. Festschrift für Josef Isensee*, herausgegeben von Otto Depenheuer, Markus Heintzen und Matthias Jestaedt, Heidelberg: C. F. Müller Verlag, S. 613-631.

Böckenförde, Ernst-Wolfgang (1987), »Demokratie als Verfassungsprinzip«, in: *Handbuch des Staatsrechts der Bundesrepublik Deutschland*, Band I, herausgegeben von Paul Kirchhof und Josef Isensee, Heidelberg: C. F. Müller Verlag, § 22.

– (1989), *Zur Lage der Grundrechtsdogmatik nach 40 Jahren Grundgesetz*, München: Carl Friedrich von Siemens Stiftung.

Bryde, Brun-Otto (2001), »Tatsachenfeststellungen und soziale Wirklichkeit in der Rechtsprechung des Bundesverfassungsgerichts«, in: *Festschrift 50 Jahre Bundesverfassungsgericht*, Band I, herausgegeben von

Peter Badura und Horst Dreier, Tübingen: J. C. B. Mohr (Paul Siebeck), S. 533-562.
Bundesverfassungsgericht (1957), »Denkschrift des Bundesverfassungsgerichts. Die Stellung des Bundesverfassungsgerichts vom 27. Juni 1952«, in: *Jahrbuch des öffentlichen Rechts der Gegenwart* 6, S. 144-148.
Capitant, David (2001), *Les effets juridiques des droits fondamentaux en Allemagne*, Paris: Librairie Générale de Droit et de Jurisprudence (L.G.D.J.).
Dann, Philipp (2010), »Verfassungsrechtliche Kontrolle gesetzgeberischer Rationalität«, in: *Der Staat* 48, S. 630-646.
Dreier, Horst (1993), *Dimensionen der Grundrechte. Von der Wertordnungsjudikatur zu den objektiv-rechtlichen Grundrechtsgehalten*, Hannover: Hennies und Zinkeisen.
Eberl, Matthias (2006), *Verfassung und Richterspruch. Rechtsphilosophische Grundlegungen zur Souveränität, Justiziabilität und Legitimität der Verfassungsgerichtsbarkeit*, Berlin: Verlag Walter de Gruyter.
Ehmke, Horst (1963), »Prinzipien der Verfassungsinterpretation«, in: *Veröffentlichungen der Vereinigung der Deutschen Staatsrechtslehrer* 20, S. 53-102.
Ely, John Hart (1980), *Democracy and Distrust*, Cambridge: Harvard University Press.
Enders, Christoph (2008), »Die Freiheit der Andersdenkenden vor den Schranken des Bundesverwaltungsgerichts«, in: *JuristenZeitung* 22, S. 1092-1099.
Fikentscher, Wolfgang (1975), *Methoden des Rechts in vergleichender Darstellung*, Band II, Tübingen: J. C. B. Mohr (Paul Siebeck).
Goerlich, Helmut (1973), *Wertordnung und Grundgesetz. Kritik einer Argumentationsfigur des Bundesverfassungsgerichts*, Baden-Baden: Nomos Verlagsgesellschaft.
Grimm, Dieter (2001), *Die Verfassung und die Politik. Einsprüche in Störfällen*, München: Verlag C. H. Beck.
– (2007), »Proportionality in Canadian and German constitutional jurisprudence«, in: *University of Toronto Law Journal* 57, S. 383-397.
– (2008), *Souveränität. Herkunft und Zukunft eines Schlüsselbegriffs*, Berlin: Berlin University Press.
– (2009), »Das Grundgesetz als Riegel vor einer Verstaatlichung der Europäischen Union. Zum Lissabon-Urteil des Bundesverfassungsgerichts«, in: *Der Staat* 48, S. 475-496.
Großfeld, Bernhard/Herbert Roth (Hg.) (1995), *Verfassungsrichter. Rechtsfindung am U. S. Supreme Court und am Bundesverfassungsgericht*, Münster: LIT Verlag.

Gusy, Christoph (1985), *Parlamentarischer Gesetzgeber und Bundesverfassungsgericht*, Berlin: Duncker & Humblot.
– (2001), »Die Verfassungsbeschwerde«, in: *Festschrift 50 Jahre Bundesverfassungsgericht*, Band I, herausgegeben von Peter Badura und Horst Dreier, Tübingen: J.C.B. Mohr (Paul Siebeck), S. 641-671.
– (2010), »Vom neuen Sicherheitsbegriff zur neuen Sicherheitsarchitektur«, in: *Verwaltungsarchiv* 101, S. 309-333.
Habermas, Jürgen (1992), *Faktizität und Geltung. Beiträge zur Diskurstheorie des Rechts und des demokratischen Rechtsstaats*, Frankfurt am Main: Suhrkamp Verlag.
Häberle, Peter (1975), »Die offene Gesellschaft der Verfassungsinterpreten. Ein Beitrag zur pluralistischen und ›prozessualen‹ Verfassungsinterpretation«, in: *JuristenZeitung* 30, S. 297-305.
– (1979), »Verfassungsgerichtsbarkeit als politische Kraft«, in: ders., *Kommentierte Verfassungsrechtsprechung*, Königstein: Athenäum Verlag, S. 425-449.
Häußler, Richard (1994), *Der Konflikt zwischen Bundesverfassungsgericht und politischer Führung. Ein Beitrag zu Geschichte und Rechtsstellung des Bundesverfassungsgerichts*, Berlin: Duncker & Humblot.
Halberstam, Daniel/Christoph Möllers (2009), »The German Constitutional Court says ›Ja zu Deutschland!‹«, in: *German Law Journal* 10, S. 1241 ff.
Hanebeck, Andreas (2002), »Die Einheit der Rechtsordnung als Anforderung an den Gesetzgeber? Zu verfassungsrechtlichen Anforderungen wie ›Systemgerechtigkeit‹ und ›Widerspruchsfreiheit‹ der Rechtsetzung«, in: *Der Staat* 41, S. 429-451.
Hassemer, Winfried (2007), *Erscheinungsformen des modernen Rechts*, Frankfurt am Main: Vittorio Klostermann Verlag.
– (2008a), »Politik aus Karlsruhe?«, in: *JuristenZeitung* 63, S. 1-10.
– (2008b), »Wir haben das letzte Wort« [Interview], in: *Der Spiegel*, Heft 12, S. 38-40.
Henne, Thomas/Arne Riedlinger (Hg.) (2005), *Das Lüth-Urteil aus (rechts-)historischer Sicht. Die Konflikte um Veit Harlan und die Grundrechtsjudikatur des Bundesverfassungsgerichts*, Berlin: Berliner Wissenschafts-Verlag.
Herbert, Ulrich (2006), »Integration der jungen Republik durch Verfassungsrecht?«, in: *Das Bonner Grundgesetz. Altes Recht und neue Verfassung in den ersten Jahrzehnten der Bundesrepublik Deutschland (1949-1969)*, herausgegeben von Michael Stolleis, Berlin: Berliner Wissenschafts-Verlag, S. 85-102.

Hesse, Konrad (1959), *Die normative Kraft der Verfassung*, Tübingen: J. C. B. Mohr (Paul Siebeck).
Heun, Werner (1992), *Funktionellrechtliche Schranken der Verfassungsgerichtsbarkeit. Reichweite und Grenzen einer dogmatischen Argumentationsfigur*, Baden-Baden: Nomos Verlagsgesellschaft.
Hirschberg, Lothar (1981), *Der Grundsatz der Verhältnismäßigkeit*, Göttingen: Verlag und Buchdruckerei Otto Schwartz.
Hoffmann-Riem, Wolfgang (2011), »Versammlungsfreiheit«, in: *Handbuch der Grundrechte in Deutschland und Europa*, herausgegeben von Detlef Merten und Hans-Jürgen Papier, Band IV/I, Heidelberg: C. F. Müller Verlag, § 106.
Höfling, Wolfram (2003), »Kopernikanische Wende rückwärts?«, in: *Kirche und Religion im sozialen Rechtsstaat. Festschrift für Wolfgang Rüfner zum 70. Geburtstag*, herausgegeben von Stefan Muckel, Berlin: Duncker & Humblot, S. 329-340.
Höfling, Wolfram/Stephan Rixen (2000), »Stattgebende Kammerentscheidungen des BVerfG, 1986-1998«, In: *Archiv des öffentlichen Rechts* 125, S. 428-476.
Höreth, Marcus (2008), *Die Selbstautorisierung des Agenten. Der Europäische Gerichtshof im Vergleich zum U. S. Supreme Court*, Baden-Baden: Nomos Verlagsgesellschaft.
Ipsen, Jörn (2007), »Verfassungsgerichtsbarkeit und politischer Prozess. Anmerkungen zum ›Auflösungs-Urteil‹ des Bundesverfassungsgerichts«, in: *Die Ordnung der Freiheit. Festschrift für Christian Starck zum 70. Geburtstag*, herausgegeben von Rainer Grote, Ines Härtel, Karl-Eberhard Hain u.a., Tübingen: J. C. B. Mohr (Paul Siebeck), S. 263-274.
Jarass, Hans D. (2001), »Die Grundrechte: Abwehrrechte und objektive Grundsatznormen. Objektive Grundrechtsgehalte, insbes. Schutzpflichten und privatrechtsgestaltende Wirkung«, in: *Festschrift 50 Jahre Bundesverfassungsgericht*, Band II, herausgegeben von Peter Badura und Horst Dreier, Tübingen: J. C. B. Mohr (Paul Siebeck), S. 35-54.
Jestaedt, Matthias (1993), *Demokratieprinzip und Kondominialverwaltung. Entscheidungsteilhabe Privater an der öffentlichen Verwaltung auf dem Prüfstand des Verfassungsprinzips der Demokratie*, Berlin: Duncker & Humblot.
– (1999), *Grundrechtsentfaltung im Gesetz. Studien zur Interdependenz von Grundrechtsdogmatik und Rechtsgewinnungstheorie*, Tübingen: J. C. B. Mohr (Paul Siebeck).
– (2005), »Rechtsprechung und Rechtsetzung – eine deutsche Perspektive«, in: *Die Bedeutung der Rechtsprechung im System der Rechtsquel-*

len: Europarecht und nationales Recht, herausgegeben von Wilfried Erbguth und Johannes Masing, Stuttgart: Richard Boorberg, S. 25-79.
– (2007a), »Wirken und Wirkungen höchstrichterlicher Judikatur – Rechtsprechung von Grenzorganen aus Sicht der Reinen Rechtslehre«, in: *Wirken und Wirkungen höchstrichterlicher Judikatur. Symposium zum 60. Geburtstag von Heinz Mayer*, herausgegeben von Clemens Jabloner, Wien: Manz Verlag, S. 9-33.
– (2007b), »Die Abwägungslehre – ihre Stärken und ihre Schwächen«, in: *Staat im Wort. Festschrift für Josef Isensee*, herausgegeben von Otto Depenheuer, Markus Heintzen und Matthias Jestaedt, Heidelberg: C. F. Müller Verlag, S. 253-275.
– (2009a), »Autorität und Zitat. Anmerkungen zur Zitierpraxis des Bundesverfassungsgerichts«, in: *Recht als Medium der Staatlichkeit. Festschrift für Herbert Bethge zum 70. Geburtstag*, herausgegeben von Steffen Detterbeck, Jochen Rozek und Christian von Coelln, Berlin: Duncker & Humblot, S. 513-533.
– (2009b), »Warum in die Ferne schweifen, wenn der Maßstab liegt so nah? Verfassungshandwerkliche Anfragen an das Lissabon-Urteil des BVerfG«, in: *Der Staat* 48, S. 497-516.
– (2011), »Zur Koppelung von Politik und Recht in der Verfassungsgerichtsbarkeit«, in: *Der Eigenwert des Verfassungsrechts. Was bleibt von der Verfassung nach der Globalisierung?*, herausgegeben von Stefan Korioth und Thomas Vesting, Tübingen: J. C. B. Mohr (Paul Siebeck) (im Erscheinen).
Kahl, Wolfgang (2000), *Die Schutzergänzungsfunktion von Art. 2 Abs. 1 Grundgesetz*, Tübingen: J. C. B. Mohr (Paul Siebeck).
– (2004), »Vom weiten Schutzbereich zum engen Gewährleistungsgehalt. Zur Kritik einer neuen Richtung der deutschen Grundrechtsdogmatik«, in: *Der Staat* 43, S. 167-202.
– (2010), »Grundrechte«, in: *Verfassungstheorie*, herausgegeben von Otto Depenheuer und Christoph Grabenwarter, Tübingen: J. C. B. Mohr (Paul Siebeck), § 24.
Kähler, Lorenz (²2011), *Strukturen und Methoden der Rechtsprechungsänderung*, Baden-Baden: Nomos Verlagsgesellschaft.
Kau, Marcel (2007), *United States Supreme Court und Bundesverfassungsgericht. Die Bedeutung des United States Supreme Court für die Errichtung und Fortentwicklung des Bundesverfassungsgerichts*, Berlin: Springer Verlag.
Kirchhof, Paul (1998), »Das Kooperationsverhältnis zwischen Bundesverfassungsgericht und Europäischem Gerichtshof«, in: *Perspektiven*

des Rechts in der Europäischen Union, herausgegeben von Peter-Christian Müller-Graff, Heidelberg: C. F. Müller Verlag, S. 163-182.
– (2001), *Besteuerung im Verfassungsstaat*, Tübingen: J. C. B. Mohr (Paul Siebeck).
– (2003), »Der Grundrechtsschutz des Steuerpflichtigen«, in: *Archiv des öffentlichen Rechts* 128, S. 1-51.
Kneip, Sascha (2009), *Verfassungsgerichte als demokratische Akteure. Der Beitrag des Bundesverfassungsgerichts zur Qualität der bundesdeutschen Demokratie*, Baden-Baden: Nomos Verlagsgesellschaft.
Kühl, Kristian (1998), »Kontinuitäten und Diskontinuitäten im Naturrechtsdenken des 20. Jahrhunderts«, in: *Erkenntnisgewinne, Erkenntnisverluste. Kontinuitäten und Diskontinuitäten in den Wirtschafts-, Rechts- und Sozialwissenschaften zwischen den 20er und 50er Jahren*, herausgegeben von Karl Acham, Knut Wolfgang Nörr und Bertram Schefold, Stuttgart: Steiner, S. 605-663.
Lamprecht, Rolf (1992), *Richter contra Richter. Abweichende Meinungen und ihre Bedeutung für die Rechtskultur*, Baden-Baden: Nomos Verlagsgesellschaft.
Landfried, Christine (1984), *Bundesverfassungsgericht und Gesetzgeber. Wirkungen der Verfassungsrechtsprechung auf parlamentarische Willensbildung und soziale Realität*, Baden-Baden: Nomos Verlagsgesellschaft.
Lembcke, Oliver W. (2007), *Hüter der Verfassung. Eine institutionentheoretische Studie zur Autorität des Bundesverfassungsgerichts*, Tübingen: J. C. B. Mohr (Paul Siebeck).
Lembke, Ulrike (2009), *Einheit aus Erkenntnis? Zur Unzulässigkeit der verfassungskonformen Gesetzesauslegung als Methode der Normkompatibilisierung durch Interpretation*, Berlin: Duncker & Humblot.
Lepsius, Oliver (1994), *Die gegensatzaufhebende Begriffsbildung. Methodenentwicklungen in der Weimarer Republik und ihr Verhältnis zur Ideologisierung der Rechtswissenschaft im Nationalsozialismus*, München: Verlag C. H. Beck.
– (1997), *Verwaltungsrecht unter dem Common Law. Amerikanische Entwicklungen bis zum New Deal*, Tübingen: J. C. B. Mohr (Paul Siebeck).
– (2004), »Braucht das Verfassungsrecht eine Theorie des Staates? Eine deutsche Perspektive: Von der Staatstheorie zur Theorie der Herrschaftsformen«, in: *Europäische Grundrechte Zeitschrift* 31, S. 370-382.
– (2006), »Das Luftsicherheitsgesetz und das Grundgesetz«, in: *Mit Recht für Menschenwürde und Verfassungsstaat. Festgabe für Dr.*

Burkhard Hirsch, herausgegeben von Frederik Roggan, Berlin: Berliner Wissenschafts-Verlag, S. 47-74.
– (2007), »Was kann die deutsche Staatsrechtslehre von der amerikanischen Rechtswissenschaft lernen?«, in: *Die Verwaltung. Zeitung für Verwaltungsrecht und Verwaltungswissenschaften*, Beiheft 7: *Staatsrechtslehre als Wissenschaft*, herausgegeben von Helmuth Schulze-Fielitz, Berlin: Duncker & Humblot, S. 319-366.
– (2008a), »Zur Bindungswirkung von Bundesverfassungsgerichtsentscheidungen«, in: *Realitätsprägung durch Verfassungsrecht. Kolloquium aus Anlass des 80. Geburtstages von Peter Lerche*, herausgegeben von Rupert Scholz, Dieter Lorenz, Christian Pestalozza u. a., Berlin: Duncker & Humblot, S. 103-117.
– (2008b), »Themen einer Rechtswissenschaftstheorie«, in: *Rechtswissenschaftstheorie*, herausgegeben von Matthias Jestaedt und Oliver Lepsius, Tübingen: J. C. B. Mohr (Paul Siebeck), S. 1-49.
– (2009), »Erwerbsaufwendungen im Einkommensteuerrecht. Anmerkung«, in: *JuristenZeitung* 64, S. 260-263.
– (2010a), »Hat die Europäisierung des Verwaltungsrechts Methode? Oder: Die zwei Phasen der Europäisierung des Verwaltungsrechts«, in: *Die Verwaltung. Zeitung für Verwaltungsrecht und Verwaltungswissenschaften*, Beiheft 10: *Das Europäische Verwaltungsrecht in der Konsolidierungsphase: Systembildung – Disziplinierung – Internationalisierung*, herausgegeben von Peter Axer, Bernd Grzeszick, Wolfgang Kahl u. a., Berlin: Duncker & Humblot, S. 179-204.
– (2010b), »Sicherheit und Freiheit – ein zunehmend asymmetrisches Verhältnis«, in: *Der Rechtsstaat unter Bewährungsdruck*, herausgegeben von Wolfgang Merkel, Georg Nolte, Gunnar Folke Schuppert u. a., Baden-Baden: Nomos Verlagsgesellschaft, S. 23-54.
– (2010c), »Einschränkung der Meinungsfreiheit durch Sonderrecht«, in: *Jura – Juristische Ausbildung* 32, S. 527-535.
– (2010d), »Verfassungsrechtlicher Rahmen der Regulierung«, in: *Regulierungsrecht*, herausgegeben von Michael Fehling und Matthias Ruffert, Tübingen: J. C. B. Mohr (Paul Siebeck), § 4.
Lerche, Peter (1961), »Stil, Methode, Ansicht«, in: *Deutsches Verwaltungsblatt* 76, S. 690-701.
– (²1999 [1961]), *Übermaß und Verfassungsrecht*, Goldbach: Antiquariat und Verlag Keip.
– (2001), »Stil und Methode der verfassungsgerichtlichen Entscheidungspraxis«, in: *Festschrift 50 Jahre Bundesverfassungsgericht*, Band I, herausgegeben von Peter Badura und Horst Dreier, Tübingen: J. C. B. Mohr (Paul Siebeck), S. 333-361.

– (2002), »Rechtswissenschaft und Verfassungsgerichtsbarkeit«, in: *Bayerische Verwaltungsblätter*, S. 649-652.
– (2004 [1997]), »Die Verfassung in der Hand der Verfassungsgerichtsbarkeit«, in: ders., *Ausgewählte Abhandlungen*, Berlin: Duncker & Humblot, S. 522-528.
– (2009), »Vorbehalt des Gesetzes und Wesentlichkeitstheorie«, in: *Handbuch der Grundrechte in Deutschland und Europa*, Band III, herausgegeben von Detlef Merten und Hans-Jürgen Papier, Heidelberg: C. F. Müller Verlag, § 62.
Levi, Edward H. (1949), *An Introduction to Legal Reasoning*, Chicago: The University of Chicago Press.
Löwer, Wolfgang (^{3}2005), »Zuständigkeiten und Verfahren des Bundesverfassungsgerichts«, in: *Handbuch des Staatsrechts der Bundesrepublik Deutschland*, Band III, herausgegeben von Josef Isensee und Paul Kirchhof, Heidelberg: C. F. Müller Verlag, § 70.
Menzel, Jörg (Hg.) (2000), *Verfassungsrechtsprechung. Hundert Entscheidungen des Bundesverfassungsgerichts in Retrospektive*, Tübingen: J. C. B. Mohr (Paul Siebeck).
Merten, Detlef (2009), »Verhältnismäßigkeitsgrundsatz«, in: *Handbuch der Grundrechte in Deutschland und Europa*, Band III, herausgegeben von Detlef Merten und Hans-Jürgen Papier, Heidelberg: C. F. Müller Verlag, § 68.
Merli, Franz (2007), »Rechtsprechungskonkurrenz zwischen nationalen Verfassungsgerichten, Europäischem Gerichtshof und Europäischem Gerichtshof für Menschenrechte«, in: *Veröffentlichungen der Vereinigung der Deutschen Staatsrechtslehrer* 66, S. 392-422.
Mertz, Elisabeth (Hg.) (2008), *The Role of Social Science in Law*, Aldershot: Ashgate Publishing.
Möllers, Christoph (2005), *Gewaltengliederung. Legitimation und Dogmatik im nationalen und internationalen Rechtsvergleich*, Tübingen: J. C. B. Mohr (Paul Siebeck).
– (2007), »Formloser Sozialstaat gegen rechtsstaatliche Form – Zustimmungsrechte des Bundesrates und Rechtsverordnungsermächtigungen durch den Bundestag – BVerfG 2 BvF 2/03 vom 13. 9. 2005«, in: *Jura – Juristische Ausbildung* 29, S. 932-937.
– (2008), *Die drei Gewalten. Legitimation der Gewaltengliederung in Verfassungsstaat, Europäischer Integration und Internationalisierung*, Weilerswist: Velbrück Wissenschaft.
Monahan, John/Laurens Walker (^{7}2010): *Social Science in Law. Cases and Materials*, New York: Foundation Press.
Nierhaus, Michael (1997), »Bestimmtheitsgebot und Delegationsverbot

des Art. 80 Abs. 1 Satz 2 GG und der Gesetzesvorbehalt der Wesentlichkeitstheorie«, in: *Verfassungsstaatlichkeit. Festschrift für Klaus Stern zum 65. Geburtstag*, herausgegeben von Joachim Burmeister, München: Verlag C.H. Beck, S. 717-732.

Nino, Carlos Santiago (1996), *The Constitution of Deliberative Democracy*, New Haven: Yale University Press.

Nipperdey, Hans Carl (1961): *Grundrechte und Privatrecht*, Krefeld: Scherpe Verlag.

Oeter, Stefan (2007), »Rechtsprechungskonkurrenz zwischen nationalen Verfassungsgerichten, Europäischem Gerichtshof und Europäischem Gerichtshof für Menschenrechte«, in: *Veröffentlichungen der Vereinigung der Deutschen Staatsrechtslehrer* 66, S. 361-391.

Ossenbühl, Fritz (1976), »Die Kontrolle von Tatsachenfeststellungen und Prognoseentscheidungen durch das Bundesverfassungsgericht«, in: *Bundesverfassungsgericht und Grundgesetz. Festgabe aus Anlaß des 25jährigen Bestehens des Bundesverfassungsgerichts*, Band 1, herausgegeben von Christian Starck, Tübingen: J. C. B. Mohr (Paul Siebeck), S. 458-518.

Papier, Hans-Jürgen (2009), »Das Bundesverfassungsgericht als Hüter der Grundrechte«, in: *Handbuch der Grundrechte in Deutschland und Europa*, Band III, herausgegeben von Detlef Merten und Hans-Jürgen Papier Heidelberg: C. F. Müller Verlag, § 80.

Poscher, Ralf (2011), »Sicherheitsverfassungsrecht im Wandel«, in: *Der Eigenwert des Verfassungsrechts. Was bleibt von der Verfassung nach der Globalisierung?*, herausgegeben von Thomas Vesting und Stefan Korioth, Tübingen: J. C. B. Mohr (Paul Siebeck) (im Erscheinen).

Postema, Gerald J. (2002), »Philosophy of the common law«, in: *The Oxford Handbook of Jurisprudence and Philosophy of Law*, herausgegeben von Jules Coleman und Scott Shapiro, Oxford: Oxford University Press, S. 588-622.

Riecken, Jörg (2003), *Verfassungsgerichtsbarkeit in der Demokratie. Grenzen verfassungsgerichtlicher Kontrolle unter besonderer Berücksichtigung von John Hart Elys prozeduraler Theorie der Repräsentationsverstärkung*, Berlin: Duncker & Humblot.

Rixen, Stephan (2010a), »Was folgt aus der Folgerichtigkeit?«, in: *Die Sozialgerichtsbarkeit* 57, S. 240-245.

– (2010b), »Verfassungsrecht ersetzt Sozialpolitik? ›Hartz IV‹ auf dem Prüfstand des BVerfG«, in: *Sozialrecht aktuell* 14, S. 81-87.

Roellecke, Gerd ([3]2005), »Aufgaben und Stellung des Bundesverfassungsgerichts im Verfassungsgefüge«, in: *Handbuch des Staatsrechts der Bundesrepublik Deutschland*, Band III, herausgegeben von Josef Isensee und Paul Kirchhof Heidelberg: C. F. Müller Verlag, § 67.

Roland, Sébastien (2008), *Le triangle décisionnel communautaire à l'aune de la théorie de la séparation des pouvoirs. Recherches sur la distribution des pouvoirs législatif et exécutif dans la Communauté*, Brüssel: Bruylant.
Rosen, Paul L. (1972), *The Supreme Court and Social Science*, Urbana: The University of Illinois Press.
Rüthers, Bernd (⁶2005 [1968]), *Die unbegrenzte Auslegung. Zum Wandel der Privatrechtsordnung im Nationalsozialismus*, Tübingen: J. C. B. Mohr (Paul Siebeck).
Schaal, Gary S. (2000), »Vertrauen in das Bundesverfassungsgericht und die Akzeptanz seiner Entscheidungen als Indikatoren der Geltung und Akzeptanz konstitutioneller Ordnungsvorstellungen«, in: *Zeitschrift für Rechtssoziologie* 21, S. 419-446.
Schauer, Frederick (1987), »Precedent« in: *Stanford Law Review* 39, S. 571-605.
Schenke, Ralf (2007), *Die Rechtsfindung im Steuerrecht. Konstitutionalisierung, Europäisierung, Methodengesetzgebung*, Tübingen: J. C. B. Mohr (Paul Siebeck).
– (2009), »Methodenlehre und Grundgesetz«, in: *Macht und Ohnmacht des Grundgesetzes*, herausgegeben von Horst Dreier, Berlin: Duncker & Humblot, S. 51-74.
Schenke, Wolf-Rüdiger (2006), »Das ›gefühlte‹ Misstrauen. Zur Verfassungsrechtslage nach der Entscheidung des Bundesverfassungsgerichts vom 25. 8. 2005 zur Vertrauensfrage nach Art. 68 GG«, in: *Zeitschrift für Politik* 53, S. 26-49.
Schlaich, Klaus (1981), »Die Verfassungsgerichtsbarkeit im Gefüge der Staatsfunktionen«, in: *Veröffentlichungen der Vereinigung der Deutschen Staatsrechtslehrer* 39, S. 99-146.
–/Korioth, Stefan (⁸2010), *Das Bundesverfassungsgericht. Stellung – Auftrag – Verfahren*, München: Verlag C. H. Beck.
Schlink, Bernhard (1981), »Die Entthronung der Staatsrechtswissenschaft durch die Verfassungsgerichtsbarkeit«, in: *Der Staat* 28, S. 161-172.
– (2001), »Der Grundsatz der Verhältnismäßigkeit«, in: *Festschrift 50 Jahre Bundesverfassungsgericht*, Band II, herausgegeben von Peter Badura und Horst Dreier, Tübingen: J. C. B. Mohr (Paul Siebeck), S. 445-466.
– (2007), »Abschied von der Dogmatik. Verfassungsrechtsprechung und Verfassungsrechtwissenschaft im Wandel«, in: *JuristenZeitung* 62, S. 157-162.
Schneider, Hans-Peter (1999a), »Richter oder Schlichter? Das Bundesverfassungsgericht als Integrationsfaktor«, in: *Aus Politik und Zeitgeschichte* B 16, S. 9-19.
– (1999b), »Acht an der Macht! Das Bundesverfassungsgericht als ›Repa-

raturbetrieb‹ des Parlamentarismus?«, in: *Neue Juristische Wochenschrift* 52, S. 1303-1305.
Schoch, Friedrich (2006), »Der funktionale Zusammenhang zwischen der Vertrauensfrage des Bundeskanzlers und dem parlamentarischen Regierungssystem«, in: *Zeitschrift für Staats- und Europawissenschaften* 4, S. 88-102.
Schönberger, Christoph (2006), »›Verwaltungsrecht als konkretisiertes Verfassungsrecht‹. Die Entstehung eines grundgesetzabhängigen Verwaltungsrechts in der frühen Bundesrepublik«, in: *Das Bonner Grundgesetz. Altes Recht und neue Verfassung in den ersten Jahrzehnten der Bundesrepublik Deutschland (1949-1969)*, herausgegeben von Michael Stolleis, Berlin: Berliner Wissenschafts-Verlag, S. 53-84.
– (2009), »Die Europäische Union zwischen ›Demokratiedefizit‹ und Bundesstaatsverbot. Anmerkungen zum Lissabon-Urteil des Bundesverfassungsgerichts«, in: *Der Staat* 48, S. 535-559.
– (2011a), »Der Aufstieg der Verfassung: Zweifel an einer geläufigen Triumphgeschichte«, in: *Der Eigenwert des Verfassungsrechts. Was bleibt von der Verfassung nach der Globalisierung?*, herausgegeben von Stefan Korioth und Thomas Vesting, Tübingen: J. C. B. Mohr (Paul Siebeck) (im Erscheinen).
– (2011b), »Anmerkungen zu Karlsruhe«, siehe in diesem Band S. 9-74.
Scholz, Rupert (1999), »Das Bundesverfassungsgericht: Hüter der Verfassung oder Ersatzgesetzgeber?«, in: *Aus Politik und Zeitgeschichte* B 16, S. 3-8.
Schulze-Fielitz, Helmuth (1997), »Das Bundesverfassungsgericht in der Krise des Zeitgeistes. Zur Metadogmatik der Verfassungsinterpretation«, in: *Archiv des öffentlichen Rechts* 122, S. 1-31.
– (2000), »Das Bundesverfassungsgericht und die öffentliche Meinung«, in: *Bundesverfassungsgericht und gesellschaftlicher Grundkonsens*, herausgegeben von Christian Bumke und Gunnar Folke Schuppert, Baden-Baden: Nomos Verlagsgesellschaft, S. 111-144.
– (2009), »Schattenseiten des Grundgesetzes«, in: *Macht und Ohnmacht des Grundgesetzes*, herausgegeben von Horst Dreier, Berlin: Duncker & Humblot, S. 9-50.
Schuppert, Gunnar Folke/Christian Bumke (2000), *Die Konstitutionalisierung der Rechtsordnung: Überlegungen zum Verhältnis von verfassungsrechtlicher Ausstrahlungswirkung und Eigenständigkeit des »einfachen« Rechts*, Baden-Baden: Nomos Verlagsgesellschaft.
Simmel, Georg (^{3}1923), *Soziologie. Untersuchungen über die Formen der Vergesellschaftung*, München: Duncker & Humblot.
Smend, Rudolf (^{2}1968 [1962]), »Festvortrag zur Feier des zehnjährigen

Bestehens des Bundesverfassungsgerichts am 26. Januar 1962«, in: ders., *Staatsrechtliche Abhandlungen*, Berlin: Duncker & Humblot, S. 581-593.

Staupe, Jürgen (1986), *Parlamentsvorbehalt und Delegationsbefugnis. Zur ›Wesentlichkeitslehre‹ und zur Reichweite legislativer Regelungskompetenz, insbesondere im Schulrecht*, Berlin: Duncker & Humblot.

Steiner Udo (2009), »Zum Kooperationsverhältnis von Bundesverfassungsgericht und Europäischem Gerichtshof für Menschenrechte«, in: *Recht als Medium der Staatlichkeit. Festschrift für Herbert Bethge zum 70. Geburtstag*, herausgegeben von Steffen Detterbeck, Berlin: Duncker & Humblot, S. 653-668.

Stern, Klaus (1993), »Zur Entstehung und Ableitung des Übermaßverbots«, in: *Wege und Verfahren des Verfassungslebens. Festschrift für Peter Lerche zum 65. Geburtstag*, herausgegeben von Peter Badura und Rupert Scholz, München: Verlag C. H. Beck, S. 165-175.

Stone Sweet, Alec (2000), *Governing with Judges. Constitutional Politics in Europe*, Oxford: Oxford University Press.

Sunstein, Cass R. (1996), *Legal Reasoning and Political Conflict*, New York: Oxford University Press.

– (1999), *One Case at a Time. Judicial Minimalism on the Supreme Court*, Cambridge: Harvard University Press.

– (2009), *A Constitution of Many Minds. Why the Founding Document Doesn't Mean What It Meant Before*, Princeton: Princeton University Press.

Thoma, Richard (1953), »Rechtsgutachten betreffend die Rechtsstellung des Bundesverfassungsgerichts«, in: *Jahrbuch des öffentlichen Rechts der Gegenwart* N. F. 6 (1956), S. 161-194.

Tribe, Laurence H. (^{3}2000), *American Constitutional Law*, New York: Foundation Press.

– (2005), »The treatise power«, in: *The Green Bag* 8, S. 292-306.

– (2008), *The Invisible Constitution*, New York: Oxford University Press.

Volkmann, Uwe (2011), »Der Aufstieg der Verfassung. Beobachtungen zum grundlegenden Wandel des Verfassungsbegriffs«, in: *Der Eigenwert des Verfassungsrechts. Was bleibt von der Verfassung nach der Globalisierung?*, herausgegeben von Stefan Korioth und Thomas Vesting, Tübingen: J. C. B. Mohr (Paul Siebeck) (im Erscheinen).

Voßkuhle, Andreas (^{6}2010a), »Kommentierung Art. 93 GG«, in: *Kommentar zum Grundgesetz*, Band 3, herausgegeben von Friedrich Klein, Hermann von Mangoldt und Christian Starck, München: Verlag Franz Vahlen.

– (2010b), »Die Integrationsverantwortung des Bundesverfassungsgerichts«, in: *Die Verwaltung. Zeitung für Verwaltungsrecht und Verwaltungswissenschaften*, Beiheft 10: *Das Europäische Verwaltungsrecht in der Konsolidierungsphase: Systembildung – Disziplinierung – Internationalisierung*, herausgegeben von Peter Axer, Bernd Grzeszick, Wolfgang Kahl u. a., Berlin: Duncker & Humblot, S. 229-239.
Wahl, Rainer (2003a [1981]), »Der Vorrang der Verfassung«, in: ders., *Verfassungsstaat, Europäisierung, Internationalisierung*, Frankfurt am Main: Suhrkamp Verlag, S. 121-160.
– (2003b [1984]), »Der Vorrang der Verfassung und die Selbständigkeit des Gesetzesrechts«, ebd., S. 161-187.
– (2004), »Die objektiv-rechtliche Dimension der Grundrechte im internationalen Vergleich«, in: *Handbuch der Grundrechte in Deutschland und Europa*, Band I, herausgegeben von Detlef Merten und Hans-Jürgen Papier, Heidelberg: C. F. Müller Verlag, § 19.
Waldhoff, Christian (2008), »Steuerrecht und Verfassungsrecht. Bericht über ausgewählte Entscheidungen zu verfassungsrechtlichen Vorgaben für die Besteuerung der Jahre 2002-2007«, in: *Die Verwaltung. Zeitung für Verwaltungsrecht und Verwaltungswissenschaften* 41, S. 259-294.
Waldron, Jeremy (1999), *Law and Disagreement*, Oxford: Oxford University Press.
Weinkauff, Hermann (1960), »Der Naturrechtsgedanke in der Rechtsprechung des Bundesgerichtshofs«, in: *Neue Juristische Wochenschrift* 13, S. 1689-1696.
Werner, Fritz (1959), »Verwaltungsrecht als konkretisiertes Verfassungsrecht«, in: *Deutsches Verwaltungsblatt* 74, S. 527-533.
Wesel, Uwe (2004), *Der Gang nach Karlsruhe. Das Bundesverfassungsgericht in der Geschichte der Bundesrepublik*, München: Blessing Verlag.
Wieland, Joachim (²2004), »Kommentierung Art. 14 GG«, in: *Kommentar zum Grundgesetz*, Band I, herausgegeben von Horst Dreier, Tübingen: J. C. B. Mohr (Paul Siebeck).
Wilhelm, Hennis (1999), »Integration durch Verfassung«, in: *JuristenZeitung* 54, S. 485-492.
Wißmann, Hinnerk (1999), »Wo kein Kläger, da kein Richter. Verfassungsprozessuale Anmerkungen zum Urteil des BVerfG vom 14. 7. 1998«, in: *Die Öffentliche Verwaltung* 52, S. 152-156.
– (2008), *Generalklauseln. Verwaltungsbefugnisse zwischen Gesetzmäßigkeit und offenen Normen*, Tübingen: J. C. B. Mohr (Paul Siebeck).
– (2011), »Hirten der Verfassung? Das BVerfG, die Kirchen und der Sonntagsschutz«, in: *Jura – Juristische Ausbildung* 33, S. 214-222.

Christoph Möllers

Legalität, Legitimität und Legitimation des Bundesverfassungsgerichts*

* Klaus Schlaich, dem schärfsten wissenschaftlichen Beobachter des Bundesverfassungsgerichts, zum Gedenken. Für Hilfe bei der Recherche und Kritik danke ich herzlich Alexander Tischbirek, Johannes Bethge, Andrej Lang, Jelena von Achenbach und Tim Wihl.

»... das Grundgesetz leidet eher darunter, daß es zu wenig, als daß es zu sehr in Frage gestellt würde.«
Rudolf Smend (1962)

I. Einführung

Die Frage, wie die Kompetenzen des Bundesverfassungsgerichts zu rechtfertigen sind, wird in der reichen verfassungsrechtlichen Literatur in Deutschland vergleichsweise selten gestellt[1] – oder schlicht mit dem Hinweis auf die Verfassung beantwortet: Das Gericht wacht über die Einhaltung des Grundgesetzes, so wie das Grundgesetz es vorsieht. Diese Antwort wirkt freilich nicht nur im Rechtsvergleich bemerkenswert dürftig, gehört doch die Legitimation von Verfassungs- und obersten Gerichten zu den zentralen Fragen der Verfassungsrechtswissenschaft der meisten demokratischen Rechtsstaaten, während das geringe Interesse der deutschen Rechtswissenschaft eine irritierende Ausnahme darstellt.[2] Sie ist vor allem in der Sache wenig überzeugend: Der Verweis auf Recht muss zwar innerhalb einer Rechtsordnung als entscheidendes Argument dienen (Raz 1975). Ein *Ge-*

1 Vgl. zu den zugrundeliegenden unterschiedlichen Souveränitätskonzeptionen in Großbritannien, der Schweiz und in der Bundesrepublik: Abromeit 1995.

2 Diese Aussage steht vor dem Hintergrund der gewaltigen Literatur zu einzelnen Entscheidungen; vgl. als Gegenprobe so weit nur Grimm 1976; Gusy 1985: 132ff.; Roellecke 1987; Simon 1994: RN 42-60; Böckenförde 1999. Ein Grund scheint darin zu bestehen, dass dem Gericht statt den – in westlichen Verfassungstraditionen verbreiteten – Mitteln der politischen Theorie eher mit Begriffen gesellschaftlichen Wandels oder des Verfassungswandels beigekommen werden soll (Ebsen 1985; Walter 2000; zur Kritik der Kategorie Verfassungswandel: Voßkuhle 2004), so als sei eine Entwicklung dadurch gerechtfertigt, dass sie stattgefunden habe. Jellineks Behauptung von der »normativen Kraft des Faktischen« ist aber nur Ausdruck der Kategorienarmut der Staatsrechtslehre des Kaiserreichs (Möllers 2011: 18ff.), kein tauglicher Ausgangspunkt für eine Legitimationsanalyse.

richt kann nur in dieser Weise antworten, will es seine Funktion nicht aufgeben. Für die rechts*wissenschaftliche* Frage nach der Rechtfertigung kann dieser Hinweis aber nicht hinreichen. Eine Rechtswissenschaft, die sich an dieser Stelle auf das positive Recht beschränkt, verkennt ihre Aufgabe – sie leidet an einer falschen Selbstidentifikation mit der richterlichen Tätigkeit, sie verwechselt Recht und Rechtswissenschaft. Das von politischen und anderen gesellschaftlichen Kontexten besonders abhängige Verfassungsrecht dürfte durch eine solche Verwechselung besonders schmerzliche Beschreibungsverluste erleiden.

Als Verfassungsgerichte werden wir im Folgenden Gerichte bezeichnen, die die Befugnis haben, demokratische Gesetze am Maßstab einer Verfassung zu überprüfen und zu verwerfen. Eine solche Kompetenz kann bei einem Gericht *konzentriert* und *spezialisiert* ausgeübt werden. Das ist beim Bundesverfassungsgericht der Fall, das als einziges Gericht im deutschen Recht Gesetze verwerfen kann und ausschließlich über verfassungsrechtliche Fragen entscheidet. Alle seine Aussprüche erzeugen Verfassungsrecht und können den demokratischen Gesetzgeber binden. Umgekehrt ist es im amerikanischen Fall, in dem alle Bundesgerichte Verfassungsfragen und andere Rechtsprobleme gemeinsam entscheiden und ein Gesetz verwerfen können.

Die Institution der verfassungsgerichtlichen Kontrolle hat verschiedene Wurzeln: Die letztinstanzliche Kontrolle der Gerichte durch ein Obergericht, die föderale Gerichtsbarkeit einer Bundesebene, die die Einheit eines Rechtsraumes sichern soll, die Staatsgerichtsbarkeit, die Konflikte zwischen den politischen Organen im Ausnahmefall entscheidet und die gerichtliche Anwendung von Grundrechten auch gegen den Gesetzgeber. Das Bundesverfassungsgericht verbindet in seinen »einzigartig großzügigen« Kompetenzen (Helms 2006: 65) alle diese Wurzeln: In Organstreitverfahren entscheidet es Konflikte zwischen den Organen, in Bund-Länder-Streitigkeiten zwischen den bundesstaatlichen Ebenen, im Verfahren der Verfassungsbeschwerde können sich Grundrechtsträger direkt an das Gericht werden, im Verfahren der konkreten Normenkontrolle können Untergerichte dem Gericht eine Rechtsfrage vorlegen, im Verfahren der abstrakten Normenkontrolle schließlich können Verfassungsorgane die Verfassungsmäßigkeit eines Gesetzes überprüfen lassen.

Aus dem Vorrang der Verfassung folgt keine Notwendigkeit, eine gerichtliche Kontrolle der Verfassung zuzulassen, geschweige denn ein spezielles Verfassungsgericht zu institutionalisieren (Nino 1996: 189ff.). Entgegen einem in Deutschland gepflegten Mythos führt auch kein natürlicher Weg vom Konstitutionalismus zur verfassungsgerichtlichen Kontrolle (Gusy 1985: 30f.). Zwar ist das Modell einer spezialisierten, umfassend ausgestatteten Verfassungsgerichtsbarkeit im Moment weltweit auf dem Vormarsch (Ginsburg 2008; Hirschl 2004); aber es ist nicht die einzige institutionelle Lösungsmöglichkeit zum Schutz des Verfassungsvorrangs. Viele europäische Länder haben keine auf Verfassungsfragen spezialisierte Gerichtsbarkeit, manche kennen gar keine Kontrolle der Verfassungsmäßigkeit durch Gerichte (Brünneck 1992; Brunner 2002). Weltweite Verbreitung fand die Einrichtung einer spezialisierten Verfassungsgerichtsbarkeit nach 1945 und dann noch einmal nach 1989. Sie ist eine typische institutionelle Reaktion auf totalitäre Erfahrungen.

Die folgenden Überlegungen wollen die Frage nach der Rechtfertigung der Verfassungsgerichtsbarkeit des Grundgesetzes grundsätzlich aufwerfen. Dabei wird sich die Untersuchung weitgehend auf das Gericht als Institution beschränken, also seine Verfahrens- und Organisationsstrukturen in den Blick nehmen, sich dagegen mit seiner Rechtsprechung in der Sache nur sehr eingeschränkt beschäftigen. Der Beitrag setzt zu diesem Zweck bei einer dreiteiligen Unterscheidung an, die das komplexe Problem der Rechtfertigung des Gerichts in den Blick bekommen soll. Er beginnt mit der Legalität des Gerichts, also der Frage, inwieweit der Hinweis, das Gericht wende Recht an und sei an Recht gebunden, trägt, um sein Handeln zu beschreiben (II.). Dem folgt ein Blick auf die Legitimität des Gerichts, also die faktische Akzeptanz seiner Entscheidungspraxis (III.). Schließlich und am eingehendsten wendet sich der Beitrag der Legitimation des Gerichts zu, also der nunmehr *normativen* Frage, welche guten Gründe es für die Einrichtung des Gerichts in dieser Form gibt (IV.). Dieser Teil wird aus zwei Gründen deutlich ausführlicher sein als die beiden anderen: Zum Ersten, weil zur Beantwortung der Frage eine eingehende theoretische Vorüberlegung nötig ist; zum Zweiten, weil deren Beantwortung genauer auf einzelne Entscheidungsstrukturen des Gerichts eingehen muss. In einer Schlussbetrachtung sind alle drei Elemente zueinander ins Verhältnis zu setzen (V.).

Mit dem Beitrag wird der Versuch unternommen, die disziplinär und vergleichend introvertierte, theoretisch bescheidene deutsche Debatte zur Verfassungsgerichtsbarkeit an die Diskussionen anderer Disziplinen und anderer Rechtsordnungen anzuschließen. Handelt es sich bei diesem Beitrag um eine »Kritik« am Bundesverfassungsgericht? Wenn man unter Kritik eine an Argumenten interessierte Auseinandersetzung versteht (Jaeggi 2009), sicherlich. Unter dieser Voraussetzung ist aber auch klar, dass in einem wissenschaftlichen Kontext, in dem Argumente zählen, auch die Rechtfertigung einer Institution nicht ohne Kritik denkbar ist. Nur eine Auseinandersetzung mit dem Gericht, die sich nicht auf einen verfassungsrechtlichen Institutionenpositivismus beschränkt, kann die Institution erklären und rechtfertigen.

II. Legalität: Zur Rechtsbindung des Bundesverfassungsgerichts

II.1 Das legale Gericht

Ist es sinnvoll, nach der Legalität des Bundesverfassungsgerichts zu fragen? Kann ein Verfassungsgericht illegal handeln? Auf einer ersten Ebene muss diese Frage mit dem Hinweis auf die Regelungen beantwortet werden, in denen das Grundgesetz und das Bundesverfassungsgerichtsgesetz ebendieses Gericht eingerichtet haben. Das Bundesverfassungsgericht ist im deutschen Recht so ausdrücklich und ausführlich geregelt, dass es schwerfällt, seine Tätigkeit aus der Perspektive der Legalität in Zweifel zu stellen. Der Parlamentarische Rat wollte im Ergebnis eine starke Verfassungsgerichtsbarkeit, auch wenn die Diskussionen vielfältig waren. Die dennoch eindeutige Entscheidung für eine spezialisierte Verfassungsgerichtsbarkeit hat die Debatte der deutschen Nachkriegsrechtswissenschaft geprägt, deren viel beklagter »Bundesverfassungsgerichtspositivismus« (Schlink 1989; zuvor in der Sache schon Schlaich 1981: 139) vielleicht weniger darin bestand, die Urteile des Gerichts zu akzeptieren, als darin, das Gericht als Institution zu akzeptieren, ohne dafür Gründe zu entwickeln, die über den Hinweis auf seine »Legalität« hinausgingen.

In der rechtlich makellosen Entstehungsgeschichte des Bundesverfassungsgerichts liegt ein Grund dafür, dass wissenschaftliche Diskurse aus anderen Ländern wie den USA (Kahn 2002) oder Israel (Hirschl 2004: 172 ff.), in denen sich ein oberstes Gericht selbst zum Verfassungsgericht gewandelt und sich das Recht zugesprochen hat, demokratische Gesetze zu verwerfen, nicht auf den deutschen Fall passen.

Die gewaltige Literatur zur sogenannten »counter-majoritarian difficulty« (Bickel 1962; Kramer 2004; vgl. aber auch Kielmannsegg 1988: 401f.), also zum Phänomen, dass ein demokratisch nicht verantwortliches Gericht Mehrheitsentscheidungen aufzuheben vermag, hat – von den USA ausgehend – eine globale Diskussion ausgelöst, die zur Beschreibung des Bundesverfassungsgerichts – und vieler anderer posttotalitärer Verfassungsgerichte auf der ganzen Welt – nicht taugt. Auf einer ersten Ebene ist es darum plausibel, dass die starke und eindeutige Legalität der Einrichtung des Gerichts die Frage nach seiner Legitimation in den Hintergrund drängen konnte. Auf einer zweiten Ebene bedeutet Legalitätsbindung aber mehr: Eine Bindung an Maßstäbe, über die das Gericht nicht selbst verfügt und die sich durch demokratische Entscheidungen ändern lassen. Ob ein solcher Legalitätsbegriff überhaupt und namentlich im Verfassungsrecht funktioniert, ist überaus umstritten (zur Kritik Dworkin 1977). Vielleicht sollten Verfassungsgerichte sich auch an selbstentwickelten, auf einen Fall bezogenen Gerechtigkeitsmaßstäben orientieren, statt ausschließlich an positivem Recht (IV.3.)? Solange wir ein Gericht allerdings als ein Organ verstehen, das gebunden handelt, und solange es selbst in seinen Entscheidungen auf Rechtsbindungen verweist, ist der genannte Legalitätsbegriff unverzichtbar. Lässt er sich auf das Bundesverfassungsgericht anwenden?

II.2 Gesetzesbindung des Gerichts

Das Bundesverfassungsgericht ist an das Grundgesetz und das parlamentarische Gesetz gebunden (Schlaich/Korioth 2010: RN 32ff.; Voßkuhle 2010: RN 29). Gerade die Bindung an das gerne als »einfach« bezeichnete, immerhin demokratisch überragend legitimierte parlamentarische Gesetz ist von Bedeutung: Auch wenn das Gericht die Kompetenz hat, Gesetze aufzuheben, bleibt es doch an all diejenigen Gesetze gebunden, die es nicht aufgehoben hat. Theoretisch sind sogar – pathologische – Fälle denkbar, in denen das Handeln des Bundesverfassungsgerichts von anderen Gerichten beurteilt werden könnte, etwa wenn Richtern des Verfassungsgerichts vorgeworfen würde, bewusst Normen falsch ausgelegt und sich dadurch strafrechtlich oder zivilrechtlich verantwortlich gemacht zu haben. Dass ein solcher Konflikt in Deutschland nicht stattfinden dürfte, hängt an der Kultur des Umgangs der Gerichte miteinander, nicht an der formellen Struktur der Rechtsordnung. Dies zeigen die Fälle Spaniens und Italiens, in denen solche Konflikte zwischen dem Verfassungsgericht und Straf- und Zivilgerichten vorgekommen sind (Hansen 2008).

Auch wenn das Bundesverfassungsgericht de facto von keiner anderen Institution hinsichtlich der Legalität seines Handelns kontrolliert wird, es vielmehr als die oberste Institution zur Definition von Legalität im deutschen Recht verstanden werden kann, bleibt die Frage nach der einfachgesetzlichen Legalität seines Handelns nicht irrelevant. In ihr zeigt sich nämlich ein bemerkenswertes Strukturdilemma: Auf der einen Seite kann das Gericht seine Autorität nur aus seiner Bindung an das Recht, an Verfassungsrecht und Gesetz, beziehen. Denn als ein Gericht hat es die eigenen Entscheidungen nicht durch politischen Willen oder durch Ergebniseffizienz zu legitimieren, es ist vielmehr stets darauf angewiesen, rechtliche Gründe zu entwickeln (Möllers 2005: 95 ff.). Auf der anderen Seite wird diese Bindung an das Recht im Fall des Verfassungsgerichts durch verschiedene Faktoren faktisch deutlich geschwächt: Zum Ersten gelten die meisten gesetzlichen Regeln, die das Bundesverfassungsgericht verpflichten, nur für das Bundesverfassungsgericht. Es sind Normen wie das Bundesverfassungsgerichtsgesetz, welches Wahl, Ernennung und Verfahren regelt, die nur einen einzigen Adressaten haben – Regelungen mit nur einem Adressaten fehlt es allerdings an einer Routinisierung durch eine Vielzahl von Verpflichteten und Anwendungsfällen, die erst gesicherte Legalitätsstrukturen schafft (Weber 1922: 477f.).

Zum Zweiten kann die Einhaltung dieser Regeln, wie gesehen, nicht kontrolliert werden, weil das Bundesverfassungsgericht als höchstes Gericht fungiert. Es bleibt im Verfahrensrecht Richter in eigener Sache, und auch dies stärkt den Legalitätshinweis nicht, der seine Überzeugungskraft eben auch aus einer unabhängigen Kontrolle der Einhaltung gewinnt.

Zum Dritten schließlich hat ein Verfassungsgericht die Möglichkeit, Normen des einfachen Gesetzesrechts im Lichte verfassungsrechtlicher Normen oder Grundsätze auszulegen und damit aus vergleichsweise eindeutigen Verfahrensregeln grundlegendere, aber zugleich auch vagere Prinzipien zu entwickeln.[3] An dieser Stelle geht es nicht um die Frage, ob ein solches Vorgehen methodisch oder legitimationstheoretisch statthaft ist oder nicht. Festzustellen ist zunächst nur zweierlei: Zum einen, dass das Bundesverfassungsgericht diesen Weg geht. Zum anderen, dass die an verfassungsrechtlichen Prinzipien orientierte Auslegung gesetzlicher Regeln jedenfalls nicht dem Idealtyp der Legalitätsbindung entspricht. Das Bundesverfassungsgericht hat den Weg eines freien Umgangs mit dem Prozessrecht nicht nur in vielen Einzelfällen, sondern sogar in bemerkenswert grundsätzli-

3 Ein Beispiel ist der Grundsatz der Subsidiarität der Verfassungsbeschwerde.

cher Weise eingeschlagen, indem es sich zum »Herrn seines Verfahrens« ernannt oder »Verfahrensautonomie« für sich in Anspruch genommen hat (Schlaich/Korioth 2010: RN 54ff.; Klein 2001: 510ff.). Herr des Verfahrens ist aber unter dem Legalitätsparadigma des Grundgesetzes der Gesetzgeber, der die Verfahrensregeln definiert, nicht das Gericht, das diese Regeln anwenden soll. Wohlgemerkt: Es mag gute Gründe für den freien Umgang des Gerichts mit den Verfahrensregeln geben, solche guten Gründe sind aber von einer strikten Rechtsbindung zu unterscheiden. Die Bindung an das Gesetz scheint für das Bundesverfassungsgericht aus diesen teils strukturellen, teils in der Eigenart seiner Rechtsprechung liegenden Gründen weniger wirksam zu sein als für andere Gerichte.

II.3 Verfassungsbindung des Gerichts

Diese Relativierung der Gesetzesbindung könnte mit dem Hinweis auf die Verfassungsbindung des Gerichts gerechtfertigt werden. Juristisch ist dieser Hinweis allerdings, wie gesehen, nicht zutreffend, weil das Gericht nur an diejenigen Gesetze nicht gebunden ist, die es in einer Entscheidung verworfen hat. Dem Gericht steht die Möglichkeit offen, Gesetzesrecht auch in eigener Sache verfassungskonform auszulegen, doch stellt auch dies eine Relativierung der Gesetzesbindung dar (Voßkuhle 2000). Während die Bindung des Gerichts an das Gesetz somit prekär erscheint, wird man die Bindung des Gerichts an die Verfassung auf den ersten Blick für unproblematisch halten, denn das Gericht selbst legt das Grundgesetz, wie gerne formuliert wird, »letztverbindlich« aus. Auf den zweiten Blick stellen sich jedoch auch hier Fragen.

Eine erste ergibt sich aus dem Selbstverständnis des Gerichts. Inwieweit versteht sich das Gericht als Teil der Verfassungsordnung und nicht als Instanz außerhalb dieser, die über die Einhaltung der Verfassung wacht? An diesem Punkt entsteht, auch dies zeigte sich bereits, für jedes oberste Gericht ein Dilemma. Es kann sich nur durch den Hinweis auf eine Legalitätsordnung rechtfertigen, die es selbst ohne weitere Kontrollen auslegen kann. Das Problem wird im Fall des Bundesverfassungsgerichts dadurch verschärft, dass das Bundesverfassungsgericht gleich zweifach den Anspruch erhoben hat, die eigene Stellung innerhalb der Rechtsordnung selbst zu bestimmen. Zum Ersten illustriert die erwähnte Selbstbezeichnung als »Herr seines Verfahrens« bzw. als Inhaber seiner »Verfahrensautonomie« den Anspruch des Gerichts, Regeln, die es beschränken sollen, in die eigenen Hände zu nehmen. Weil das Verfahrensrecht im Gesetz und in der Verfassung geregelt ist, löst das Gericht mit ihm nicht nur seine Gesetzes-, sondern auch seine Verfassungsbindung. Gleiches gilt, zum Zweiten, für die zu Beginn seiner Rechtsprechung stehende, quasiamtliche Selbsteinordnung des Gerichts als »Verfassungsorgan«. Bis heute ist dieser Status dem Text und der Systematik des Grundgesetzes nicht zu entnehmen, in dem das Gericht einfach als Teil der rechtsprechenden Gewalt behandelt wird (zur Rechtfertigung unten IV.3.).

Eine zweite, allgemeinere Einschränkung der Verfassungsbindung ergibt sich aus der offenen Formulierung der Verfassungsnormen selbst. Beispielhaft: Eine Norm wie Art. 1 Abs. 1 GG – »Die Würde des Menschen ist unantastbar« – liefert einerseits einen sehr starken normativen Anspruch, auf der anderen Seite bleibt eigentlich alles an ihr ungewiss und ist entsprechend wissenschaftlich umstritten: Handelt es sich wirklich um eine Rechtsnorm oder nur um eine Art

Programmsatz? Handelt es sich um ein subjektives Recht oder um eine objektive Norm? Was bedeutet »Menschenwürde«? Auch wenn das Bedeutungsproblem in diesem speziellen Fall in potenzierter Form in Erscheinung tritt, ist ein hoher Grad an Unbestimmtheit doch für das gesamte Verfassungsrecht typisch. Es wäre allerdings verfehlt, diese Offenheit des Verfassungsrechts, wie es oft geschieht, als ein Defizit zu verstehen. Verfassungen müssen entwicklungsoffen ausgestaltet werden, auch um dem politischen Prozess Entscheidungsspielräume zu lassen. Für ein Gericht jedoch, das Entscheidungen auf Grundlage des Rechts treffen soll und dessen Entscheidungsstruktur jedenfalls in ihren Begründungen keine Kompromisse kennt (Taylor 1995: 130), ist dies ein Mangel. Es relativiert die Überzeugungskraft seiner Rechtsbindung.

In der rechtswissenschaftlichen Literatur hat eine andere Frage aus diesem Umfeld große Aufmerksamkeit erfahren: die Frage, wie der verfassungsrechtliche Maßstab des Bundesverfassungsgerichts vom gesetzlichen Maßstab abzugrenzen ist, den die anderen Gerichte zu beachten haben. Als reines Verfassungsgericht kann das Bundesverfassungsgericht bei der Überprüfung von Gerichtsurteilen nur Verfassungsrecht, nicht auch Gesetzesrecht überprüfen. Sonst wäre es einfach nur eine weitere Instanz. Wie kann man das Gericht darauf beschränken, obwohl das Grundgesetz doch auch die Bindung an das einfache Gesetz anordnet, also jeder Gesetzesverstoß auch ein Verfassungsverstoß sein kann (Nachweise bei Hermes 2003; Jestaedt 2001)? Das Gericht selbst hat dazu pragmatische Formeln entwickelt. Eine wissenschaftlich-systematische Lösung des Problems kann es – das wusste schon Kelsen (1929: 40) – nicht geben. Die überwältigende Fülle an staatsrechtlicher Literatur zu dieser Frage ist ein weiterer Indikator für eine wissenschaftlich unergiebige Fixierung auf die Entscheidungsperspektive des Gerichts. Klaus Schlaich hat dagegen zu Recht auf die begrenzte legitimatorische Bedeutung dieses Problems hingewiesen und eine bis heute nicht beantwortete Frage gestellt: »[W]as ist in dem Verhältnis Bundesverfassungsgericht – Fachgerichtsbarkeit eigentlich *schützenswert*?« (Schlaich 1981: 120)

II.4 Die Legalitätsschleife

Die Bindung des Bundesverfassungsgerichts an Gesetz und Verfassung ist also keine Selbstverständlichkeit, obwohl genau diese Bindung für ein Gericht den entscheidenden Rechtfertigungsfaktor darstellt. Diese Relativierung der Bindung hat, wie sich zeigte, zunächst strukturelle Gründe, die oberste Gerichte betreffen: Gerichte legen ihre eigenen Zuständigkeiten aus, oberste Gerichte befinden sich in der besonderen Situation, nur individuelle, auf die eigene Institution zugeschnittene Regeln anwenden zu müssen, die zudem von keiner weiteren Instanz kontrolliert werden. Außerdem führt die Befugnis, Gesetze verwerfen zu können, stets auch zu einem freieren Umgang mit dem einfachen Gesetz. Damit ist die Legalität des Handelns von Verfassungsgerichten strukturell defizitär. Dies kann nicht durch die Tautologie hinwegdefiniert werden, dass legal ist, was ein Gericht als legal bezeichnet. Denn natürlich besteht die Pointe einer Bindung durch Legalität gerade darin, dass diese Bindung das Handeln der Gerichte im Vorhinein bestimmt, nicht darin, dass diese Bindung erst im Moment der Entscheidung des Gerichts für andere Organe entsteht.[4]

4 Zum dahinterstehenden Problem, ob wir die Normativität des Rechts als Bindung in die Zukunft denken können, grundlegend skeptisch: Müller-Mall 2011.

Andersherum formuliert: Wenn das Gericht Verfassungsstandards weitgehend selbst entwickelt, dann genügt das Paradigma der Legalität nicht dazu, sein Handeln zu rechtfertigen.

Wenn man unter dem Begriff der Legalität eine Fremdbindung versteht, kann Legalität auch Legitimation stiften, also Rechtfertigung durch Rechtsbindung schaffen. Wenn sich die Rechtbindung dagegen als Selbstbindung erweist, entsteht eine Legalitätsschleife, eine Selbstbezüglichkeit von zunächst ungewissem Rechtfertigungsgehalt. Ob der Kaiser Kleider trägt, ist dann mit dem Hinweis auf Legalität nicht zu entscheiden.

III. Legitimität: Zur Anerkennung des Bundesverfassungsgerichts

Der Begriff der Legitimität soll im Folgenden schlicht deskriptiv verstanden werden: Er bezeichnet die Akzeptanz, die faktische Anerkennung des Gerichts durch die von seinen Entscheidungen Betroffenen (Weber 1922: 775), also alle im deutschen Rechtsraum durch das Grundgesetz Berechtigten und Verpflichteten. Zwischen zwei miteinander zusammenhängenden Formen der Anerkennung sollte für unsere Zwecke unterschieden werden: Zwischen der Akzeptanz des Gerichts selbst und der Akzeptanz der grundgesetzlichen Ordnung im Ganzen, insoweit sie durch das Gericht vermittelt wird. Die zweite Form der Akzeptanz setzt die erste voraus.

III.1 Das populäre Gericht

Unbestritten ist mit Blick auf die erste Form von Legitimität die sehr hohe Popularität, die das Gericht in der bundesdeutschen Bevölkerung genießt (Lembcke 2006; Vorländer/Brodocz 2005) und fast durchgehend in seiner Geschichte genossen hat. Das Bundesverfassungsgericht ist das beliebteste staatliche Organ. Dieser Umstand ist – auch von Vertretern des Gerichts selbst – durchaus kritisch bewertet worden. Denn in dieser Zuneigung kann man auch eine spezifische Form der Politikvergessenheit, der Sehnsucht nach konfliktfreien Formen politischen Entscheidens erkennen, die sich nicht auf die Mühen repräsentativ-demokratischer Selbstbestimmung einlassen will. Dem Bundesverfassungsgericht kann in unguter Tradition die Aura eines unpolitischen, aber weisen Ersatzkaisers zugeschrieben werden (Höffe 1999: 176). Freilich ist diese Deutung nicht zwingend, denn sie unterstellt, dass die Befragten nicht wüssten, wie das Gericht entscheidet. Zudem ist die Bejahung einer verfassungsrechtlich stark umhegten demokratischen Ordnung – bei allen demokratietheoretischen Zweifeln – von der Unterstützung einer autoritären Regierungsform deutlich zu unterscheiden. Anders formuliert: Wer die starke Stellung des Gerichts in der Institutionenordnung der Bundesrepublik begrüßt, ja selbst wer das Gericht mehr schätzt als etwa den Bundestag, muss deswegen noch nicht dafür eintreten, Letzteren durch Ersteres zu ersetzen oder die repräsentative Demokratie abzuschaffen.

Interessanter als die allgemeine Beobachtung erscheint ein Blick auf die Frage, welchen seiner organisatorischen Eigenschaften das Gericht diese Beliebtheit verdankt. Wenn der Eindruck nicht täuscht, ergibt sich der öffentliche Erfolg des Gerichts vor allem aus der Möglichkeit der Verfassungsbeschwerde, also aus der Eröffnung eines Rechtsweges vor das Bundesverfassungsgericht für alle Grundrechtsträger. Mit dieser Möglichkeit, die bis in die Gegenwart den meisten demokratischen Verfassungsstaaten unbekannt ist, tritt das Gericht in unmittelbaren Kontakt zu den individuellen Anliegen von Bürgern. Weniger als Schiedsrichter zwischen den Verfassungsorganen oder den bundesstaatlichen Ebenen denn als Bewahrer individueller Rechte hat das Gericht, so lassen sich die empirischen Erkenntnisse deuten, seine Beliebtheit innerhalb der Gesellschaft der Bundesrepublik erworben. Durch seine beträchtlichen verfahrensrechtlichen Spielräume hat es zudem die Möglichkeit, Fälle auch in einer relativ frühen Verfahrensphase anzunehmen und zu entscheiden, also nicht nur als die von den Bürgern direkt anzurufende letzte, sondern auch als de facto einzige Instanz

Entscheidungen zu treffen (IV.3.). Das Selbstverständnis als »verfahrensautonom«, das für das Prozessrecht von Bedeutung ist, hat hier seinen konkreten Effekt.

Unter Mangel an Akzeptanz leidet das Bundesverfassungsgericht also nicht. Phasen in der Geschichte der Bundesrepublik, in denen das Gericht selbst Gegenstand politischer Angriffe oder öffentlicher Proteste wurde, konnten seine Beliebtheit nicht nachhaltig schmälern: Eine erste, in der es sich gegenüber der Regierungsmehrheit und einer stark von ehemaligen Nationalsozialisten geprägten Fachgerichtsbarkeit durchsetzen musste (Häussler 1994: 22ff.), eine zweite, in der es auf die politischen Reformanliegen der sozialliberalen Koalition wenig Rücksicht zu nehmen schien (Vogel 1978), und schließlich ein dritter Moment Mitte der neunziger Jahre, in dem es umgekehrt mit seinen als linksliberal wahrgenommenen Entscheidungen auf Gegenwehr stieß (Lamprecht 2009, Isensee 1996: 1088f.), haben seiner Beliebtheit allenfalls kurzfristig Abbruch getan. Die zugleich unpolitische und gemeinwohlbezogene Form der Entscheidungsfindung, insbesondere in der Verfahrensform der Verfassungsbeschwerde, die den »Gang nach Karlsruhe« (Wesel 2004) zu einem allgemeinen Bürgerrecht werden lässt, scheint dafür hauptursächlich. Inwieweit diese Ursachen auch als normative Gründe der Rechtfertigung des Gerichts zu rekonstruieren sind, wird sich in der Darstellung noch erweisen müssen (IV.2).

III.2 Das Bundesverfassungsgericht als gesellschaftlicher »Integrationsfaktor«?

Einen zweiten Typ von Legitimität könnte das Gericht dadurch mittelbar erwerben, dass seine Entscheidungen zur

Legitimität der Ordnung des Grundgesetzes im Ganzen beitrügen. Dass ein überaus populäres staatliches Organ ein positives Licht auf die Ordnung wirft, zu der es gehört, versteht sich von selbst. Anspruchsvoller erscheinen theoretische Ansätze, die dem Gericht die Aufgabe zuweisen, den faktischen Zusammenhalt der Gesamtgesellschaft zu ermöglichen oder zu verbessern. Eine solche gesamtgesellschaftliche Integrationsaufgabe ist seit Rudolf Smends Arbeiten in der frühen Bundesrepublik (Smend 1962) in der Diskussion, die allerdings ein älteres, aus der Weimarer Republik kommendes (Smend 1928) und dort durchaus antirepublikanisch gemeintes Motiv (Möllers 2011, Kap. 4) aufgreift und auf das Bundesverfassungsgericht bezieht. Ob der späte Smend selbst, wie oft geschrieben wird und wie auch das Gericht selbst im »Statusbericht« behauptete (kritisch van Ooyen 2005: 140 ff.), dem Bundesverfassungsgericht die Aufgabe der Integration der bundesdeutschen Gesellschaft anvertrauen wollte, darf bezweifelt werden (Schlaich 1981: 136). Wie immer sind seine Texte auch in dieser Frage uneindeutig. Die schlichte Identifikation von Integration und Verfassungsgerichtsbarkeit ist wohl eine Erfindung seiner Schüler. Für den frühen Smend war Integration eine Formel für das Entstehen einer starken politischen Gemeinschaft, die sowohl für die Pluralität moderner Gesellschaften als auch für die Formalisierungsleistung des Rechts wenig Verständnis zeigt. Wenn es gegenüber der antipluralistischen Tradition des deutschen Etatismus eine Besonderheit an Smends Theorie gibt, dann ist es ihr Sinn für das Dynamische und Prozesshafte im Funktionieren einer Verfassungsordnung und die Zurückweisung eindeutiger Unterscheidungen zwischen staatlicher und privater Sphäre. Mit diesen wichtigen Einsichten war Smend in der Bundesrepublik ungemein erfolgreich (Überblick bei Möllers 2008: 32 ff., 38 ff.).

Trotzdem bleibt ungeklärt, was Smend genau mit »Integration« gemeint hat und wie sich das Konzept auf das Bundesverfassungsgericht anwenden lassen könnte (Haltern 1997: 41 ff.). Doch gerade weil die Formulierung an eine vage Intuition zu rühren scheint, wird ihr selten widersprochen. Ihren Erfolg dürfte sie neben dieser Unschärfe der verbreiteten Vorstellung verdanken, Gesellschaften brauchten zu ihrem Bestand bestimmte Gemeinsamkeiten, die durch Institutionen hergestellt werden können, indem diese gesellschaftliche Unterschiede aufheben: Denn wörtlich verstanden bezeichnet Integration ja erst einmal einen Prozess der »Ent-Differenzierung«. Ob diese gesellschaftstheoretische Annahme als solche richtig ist, kann hier nicht geklärt werden. Plausibel erscheint sie kaum. Immerhin läuft sie der allgemeinen Tendenz moderner Gesellschaftstheorien zuwider, die das Funktionieren von Gesellschaft maßgeblich über die Möglichkeit interner Differenzierungen erklären (für viele nur Nassehi 2006: 396 ff.). Ebenso widerspricht sie allen an Pluralität und Dissens orientierten Demokratietheorien. Dieser Einwand ist umso gewichtiger, weil mit dem Begriff der Integration kein echtes sozialtheoretisches Gegenmodell entwickelt wird. Smends maßgeblicher Beitrag bleibt eine schwer verständliche Skizze (Smend 1927; gute, wohlwollende Analyse bei Badura 1977). Nennenswerte theoretische Fortschritte hat die Integrationstheorie danach aber nicht mehr gemacht.

Ein spezifisches Problem der Anwendung des Integrationsbegriffs auf die Verfassungsgerichtsbarkeit besteht schließlich darin, dass diese – wie der gesamte moderne Verfassungsbegriff – eigentlich nur auf der Grundlage der *Differenzierung* von Politik und Recht denkbar erscheint (sogleich IV.1.). Ob diese Ausdifferenzierung durch den Integrationsbegriff wieder rückgängig gemacht werden sollte, erscheint jedoch mehr als zweifelhaft: Verfassungsgerichte mögen, wie wir sehen werden, eine institutionelle Verbindung zwischen Recht und Politik organisieren – aber diese Verbindung ist schon deswegen als »Integration« nicht glücklich bezeichnet, weil sie gerade die Unterschiede zwischen Recht und Politik bewahren soll (van Ooyen 2005: 142). Beispielhaft: Eine Ordnung, in der Recht und Politik »integriert« wären, würde keine unabhängigen Gerichte kennen. Ein Integrationsbegriff, der Verfassungen auf moralische Vorgaben reduziert (Schaal 2000: 174ff.), verfehlt nicht nur alle Eigenheiten moderner Gesellschaften, sondern gerade auch die Pointe moderner Verfassungen.

Trotz dieser Einwände hat die Integrationstheorie, in dem Moment, in dem sie im Staatsrecht langsam aus den Theorieangeboten verschwunden war, eine neue empirisch unterfütterte Renaissance in den politischen Wissenschaften erlebt (Schaal 2000; Vorländer 2002: 18ff.). Hier wird sie zumeist mit empirischen Erkenntnissen über die Beliebtheit des Bundesverfassungsgerichts verknüpft. Doch scheint es schwierig, aus der Beliebtheit des Gerichts auf eine höhere Akzeptanz der Gesamtordnung zu schließen. Dazu müsste man eigentlich eine empirische Gegenprobe nehmen, die die Ordnung des Grundgesetzes ohne Verfassungsgericht untersucht. Gerade der von manchen Studien hervorgehobene Beitrag des Gerichts zu öffentlichen Debatten, seine empirisch schwankende Deutungsmacht (Brodocz 2009), erschiene, selbst wenn man ihr denn eine empirisch messbare akzeptanzfördernde Wirkung zusprechen könnte, zum einen sehr punktuell, zum anderen gerade nicht für gerichtliches Entscheiden typisch. Denn verfassungsgerichtliche Entscheidungen bilden in aller Regel den Endpunkt eines verfassungspolitischen Diskurses. Der Integrationsbegriff ist auch als empirieleitende Kategorie zu grob und zu affirmativ.

Akzeptanz ist für Gerichte von besonderer Bedeutung. Zwar kann keine Form politischer Herrschaft den eigenen Entscheidungsanspruch allein mit den Mitteln von Befehl und zwangsweiser Durchsetzung sichern. Doch verfügen Gerichte noch nicht einmal über die formalen Mittel zu einer solchen Durchsetzung. Sie sind dazu auf die anderen Gewalten angewiesen: Zur physischen Durchsetzung einzelner Entscheidungen gegen Widerstände bedürfen sie der Vollstreckung durch die Exekutive. Zur systematischen Implementation von Entscheidungen großer sachlicher Reichweite, wie sie für Verfassungsgerichte besonders typisch sind, benötigen sie die Unterstützung des Gesetzgebers (exemplarisch Rosenberg 1991; Landfried 1984: 125 ff., 147 ff.; von Beyme 1997: 300-312). Fehlt es an dieser Struktur, stehen Gerichte mit ihren Kompetenzen weitgehend hilflos da, so wie es einst ein Präsident der Vereinigten Staaten gegenüber dem größten U.S. Chief Justice formuliert haben soll: »John Marshall has made his decision, now let him enforce it!«[5]

Bei einfachen Gerichten kann der Akzeptanzbedarf durch Verfahrensabläufe befriedigt werden, die die Rechtsordnung im Ganzen zur Verfügung stellt. Eine für die Parteien oder die Öffentlichkeit inakzeptable gerichtliche Entscheidung kann als Ausreißer innerhalb eines ansonsten akzeptabel funktionierenden Rechtssystems verstanden werden: Höhere Gerichte können die Entscheidung aufheben, andere Gerichte können anders entscheiden. Das einzelne Gericht wird vom Gesamtsystem aufgefangen. Der wichtigste interne Verfahrensmechanismus zur Stiftung von Ak-

5 Das Zitat ist freilich apokryph, die infrage stehende Entscheidung ist »Worcester v. Georgia«, 31 US 515 (1832).

zeptanz besteht in der Individualisierung von Entscheidungen (Luhmann 1975: 121 ff.; vgl. auch Shapiro 1981: 1 ff.). Gerichte entscheiden als unabhängige Organisationen nur über die spezifischen, im Fall individualisierten Anliegen der Parteien, die diese dem Gericht vortragen durften. Durch ein solches Verfahren kann das Gericht deutlich machen, dass es sich in seiner Entscheidung gerade dieser Anliegen angenommen hat, ohne von einer der Parteien oder einem Dritten beeinflusst worden zu sein. Auch die unterlegene Partei hat es nach einem solchen Verfahren schwer, gegen ein Ergebnis Widerstand zu mobilisieren. Die Entscheidung ist durch das Verfahren der politisierenden Verallgemeinerung entzogen. Sie erscheint akzeptabel, also legitim.

Beide Legitimitätsbedingungen – die Einbettung in das gesamte Rechtssystem und die individualisierende Wirkung des Verfahrens – stehen Verfassungsgerichten nicht oder nur sehr eingeschränkt zur Verfügung. In konzentrierten Systemen wie dem deutschen (oben, I) trifft das Verfassungsgericht die Entscheidung als ein im System einzigartiger Akteur. Diese wird deswegen der Institution, nicht dem System zugerechnet. Aber auch im amerikanischen System, das weder spezialisiert noch konzentriert ist, schafft die Beanstandung eines Gesetzes durch ein Untergericht die Erwartung einer endgültigen Entscheidung durch den Supreme Court. Zudem können Verfassungsgerichte nicht in gleicher Weise Entscheidungen individualisieren, wie dies bei anderen Gerichten der Fall ist. Bei der Überprüfung eines Gesetzes oder der Gültigkeit einer Wahl gewinnt die Entscheidung eine Reichweite, die über die Verfahrensbeteiligten hinausgeht und die ganze demokratische Gemeinschaft betrifft. Zwar kann man darüber nachdenken, durch eine Begrenzung der Begründung oder der Bindungswirkung diesen Effekt im Einzelfall zu beschränken, doch bleibt dieser ein

Strukturproblem der Verfassungsgerichtsbarkeit. Wenn Gerichte auf Akzeptanz besonders angewiesen sind, Verfassungsgerichten aber bestimmte Mechanismen der Gerichtsbarkeit nicht zur Verfügung stehen, dann müssen sie sich besonders um die Akzeptanzbeschaffung sorgen. Die Akzeptanz von Verfassungsgerichten ist – auch wenn die robuste Beliebtheit des Bundesverfassungsgerichts diese These nicht nahelegt – besonders gefährdet.

III.4 Strategien der Selbstlegitimierung – und ihre institutionellen Grenzen

Aus diesem Grund ist es nicht erstaunlich, dass sich beim Gericht auch Strategien der Selbstlegitimierung erkennen lassen, also Handlungsoptionen, über die das Gericht jenseits der Rechtsbindung verfügt, um die Akzeptanz der eigenen Entscheidungen zu erhöhen. Zu diesen Strategien gehören beispielhaft die Öffentlichkeitsarbeit des Gerichts, die Frage, zu welchen Fällen das Gericht mündliche Verhandlungen anberaumt, um damit Aufmerksamkeit auf seine Entscheidungen zu lenken, die Selbstdarstellung der eigenen Entscheidungspraxis und auch die Kommentierung der eigenen Entscheidungen in Interviews oder wissenschaftlichen Veröffentlichungen. Diese Strategien betreffen – selbst nach Einschätzung der Richter – auch den Blick auf die Folgen einer Entscheidung (Vanberg 2005; Sieberer 2006). Die letztgenannte »politische« Rücksichtnahme ist allerdings in der Sache nichts Besonderes (Wittig 1969). Auch normale Gerichte schauen auf die Folgen ihrer Entscheidungen, dies dürfte sogar zur richtig verstandenen juristischen Urteilsmethodik gehören, solange die Folgenbetrachtung normativ angeleitet ist (Lübbe-Wolff 1981). Nur ist diese Folgenbetrachtung im Fall der Verfassungsgerichtsbarkeit eben global und damit politisiert.

Solche Strategien sind an dieser Stelle nicht im Einzelnen weiterzuverfolgen. Sie verführen oftmals auch nur zu Spekulationen über das Innenleben des Gerichts, die sich durch qualitative Interviews (Vanberg 2005; Kranenpohl 2009) nicht methodisch überzeugend belegen lassen. Auf einige Fragen werden wir zudem bei der Untersuchung der Legitimation zurückkommen. Von grundsätzlichem Interesse sind allerdings strukturelle Grenzen solcher Mechanismen der Selbstlegitimierung.

Die erste und wichtigste Grenze dürfte in dem Umstand liegen, dass auch Verfassungsgerichte ihre Akzeptanz in aller Regel dem rechtlichen Charakter ihres Handelns verdanken: Sie gewähren Rechte in der Form des Rechts.[6] Unparteilichkeit, Unabhängigkeit, rechtsbezogenes Begründen sind typische Eigenschaften rechtlicher Verfahren, die auch die Akzeptanz eines ganz untypischen Gerichts wie des Bundesverfassungsgerichts begründen. Alle Strategien der Selbstlegitimierung, die sich nicht auf Recht gründen, sind deswegen höchst prekär, wenn sie durchschaubar werden. Wenn das Gericht als strategisch handelnder Akteur jenseits seiner Kompetenzbindung sichtbar wird, verliert es an Akzeptanz. Dies ist ein entscheidender Unterschied zu politischen Organen. Legitimität verweist auf Legalität.

Intern sind alle Strategien der Selbstlegitimierung in ihrer Umsetzung zudem durch den Umstand begrenzt, dass das Gericht nur sehr eingeschränkt als eine hierarchische Organisation funktioniert. Die normative Gleichheit der Richter wie auch ihre Unabhängigkeit gestatten intern wenig formale Möglichkeiten, etwa eine bestimmte Außendarstel-

6 Dies ist keine tautologische Formulierung (vgl. unten IV.2.).

lung durchzusetzen. Zwar vertritt der Präsident das Gericht nach außen und fungiert auch als Dienstvorgesetzter der Richter,[7] doch kann er weder das richterliche Verhalten beeinflussen noch deren Außendarstellung wirksam kontrollieren, zumal ihm das schärfste informelle Instrument interner Hierarchisierung der Judikative fehlt, die Erstellung von Beurteilungen für kommende Beförderungen (anschaulich Geiger 1979: 26ff.).[8]

Mit Blick auf die Außenvertretung stellt sich damit die schwierige Frage, ob die Präsenz des Gerichts in der Öffentlichkeit sich auf mündliche Verhandlungen und die Verkündung und Veröffentlichung von Entscheidungen beschränken oder darüber hinausgehen sollte. Wenn das zentrale Element der Selbstlegitimierung des Gerichts aber gerade in seiner Rechtsgebundenheit liegt, und wenn die Beliebtheit des Gerichts sich seinen unpolitisch anmutenden Techniken der Entscheidungsfindung verdankt, dann könnte die sicherste Strategie auf Dauer darin bestehen, sich jenseits der Veröffentlichung von Entscheidungen aus der Politik zurückzuziehen. Wenn das Fazit dieses Abschnitts lautet, dass die Beliebtheit des Bundesverfassungsgerichts empirisch robust, aber strukturell gefährdet ist, dann dürfte eine Lehre für das Gericht darin liegen, die politische Öffentlichkeit jenseits der gerichtlichen Verfahrensformen zu meiden.

7 §§ 5 Abs. 1 S. 1, 9 Geschäftsordnung des Bundesverfassungsgerichts.

8 Deutlich wurde dies noch vor Inkrafttreten der Geschäftsordnung in der Diskussion um den »Statusbericht«, in dem der Präsident des Gerichts dem Bundesjustizministerium eine diesen ablehnende, der Vizepräsident und eine Mehrheit der Richter eine zustimmende Kommentierung zusandten.

IV. Legitimation: zur Rechtfertigung des Bundesverfassungsgerichts

Die Frage nach der Rechtfertigung des Bundesverfassungsgerichts – weder verstanden als Verweis auf das positive Recht noch als solcher auf seine faktische Anerkennung – wird uns nunmehr im zentralen Abschnitt der Untersuchung beschäftigen. Ihre Beantwortung ist schon deswegen besonders schwierig, weil die Kriterien für eine solche Rechtfertigung ungewiss und potenziell vielfältig sind. Dazu ist zunächst die besondere Funktion eines Verfassungsgerichts zu bestimmen (1.), bevor verschiedene legitimationstheoretische Modelle für die Verfassungsgerichtsbarkeit entwickelt werden können (2.), um endlich eine spezifischere Analyse der institutionellen Seite des Bundesverfassungsgerichts anzuschließen (3.). Unter dem Stichwort Legitimation soll im Folgenden kein eigener Entwurf vorgestellt werden (dazu Möllers 2008: 136ff.), sondern unterschiedliche Modelle der Rechtfertigung der Verfassungsgerichtsbarkeit, die Argumente für oder gegen eine bestimmte Ausgestaltung oder deren Einrichtung überhaupt liefern. Es wird sich zeigen, dass diese zu keinen absoluten Schlüssen führen können, also zur vollständigen Rechtfertigung oder Kritik der Verfassungsgerichtsbarkeit, sondern zur Identifikation spezifischer Probleme eines spezifischen Gerichts wie des Bundesverfassungsgerichts.

Verfassung als Kopplung und Trennung von Recht und Politik

Verfassungen sind nicht einfach als oberste Normen der hierarchische Abschluss des Rechtssystems. Indem sie das politische System einsetzen und organisieren, gehören sie auch zu diesem. Anders formuliert: Hinter der obersten Norm steht das politische System, so wie umgekehrt hinter den politischen Institutionen in Verfassungsordnungen eine Rechtsordnung steht. Verfassungen strukturieren das Verhältnis von Recht und Politik. Sie politisieren die Erzeugung von Recht, indem sie das Rechtssystem an die politische Willensbildung anschließen, und sie verrechtlichen den politischen Prozess durch dessen Bindung an hochrangige Regeln (Luhmann 1973; Luhmann 1990; Grimm 2010: 9 ff.; Preuß 1994: 11 ff.). Alle anderen »Funktionen« von Verfassungen (Peters 2001: 76 ff.) können systematisch als spezielle Elemente dieser Aufgabe verstanden werden: Begrenzung und Verrechtlichung politischer Macht, Einsetzung einer politischen Organisation, Ermöglichung durchsetzbarer politischer Handlungsformen, Orientierung des politischen Prozesses an bestimmten Zielen.

In demokratischen Verfassungsstaaten – und nur für diese gelten die folgenden Überlegungen – legitimiert dieser Mechanismus beide, Recht und Politik, durch Verweis auf das jeweils andere: Die Rechtsordnung kann ihren Befolgungsanspruch nur durch den Hinweis auf die demokratischen Erzeugungsbedingungen des Rechts begründen, andernfalls bleibt dieser Anspruch autoritär.[9] Hinter ihr steht keine reine Durchsetzungsmacht, sondern ein politisches Verfah-

9 Repräsentativ für das theoretische Problem die Kritik bei Hershovitz 2003 an Raz' Modell der Autorität.

ren, das allen die gleiche Möglichkeit zur Mitentscheidung gegeben hat. Der politische Prozess kann sich umgekehrt nur als demokratisch erweisen, weil er an bestimmte Regeln gebunden ist, die sicherstellen, dass Standards demokratischer Gleichheit, Allgemeinheit und Offenheit eingehalten wurden.

Als »verrechtlicht« wollen wir entsprechend im Folgenden Entscheidungen bezeichnen, die sich nur oder weitgehend auf rechtliche, auf juristische Begründungen berufen, also auf Normen oder auf Gerichtsentscheidungen. Den intensivsten Grad der Verrechtlichung weisen gerichtliche Entscheidungen selbst auf, die durch unabhängige, nur dem Recht unterworfene Entscheidungsträger getroffen wurden, die sich auf einen bestimmten begrenzten Fall beziehen und diesen in aller Regel im Nachhinein beurteilen. Umgekehrt können wir Entscheidungen für unsere Zwecke als »politisiert« bezeichnen, wenn sie sich mit politischen, also programmatischen Präferenzen rechtfertigen, zu denen es legitime Alternativen gibt und die mit der Absicht einer übergreifenden, auf die Zukunft bezogenen Gesellschaftsgestaltung ergehen. Die Politisierung einer Sachfrage kann auch darin bestehen, die Entscheidungsstrukturen gegenüber Alternativen zu öffnen und einem öffentlichen Verfahren zur Entscheidung zuzuführen. Dass, wie sich zeigen wird, gerade die verfassungsgerichtliche Entscheidungsfindung dieser Unterscheidung bis zu einem gewissen Grad *entgleiten* dürfte, spricht nicht gegen ihren Beschreibungswert. Ganz im Gegenteil wird sich der spezifische Charakter verfassungsgerichtlicher Entscheidungsfindung so besonders gut deutlich machen lassen. Als »Verfassung« schließlich können wir zunächst abstrakt die Verkopplung beider Entscheidungsformen bezeichnen, die die oben angedeutete wechselseitige Legitimationsleistung erbringen soll.

Eine wichtige Funktion von Verfassungen besteht darin, die institutionellen *Differenzen* zwischen Recht und Politik zu bewahren, um den wechselseitigen Verweisungs- und Legitimationszusammenhang zu garantieren (Grimm 1995a: 97ff.; Roellecke 1987: RN 33-39). Sowohl die Politisierung der Justiz als auch die Verrechtlichung der Politik erzeugen Legitimationsprobleme, weil mit ihnen der demokratische Wahlakt ebenso sinnentleert wird wie das gerichtliche Verfahren und die juristische Begründungsleistung. Das Funktionieren einer Verfassung erweist sich also gerade darin, unterschiedlichen Entscheidungsstrukturen Raum zu geben, um diese sowohl für sich als auch in Hinsicht auf die jeweils andere in ihrem Legitimationsanspruch zu bewahren. Eine Verfassung soll Recht und Politik also nicht integrieren, sondern in einer Form verkoppeln, die beide voneinander distanziert. Diese Aufgabe kann schnell in institutionelle Widersprüche führen.

Politische und rechtliche Verfassungen

Die Erfüllung dieser Kopplungsaufgabe bedarf nicht notwendig der Einrichtung eines Verfassungsgerichts. Dies zeigen funktionierende Verfassungsstaaten ohne Verfassungsgerichtsbarkeit in Skandinavien, Australien, Neuseeland oder dem klassischen englischen Fall. In diesen Ordnungen kann das System darauf vertrauen, dass Parlamente und einfache Gerichte den legitimatorischen Kreislauf zwischen Recht und Politik auf andere Art und Weise funktionsfähig halten, etwa durch ein hohes Maß an freiwilliger Regeltreue (oder sozialer Homogenität) im parlamentarischen Betrieb, wie in Westminster, durch die Einrichtung von Verfassungsausschüssen im Parlament oder durch eine dezentralisierte gerichtliche Kontrolle nicht von Gesetzen, sondern nur der

Gesetzesanwendung. Das englische Parlament ist nicht nur Gesetzgebungsorgan, sondern der zentrale Ort der Kopplung von Politik und Recht. Das englische Gesetzgebungsverfahren ist an Regeln gebunden, nur ist die Einhaltung dieser Regeln dem politischen System überlassen. Zwar hat das englische System keine geschriebene Verfassung, aber es hat eben doch eine Verfassung, weil das politische System regelgeleitet handelt (emphatisch: Gardner 2009).

Es ist in der Verfassungstheorie durchaus umstritten, ob es allgemeingültige Gründe für oder gegen die Einrichtung einer Verfassungsgerichtsbarkeit gibt. Doch wenig spricht, wie wir sehen werden, angesichts der Vielfalt funktionierender Verfassungsordnungen dafür, dass Argumente zur Verfügung stehen, die für alle Rechtsordnungen und politischen Kulturen gleichermaßen angemessen sind. Rechtsvergleichend hängt viel von der Frage ab, welche dominante Bedeutung eine politische Gemeinschaft ihrem Verfassungstext, so sie über einen solchen verfügt, geben möchte: Versteht sie ihn als einen Rechtstext, der Gerichten anzuvertrauen ist, wie dies in der deutschen Nachkriegstradition zumeist gesehen wird? Oder als ein politisches Gründungsdokument, ein Programm, dessen Verwirklichung vor allem dem Gesetzgeber obliegt, wie in den Staaten der atlantischen Revolutionen. In den Worten Franklin D. Roosevelts ist die Verfassung »a layman's document, not a lawyer's contract« (Roosevelt 1938). Antworten auf diese Fragen verstehen sich nicht von selbst, auch wenn die legalistische Tradition der Bundesrepublik (Lepsius 1982) die Möglichkeit eines politischen Verfassungsverständnisses zumeist ignoriert hat. Wohl nicht zufällig ist ein legalistisches Verfassungsverständnis gerade in posttotalitären Systemen verbreitet. Schlechte Erfahrungen mit dem politischen Prozess legen es nahe, diesen intensiver zu verrechtlichen. Das Bundesverfassungsgericht ist vor diesem Hintergrund ein weltweit einflussreiches Vorbild für die Verfassungsordnungen Mittel- und Osteuropas, Südafrikas und Lateinamerikas geworden.

Im Ergebnis lässt sich die Kopplung zwischen Politik und Recht also stärker politisch oder stärker rechtlich ausgestalten. Zugleich gilt: Auch wenn ein politisches Organ die Kopplung einrichtet, bleibt es doch ein politisches Organ. Wenn umgekehrt ein Gericht diese Aufgabe übernimmt, bleibt es in seiner Entscheidungstechnik ein Gericht. Für die Frage, wie verrechtlicht oder wie politisiert die Kopplung ausgestaltet werden soll, lassen sich unterschiedliche Lösungen denken und skalieren: Zwischen einer politischen Koppelung im Parlament und einem dezentralen System gerichtlicher Kontrolle, in der alle Gerichte auch Regeln des Verfassungsrechts überprüfen, liegt die Einrichtung von speziellen Organen wie einem parlamentarischen Verfassungsausschuss (zur Typisierung Bryde 1982: 97-105) – oder eben einem spezialisierten Verfassungsgericht. Diese Organe modifizieren überlieferte institutionelle Formen aus dem Rechtssystem oder aus der Politik für diese spezielle Aufgabe.

Insbesondere: Verfassungsgerichte zwischen Recht und Politik

Was bedeutet es aber, wenn zur Verknüpfung von Recht und Politik ein spezielles Verfassungsgericht eingesetzt wird? Handelt es sich in diesem Fall um einen politischen oder um einen rechtlichen Akteur? Auf der einen Seite agieren auch Verfassungsgerichte in der Organisationsform des Gerichts: Sie entscheiden Fälle auf Antrag in einem Verfahren, das den Regeln des Prozessrechts, nicht denen des Parlamentsrechts folgt. Das legt es nahe, sie dem Rechtssystem zuzuordnen.

Die Feststellung, es handele sich bei Verfassungsgerichten aber trotzdem »tatsächlich« um politische Organe, wird vor diesem Hintergrund dann oft, nicht zuletzt von Politikwissenschaftlern, als überraschende Erkenntnis verlautbart. So haben die politischen Wissenschaften den »politischen« Charakter von Verfassungsgerichten nach dem Zweiten Weltkrieg zuerst in den USA (Dahl 1957), später auch in anderen Ordnungen erkannt (Stone Sweet 2000) und den Rechtswissenschaften vorgehalten, denen diese Einsicht freilich, etwa in der deutschen Diskussion der Weimarer Republik, schon länger bekannt war (Überblick zur Geschichte bei Laufer 1968: 4ff.).[10] Manche Innovation in den politischen Wissenschaften verdankt sich der Unkenntnis des Rechts.

Warum ist es plausibel, Verfassungsgerichte als politische Organe zu verstehen, was genau wird mit diesem Epitheton beschrieben? Verschiedene Bedeutungen bedürfen der Unterscheidung: Zunächst einmal behandeln so gut wie alle Rechtsordnungen, die ein Verfassungsgericht haben, dieses insofern als ein politisches Organ, als sie es in einem politischen Verfahren kreieren, beispielsweise durch eine parlamentarische Wahl. Neben der Kreation zeigt sich der politische Charakter in der hierarchisch an der Spitze des Gerichtssystems stehenden, sachlich auf die gesamte Ordnung bezogenen Stellung des Gerichts. Schon dieser Status ist für

10 Das vielzitierte und einflussreiche Buch von Stone Sweet (2000) ist ein Beispiel für eine typische Argumentation, in der permanent die Neuigkeit der eigenen Politisierungsthese vor dem Hintergrund »traditioneller« Gewaltenteilungs- und Rechtsbindungskonzeptionen betont wird, ohne dass für letztere irgendwelche Belege gegeben würden. Tatsächlich muss man in Europa in die Zeit vor 1800 zurückgehen, um entsprechende Konzeptionen juristischer Methodik zu entdecken. Auch die Unterscheidung zwischen einer »europäischen« und einer »amerikanischen« Konzeption der Gewaltenteilung ist in ihrer Schlichtheit unzutreffend (dazu Möllers 2008: Kap. 1).

ein Gericht, das im Normalfall sachlich stärker begrenzte Entscheidungen trifft, untypisch.

Dieses Verständnis verwendet freilich einen relativ schwachen Begriff der Politisierung, der auch auf oberste Gerichte zutrifft, die keine verfassungsgerichtliche Kompetenz zur Aufhebung von Gesetzen haben. Ein stärkeres Konzept von Politisierung sucht nach der möglichen Fortwirkung des politischen Kreationsaktes im Entscheidungsverhalten. Dazu kann man zunächst einmal überprüfen, inwieweit sich die Zusammensetzung des Gerichts hinsichtlich der politischen Überzeugungen der Richter überhaupt von derjenigen der politischen Organe unterscheidet, die es gewählt haben: Hat das Gericht eine spezifische Besetzung, die nach am Rechtssystem orientierten Kriterien definiert wurde, oder handelt es sich beim Gericht um eine Art Parlament im Kleinen, das die politischen Mehrheitsverhältnisse nur repliziert (diese These für den U.S. Supreme Court bei Dahl 1957)? Dies nimmt der »attitudinal approach« in den politischen Wissenschaften an, der Entscheidungen der Gerichte durch die politischen Präferenzen einzelner Richter zu erklären sucht (Segal/Spaeth 2002: 86 ff.; zum Überblick Hönnige 2007: 34; kritisch Robertson 2010: 13 ff.). Dieser Ansatz scheint für Rechtssysteme überzeugend, in denen die Richter intern wenig miteinander kommunizieren (wie in den USA und in Brasilien), in denen einzelne Richter die Entscheidungen schreiben und in denen das Vertrauen in die Bedeutungsstiftung und Formalisierungsleistung von Rechtsregeln generell gering ist (auch dies trifft seit Langem für die USA zu: Daxbury 1997). Immerhin hat es für die USA bemerkenswert erfolgreiche Versuche gegeben, Entscheidungen des Supreme Court mithilfe solcher Modelle vorherzusehen (Kim et al. 2004).

Für andere Rechtsordnungen ist schwerer einzuschätzen,

inwieweit das Recht und das Verfahren selbst die Präferenzen der Richter verändern können, zumal wenn die Entscheidungsbegründungen als Gemeinschaftsprodukte unterschiedlicher Richter entstehen. Soweit es tatsächlich gelingt, politische Überzeugungen der Richter und politische Tendenzen gerichtlicher Entscheidungen einheitlich zu quantifizieren, mag dies ein neues Licht auf die Bedeutung der Verfahren werfen. Freilich steht diese Forschung immer in der Gefahr, einer Selffulfilling Prophecy zu unterliegen, weil sie das Bestehen definierter politischer Überzeugungen vor dem Eintritt ins Gericht kaum überzeugend beweisen kann, sich somit aber auch schwertun dürfte, eine methodisch saubere Klärung des Hinüberwirkens solcher Haltungen in die Entscheidungspraxis zu belegen. Selbst wenn solche stabilen Überzeugungen vorhanden wären, und das ist eine hochproblematische Annahme, wenn man davon ausgeht, dass Recht irgendeine Wirkung auf Subjekte nehmen kann (Sunstein 1986), wäre nicht immer klar, ob sie sich nahtlos in die spezifischen Beratungs- und Begründungsmethoden einer gerichtlichen Entscheidung übersetzen ließen.

Ein zweiter Faktor, den solche Forschungen einzubeziehen hätten, ist für empirische und quantitative Ansätze noch schwerer zu fassen. Dies ist die Rechtslage selbst: Denn zwischen der Politisierung einer Fallfrage in der öffentlichen Debatte und dem Grad ihrer Determinierung durch den Verfassungsrechtsdiskurs besteht kein Nullsummenspiel (Möllers 2011: 183 f.). Hochumstrittene Fragen mögen verfassungsrechtlich determiniert sein oder auch nicht – und umgekehrt mögen Fragen, die den politischen Prozess kaltlassen, verfassungsrechtlich determiniert oder verfassungsrechtlich irrelevant oder aber innerhalb des juristischen Diskurses hochumstritten sein. So weit jedenfalls hat sich das Verfassungsrecht von der Politik in den meisten

Verfassungsstaaten ausdifferenziert, dass eindeutige Korrelationen zwischen politischer und verfassungsrechtlicher Umstrittenheit einer bestimmten Frage nicht zu etablieren sind. Auch dies muss nicht für alle Verfassungsordnungen gleichermaßen stimmen, die USA sind auch hier speziell, weil das Verfassungsverständnis dort immer relativ eng entlang aktueller politischer Debatten diskutiert wird. Genau aus diesem Grund sind diese als Vorbild oder als Vergleichsfolie jedoch relativ ungeeignet – und Gleiches gilt für große Teile der empirischen Forschung.

Aus der zu beobachtenden Ausdifferenzierung verfassungsrechtlicher Argumente gegenüber politischen Konfliktlinien folgt, dass es schwierig erscheint, ohne Rechtskenntnisse, ohne Einbeziehung der jeweiligen Rechtsprobleme die Politisierung eines Gerichts quantitativ zu erfassen. Entsprechend haben Teile der neo-institutionalistischen Forschung anerkannt, dass Recht von Gerichten eben nicht nur gemacht wird, sondern diese auch bindet und ihre Entscheidungen beschränkt (Smith 1988: 91 ff.; Lhotta 2003: 147 ff.). Damit ist die These vom Verfassungsgericht als politischer Akteur freilich entscheidend relativiert. Die politische Wissenschaft hat sich mit dem Verfassungsrecht als »eigenständiger institutioneller Variable« (Lhotta 2003: 147) auseinanderzusetzen, die Verfassungsrechtswissenschaft aber natürlich auch mit den politischen Kontexten verfassungsgerichtlicher Entscheidungen. Das Anliegen einer empirischen politikwissenschaftlichen Forschung zu den Zusammenhängen von Verfassungsgerichten und politischem System soll ebenso wenig infrage gestellt werden wie die Annahme eines »politischen Charakters der Verfassungsgerichtsbarkeit«. Es ist nur darauf hinzuweisen, dass deren Auswertung ohne Rückgriff auf verfassungsrechtliche Argumentationsmuster kaum relevante Ergebnisse erbringen dürfte.

Im Ergebnis erfasst die Rede vom politischen Charakter der Verfassungsgerichtsbarkeit durchaus wichtige Elemente von deren Kreation, Entscheidungsreichweite und Entscheidungsbegründung, die wir sogleich näher betrachten werden. Dies kann aber in keinem Fall darüber hinwegtäuschen, dass bei der Beschreibung von Verfassungsgerichten die Unterschiede zu den rein politischen Organen mindestens ebenso wichtig sind wie die Parallelen. Die Pointe der Verfassungsgerichtsbarkeit wird hier schnell verfehlt.

Das legitimatorische Grundproblem der Verfassungsgerichtsbarkeit

An diese Überlegungen kann eine legitimationstheoretische Fragestellung anschließen. Der Entscheidungsanspruch eines Verfassungsgerichts ist umfassend, in manchen Fällen sind die Urteile im deutschen Recht sogar ausdrücklich mit Gesetzeskraft ausgestattet (§ 31 Abs. 2 BVerfGG). Dies erzeugt deswegen legitimatorische Probleme, weil das gerichtliche Verfahren – anders als das Parlamentsverfahren – exklusiv, nicht inklusiv ausgestaltet ist. Die Verfahrensbeteiligten bringen eine Rechtsfrage vor das Gericht, die potenziell »alle« angeht. »Alle« werden aber nicht am Verfahren beteiligt. Zugleich erscheint die Beteiligung besonders wichtig, soweit die verfassungsrechtlichen Standards zur Entscheidung des Falles umstritten oder ungewiss sind. Jedenfalls soweit man den demokratischen Verfassungsstaat mit dem Paradigma der Selbstbestimmung normativ unterfüttern will (zur Kritik Luhmann 1993) und damit sowohl seine politische als auch seine rechtliche Selbstbeschreibung beim Wort nimmt (Möllers 2005: 28ff.), ergibt sich hier Klärungsbedarf. Die Dringlichkeit dieses Legitimationsproblems hängt von der Art und den Beteiligten des Verfahrens ab: Wo sich

Verfassungsorgane, also Regierung und parlamentarische Opposition oder Bund und Land, streiten, repräsentieren die Prozessbeteiligten in gewisser Weise die demokratische Allgemeinheit. Bei der Verfassungsbeschwerde eines Einzelnen gegen ein Gesetz, in dem demokratische Organe allenfalls angehört werden, ohne Partei zu sein, erscheint dies prekärer. Hier wird über das Anliegen eines einzelnen Beschwerdeführers entschieden, unter Umständen mit einem Ergebnis, das die ganze demokratische Rechtsgemeinschaft angeht. Schon die Repräsentation des »Gesetzgebers«, der im Grundgesetz kein eigenes Organ ist, sondern eine Kombination verschiedener Organe, erscheint im Verfahren kaum möglich (deutlich Schlaich 1981: 108f.). Man kann in dieser Konstellation von einer potenziellen *Überrepräsentation der Prozessbeteiligten* und ihrer Anliegen sprechen. Ironischerweise erscheint aus dieser Sicht das Verfahren, das die Legitimität gerade des Bundesverfassungsgerichts besonders befördert, die Verfassungsbeschwerde durch einen individuellen Grundrechtsträger, besonders anfechtbar.

Andere Eigenschaften des verfassungsgerichtlichen Verfahrens verschärfen den Exklusivitätseffekt: Im Fall des Bundesverfassungsgerichts findet nur in den seltensten Fällen eine mündliche Verhandlung, also eine öffentliche Erörterung des Problems statt, wie man sie für Entscheidungen mit demokratischer Reichweite im Allgemeinen verlangt. Anders als in einem parlamentarischen Verfahren sind die ausgetauschten verfassungsrechtlichen Argumente allerdings auch nicht allgemein verständlich. Sie setzen juristische Kenntnisse voraus. All diese Elemente wirken in einer Weise exklusiv, die für gerichtliche Verfahren typisch, für andere Gerichtsentscheidungen auch deutlich weniger zweifelhaft sind als für die Entscheidungen eines Verfassungsgerichts.

Neben ihrer Exklusivität sind verfassungsgerichtliche Entscheidungsprozeduren durch weitere typische Eigenschaften gerichtlichen Entscheidens gekennzeichnet: Sie geschehen in richterlicher Unabhängigkeit, das bedeutet aber eben auch politisch unverantwortet. Richter sollen für die Folgen ihrer Entscheidungen gerade *nicht* zur Rechenschaft gezogen werden. Gerichtliche Entscheidungen ergehen zudem auf die Initiative eines Klägers (Bryde 1982: 105). Sein Anliegen ist das eigentliche Movens des Verfahrens. Gerichte entscheiden nicht eigeninitiativ. Selbst Entscheidungen, die sich in der Perspektive des Gerichts als falsch erwiesen haben, können nur korrigiert werden, wenn ein weiteres Verfahren diese Gelegenheit eröffnet. Aus diesem Grund lassen sich verfassungsgerichtliche anders als politische Entscheidungen nicht einfach korrigieren. Das Bundesverfassungsgericht hat eine uneinheitliche Haltung zur Selbstkorrektur, neigt aber im Allgemeinen dazu, solche Korrekturen nicht offen vorzunehmen (Seyfarth 1998: 94 ff.). Dies hängt auch damit zusammen, dass gerichtliche Begründungen, anders als politische Überzeugungen, schwerlich ein anderes gleichfalls richtiges Argument zulassen können, das zu einem anderen Ergebnis kommt. Anders als im parlamentarischen Prozess kann eine veränderte Mehrheit nicht einfach das Gegenteil behaupten, ohne die eigene Entscheidungslogik infrage zu stellen. Offene Selbstkorrekturen begründen Zweifel an den Rationalitätsansprüchen gerichtlichen Begründens.

Hybridisierung von Entscheidungstechniken

Zwischen den Alternativen eines Obersten Bundesgerichts mit einem angehängten Staatsgerichtshof und einem echten Verfassungsgericht entschied sich der Parlamentarische

Rat für letztere (Schiffers 1984: VIII ff.; v. Doemming/Füsslein/Matz 1951: 669 ff.). Gern wird die Einrichtung einer solchen umfassenden Verfassungsgerichtsbarkeit als ultimative Form der Konstitutionalisierung verstanden, als größtmögliche institutionelle Sicherung der Verfassung. Dies ist aus zwei Gründen nicht richtig: Zum Ersten gibt es, wenn man die politische Seite der Verfassung als deren integralen Teil ernst nimmt, keine ultimative Form der Konstitutionalisierung, sondern allenfalls ein Mehr an Vergerichtlichung, das nicht mit Konstitutionalisierung gleichgesetzt werden kann. Zum Zweiten ist die Entscheidung für ein Verfassungsgericht – dieser Umstand war den Verfassungsschöpfern des Grundgesetzes viel deutlicher als der heutigen Diskussion (z. B. Schiffers 1984: 136 ff.) – gerade keine Entscheidung für eine volle Verrechtlichung der Verfassungskontrolle, sondern für eine stärker politisierte Übergangsform: Mit der Einrichtung eines gesonderten Verfassungsgerichts fiel die Entscheidung, die Verfassungsfrage nicht einfach dem normalen Rechtssystem in Form der ordentlichen Gerichtsbarkeit zu überlassen und Verfassungsfragen gewissermaßen im üblichen gerichtlichen Geschäftsgang kleinzuarbeiten, sondern ein *auf Politiknähe spezialisiertes* Verfassungsgericht zu etablieren.

Gerade für spezialisierte Verfassungsgerichte gilt, dass sie einen demokratisch-politischen Output haben, der aus einem gerichtlich-juridischen Input hervorgeht, weil diese in der Regel über spezielle Verfahrensregeln verfügen, die die Reichweite ihres Entscheidungsanspruchs ausdrücklich anerkennen. So ist es im Fall des Bundesverfassungsgerichts. Hierin liegt, wie gesehen, ein Legitimationsproblem. Dieser Zusammenhang führt außerdem zu vielfältigen Anpassungen auch des Inputs, also des Verfahrens von Verfassungsgerichten, die man als eine spezifische Form der internen Politisierung verstehen kann: Die mündliche Verhandlung verändert ihren Charakter und ihre Funktion, wenn aus einem Rechtsgespräch, in dem spezifische Rechtsfragen erörtert werden sollen, eine Art Anhörung wird, in der Betroffene ihre Anliegen zum Ausdruck bringen können. Wie wir sehen werden, ist dies gerade für Verfahren vor dem Bundesverfassungsgericht typisch. Die interne Entscheidungsbildung bekommt durch die Möglichkeit, Sondervoten, also abweichende Meinungen von in der Beratung unterlegenen Richtern, zu veröffentlichen, einen anderen Charakter. Hierdurch werden Entscheidungsalternativen dokumentiert, was jedenfalls für kontinentaleuropäische Rechtssysteme und deren institutionalisierte Begründungstechniken nicht unbedingt typisch ist. Die Sprache der Entscheidungen ist weniger technisch, die Begründungen sind weniger »juristisch«, sondern bedienen sich grundsätzlicherer Formulierungen. Verfassungsgerichtliche Argumente bewegen sich oftmals näher am Genre der politischen Theorie als der juristischen Dogmatik (Robertson 2010; Lasser 2004). All diese Phänomene kann man als interne Politisierung des gerichtlichen Verfahrens deuten – nicht im Sinne einer Abhängigkeit des Gerichts von politischen Organen, Parteien oder Mehrheiten, sondern im Sinne einer Annäherung an Argumentationsformen, die aus dem politischen System bekannt sind.

Die Kopplung von Politik und Recht kann zu einer Hybridisierung politischer und gerichtlicher Formen führen, selbst wenn die gerichtlichen Formen im Fall einer Verfassungsgerichtsbarkeit deutlich dominieren. Auch andere institutionelle Arrangements als die Verfassungsgerichtsbarkeit kennen solche Hybridisierungen. Hier nähern sich – in umgekehrter Richtung – parlamentarische Gremien in ihren Verfahrensformen Gerichten an. Für die institutionelle

Kopplung von Recht und Politik, sei es durch einen parlamentarischen Verfassungsausschuss, sei es durch ein Verfassungsgericht, stehen also typisch politische oder typisch rechtliche Institutionen zur Verfügung. Durch die Wahrnehmung einer Funktion der Verfassungskontrolle kann sich eines dem jeweils anderen institutionell angleichen.

Diese letzte Einsicht ist von Bedeutung, um das vorgestellte Legitimationsproblem und die darauf reagierenden Hybridisierungsphänomene nicht zu einem Dilemma zu stilisieren, an dessen Ende notwendig die fehlende Legitimation von Verfassungsgerichten steht. Die Tatsache, dass es nicht in jeder politischen Konstellation geboten ist, Verfassungsgerichte einzurichten, bedeutet nicht, dass deren Einrichtung stets an Legitimationsdefiziten leiden muss, oder genauer formuliert: In Systemen, die sich im weitesten Sinne als demokratische Rechtsstaaten verstehen, besteht die Notwendigkeit, demokratische Rechtserzeugung und Legalitätskontrolle miteinander zu verbinden. In solchen Systemen wird jede Form der Kopplung zu Inkonsistenzen führen, deren Diagnose als solche noch keinen durchgreifenden Einwand gegen das gewählte institutionelle Arrangement darstellt. Bevor wir Möglichkeiten der Legitimation von Verfassungsgerichten näher betrachten, wollen wir noch einen genaueren Blick auf die Folgen verfassungsgerichtlicher Entscheidungen im Verhältnis zwischen Politik und Recht werfen.

Folgen: Verrechtlichung von Politik – Politisierung von Politik – Politisierung von Recht

Auch in den Entscheidungsfolgen verlangt die organisatorische Eigenschaft eines Verfassungsgerichts *als Gericht* ihren Tribut: Einerseits haben wir gesehen, dass eine Entscheidung, die ein Gesetz verwirft, von allgemeiner Reichweite sein kann. Andererseits haben verfassungsgerichtliche Entscheidungen aber nicht dieselben Konsequenzen wie parlamentarische Entscheidungen, selbst wenn sie in der Sache einen weitreichenden Inhalt haben. Kelsens These von der verfassungsgerichtlichen Kontrolle als »negativer Gesetzgebung« (Kelsen 1929: 54f.; zustimmend Stone Sweet 2000: 135ff.) ist irreführend (Schlaich 1981: 132ff.; Hönnige 2007: 244). Die Anordnung der Gesetzeskraft eines Urteils des Bundesverfassungsgerichts ist nicht in gleicher Weise auf allgemeine Anwendung hin entworfen wie ein parlamentarisches Gesetz. Praktisch bedarf es oft der gesetzlichen Ausgestaltung eines Urteils, bevor dieses allgemeine Wirkung entfalten kann. Konkret: Wenn ein Gericht die Rassentrennung in Schulen oder die Benachteiligung von Frauen im Familienrecht für verfassungswidrig erklärt, werden spürbare Konsequenzen solcher Entscheidungen für die Summe aller Betroffener erst wirksam, wenn der Gesetzgeber sich darangemacht hat, aus der Entscheidung die Konsequenz einer allgemeinen anwendungsgeeigneten Regel zu ziehen. Ob dies geschieht, ist eine Frage, die Verfassungsgerichte in aller Regel nur begrenzt in der Hand haben. Das Bundesverfassungsgericht hat dieses Problem im Vergleich zu anderen Gerichten sehr offensiv zu lösen versucht, indem es dem Gesetzgeber Fristen gesetzt und sogar eigene Übergangsregelungen formuliert hat (Schlaich/Korioth 2010: RN 378ff.). Dieser Weg löst das Problem, bewegt sich allerdings genau innerhalb der soeben beschriebenen institutionellen Hydraulik: Das Gericht beginnt mehr wie ein Gesetzgeber zu handeln und wirft damit die Frage nach seiner Legitimation in verschärfter Form auf.

Praktisch wichtiger für die Wirksamkeit der Urteile als der Versuch des Gerichts, diese mit den Mitteln des Prozessrechts zu implementieren, dürfte die Frage sein, welche Rolle gerichtlich definierte Legalität in einer bestimmten politischen Kultur spielt – inwieweit eine politische Gemeinschaft mehrheitlich dazu bereit ist, die Entscheidung eines Verfassungsgerichts als zumindest vorläufiges autoritatives Schlusswort einer strittigen Frage anzuerkennen. Gerade weitreichende Entscheidungen eines Verfassungsgerichts sind in besonderer Weise auf die Kooperation des politischen Systems angewiesen. Auch aus diesem Grund ist die Identifikation der politischen Bedeutung der verfassungsgerichtlichen Entscheidungsfindung mit dem Begriff der Gesetzgebung irreführend.

Bildet man die Bedeutung verfassungsgerichtlicher Entscheidungen auf die Unterscheidung zwischen Politik und Recht ab, so ergibt sich bei genauerem Hinsehen ein bemerkenswert komplexer Befund: Verbreitet ist es zunächst, auf die *Verrechtlichung von Politik* durch Verfassungsgerichte hinzuweisen. Der politische Prozess wird durch Verfassungsgerichte in einem gerichtlichen Verfahren kontrolliert; durch verfassungsgerichtliche Entscheidungen wird er weiteren, jedenfalls konkreteren rechtlichen Vorgaben unterworfen. Diese Aussage wird allerdings, wie wir gesehen haben, sogleich wieder durch die Feststellung relativiert, dass diese Form der »Verrechtlichung« besonderen Regeln folgt, weil wir es jedenfalls bei spezialisierten Verfassungsgerichten mit einer modifizierten Form gerichtlichen Entscheidens zu tun haben.

Zudem ist die Wirkung der Verfassungsgerichtsbarkeit nicht auf das Phänomen der Verrechtlichung von Politik zu reduzieren: Wenn ein Verfassungsgericht ein Parteiverbot aufhebt, wenn es feststellt, dass eine von einer Regierung getroffene Entscheidung einer parlamentsgesetzlichen Grundlage bedurft hätte, oder wenn es die Auskunftsrechte der

Opposition im Parlament stärkt, dann führen diese gerichtlichen Maßgaben zugleich zu einer *Politisierung der Politik*: Im ersten Fall wird der politische Prozess um eine politische Alternative bereichert. Eine weitere Partei nimmt an der demokratischen Auseinandersetzung teil. Im zweiten Fall muss eine politisch gestaltende Entscheidung in einem öffentlichen Verfahren unter Beteiligung der Opposition getroffen werden, sie ist nicht mehr als ein Internum der Exekutive zu behandeln. Im dritten Fall wird die Opposition mit zusätzlichen Instrumenten ausgestattet, um die politische Auseinandersetzung mit der Mehrheit im Parlament und in der Öffentlichkeit zu suchen. Als Politisierung der Politik bezeichnen wir es also, wenn der politische Prozess, der auf Öffentlichkeit und Alternativenbildung bezogen ist, mit mehr Öffentlichkeit oder zusätzlichen Alternativen versehen wird. Der Schutz von Oppositionsrechten, eine typische Aufgabe von Verfassungsgerichten, hat diesen Effekt.

Schließlich können verfassungsgerichtliche Entscheidungen auch zu einer *Politisierung des Rechtssystems* führen. Was genau ist damit gemeint? Wir haben bereits gesehen, dass die verfassungsgerichtliche Entscheidungsfindung Eigenheiten aufweist, die sich mit der Nähe des Gerichts zum politischen System erklären lassen. Diese Eigenheiten wirken auf das gesamte Rechtssystem zurück. Gerade im deutschen System einer spezialisierten Verfassungsgerichtsbarkeit, zu der ein unmittelbarer Zugang besteht, überprüft das Gericht in den meisten Fällen nicht den Gesetzgeber unmittelbar, sondern die Art und Weise, in der andere Gerichte mit dem Verhältnis von Gesetz und Verfassung umgehen. In dieser Konstellation gibt das Verfassungsgericht verfassungsrechtliche Standards für normale Gerichte vor. In diesem Vorgang lässt sich jedenfalls in bestimmten Konstellationen auch eine spezifische Form von Politisierung erkennen, weil verfassungsrechtliche Vorgaben eben grundsätzlicher argumentieren, als dies bei Argumenten aus dem Zivil-, Straf- oder Verwaltungsrecht der Fall ist. Ein in allen demokratischen Verfassungsstaaten viel diskutiertes Beispiel liefert die Religionsfreiheit: Ob eine Lehrerin mit Schleier im öffentlichen Schulunterricht arbeiten darf, kann man nach den Regeln des Beamtenrechts zu einer Frage des Einzelfalls relativieren – oder als eine Frage der Religionsfreiheit erörtern, die sehr grundsätzlich zu beantworten ist. In der Sache mag vieles dafür sprechen, hier die Religionsfreiheit für einschlägig zu halten. Unser Punkt ist ein anderer: Die Einbeziehung des Verfassungsrechts führt zu einer Verschiebung der juristischen Argumentationstechnik hin zu grundsätzlicheren Gesichtspunkten. Anstatt die unspektakuläre Frage nach der funktionsangemessenen Dienstkleidung für Lehrer zu beantworten, sehen sich auch Fachgerichte mit der Frage konfrontiert, welchen Platz Religion im öffentlichen Raum einnehmen soll.

Unter Umständen enthalten verfassungsrechtliche Vorgaben sogar ausdrückliche Hinweise auf das politische System. Wenn das Bundesverfassungsgericht die Zivilgerichte darauf verpflichtet, auch bei der Anwendung von Regeln aus dem Vertrags- und Schadensersatzrecht – wegen ihrer konstitutiven Bedeutung für die Demokratie – die Meinungsfreiheit zu beachten, handelt es sich bei dieser Verpflichtung um eine Politisierung des Rechtssystems, dem hier ausdrücklich aufgegeben wird, auf die Funktionsbedingungen der politischen Ordnung achtzugeben.

Eine wichtige Leistung von Verfassungsgerichten könnte vor diesem Hintergrund gerade darin bestehen, diese Politisierung des Rechts auf die eigene Institution zu begrenzen und die weitere Gerichtsbarkeit vor ihr abzuschirmen.

Denn die Fachgerichte können sich in ihren Entscheidungen weniger auf diese Grundsätze selbst als auf das Verfassungsverständnis des Verfassungsgerichts beziehen. Verfassungsgerichte legitimieren das Rechtssystem so politisch, indem sie seine Entscheidungen einer weiteren Kontrolle unterwerfen, die anders funktioniert als die Politik, dabei aber auch anders als das »normale« Rechtssystem. Aus diesem Grund wurde die Idee eines Obersten Bundesgerichts, das auch die materielle Verfassungskontrolle übernehmen und dem eine Art kleiner Staatsgerichtshof angegliedert werden sollte, lange diskutiert (Schiffers 1984: XIV), schließlich jedoch verworfen. Mit einer solchen Lösung wären materielle verfassungsrechtliche Maßstäbe von den Fachgerichten mit übernommen worden. Die Rechtsordnung wäre weniger intensiv politisiert, man könnte aber für die frühe Bundesrepublik angesichts einer konservativen und politisch belasteten Richterschaft auch sagen: weniger demokratisiert worden.

So ergibt sich ein komplexes Bild, in dem Verfassungsgerichte sowohl zur Bindung des politischen Prozesses an richterlich überprüfbare Regeln, die wir als Verrechtlichung bezeichnen, als auch zur Öffnung des politischen Prozesses für Meinungs- und Handlungsalternativen beitragen und schließlich für eine Stimulierung des Rechtssystems durch »verfassungsrechtliche« Vorgaben sorgen, die auf das Rechtssystem selbst in einem spezifischen Sinne politisierend wirken. Dies führt zurück zur Frage ihrer Legitimation.

IV.2 Modelle der Legitimation und ihre Kritik

Die Eigenheiten verfassungsgerichtlichen Entscheidens fordern Antworten auf das oben skizzierte Legitimationsproblem heraus. Solche Antworten werden vor allem in der amerikanischen Literatur seit Langem diskutiert. Diese Diskussion hat sich in den letzten Jahren internationalisiert. In Deutschland spielt sie nur eine bescheidene Rolle. Für den Gang der Argumentation dieses Beitrages kann insoweit festgehalten werden: Wenn der Hinweis auf die Rechtsbindung, die Legalität des Verfassungsgerichtes als solche unbefriedigend bleibt – und wenn wir Verfassungsgerichte als Institutionen verstehen können, die die Aufgabe einer wechselseitigen Verknüpfung von Recht und Politik erfüllen müssen, dabei aber neue Legitimationsprobleme erzeugen –, dann bedarf es einer genaueren Vorstellung von der Legitimation solcher Gerichte. Solche Legitimationsmodelle sind Konkretisierungen des soeben entwickelten Kopplungsmodells, weil sie allesamt das Verhältnis von Politik und Recht, allerdings auf unterschiedliche Art und Weise, mit unterschiedlichen Annahmen darüber konzipieren, wie sich Politik und Recht zueinander verhalten und welchem Bereich bestimmte Aufgaben wie beispielsweise der Grundrechtsschutz zugewiesen werden sollten. Wir wollen im Folgenden zunächst sechs Modelle der Legitimation der Verfassungsgerichtsbarkeit kritisch vorstellen, um im Anschluss die Frage zu erörtern, inwieweit solche Modelle in der Lage sein können, konkrete Institutionen wie das Bundesverfassungsgericht zu rechtfertigen.

Legitimation durch demokratische Legalität

Legalität stiftet Legitimation jedenfalls dann, wenn die Verfahren der Erzeugung von Recht ihrerseits Legitimationsstandards genügen. In einer Demokratie könnte die Verfassungsgerichtsbarkeit durch den demokratischen Prozess der Verfassunggebung ihre Rechtfertigung finden. Dieses Argument ist, wie gesehen, für die Ordnung des Grundgesetzes von besonderer Bedeutung, weil das Bundesverfassungsgericht ausdrücklich vom verfassunggebenden Gesetzgeber eingerichtet wurde. Aus dem demokratischen Willen des Verfassunggebers und des Gesetzgebers könnte sich seine Legitimation ergeben. Die Verkopplung von Recht und Politik im Verfassungstext ist rechtsförmig definiert und gerichtsförmig zu überprüfen.

Einwände gegen dieses Modell einer Legitimation durch demokratische Legalität zeigten sich allerdings bereits im Abschnitt zur Legalität des Gerichts. Denn die Bindungswirkungen des demokratischen Rechts erwiesen sich gerade im Fall der Verfassungsgerichtsbarkeit als ungewiss, wenn nicht schwach. Unzweifelhaft entwickelt das Gericht viele der rechtlichen Maßstäbe, die es anlegt, selbst. Immerhin ließe sich dieser im Rechtsvergleich keineswegs untypische Umgang des Gerichts mit den es bindenden Rechtsnormen auch als notwendiger Teil seines demokratischen Mandats verstehen. Den Mitgliedern des Parlamentarischen Rates war, als sie das Bundesverfassungsgericht mit einer solchen Kompetenzfülle ausstatteten, bewusst, dass das Gericht ein normatives Eigenleben beginnen und verfassungsrechtliche Maßstäbe entwickeln und weiterentwickeln würde – die geringere Bestimmtheit des Verfassungsrechts gegenüber dem Gesetzesrecht war ihnen sicherlich keine Neuigkeit. Der Hinweis auf ein gerade im Verfahrensrecht genau definiertes, demokratisch legitimiertes Mandat ist aus diesem Grund nicht von der Hand zu weisen. Trotzdem bleibt er legitimationstheoretisch nicht völlig befriedigend. Er reicht aus verschiedenen Gründen nicht hin, um das aufgezeigte Legitimationsproblem zu lösen:

Zunächst sind verfassunggebende Akte in den allermeisten Fällen nicht demokratisch, auch wenn sie eine demokratische Ordnung einsetzen (Elster 1991, von Beyme 1968). Dieser Einwand ist auch für das Grundgesetz erhoben worden. Zudem verblasst der demokratische Akt der Verfassunggebung im Lauf der Zeit. Er behält seine Legitimation vor allem durch die Möglichkeit, Änderungen an der Verfassung vorzunehmen, denn nur diese gestattet es, die beschlossene Ordnung auch gegenüber denjenigen gelten zu lassen, die keine Möglichkeit hatten, über den ursprünglichen Inhalt der Verfassung mitzuentscheiden. Aber auch einfache demokratische Gesetzgebung ist ein Akt der Legitimationsaktualisierung, der durch verfassungsgerichtliche Kontrollen unterbrochen werden kann.

Für das Bundesverfassungsgericht erscheint dieses Problem freilich nicht besonders prekär: Denn zum einen ist das Grundgesetz noch nicht sehr alt. Das bedeutet, dass der demokratische Prozess, der es in Kraft gesetzt hat, nicht allzu lange vorbei ist und eine eigene Bedeutung für die politische Gegenwart hat. Der Bindungsanspruch der Gründergeneration erscheint der heutigen noch überzeugend und verständlich. Zudem wurde zumindest seine institutionelle Seite durch die Gesetzgebung zum Verfahrensrecht aktualisiert. Vor allem aber ist das Grundgesetz vergleichsweise leicht zu ändern – und es wurde in den letzten 60 Jahren auch sehr häufig ergänzt (eine vergleichende Analyse bei Lorenz 2008: 84 ff.). Das bedeutet, dass der verfassungsändernde demokratische Prozess in der Bundesrepublik auf Entscheidungen des Bundesverfassungsgerichts reagieren kann und reagiert hat. Diese Anpassungsmöglichkeit schließt die Rechtsprechung des Bundesverfassungsgerichts an den demokratischen Legitimationsprozess und an aktualisierte Legalität an. Die Frage der Legitimation verliert durch solche Anpassungsmöglichkeiten an Dringlichkeit, auch wenn das Bundesverfassungsgericht in seiner Rechtsprechung nicht immer besonders großen Respekt vor den Intentionen des verfassungsändernden Gesetzgebers zu haben scheint (zur Kritik Jestaedt 2002: 204ff.). Anders als in einer sehr alten Verfassung, die zu ändern fast unmöglich ist – wie in den USA –, bezeichnet der Verweis auf das positive Verfassungsrecht in Deutschland in der Tat einen aktualisierten demokratischen Legitimationszusammenhang.

Umgekehrt wird das Problem allerdings dadurch verschärft, dass der Verfassunggeber des Grundgesetzes in der sogenannten Ewigkeitsklausel des Art. 79 Abs. 3 GG bestimmte Änderungen der Verfassung ausgeschlossen hat. Diese Klausel schützt Prinzipien wie das Demokratieprinzip, den Sozialstaat und auch die Menschenwürde. Wenn das Bundesverfassungsgericht diese Klausel auslegt, kreiert es damit Verfassungsrecht, das von keinem politischen Verfahren mehr geändert werden kann. Für alle, die in die Ordnung hineingeboren wurden, ohne eine Chance zu haben, sich an ihrer Weiterentwicklung zu beteiligen, entsteht ein Legitimationsproblem. Darauf wird bei einem Blick auf die Rechtsprechung zurückzukommen sein (IV.3.).

Weitere Zweifel am Modell demokratischer Legalität ergeben sich aus den unterschiedlichen Anforderungen an einfache Gesetzgebung und Verfassungsänderungen. Weil das Gericht als spezialisiertes Verfassungsgericht nicht einfaches Gesetzesrecht auslegt, sondern jede seiner Entscheidungen neues Verfassungsrecht schafft, wird der Hinweis auf die demokratische Legitimation des Verfassunggebers und die Reaktionsmöglichkeit des verfassungsändernden Gesetzgebers demokratietheoretisch anfechtbar. Demokratische Handlungsfähigkeit wird durch qualifizierte Mehrheitserfordernisse stark beschränkt. Keineswegs entspricht es einem demokratischen Ideal, mit hohen Mehrheitserfordernissen Entscheidungen zu treffen. Qualifizierte Mehrheitserfordernisse, wie sie für eine Verfassungsänderung nötig sind, begünstigen den Status quo, weil durch sie seltener überhaupt eine Entscheidung zustande kommt. Aus der Sicht der demokratischen Gleichheit verringern sie die Möglichkeiten aller Teilnehmer der demokratischen Gemeinschaft, an einer Mehrheitsentscheidung teilzunehmen. Zudem verkleinern sie die Mitentscheidungsmöglichkeiten derjenigen, die einen gegebenen politischen Zustand lieber verändert sähen. Die demokratische Legitimation der einfachen Gesetzgebung ist also nicht einfach geringer. Wenn ein Verfassungsgericht eine demokratische Entscheidung aufhebt, so richtet sich diese Entscheidung allerdings stets gegen eine zumindest einfache Mehrheit. Eine Korrekturmöglichkeit durch den verfassungsändernden Gesetzgeber scheint in dieser Konstellation oftmals ausgeschlossen. Die Legitimationsaktualisierung durch einfache Gesetzgebung unterbleibt. In vielen Fällen wiederholt sich nicht einmal die politische Möglichkeit, einen einfachen Gesetzesbeschluss neu zu fassen.

Legitimation durch Sicherung demokratischer Verfahren

Ein weiteres Modell der Rechtfertigung der Verfassungsgerichtsbarkeit bezieht diese nicht aus dem ursprünglichen demokratischen Willen des Verfassunggebers, sondern aus der Notwendigkeit, den demokratischen Charakter des politischen Prozesses immer wieder mit den Mitteln des Rechts abzusichern. Das Recht kontrolliert Regeln, die die Politik legitimieren.

Ein solches Legitimationsverständnis kommt prozessual in bestimmten Verfahrensarten zum Ausdruck, etwa in den Normenkontrollverfahren des deutschen Verfassungsprozessrechts, die die Regelgeleitetheit des politischen Prozesses sichern. In der amerikanischen Verfassungstheorie wurde dieses Argument zum Ausgangspunkt einer der weltweit einflussreichsten Theorien der Verfassungsgerichtsbarkeit: dem Modell der »representation-reinforcement theory« (Ely 1980: 73ff.; dazu Haltern 1998). Das Gericht muss seine Prüfung intensivieren, wenn es um die Angelegenheiten bestimmter Minderheiten geht, die im demokratischen Prozess nicht repräsentiert werden. Dieses sehr spezifisch auf die Gesellschaftsstruktur und das Mehrheitswahlrecht der USA zugeschnittene Argument bedarf allerdings für andere Rechtsordnungen der Modifikation, doch kann der Gedanke des Demokratieschutzes allgemeiner formuliert werden (z.B. Möllers 2005: 136ff.; Troper 2003; Nino 1996: 199ff.). In demokratischen Verfassungsstaaten ist Demokratie nicht als diffuse Äußerung eines politischen Willens zu verstehen; vielmehr ist dafür Sorge zu tragen, dass alle Mitglieder einer politischen Gemeinschaft die gleiche Möglichkeit erhalten, am politischen Prozess teilzunehmen. Dieses Erfordernis hat viele Konsequenzen für die Rechtsordnung – vom Wahlrecht bis zur Meinungsfreiheit. Soweit über diese Erfordernisse jedenfalls in Grundzügen kein Konsens herrscht, können Verfassungsgerichte die Beachtung solcher Regeln übernehmen.

Die verfassungsrechtliche Kontrolle vertritt in diesem Modell also nicht den Anspruch des Verfassunggebers, sondern sie sichert die Legitimationsbehauptung des aktuellen Gesetzgebers durch die Möglichkeit seiner Kontrolle. Aus diesem Grund spielen Verfassungsgerichte gerade in einer demokratischen Ordnung eine besondere Rolle (sehr weitgehend: Barak 2006: 20ff.), die ebenso wie der folgende Legitimationsanspruch der Verfassungsgerichtsbarkeit nicht ohne einen genauen Blick auf die Funktionsbedingungen einer bestimmten demokratischen Ordnung geklärt werden können. Nicht zufällig sind die Interventionen von Verfassungsgerichten in das Innere des politischen Prozesses, etwa in die parlamentarische Entscheidungsfindung, in verschiedenen Verfassungsordnungen sehr unterschiedlich ausgebildet. Sie sind auch Ausdruck eines unterschiedlichen Verständnisses von Demokratie. Der französische Conseil constitutionnel sollte sich ursprünglich nur um das Gesetzgebungsverfahren kümmern, allerdings vor allem, um den Entscheidungsanspruch des Parlaments gegenüber der Regierung zu beschränken (Schnapper 2010: 62 ff.). Dies war eine Reaktion auf die Erfahrungen mit parlamentarischen Regierungssystemen in der III. und IV. Republik. Der amerikanische Supreme Court überprüft zwar das Wahlrecht intensiv, er beschäftigt sich aber relativ selten mit den Interna des Gesetzgebungsverfahrens, insbesondere kennt seine Rechtsprechung kaum den Schutz parlamentarischer Minderheiten (Überblick: Pildes 2004). Hier kommt ein stark adversales und majoritäres Demokratieverständnis zum Ausdruck. Das Bundesverfassungsgericht hat dagegen parlamentarische Oppositionsrechte in mittlerweile relativ vielen Entscheidungen geschützt (vgl. zuletzt BVerfGE 124, 161 – Kleine Anfrage [2009]). Dies passt zu einem Demokratieverständnis, das auf Regelgeleitetheit Wert legt. Die potenziell demokratiesichernde Funktion von Verfassungsgerichten ist sicherlich ein wichtiges Element ihrer Rechtfertigung. Allerdings gibt es neben den Zweifeln an der Tragweite des Arguments, dessen Validität eben sehr von der konkreten Ausgestaltung einer demokratischen Ordnung abhängt, weitere Einwände, die diese Legitimationsstrategie zumindest relativieren:

Ein erster besteht darin, dass Demokratiesicherung nur einen kleinen Teil der Entscheidungspraxis eines Verfassungsgerichts betreffen dürfte. Sie wäre nur dann hinreichend zur Rechtfertigung der ganzen Verfassungsgerichtsbarkeit, wollte man die Entscheidungskompetenzen des Gerichts auf das Demokratieprinzip beschränken. Doch dienen nicht alle Regeln der Verfassung der Sicherung demokratischer Repräsentation, manche dienen augenscheinlich gerade auch dem Schutz gegenüber Entscheidungen, deren demokratische Legitimation nicht infrage steht.[11]

Ein weiterer Einwand ist noch grundsätzlicher: Es ist eine zumindest offene Frage, inwieweit sich ein demokratischer Prozess durch die Einhaltung und gerichtliche Überprüfung bestimmter Regeln sichern lässt oder inwieweit es für jede demokratische Ordnung darum geht, ihre eigenen Entscheidungsmechanismen permanent weiterzuentwickeln und zu verändern. Ist es demokratietheoretisch plausibel, einen definierten Begriff des Staatsvolks zu haben, der sich nicht innerhalb demokratischer Verfahren weiterentwickeln lässt? Sollten parlamentarische Verfahren einem verfassungstheoretischen Ideal demokratischer Deliberation genügen, welches sich durch ein Gericht überprüfen und durchsetzen lässt? Oder entsprechen Demokratien nicht vielmehr dem Schiff, das man repariert, während es fährt (Neurath 1932: 206), das deswegen aber auch keinen archimedischen Punkt der Demokratietheorie kennt, von dem aus ein eindeutiges Kriterium der Demokratie anwendbar wäre (Bryde 2000: 67ff.)?

Eine Festschreibung bestimmter Konzeptionen von Demokratie kann auch demokratietheoretisch problematisch sein. Wenn der U.S. Supreme Court die gesetzlich beschlossene Beschränkung von privaten Parteispenden auch im

11 Der überschießende Gehalt demokratietheoretischer Argumente wird in Beiträgen besonders deutlich, die pauschal jeden Grundrechtsschutz als demokratiefördernd einordnen (Kneip 2006: 268f.) oder gar die Unterscheidung zwischen einfachem Gesetzesrecht und Verfassungsrecht für unbeachtlich erklären (im Ergebnis Kneip 2006: 275f.).

Namen der Offenheit des demokratischen Prozesses als verfassungswidrig kassiert, wird dieses Problem deutlich.[12] Hier stoßen zwei Demokratiekonzeptionen aufeinander: auf der einen Seite die eines demokratischen Marktplatzes, auf dem alle sich frei bewegen können sollen; auf der anderen Seite die Hervorhebung der politischen Gleichheit im demokratischen Prozess, die nicht durch Unterschiede im persönlichen Reichtum überwältigt werden soll.[13] Gerade dieses Problem werden wir für die Rechtsprechung des Bundesverfassungsgerichts darum unten näher untersuchen (IV.4.).

Wenn eine brauchbare Demokratietheorie immer auch ihr eigenes Verhältnis zu demokratischen Entscheidungen problematisieren muss, dann erscheint die Orientierung am demokratischen Gesetz demokratisch überzeugender legitimiert als jede über konkrete politische Entscheidungen hinweg theoretisierende juridifizierte Demokratielehre. Im Aufeinandertreffen verschiedener Demokratiekonzeptionen, die beide Argumente auf ihrer Seite haben, erscheint es dann überzeugend, dem demokratischen Prozess selbst die Definitionsmacht über die Angemessenheit bestimmter demokratischer Regeln zu geben. Verfassungsrechtliche Maßstäbe wie die Aussage des Grundgesetzes in Art. 20 Abs. 2 S. 1 – »Alle Staatsgewalt geht vom Volke aus« – erscheinen dagegen in ihrer Bedeutung ungewiss. Das Modell der Legitimation durch Demokratiesicherung hat also seinen Wert, der allerdings begrenzt ist und bei dem immer der Umschlag in ein paternalistisches Modell droht, in dem die Dynamik

12 »Citizens United v. FEC«, 130 S.Ct. 876 (2010).

13 Zu einem vergleichbaren Problem im deutschen Recht: BVerfGE 118, 277 (2007) – Transparenzpflichten. Zu dem methodischen Problem, dass es der Entscheidung weniger um die Anwendung von Normen als um den Austausch unterschiedlicher Leitbilder des Abgeordnetenberufs geht, Volkmann 2010: 79 ff.

und Offenheit der Ausgestaltung des demokratischen Systems verloren gehen kann. Für die Kopplung zwischen Politik und Recht stellt sich die Frage, wie es möglich ist, den demokratischen Charakter politischer Willensbildung zu sichern, ohne die Möglichkeit auszuschließen, dass Demokratien ihre Verfahren immer wieder neu definieren.

Insbesondere: Legitimation durch Sicherung föderaler Selbstständigkeit

Die Überprüfung föderaler Kompetenzen gehört zur ältesten Schicht moderner verfassungsgerichtlicher Kontrolle. Oliver Holmes stellte für den U.S. Supreme Court fest: »I do not think the United States would come to an end if we lost our power to declare an Act of Congress void. I do think the Union would be imperiled if we could not make that declaration as to the laws of the several States.« (Holmes 1913: 295 f.) Tatsächlich gehört es zu den wenigen Gemeinsamkeiten des amerikanischen und des deutschen Systems verfassungsgerichtlicher Kontrolle, dass sie einen wesentlichen Ursprung in einer föderalen Ordnung haben. Dieser Zusammenhang hat einen guten systematischen Grund: Zwei selbstständige politische Ebenen bedürfen einer unabhängigen Überprüfungsinstanz, die die Kompetenzgrenzen zwischen beiden überwacht. Aus diesem Grund sind Verfassungsgerichte für föderale Ordnungen typischer als für unitarische politische Systeme (Beaud 2005). Die Sicherung der föderalen Kompetenzen ist ein Spezialfall der Legitimation durch Demokratiesicherung. Die Integrität zweier politischer Einheiten, die miteinander institutionell verbunden sind, sich aber auch voneinander abgrenzen müssen, um ihre respektiven demokratischen Prozesse zu sichern, wird einem Gericht zugewiesen. Die Kontrolle von Kompetenzen in einer demokratischen Föderation soll letztlich sicherstellen, dass das dafür vorgesehene demokratische Subjekt über eine bestimmte Frage entscheiden kann. Im deutschen Verfassungsprozessrecht sind dafür gleich mehrere Verfahren der verfassungsgerichtlichen Auseinandersetzung zwischen Bund und Ländern vorgesehen.

Es verwundert aber nicht, dass für die Rolle eines Verfassungsgerichts als föderaler Kompetenzwächter ähnliche Einwände gelten wie für die allgemeinen demokratiesichernden Funktionen. Auch die Kompetenzverteilung bedarf der Anpassung an veränderte Regelungsbedürfnisse. Im politischen Prozess entstehen neue Vorstellungen darüber, welches Sachproblem einheitlich-zentral und welches dezentral-vielfältig geregelt werden solle. Auch hier gibt es also einen Bedarf nach einem responsiven demokratischen Prozess. Zugleich ist die Frage, ob ein Sachproblem auf der oberen oder auf der unteren föderalen Ebene zu regeln ist, oftmals nicht von der politischen Frage zu trennen, auf welche Art und Weise sie geregelt werden sollte. Hier bietet das amerikanische Verfassungsrecht viele Beispiele: Waffenkontrollen werden in einer politischen Auseinandersetzung debattiert, die gleichzeitig die Sache und den Anspruch der Bundesebene betrifft, überhaupt solche Regelungen treffen zu dürfen (Nachweise bei Möllers 2005: 387ff.). Die Aufhebung eines Bundesgesetzes aus Gründen fehlender Kompetenz wird auch als Parteinahme in der politischen Auseinandersetzung auf der Ebene des Bundes gesehen. Der erst langsam anlaufende verfassungsrechtliche Konflikt um die amerikanische Krankenversicherungsreform dürfte diese These einmal mehr bestätigen. Dieser Zusammenhang liegt auch in einem Parteiensystem begründet, in dem sich seit Beginn der amerikanischen Republik eine von zwei Parteien eher als Anwalt der Gliedstaaten verstand, während die andere

Partei größeres Vertrauen in die Regelungskompetenz des Bundes hatte.

Im deutschen Verfassungsrecht gibt es keine entsprechende Politisierung, zudem wird die Verfassung bei Kompetenzstreitigkeiten recht häufig im politischen Konsens geändert. Die allermeisten Änderungen des Grundgesetzes betrafen die föderale Kompetenzverteilung. Auch hier gilt: Wenn der Verfassunggeber sich als handlungsfähig erweist, rechtfertigt dies eine genauere gerichtliche Überprüfung. Wenn der Verfassunggeber dagegen nicht imstande ist, die Kompetenzordnung anzupassen, wird die verfassungsgerichtliche Kontrolle der politischen Praxis größere Spielräume gestatten. Dieser Zusammenhang zeigt sich sowohl in der Rechtsprechung des U.S. Supreme Court als auch in der des EuGH. In beiden Fällen reagieren Gerichte auf die nur unter sehr erschwerten Bedingungen mögliche formale Änderung der Kompetenzordnung mit einer wenig strengen Kontrolle der verfassungs- oder vertragsrechtlichen Kompetenzregeln.[14]

Im Ergebnis scheint die Plausibilität einer legitimationsstiftenden Rolle der verfassungsgerichtlichen Kompetenzkontrolle also von vielen Faktoren abzuhängen. Gerade wenn das konstitutionelle Regelwerk nicht einfach zu ändern ist, schafft eine intensive Kontrolle neue Legitimationsprobleme. Eine weitere implizite Voraussetzung für den Legitimationsanspruch von Verfassungsgerichten in der föderalen Kompetenzverteilung ist in jedem Fall prekär: die Vorstellung, Verfassungsgerichte könnten als neutrale Entscheidungsinstanzen zwischen den Ebenen agieren. Auch wenn Verfassungsgerichte politisch unabhängig sind, stehen

14 Aus diesem Grund führt die verfassungsrechtliche Forderung des Bundesverfassungsgerichts, die europäischen Verträge dürften nur im Konsens geändert werden (BVerfGE 89, 155 (1993) – Maastricht; 123, 267 (2009) – Lissabon), unweigerlich zu einem freieren Umgang des EuGH mit den vorhandenen Kompetenzen.

sie formell auf der Seite der oberen föderalen Ebene. Wichtiger noch: Kognitiv haben Verfassungsgerichte stets eine Perspektive auf die gesamte Rechtsordnung, nicht auf eine föderale Teilordnung. Sie sind für das Ganze zuständig, auch wenn sie Teile schützen sollen. Aus diesem Grund ist es nach aller rechtsvergleichenden Erfahrung typisch, dass sich föderale Verfassungsgerichte im Ergebnis als Agenten der Zentralisierung erweisen, die beispielsweise in Anwendung von Diskriminierungsverboten den Kompetenzbereich der zentralen Ebene vergrößern. So ist es in den USA und im Prozess der europäischen Integration geschehen (Cappelletti/Seccombe/Weiler 1986). Die Unparteilichkeit des Gerichts steht hier infrage.

Legitimation durch Minderheitenschutz

Für das Grundgesetz wird die Rechtfertigung des Bundesverfassungsgerichts zumeist weniger aus der Perspektive der demokratischen Mehrheit als aus derjenigen der Minderheit rekonstruiert. Nicht zuletzt als Lehre aus dem Nationalsozialismus ging es dem Parlamentarischen Rat mit der Einrichtung des Bundesverfassungsgerichts darum, Minderheiten, namentlich die Opposition und Individuen, zu schützen (zu den faktischen Erfolgschancen in Deutschland: Stüwe: 2001; Hönnige: 2007). Das Bundesverfassungsgericht sollte als eine Institution dienen, die der politischen Mehrheit Grenzen ziehen kann, unter Umständen sogar der verfassungsändernden Mehrheit. Diese Deutung ist keine deutsche Besonderheit, sondern in Ländern, die sich im Anschluss an ein totalitäres System für eine Verfassungsgerichtsbarkeit entschieden haben, verbreitet. Wie überzeugend ist das Modell eines Verfassungsgerichts, das seine Legitimation aus dem Schutz von Minderheiten herleitet?

Zunächst steht das Modell des Minderheitenschutzes, wie sich schon oben andeutete, nicht notwendig in Widerspruch zum Modell der Demokratiesicherung. Wenn die Demokratie die Ordnung ist, in der aus der politischen Mehrheit eine Minderheit werden kann – und umgekehrt (deutlich bei Kelsen 1928), dann dienen politische Minderheitenrechte der Sicherung einer demokratischen Ordnung. Für das Recht auf Meinungsfreiheit ist dies von vielen Verfassungsgerichten ausdrücklich so formuliert worden. Ein Verfassungsgericht, das die Meinungsfreiheit gegen den Gesetzgeber durchsetzt, schützt beides zugleich: die politische Minderheit und die demokratische Ordnung. So scheint es auch begrifflich stimmig, eine Verfassungsgerichtsbarkeit, die sich gerade durch ihr Recht auszeichnet, den demokratischen Gesetzgeber zu überprüfen, als Wächter der Minderheit zu verstehen. Demokratische Mehrheiten haben keinen Bedarf, das Gericht anzurufen. Trotzdem weist die These, dass Verfassungsgerichte ihre Legitimation aus dem Schutz von Minderheiten beziehen, sowohl Unklarheiten als auch systematische Mängel auf.

Zunächst ist es wichtig, Minderheiten nicht mit den Trägern von Grundrechten gleichzusetzen. Träger von Eigentumsrechten oder der Religionsfreiheit können sowohl Teil politischer oder gesellschaftlicher Mehrheiten als auch Vertreter strukturell besonders mächtiger Teile der Gesellschaft sein. Wenn sich ein multinationales Unternehmen mit seinem Eigentumsgrundrecht gegen die Raumplanung einer Gemeinde durchsetzt, dann fällt es schwer, hier Mehrheit und Minderheit zu identifizieren. Die Rechtsprechung des Bundesverfassungsgerichts zur Religionsfreiheit schützte lange Zeit in rechtsvergleichend großzügiger Art und Weise das Handeln christlicher Mehrheitsmilieus. Als sich Muslime mehr und mehr auf die Religionsfreiheit zu berufen begannen, wurde dieser Schutz beschränkt.[15] Von Minderheitenschutz kann hier nicht die Rede sein.

Grundrechtsschutz und Minderheitenschutz beziehen sich auf unterschiedliche, inkommensurable Kategorien. Nicht zufällig begann die empirische sozialwissenschaftliche Forschung zur amerikanischen Verfassungsgerichtsbarkeit mit der These, es handele sich beim U.S. Supreme Court um ein Organ, welches nach Zusammensetzung und Entscheidungspraxis politische Mehrheiten repräsentiere (Dahl 1957; für Deutschland kritisch zum BVerfG: Massing 1970 und 2005: 129). Schließlich kann man aus einer politischen Perspektive den Umstand, dass ein Verfassungsgericht dem Gesetzgeber in den allermeisten Fällen bescheinigt, ein der Verfassung entsprechendes Gesetz verabschiedet zu haben, auch als ein Verfahren zur weiteren Legitimation des Gesetzgebers verstehen: Die Mehrheit hat nun nicht mehr nur die Mehrheit, sondern auch noch die Verfassung auf ihrer Seite. Wenn überhaupt, scheint es nur in sehr spezifischen Konstellationen möglich, Verfassungsgerichte als Agenten des Minderheitenschutzes zu verstehen.

Die Unterscheidung zwischen dem Schutz von Rechten und dem Schutz von Minderheiten wirft zudem die Frage auf, welchen legitimatorischen Wert der Schutz von Minderheiten jenseits der Aufrechterhaltung des Gegeneinanders von Regierung und Opposition haben kann. Während man dem Schutz von Rechten einen Eigenwert zusprechen mag, ist dies bei der Kategorie der Minderheit nicht im selben Maße der Fall. In den allermeisten Fällen dürfte die Anrufung des Minderheitenstatus dann auch in Wirklichkeit die Anrufung von Rechten bezeichnen, die als Rechte für alle gelten sollen. Das konzeptionelle Manko der Idee

15 Vgl. nur die Bestimmung des Schutzbereichs in BVerfGE 24, 236 (1968) – Lumpensammler und in BVerfGE 104, 337 (2002) – Schächten.

des Minderheitenschutzes besteht darin, dass sie überhaupt nur unter der Bedingung einer gleichen Zurechnungsgröße anwendbar ist, denn anders könnte man Mehrheit und Minderheit ja gar nicht identifizieren, dass aber genau ein solcher Gleichheitsmaßstab erst einmal auch den Vorrang der Mehrheit vor der Minderheit impliziert (Sadurski 2008: 85 ff.).[16] Aus dem Umstand, dass Minderheiten besonders schutzbedürftig sind, folgt nicht, dass wir sie schützen, *weil* sie Minderheiten sind. Wir schützen sie, weil und insoweit sie Rechte haben, die wegen ihres Minderheitenstatus besonders gefährdet sein können. Im Ergebnis handelt es sich bei dem Verweis auf die minderheitenschützende Funktion von Verfassungsgerichten allenfalls um eine ungenaue Formulierung für die Aufgabe, Grundrechte zu schützen.

Legitimation durch Grundrechtsschutz

Überzeugender erscheint es demnach, die Legitimation eines Verfassungsgerichts aus der Aufgabe des Grundrechtsschutzes herzuleiten. Obwohl heute als Selbstverständlichkeit behandelt, stellt der Grundrechtsschutz eine viel jüngere Funktion von Verfassungsgerichten dar als etwa die Bewahrung föderaler Strukturen. Der U.S. Supreme Court erhob früh zu Beginn des 19. Jahrhunderts den Anspruch, den politischen Organen des Bundes und den Gliedstaaten seine Auslegung der Verfassung entgegenzuhalten; doch dauerte es bis in die zweite Hälfte des 19. Jahrhunderts, bis das Ge-

16 Aus demselben Grund erscheint die Furcht vor der von Tocqueville so bezeichneten »Tyrannei der Mehrheit« zumindest unglücklich formuliert: Wenn der Tyrann sich darum kümmert, Mehrheit und Minderheit zu unterscheiden, wendet er bereits einen Maßstab normativer Gleichheit an. Dem entspricht empirisch die Einsicht, dass sich allein in funktionierenden Demokratien auch ein funktionierender Menschenrechtsschutz findet.

richt damit begann, Bundesgesetze auf ihre Vereinbarkeit mit den Grundrechten zu überprüfen (Friedman 279ff.). Der erste Fall, in dem es ein Bundesgesetz zum Schutz eines Grundrechts aufhob, führte in den Bürgerkrieg (»Dred Scott v. Sandford«, 60 U.S. 393 [1856]).

Das Bundesverfassungsgericht wurde jedoch wie viele posttotalitäre Gerichte von vornherein ausdrücklich zum Schutz der Grundrechte eingerichtet. Ein Modell der Rechtfertigung durch den Verweis auf den Schutz der Grundrechte setzt freilich eine Vorstellung davon voraus, was Grundrechte sind und wer für sie institutionell zuständig ist. Eine Kopplung von Recht und Politik muss Grundrechte irgendwo innerhalb dieser Unterscheidung zuordnen. Eine solche Zuordnung versteht sich keineswegs von selbst.

Soll der Schutz von Grundrechten die Einrichtung eines Verfassungsgerichtes rechtfertigen, so werden diese zumeist als definierte individuelle Rechtssphären verstanden, in die der politische Prozess gar nicht oder nur unter bestimmten Bedingungen eindringen darf. Hier schützt das Gericht die individuelle Willensmacht eines Betroffenen innerhalb einer bestimmten Sphäre, beispielsweise der religiösen Betätigung. Das amerikanische Grundrechtsverständnis ist in seinen Ursprüngen bis in die Gegenwart an einer Konzeption orientiert, die Grundrechte als einen definierten vorpolitischen Handlungsraum deutet, in welchen der Gesetzgeber in keinem Fall eindringen darf. In der kontinentaleuropäischen Tradition – in Frankreich (Gauchet 1995) wie in Deutschland (Wahl 1979) – herrschte dagegen lange Zeit ein anderes Verständnis von Grundrechten vor: Grundrechte waren durch den Gesetzgeber auszugestalten. Das Parlament gab und nahm Grundrechte, mit deren Hilfe die Bürger in Deutschland vor dem Zugriff der Verwaltung geschützt wurden. Der gerichtliche Schutz der Grundrechte bestand in der Suche nach einer gesetzlichen Grundlage für eine Beschränkung von – in der deutschen Formel – Freiheit und Eigentum. Ein Eingriff durch die Verwaltung begründet die Kompetenz des Gesetzgebers, der durch politische Ausgestaltung den Schutz der Rechte übernimmt.[17] Die Legitimation der Gerichte besteht im Schutz vor der Exekutive, der zugleich den Kompetenzraum des Gesetzgebers ermöglicht. Nicht zufällig entstammt die Forderung einer gerichtlichen Überprüfung des Gesetzgebers im Kaiserreich und der Weimarer Republik den parlamentsfeindlichen Teilen von Wissenschaft und Gerichtsbarkeit (Caldwell 1997: 145 ff.; Kübler 1963).

Der Streit um eine angemessene Theorie der Grundrechte, die Frage, ob Rechte als rechtlich definierte Sphären oder als programmatische politische Aufträge an den Gesetzgeber oder gar als moralische Ansprüche zu verstehen sind, wird seit dem frühen 19. Jahrhundert, seit der Rechtekritik von Bentham und Marx, geführt. Im 20. Jahrhundert konnte er für oder gegen die Institution der Verfassungsgerichtsbarkeit ins Feld geführt werden (einerseits Waldron 2006: 1364 ff.; andererseits Dworkin 1977). Es lassen sich zwei Ebenen der Auseinandersetzung unterscheiden: Zum einen geht es um den Grund der Geltung von Rechten, zum anderen geht es um deren Schutzrichtung und Reichweite. Die Beantwortung beider Fragen kann schwerlich getrennt erfolgen, dennoch muss man beide auseinanderhalten. Entstehen Grundrechte durch eine politische Entscheidung oder durch einen moralischen Grund? Schützen sie nur vor dem Handeln der öffentlichen Gewalt oder auch gegenüber anderen Handlungen?

Will man mögliche Antworten auf beide Fragen zunächst

17 Genau genommen ist auch hier ein vorpolitischer Begriff des Rechts vorausgesetzt, der die konkrete politische Ausgestaltung auslöst.

grob einordnen, so stößt hier ein liberales Verfassungsverständnis, das Rechte als vorpolitische Sphären versteht, die dem Staat gegenüber negative Unterlassungsansprüche begründen (Allan 2001), auf ein politisches Verfassungsverständnis, das Rechte als Gegenstand politischer Ausgestaltung deutet und es auch gestattet, Rechte als Ansprüche gegenüber dem Staat oder sogar gegenüber anderen Bürgen zu artikulieren (Bellamy 2007; Nino 1996). Grundrechte können sich als subjektive Rechte auf die Bestimmung staatsfreier Sphären beschränken, sie können einen Anspruch auf eine verhältnismäßige Ausgestaltung solcher Sphären durch den Gesetzgeber oder sogar Ansprüche auf staatliche Leistungen enthalten. Schließlich können Grundrechte auch objektiviert und als Normen verstanden werden, die subjektlos funktionieren, als »Werte«, die für das Verständnis der gesamten Rechtsordnung Berücksichtigung finden müssen.

Nun scheint es schwer möglich, den legitimatorischen Wert des Grundrechtsschutzes für die Verfassungsgerichtsbarkeit losgelöst vom konkreten Grundrechtsverständnis zu bestimmen, das ein Verfassungsgericht zur Anwendung bringt. Als Wächter einer politikfreien Sphäre individueller Freiheit erfüllt es eine genuin liberale Aufgabe: Es schützt den Einzelnen vor der Politik. Je weiter sich das Grundrechtsverständnis von den konkreten Belangen eines Einzelnen entfernt, desto ungewisser wird diese Leistung und desto mehr unterschiedliche kollidierende Freiheitssphären werden durch verfassungsgerichtliche Entscheidungen betroffen. Beispielhaft: Die Frage, ob ein gefährlicher Straftäter freigelassen werden muss oder in Sicherheitsverwahrung genommen werden soll, betrifft nach einem liberalen Grundrechtsverständnis allein die Grundrechte des Straftäters. Die Sicherheitsanliegen der Bevölkerung können politisch artikuliert werden, es gibt jedoch kein Grundrecht gegen den Staat auf Schutz vor Straftaten. Ein weiter ausgreifendes, objektivierendes Freiheitsverständnis kann unter Umständen auch potenziellen Opfern Rechte einräumen.[18]

Welches sind die Implikationen für die Verfassungsgerichtsbarkeit? Ein enges liberales Grundrechtsverständnis hat den Vorteil, dass es im Verfahren eines Beschwerdeführers nur um dessen eigene Rechte geht. Zwischen dem durch einen Kläger initiierten Verfahren und der Anwendung der Grundrechte besteht ein enger Konnex. *Es ist die aktuelle Freiheit des Beschwerdeführers, die die Prüfungskompetenzen des Gerichts rechtfertigt, nicht die potenzielle Freiheit aller anderen.* Je ausgreifender das Rechteverständnis wird, desto mehr Anliegen von aktuell und potenziell Betroffenen finden sich in die Entscheidung einbezogen, die im Verfahren aber gar nicht repräsentiert werden. Bedenkt man die kantische Einsicht, dass die Definition einer Rechtssphäre immer auch alle anderen Rechteinhaber berührt, so wird dieses Problem deutlicher. Die Definition eines subjektiven Rechts bedarf der demokratischen Legitimation, denn mit ihr verbindet sich eine Entscheidung über die gesellschaftliche Freiheitsverteilung aller. Je ausgreifender der Umgang mit verfassungsrechtlichen Grundrechten durch ein Verfassungsgericht ist, desto dringlicher stellt sich die Frage nach dessen Legitimation.

Schließlich werden mit der erweiternden Auslegung von Grundrechten diese nicht mehr nur dazu herangezogen, individuelle Handlungsmöglichkeiten zu schützen, sondern auch dazu, sie zu begrenzen. Beispielhaft: Wenn das Bun-

18 Es ist wichtig zu sehen, dass diese unterschiedlichen Konstruktionen keine Vorentscheidung darüber enthalten müssen, wie der Schutz im Ergebnis ausfällt: Vielleicht hat ein Täter *im Ergebnis* mehr Rechte in einer Rechtsordnung, die Grundrechte objektiviert – wie in Deutschland –, als in einer Rechtsordnung, die dies nicht tut – wie die amerikanische.

desverfassungsgericht aus dem Recht auf Leben nicht nur ein individuelles Recht des Bürgers ableitet, vom Staat nicht in seiner Lebensfähigkeit beeinträchtigt zu werden, sondern auch eine Pflicht, lebensbedrohende Handlungen wie den Schwangerschafsabbruch unter Strafe zu stellen, so verkürzt diese Rechtsprechung die Spielräume von Individuen ebenso wie die Spielräume des demokratischen Gesetzgebers.[19] Bei dieser Überlegung geht es nicht um eine Kritik in der Sache. Sie soll nur zeigen, dass der Legitimationsbedarf des Gerichts mit der Ausweitung der Grundrechtsinterpretation zunimmt. Anders formuliert: Eine ausgreifende Grundrechtsinterpretation stiftet eine Politisierung der Rechtsprechung, indem sie den Verfahrensgegenstand verallgemeinert. Denn zum einen müssen die Anliegen von mehr Betroffenen einbezogen werden, zum anderen dienen die Grundrechte nun auch dazu, Freiheitssphären zu begrenzen. Mit Blick auf das Beispiel der Sicherungsverwahrung: Die Menge aller potenziell von einem Straftäter betroffenen Personen ist nicht von der gesamten demokratischen Gemeinschaft zu unterscheiden. Noch weiter gehend verschafft sich das Gericht mit der Heranziehung von grundrechtlichen Schutzpflichten, die dem Gesetzgeber einen Handlungsauftrag geben, eine neue Rolle im institutionellen Spiel der Gewalten. Es übernimmt die Initiative für politisches Handeln, auf das es als Gericht nur reagieren soll.

Ein Verständnis der Rechte, das diese als objektive Werte

19 Das Beispiel entstammt der Rechtsprechung des Bundesverfassungsgerichts (BVerfGE 39, 1 (1975) – Abtreibung I; 88, 203 (1993) – Abtreibung II). Es ist bezeichnend für das oben diskutierte Problem, dass diese Entscheidungen nicht auf Grundlage einer Verfassungsbeschwerde ergangen sind, sondern in Organstreitverfahren, es also gar keinen Grundrechtsträger gab, der an dem Verfahren beteiligt war. In Schweden fand man diese Rechtsprechung so abschreckend politisiert, dass dies als Grund gegen die Einführung einer Verfassungsgerichtsbarkeit verwendet wurde (Lamprecht/Malanowski 1979: 15).

deutet, nähert die verfassungsgerichtliche Auslegung von Grundrechten schließlich stark einem unabhängigen moralischen Diskurs an (Alexy 1986; kritisch Burchardt 2004: 204ff.). In unterschiedlichen Wendungen werden Grundrechte hier als universal funktionierende Superargumente verstanden (Dworkin 1984) oder das Prinzip der Verhältnismäßigkeit als eine Art allgemeingültiger Gerechtigkeitsgrammatik zur Lösung von Fällen gedeutet (Kumm 2010). In dieser Lesart scheint die institutionelle Legitimation der Verfassungsgerichtsbarkeit in der unabhängigen Deliberation moralischer Bindungen zu liegen, nicht mehr in der Anwendung von Recht. Die Objektivierung der Grundrechte entfernt den Entscheidungsgegenstand weiter von den Verfahrensbeteiligten.

Fazit: Weil Grundrechte entweder als rechtliche Ansprüche oder als ausfüllungsbedürftige politische Programmtitel verstanden werden können, verbergen sich hinter der Aufgabe des Grundrechtsschutzes durch Verfassungsgerichte ganz unterschiedliche Möglichkeiten der Kopplung von Politik und Recht. Soweit Verfassungsgerichte als unabhängige Institutionen einen durch die Verfassung definierten Kreis an individuellen Handlungsmöglichkeiten vor ihrer Beschränkung durch den politischen Prozess bewahren, haben sie starke rechtfertigende Argumente auf ihrer Seite. Je ausgreifender und *ent*-subjektivierter das Grundrechtsverständnis des Gerichts allerdings argumentiert, desto politisierter und legitimationsbedürftiger gerät sein Entscheidungsanspruch und desto weiter entfernt sich die Argumentation von der Struktur des Verfahrens der Verfassungsbeschwerde.

Die Legitimationsleistung eines Verfassungsgerichts mag schließlich auch durch die Möglichkeit zu einem politisch unabhängigen Austausch von Gründen sowohl zwischen den Richtern als auch zwischen dem Gericht und den Parteien entstehen. Die Idee, Legitimation durch den offenen Austausch von Gründen und Gegengründen zu stiften, hat in den letzten Jahrzehnten unter dem Stichwort der deliberativen Demokratie an Bedeutung gewonnen (Elster 1998: 8ff.; Manin 1987). Die Literatur hat diese Konzeption unterdessen auch auf Verfassungsgerichte übertragen (zuletzt Ferejohn/Pasquino 2010).

Konkret stellt sich sogleich die Frage, ob Gerichte die hohen Rationalitäts- und Moralitätserwartungen, die an solche Entscheidungstechniken gerichtet sind, erfüllen sollten, und, wenn ja, warum sie diese besser erfüllen können als andere Akteure wie Parlamente, Regierungen oder unabhängige Verwaltungsagenturen. Institutionelle Argumente würden an dieser Stelle bei der richterlichen Unabhängigkeit einsetzen. Diese könnte es gestatten, einen interessenunabhängigen Austausch von Gründen zwischen den Richtern zu ermöglichen, der anderen Rationalitätsstandards genügt als im Fall politisch abhängiger Akteure. Für die Rechtfertigung gerade des Bundesverfassungsgerichts ist dieses Modell auch deswegen von Interesse, weil in dieser Konzeption Legitimation durch die Institution selbst generiert wird und nicht über die Bindung an Normen funktioniert. Für ein Gericht, das seine Maßstäbe selbst entwickelt, ist dies eine attraktive Theorie. Gerade weil das Bundesverfassungsgericht über einen hohen Grad an Expertifizierung verfügt, da die Mehrheit der Richter aus vormaligen Bundesrichtern und Professoren des Rechts besteht, könnte sich ein solches Modell anbieten.

Freilich sind hier mindestens vier Bedenken anzubringen: Zum Ersten fordert die Idee einer Legitimation durch das Geben und Nehmen von Gründen auch die Einbeziehung *aller* Betroffener in den Diskurs (Habermas 1993: 151 ff.). Die Vorstellung, ein Experten- oder Richterzirkel könne diese Einbeziehung schlicht simulieren, findet sich zwar gerade in der neueren völkerrechtlichen Literatur (Slaughter 2004: 203 ff.), ist aber nicht aus der Theorie heraus gerechtfertigt. Aus zwei Gründen passt das Modell schlecht zum gerichtlichen Verfahren: einmal wegen seines exklusiven Charakters, zum anderen, weil Urteile eben das autoritative Ende eines Diskurses darstellen, für das es in gerade dieser Theorie vielleicht eine pragmatische, aber sicher keine normative Rechtfertigung gibt. Zum Zweiten lädt das Modell, wie angedeutet, zu einer weitgehenden Verselbstständigung der Institution ein. Wenn jede Entscheidung sich immer wieder neu argumentativ zu rechtfertigen hat, dann funktioniert dieser Diskurs eben weder durch die Bindung an Regeln noch durch die an Normen. Man könnte zugespitzt formulieren: Eine deliberative Institution kann qua Deliberation an keine Form von Recht mehr gebunden sein. Sie ist eben unabhängig. Dies führt zum Dritten zur Frage, ob man sich überhaupt vorstellen kann, eine solche Institution als Teil einer rechtsförmigen politischen Ordnung, eben einer Verfassung, zu verstehen. Wenn die Logik der Verfassung in der verbundenen Unterscheidbarkeit von Recht und Politik besteht, dann löst das Konzept der Deliberation diese Unterscheidung auf: Gründe werden im Parlament wie im Gericht ausgetauscht, vielleicht ist die eine Institution dafür besser geeignet als die andere, doch folgen sie nicht mehr unterschiedlichen Logiken. Handelt dieses Konzept nicht letztlich von einem Moral- oder Vernunft-, statt von einem Verfassungsgericht? Viertens fällt die Bilanz von Verfassungsgerichten ihre Fähigkeit betreffend, sich mit Argumenten auseinanderzusetzen, im Rechtsvergleich sehr unterschiedlich aus (Ferejohn/Pasquino 2010). Manche Gerichte scheinen sich weder intern noch mit den Parteien sonderlich intensiv auszutauschen.

Zwischenbetrachtung: Modelle im Kontext

Die vorgestellten Modelle erfassen allesamt bestimmte Elemente der Legitimation von Verfassungsgerichten, zugleich erscheinen sie weder für sich hinreichend noch unter sich widerspruchsfrei. Vollends ausgeschlossen ist es, allein aus einem oder allen Modellen dieser Abstraktionsebene auf eine angemessene institutionelle Ausgestaltung oder gar auf ein legitimes Prüfungs- und Entscheidungsprogramm für ein bestimmtes Verfassungsgericht zu schließen. Denn alle Modelle erwiesen sich bei genauerer Hinsicht als sehr voraussetzungsreich und daher nur für bestimmte politische und verfassungsrechtliche Kontexte angemessen. Trotzdem erheben viele Theorien der Verfassungsgerichtsbarkeit den Anspruch, rechtsordnungsübergreifend argumentieren zu können.[20] Dass sie damit zumindest implizit nicht nur politische und soziale Kontexte, sondern auch die gesamte Ebene des positiven Rechts für überflüssig erklären, die auf diese Kontexte eingeht, scheint dabei nicht zu stören. Schlüssiger erscheint es dagegen, die Legitimationsmodelle als bloße Elemente einer Rekonstruktion von Legitimationsproblemen bereitzuhalten, die ergänzungsbedürftig ist.

Solche Ergänzungen stiften in einer demokratischen Verfassungsordnung die Entscheidungen des Verfassung- und

20 Paradigmatisch ist die für die deutsche Diskussion pionierhafte, spezifische Eigenheiten dennoch verfehlende Argumentation bei Habermas 1993: 324ff.

des Gesetzgebers. Diese sind demokratisch legitimiert und können deswegen abstrakten Legitimationsargumenten entgegengehalten werden. Vom Vorrang der konkreten demokratischen Entscheidung vor dem legitimationstheoretischen Argument ist grundsätzlich auszugehen (nach Rorty 1991). Anders formuliert: Dem Anspruch einer Legitimationstheorie, die sich nicht einfach als Naturrecht gerieren will, es stets besser zu wissen als ein demokratisch legitimiertes Gesetzgebungsorgan – das sich etwa für eine starke verfassungsgerichtliche Kontrolle entschieden hat –, ist mit reflektierter Skepsis zu begegnen. Das bedeutet nicht, dass ein solcher Anspruch einfach auszuschließen ist. Er hat nur seine Argumente in den Kontext demokratischer Rechtsetzung einzubetten und innerhalb dieses Kontexts zu argumentieren.

Wie aber ist eine solche Argumentation denkbar? Wir erkennen auch hier wieder eine diskursive Schleife, weil die Einbeziehung des positiven Rechts, wie bereits gesehen, Legalität und Legitimation verknüpft, der Gehalt der Legalität aber oftmals ungewiss bleibt. Deshalb ist es wichtig zu sehen, dass eine rechtsordnungsimmanente verfassungstheoretische Beobachtung des positiven Rechts von einem Argument aus dem positiven Recht zu unterscheiden ist: Es geht nicht um eine Legalitätsbehauptung, sondern um die Entwicklung von dem Recht eigenen theoretischen Voraussetzungen und um die mögliche Aufdeckung interner Widersprüchlichkeit in diesen. Dies wird an der Institution des Bundesverfassungsgerichts nunmehr zu zeigen sein.

Eine Rekonstruktion der Legitimation des Bundesverfassungsgerichts funktioniert dabei nicht wie eine Formel, in die man institutionelle Gegebenheiten einsetzen kann, um zu einem eindeutigen Ergebnis zu gelangen. Es handelt sich vielmehr um einen Satz von Argumenten für eine kritische oder affirmative Rekonstruktion der Leistungen des Gerichts. Ein Gesamtergebnis der Art: »Das Gericht ist/ist nicht legitimiert« kann davon nicht erwartet werden. Vielmehr müssen institutionelle Eigenschaften, Legitimationsmodelle und Einwände gegen ebendiese Modelle konkret miteinander ins Verhältnis gesetzt werden, um legitimatorische Leistungen und Probleme des Gerichts konsistent beschreiben zu können.

IV.3 Legitimationsstrukturen im bundesverfassungsgerichtlichen Verfahren

Status: Das Bundesverfassungsgericht als Verfassungsorgan

Der »Status« eines Verfassungsgerichts zwischen dem politischen System und dem Rechtssystem ist, wir haben es gesehen, nicht einfach zu bestimmen. Er changiert zwischen beiden, nimmt hybride Züge an, wird zur Mischform und behält doch die institutionelle Gestalt eines Gerichts. Die Entscheidung des Parlamentarischen Rates für ein Verfassungsgericht und gegen ein Oberstes Bundesgericht steht für diese Mischform. In der Systematik des Grundgesetzes ist dem Bundesverfassungsgericht trotzdem im Gegensatz zu anderen Staatsorganen kein eigener Abschnitt gewidmet. Noch der Herrenchiemseer Entwurf hatte dies vorgesehen, im Grundgesetz fehlen entsprechende Bestimmungen nicht zufällig (Schiffers 1984: XIV). Das Grundgesetz hat das Bundesverfassungsgericht als ein besonderes Gericht unter Gerichten im Abschnitt über die rechtsprechende Gewalt eingeordnet, nicht aber als ein Verfassungsorgan.

Das frühe Bundesverfassungsgericht stand in einer doppelten Frontstellung zwischen Politik und Recht, wie es bei einer neuen Institution, die ihre Rolle noch finden soll, wenig verwundert: Auf Seiten der Politik war vor allem die Bundesregierung nicht willens, sich von einem Gericht in seinen politischen Handlungsspielräumen beschränken zu lassen (Häussler 1994: 22 ff.). Auf der anderen Seite stand eine selbstbewusste Fachgerichtsbarkeit, vor allem der Bundesgerichtshof, der als Teil einer politisch konservativen Elite spezialisierter Juristen nicht bereit war, sich einer neuen politisierten Verfassungsgerichtsbarkeit von zweifelhafter Fachkunde zu beugen (Faller 1990: 187 ff.). Beide Fronten hatten auch eine vergangenheitspolitische Komponente: Das Reichsgericht wie ein großer Teil der politischen Repräsentanten waren politisch belastet. Das frühe Bundesverfassungsgericht dagegen war die einzige Institution, in der Widerständler und Exilanten eine kritische Masse ausmachten. Viele seiner Entscheidungen, namentlich die Rechtsprechung zum Beamtenstatus, schonten auch Mitläufer des Nationalsozialismus nicht (Frei 1996: 69 ff.).

Vor diesem Hintergrund kam das Gericht selbst in einem auch intern umstrittenen, vom Staatsrechtler und NS-Verfolgten Gerhard Leibholz verfassten »Statusbericht« (Leibholz 1957) dazu, sich selbst als Verfassungsorgan zu definieren, das protokollarisch und haushaltstechnisch den anderen Verfassungsorganen gleichberechtigt gegenüberstehen sollte. Der Bericht stieß auf scharfe Kritik im Bundesjustizministerium, bei einer Minderheit im Gericht und auch bei der Wissenschaft (Thoma 1953: 165 ff.).[21] Letztlich setzte sich das Gericht aber durch, und zumindest der einfache Gesetzgeber erkannte den Status als »Verfassungsorgan« in dem im Jahr 1970 neugefassten § 1 des Bundesverfassungsgerichtsgesetzes an.

21 Zur Diskussion die Darstellung bei Lembcke 2007: 91 ff.

Der »Statusbericht« ist eine Art kleines »Marbury« des Bundesverfassungsgerichts, also eine Form der Selbstermächtigung, die uns aus der Geschichte vieler anderer Verfassungsgerichte bekannt ist. Besonders ist an ihr zunächst die Form der Denkschrift selbst – ein echtes Stück Verfassungsprofessorentum. Während sich die Staatsrechtswissenschaft in Deutschland auf Kosten eigener Fragestellungen in die Perspektive des Gerichts versetzt, camouflierte das Gericht in diesem Fall umgekehrt seinen eigenen institutionellen Machtanspruch als ein Stück Wissenschaft. Es baute diesen Anspruch nicht in eine Urteilsbegründung ein, wie dies andere Gerichte getan haben, sondern bewegte sich an der Schnittstelle von Recht, Politik und Wissenschaft. In der Denkschrift determinieren weder Politik noch Recht, sondern das durch wissenschaftliche Kompetenz erkannte »Wesen« des Verhältnisses von Politik und Recht den Status des Gerichts. Entsprechend grundsätzlich argumentiert Leibholz. Er bestimmt den Status des Gerichts als »repräsentatives Verfassungsorgan« (Leibholz 1957: 128f.), das auch »Funktionen der Regierung und der Gesetzgebung wahrnehme«. Manche Urteile hätten den Charakter »hochpolitischer Regierungsakte«. Dies ergebe sich aus der Gesetzeskraft der Urteile. Daher sei das Verfassungsgericht Regierung und Parlament gleichgeordnet und als Verfassungsorgan anzuerkennen.

Die Denkschrift ist als Reaktion auf die prekäre doppelte Frontstellung gut zu verstehen. Es erscheint auch richtig, dass die Kopplungsfunktion nicht auf jeder beliebigen Hierarchieebene funktionieren kann. Trotzdem wird man den »Statusbericht« als institutionellen Sündenfall bewerten müssen, zeigt das Gericht in ihm doch zum ersten Mal ein Selbstverständnis, das es ihm gestatten soll, seinen Ort innerhalb der grundgesetzlichen Ordnung selbst zu definieren. Dass das politische System dem Gericht hier gefolgt ist, indem es den Verfassungsorganstatus später ins Gesetz schrieb, mag dieses Vorgehen im Nachhinein legitimieren. Ein gutes Stück Ignoranz gegenüber der Legalität, die das Gericht erst ermöglicht hat, liegt der Argumentation dennoch zugrunde. Dies ist besonders bemerkenswert, weil das ultimative Argument des Gerichts zur Rechtfertigung seiner eigenen Entscheidungen in dieser zentralen Frage keine Rolle spielt: Die argumentativ kunstvolle Denkschrift bemüht sich kaum darum, ihren Anspruch mit dem Text des Grundgesetzes zu rechtfertigen. Es überwiegen eben wissenschaftliche, theoretische und vergleichende Argumente. Dass eine Rechtfertigung der Denkschrift aus dem Grundgesetz kaum möglich ist, hat die zeitgenössische wissenschaftliche Kritik schnell erkannt (Thoma 1953: 165 ff.). Dass aus dem Status »Verfassungsorgan« die geforderten budgetrechtlichen und protokollarischen Konsequenzen zu schließen sind, erscheint gleichfalls zweifelhaft (Voßkuhle 2010: RN 29).

Trotzdem ist bemerkenswert, wie klar und offen die politische Bedeutung des Gerichts von seinen Mitgliedern wie auch von den Verfassung- und Gesetzgebern der frühen Bundesrepublik formuliert wurde, und erstaunlich, wie sehr diese Einsicht nach und nach zugunsten einer rein legalistischen Sicht von Verfassungsrecht und Verfassungsrechtsprechung zurückgetreten ist. Was der Denkschrift jedoch nicht gelang, war, die politische Bedeutung der Verfassungsgerichtsbarkeit von der Einordnung des Gerichts als Gericht zu unterscheiden: Wie wir gesehen haben, nimmt das Bundesverfassungsgericht in der Tat eine besondere Rolle für das politische System ein, wenn es demokratische Gesetze verwirft und Streitigkeiten zwischen politischen Organen entscheidet. Zugleich bleibt es aber dabei, dass dies in der Form gerichtlichen Entscheidens geschieht. Anders als die Denkschrift formuliert (128), ist das Gericht weder Gesetzgeber noch Regierung, es nimmt auch nicht an der »Staatsleitung« teil (Schlaich 1981: 116 in Anm. 56). All diese Funktionen sind nur eigeninitiativ denkbar. Das Gericht definiert keine Agenda, und es gestaltet keine politischen Handlungsspielräume aus, auch wenn die Folgen seiner Entscheidungen solche Wirkungen haben können (Heun 2008). Sobald es solche Kompetenzen in Anspruch nehmen würde, wäre unklar, warum es sich der gerichtlichen Verfahrensform bedienen sollte, warum seine Mitglieder unabhängig sein sollten und warum es Begründungen für seine Entscheidungen liefern müsste. Das Grundgesetz hat für die Kopplung die Form des Gerichts gewählt. An der falschen Identifikation von politischer Bedeutung mit politischer Gestaltung scheint aber viel in der Argumentation der Denkschrift – wie auch von Teilen der politischen Theorie der Verfassungsgerichtsbarkeit (IV.2.) zu hängen.

Richterkreation

Die Kopplungsaufgabe von Verfassungsgerichten zeigt sich nicht zuletzt darin, dass die Richterwahl ein ausdrücklich politischer Akt ist: Die Richterinnen und Richter des Bundesverfassungsgerichts werden von Bundestag und Bundesrat, zwei politischen Organen, mit jeweils Zwei-Drittel-Mehrheit gewählt (zu verschiedenen Modellen: Billing 1969: 238 ff.). Diese politische Legitimation ist im Rechtsvergleich nicht ungewöhnlich. Wir haben gesehen, dass sie einen der Ausgangspunkte der These vom politischen Charakter der Verfassungsgerichtsbarkeit darstellt. Es wäre ein Missverständnis, hierin einen Verstoß gegen eine legitime Gliederung der Gewalten zu erkennen. Ganz im Gegenteil gehört es zu den Grundsätzen der meisten Verfassungsordnungen, dass sich Gewalten nicht selbst ergänzen sollen, sondern vom Volk oder von anderen Gewalten kreiert werden müssen. Die Idee einer Selbstergänzung der Justiz, die ja ohnehin in ihren Entscheidungen unabhängig ist, steht in der Gefahr, eine in allen Richtungen unkontrollierte Kaste zu kreieren. Ein Organ, dem die Befugnis verliehen wurde, demokratische Gesetze aufzuheben, bedarf zumindest im Ausgangspunkt auch demokratischer Legitimation. Das Erfordernis der Zwei-Drittel-Mehrheit und die informelle Verteilung von bestimmten Sitzen im Gericht an politische Parteien oder Lager verbindet ein politisches Konsenserfordernis mit der Ermöglichung interner politischer Pluralisierung des Gerichts. Dies erscheint als glückliche Lösung, auch wenn nicht zu übersehen ist, dass dabei kleine Parteien ausgeschlossen werden können. Das Verfahren führt wie alle koalitionären Entscheidungsregeln zu einer politischen Zentrierung der Richter. Dies dürfte die Kohärenz gerichtlicher Begründungen erleichtern. Ein Legitimationsproblem ist insoweit nicht zu erkennen. Die fehlende Möglichkeit zur Wiederwahl sichert die Unabhängigkeit der Richter, ihre begrenzte Amtszeit verhindert, dass die politische Legitimation ihrer Ernennung durch Zeitablauf zu sehr verblasst und die Institution versteinert.

Kritik zieht die mangelnde Transparenz des Wahlverfahrens auf sich. Es fehle an einer öffentlichen Vorstellung und Aussprache über die Kandidaten, wie sie aus dem amerikanischen System bekannt sind (dazu eingehend Epstein/Segal 2005: 87ff.). Der amerikanische Fall ist freilich lehrreich: Öffentliche Kritik an Kandidaten, die nicht durch ein Verfahren organisiert ist, kennen die USA schon lange, spätestens seit der Nominierung von Louis Brandeis im Jahr 1916. Der Sensationswert der amerikanischen Senatsanhörungen ist dagegen vergleichsweise jung. Die Ablehnung von Robert Bork als Richter des Supreme Court im Jahre 1987 hat dem Verfahren die Öffentlichkeit verschafft, die es heute hat. Ob sich eine öffentliche Diskussion einstellt, ist aber keine Frage gesetzlicher Regelungen, sondern des Interesses der Öffentlichkeit, die sich nicht einfach herbeiregeln lässt. Institutionell ist die öffentliche Anhörung im amerikanischen Verfahren Ausdruck der Legitimationskonkurrenz zwischen Kongress und Präsident, wie sie für Präsidialsysteme typisch ist. Für ein parlamentarisches System, in dem die Regierung vom Parlament getragen wird, passt dies kaum. Wenn man bedenkt, dass es solche Anhörungsverfahren in Deutschland noch nicht einmal für Mitglieder der Bundesregierung gibt, die anders als die Richter doch gerade in der Öffentlichkeit ihre Arbeit verrichten sollen, erscheint ein formalisiertes Anhörungsverfahren ungeeignet. Von der Öffentlichkeit bis zu den Bundestagsfraktionen steht es weiterhin allen politisch Beteiligten frei, die Besetzung öffentlich zu thematisieren. Eine öffentliche Aussprache über Personen, die das Grundgesetz für die Wahl des Bundespräsidenten und der Bundeskanzlerin ausdrücklich ausschließt (Art. 54 Abs. 1, 63 Abs. 1 GG), scheint für eine Richterposition, die ihre Aufgabe nicht in der Öffentlichkeit erfüllt, noch weniger geeignet. Der Aufgabe des Gerichts, Entscheidungen mit potenziell politischer Wirkung in der Form des gerichtlichen Verfahrens zu treffen, ist der bestehende Wahlmodus voll angemessen.

Insbesondere: Expertise durch Professoren-Richter

Es ist charakteristisch für die deutsche Rechtswissenschaft, sich vergleichsweise stark an die staatliche Rechtserzeugung zu binden. Im System der Staatsexamina treffen Wissenschaft und Rechtssystem in einer Weise aufeinander, die vielen anderen Rechtsordnungen so nicht bekannt ist. Von dieser engen Bindung dürfte das Rechtssystem allerdings mehr profitieren als die Rechtswissenschaft (Möllers/Voßkuhle 2003).

Eine ähnlich starke Verkoppelung zeigt sich für das Bundesverfassungsgericht in der häufigen Besetzung des Gerichts mit akademischen Rechtslehrern. Seit seinen Anfängen bestand und besteht das Gericht auch aus renommierten Staatsrechtlern wie Gerhard Leibholz, Martin Drath, Ernst Friesenhahn, Konrad Hesse, Ernst-Wolfgang Böckenförde, Paul Kirchhof, Hans Hugo Klein, Dieter Grimm, Wolfgang Hoffmann-Riem. Im Jahr 2011 sind von den 16 Richterinnen und Richtern neun Professoren des Rechts. Auch andere Verfassungsordnungen kennen die Vorliebe für professorale Richter, wenn auch selten zu diesem Extrem getrieben.

In dieser Besetzung erkennen wir eine spezifische Variante des deliberativen Legitimationsmodells wieder: Experten des Rechts mögen sich als besonders geeignet erweisen, verfassungsrechtlich zu argumentieren. Ob diese Legitimationsstrategie verfängt, hängt aber auch vom Verfassungsverständnis ab: Ein politisches Verfassungsverständnis dürfte der Figur des professoralen Richters skeptisch gegenüberstehen, denn aus dieser Perspektive ist die Auslegung einer politischen Urkunde im Prinzip allen möglich, in der »offenen Gesellschaft der Verfassungsinterpreten« (Häberle 1975) ist keine Expertise notwendig. Amerikanische Verfassungsrechtler wundern sich nicht zufällig über die Ansprüche ihrer europäischen Kollegen, qua Sachverstand die Verfassungsordnung zu definieren (deutlich Post 2009: 419-421). Ein stärker auf Verrechtlichung und Systematisierung des Rechts setzendes Verfassungsverständnis, wie es gerade in Deutschland herrscht (zur Kritik Jestaedt 2006: 81 ff.), vermag der Einbeziehung von Professoren ihren eigenen Wert zuzusprechen.

Sie kann die Qualität der Entscheidungen sichern und zugleich den besonderen Charakter verfassungsgerichtlicher Entscheidungen befördern, die, wie wir gesehen haben, theorienäher argumentieren als normale Gerichte.

Weil politisches und legales Verfassungsverständnis nicht aufeinander zu reduzieren sind, stellt sich die Frage nach vermittelnden Positionen. So könnte es sich anbieten, den akademischen Rechtswissenschaften, die eben häufig für eine systematische Verrechtlichung des politischen Prozesses argumentieren, Mitglieder mit politischer Erfahrung entgegenzusetzen. Beispiele für solche Mitgliedschaften gibt es seit Anbeginn des Gerichts. Zu nennen sind: Gebhard Müller, Ernst Benda, Jutta Limbach, Christine Hohmann-Dennhardt. Wenn man einberechnet, dass laut Grundgesetz stets drei Richter eines Senats von den obersten Bundesgerichten kommen müssen, bleibt die Zahl politischer Mitglieder jedoch in aller Regel weit hinter derjenigen aus der Wissenschaft zurück. Wenn das Legitimationsproblem von Verfassungsgerichten im Verhältnis der Reichweite ihres Entscheidungsanspruchs zu ihrem Verfahren liegt (oben II.1.), könnte ein wissenschaftlicher Begründungsanspruch, der zu einer überschießenden Entscheidungsreichweite neigt (Lepsius 2008: 104f.), dieses Problem verschärfen. Gerade wenn die Ausweitung der Entscheidungsreichweite legitimatorisch zweifelhaft ist und eine wichtige Strategie der Legitimation in einer Begrenzung der Entscheidungsgehalte besteht, könnte die Professoralisierung des Gerichts umgekehrt Legitimationsdefizite erzeugen und sich eine ausgeglichenere Balance zwischen akademischen, richterlichen und politischen Mitgliedern empfehlen.

Wirft man vor dieser Folie einen Blick auf die Praxis des Bundesverfassungsgerichts, so ergibt sich ein gemischtes Bild. Zunächst einmal verdankt das Gericht die international bemerkenswerte Reputation seiner Begründungen jedenfalls auch der Beteiligung akademischer Rechtswissenschaftler. Es ist im Einzelnen nicht immer einfach, die Genealogie gerichtlicher Begründungsmuster zu verfolgen. Zusammenhänge zwischen verfassungsgerichtlichen Entscheidungsbegründungen und akademischen Vorarbeiten ließen sich belegen.[22] Nicht immer handelt es sich um eine direkte Vermittlung, aber professorale Richterinnen und Richter werden in aller Regel eine relativ große argumentative Nähe zum akademischen Diskurs haben. Deswegen ist die bemerkenswerte Länge der Begründungen sowie das Ausgreifen der Entscheidungsreichweite wohl auch nicht zufällig. Die Rechtsprechung des Gerichts scheint oftmals den Anspruch zu erheben, Rechtsprobleme zu lösen, nicht Fälle zu entscheiden. Ein weiteres Problem besteht im Umgang der Staatsrechtswissenschaft mit den Urteilen: Diese neigt dazu, die faktischen Umstände einer Entscheidung zu vernachlässigen und die Entscheidungen zu lesen und zu interpretieren, als wären sie Gesetzestexte (Lepsius 2008: 111 ff.). Hermann von Mangoldt, einer der Väter des Grundgesetzes, bemerkte prophetisch: »Bei uns liegt also die Gefahr sehr viel näher, daß bei einer Entscheidung des BVerfG ein abstrakter Satz herausgestellt wird, der nun, ohne daß man richtig distinguiert, auch auf Fälle angewendet wird, auf die er der Besonderheit des Falles wegen nicht anwendbar sein sollte.« (Zitiert nach Laufer 1968: 91)

Angesichts der weitgehend kontinentaleuropäischen Prägung der deutschen Rechtswissenschaften fehlt es im deutschen Diskurs an Deutungstechniken, die die historischen und politischen Kontexte einer Entscheidung systematisch

22 Beispiele sind die Grundrechtstheorie Rudolf Smends, Gerhard Leibholz' Parteienstaatslehre oder die Demokratiekonzeption Böckenfördes.

in die Entscheidungsanalyse einbeziehen können.[23] Ein weiteres Spezifikum ist die richterliche Selbstinterpretation in Form wissenschaftlicher Aufsätze. Während seit den Anfängen des Bundesverfassungsgerichts Richter theoretische Angebote machen, die sie als Richter rezipieren, ist es eine vergleichsweise neue Entwicklung, dass Entscheidungen von beteiligten Richtern gedeutet werden.[24] In dieser Technik lässt sich eine Strategie der Selbstlegitimierung erkennen, die durchaus zweischneidig ist. Handelt es sich um eine wissenschaftliche oder um eine halbamtliche Äußerung? Haben wir es hierbei nicht mit einem unfreiwilligen Einverständnis von Mitgliedern des Gerichts zu tun, bei der Entscheidungsbegründung versagt zu haben, weil die Entscheidung erklärungsbedürftig ist? Oder wollen einzelne Richter Ergebnisse festzurren, die sie im Senat nicht durchsetzen konnten? Schließlich: Wird hier nicht der Versuch unternommen, die Reichweite einer Entscheidung zu erweitern, ohne dass es dafür ein rechtliches Mandat gäbe?

Fazit: Während man die Einbeziehung von Professoren in die Besetzung des Gerichts im Ergebnis als eine Eigenart der deutschen Verfassungsgerichtsbarkeit deuten kann, die eigene Probleme, aber eben auch ganz eigene Qualitäten erbringt und die dem stark legalistischen deutschen Verfassungsverständnis gut zu Gesicht steht, erscheint das Phäno-

23 Oliver Lepsius weist darauf hin, dass bis heute Entscheidungen des Bundesverfassungsgerichts ohne Jahreszahl zitiert werden, eine weltweit wohl einmalige Technik, die die Reichweite der Entscheidung ohne Not weiter vergrößert. Im vorliegenden Band erscheinen alle zitierten Entscheidungen mit Jahresangabe.

24 Dies geschieht nicht selten im Gewand abstrakterer, aber eindeutig zuzuordnender Themen, manchmal aber auch ganz offen, und gilt für viele im Zeitpunkt der Publikation aktive Richter (Stein 1967; Henschel 1990; Kirchhof 1994 zu BVerfGE 89, 155 – Maastricht (1993); Grimm 1995b; Hoffmann-Riem 2008 zu BVerfGE 120, 274 (2008) – Computer-Grundrecht).

men der Selbstinterpretation als Ausdruck deutlicher Unsicherheit über die eigenen Möglichkeiten, Entscheidungen zu kommunizieren. Eine Entgrenzung zwischen amtlicher Entscheidung und letztlich privater wissenschaftlicher Meinungsbildung kann für das Gericht keine legitimierende Wirkung haben. Schließlich wäre der hohe Anteil an Wissenschaftlern im Bundesverfassungsgericht wohl noch besser legitimiert, wenn ihm in der Ernennungspraxis mehr Richter mit politischer Erfahrung entgegengesetzt würden.

Zugang – Antragsabhängigkeit – Arbeitslast

Der prozessuale Zugang zum Gericht gehört zu seinen entscheidenden institutionellen Eigenschaften. Gerichte beziehen ihre Legitimation wesentlich daraus, dass sie nicht eigeninitiativ entscheiden. Dies allein rechtfertigt es, sie unabhängig entscheiden zu lassen. Zugleich haben sie Spielräume wenn es darum geht, ob sie eine Rechtsfrage in der Sache entscheiden oder aus prozessualen Gründen zurückweisen. Einer der wichtigsten und zugleich ungewöhnlichsten Eigenheiten des Bundesverfassungsgerichts ist der direkte Zugang für »jedermann« (Art. 93 Abs. 1 Nr. 4a GG) im Verfahren der Verfassungsbeschwerde. Dieser Zugang ist zugleich entscheidend für die besondere Reputation des Gerichts in der bundesrepublikanischen Öffentlichkeit als ein Gericht der Bürger (III.1).[25] Er begründet schließlich den Grundrechtsschutz als das zentrale Legitimationselement des Bundesverfassungsgerichts.

Beschränkt ist der Zugang zur Verfassungsbeschwerde im Verfahrensrecht durch zwei wesentliche Voraussetzun-

25 »Bürger« kann hier sowohl Bourgeois als auch Citoyen meinen; zu Recht wurde die Lüth-Sache als eine »politische Verfassungsbeschwerde« bezeichnet (Häberle 1980: 61 f.).

gen.[26] Zum Ersten muss der Beschwerdeführer überzeugend darlegen, durch den Staat in einem Grundrecht verletzt worden zu sein. Zum Zweiten muss die von ihm angestrengte Rechtssache eine gerichtliche Überprüfung des Sachverhaltes bis zum Ende des Instanzenzugs durchlaufen haben.

Das Gericht hat die genannten Beschränkungen allerdings in zwei Richtungen spezifisch modifiziert: Zum einen hat es in einer frühen revolutionären Entscheidung den Grundrechtsschutz auf alle denkbaren Handlungen erweitert (BVerfGE 6, 32 – Elfes [1957]). Nicht nur ausgewählte Akte wie eine Meinungsäußerung oder eine religiöse Kultpraxis sind in dieser Lesart von den Grundrechten geschützt und damit beschwerdefähig, vielmehr schützt das vom Gericht geschöpfte Verständnis der Allgemeinen Handlungsfreiheit grundsätzlich jede freie Betätigung vor einer staatlichen Beschränkung.[27] Damit kann jede staatliche Handlungsbeschränkung potenziell zum Gegenstand einer Verfassungsbeschwerde werden. Zum Zweiten haben das Gericht und erst in seinem Gefolge auch der Gesetzgeber die Funktion der Verfassungsbeschwerde objektiviert.[28] Das bedeutet, dass das Verfahren der Verfassungsbeschwerde nicht nur dem Schutz der Rechte der Antragsteller dient, sondern auch der objektiven Fortentwicklung des Verfassungsrechts. Die Bedeutung eines Falles für das Verfassungsrecht wird an ver-

26 Eine juristisch erschöpfende Darstellung der Zulässigkeitsvoraussetzungen der Verfassungsbeschwerde ist hier nicht geboten (dazu Schorkopf 2005; Schlaich/Korioth 2010: RN 194ff.).

27 Die bekannteste Kritik an dieser Rechtsprechung aus dem Gericht selbst entstammt einem Sondervotum von Dieter Grimm (BVerfGE 80, 137 [164ff.] (1989) – Reiten im Walde.

28 Vgl. die Urfassung der §§ 90ff. bei Schiffers 1984: 445f. Von einer objektiven Bedeutung der Verfassungsbeschwerde spricht das Gericht seit BVerfGE 33, 247 [258] (1972) – Klagestop.

schiedenen Stellen des Gesetzes zu einem Kriterium für den Zugang zum Gericht.[29]

Diese doppelte Modifikation hat wichtige Konsequenzen: Sie *öffnet* einerseits den Zugang durch Verallgemeinerung des Grundrechtsschutzes; andererseits *gewichtet* sie diesen Zugang und beschränkt ihn damit im Ergebnis, indem sie bedeutsame von weniger bedeutsamen Anliegen unterscheidet. Man könnte sagen, dass das Gericht die gut wahrnehmbare materielle Öffnung des Zugangs mit einer verdeckt prozessualen Schließung kompensiert hat. Nicht nur hat es, als es von Beschwerden überflutet wurde, das subjektive Rechtsschutzanliegen im Namen objektiver Kriterien ausdrücklich begrenzt;[30] vielmehr stellt das Kriterium der objektiven Bedeutung auch angesichts der massiven Knappheit der Ressource Verfassungsbeschwerde (Wahl/Wieland 1996) eine für die Beschwerdeführer gewichtige Verteilungsentscheidung dar. Verfassungsbeschwerden werden nicht in der Reihenfolge ihrer Ankunft bei Gericht behandelt. Selbst bedeutende Entscheidungen brauchen lange: Ein Todkranker musste fast acht Jahre warten (1 BvR 347/98 vom 6. Dezember 2005). Ein Beschwerdeführer, der sich mittelbar gegen eine hochumstrittene rechtsfortbildende Entscheidung des EuGH an das Bundesverfassungsgericht wandte, erhob seine Beschwerde nach dem Scheitern des Verfassungsvertrages im Jahre 2006, bekam seine Entscheidung aber nach dem Urteil zum Lissabonner Vertrag im Jahre 2010 (2 BvR 2661/06 vom 6. Juli 2010). Der Stand der europäischen Integration hatte sich in der Zwischenzeit wesentlich entwickelt. Umgekehrt kann das Kriterium der

29 Vgl. § 90 Abs. 2 S. 2 BVerfGG (»allgemeine Bedeutung«); § 93a Abs. 2a) BVerfGG (»grundsätzliche verfassungsrechtliche Bedeutung«).

30 BVerfGE 94, 166 (213 f.) (1996) – Flughafenverfahren. In dem Verfahren ging es um eine Verfassungsbeschwerde von der Abschiebung bedrohter Ausländer.

Bedeutung dazu genutzt werden, dass bestimmte Verfassungsbeschwerden ohne die Erschöpfung des Rechtswegs entschieden werden. Zwischen subjektivem und objektivem Verständnis gibt es, das ist entscheidend, einen prozessualen Verteilungskonflikt. Was den einen gegeben wird, wird anderen genommen. Das objektive Beschwerdeverständnis des Gerichts geht so weit, dass das Gericht sowohl die Rücknahme einer Beschwerde als auch den Tod eines Beschwerdeführers aus »objektiven« Gründen ignoriert und auf Grundlage von Beschwerden ohne Beschwerdeführer gewichtige Entscheidungen in der Sache getroffen hat.[31]

Legitimationstheoretisch ist dieser Doppelschritt aus Öffnung und Objektivierung des Beschwerdeverfahrens nicht unproblematisch, gerade wenn der Grundrechtsschutz der zentrale Legitimationstitel für das Gericht ist: Wenn die Form des Gerichts ihre Legitimation zuvörderst aus der Bewahrung des individuellen Anliegens eines Klägers bezieht und wenn das Bundesverfassungsgericht seine Beliebtheit, aber auch sein Selbstverständnis maßgeblich aus dem Schutz rechtsschutzsuchender Grundrechtsträger herleitet, dann stellt sich die Frage nach Kriterien der »Objektivität«, die es erlauben, diese subjektive Seite des Rechtsschutzes einzuschränken. Es muss sich um Kriterien handeln, die einerseits jenseits des Rechtsschutzanliegens selbst und andererseits jenseits einer bloß politischen Bedeutsamkeit des Falles liegen. Solche Kriterien lassen sich zwar benennen. So können bestimmte Fälle offene Rechtsfragen betreffen, auf deren verfassungsgerichtliche Beantwortung viele andere Gerichte und Parteien warten. Doch ändert die Anwendung dieser Kriterien die Legitimationslogik des Gerichts entscheidend (dazu genauer unten, IV.4). Es wandelt sich von

31 BVerfGE 98, 218 (242f.) (1998) – Rechtschreibreform; BVerfGE 124, 300 (318) (2009) – Wunsiedel.

einer Instanz für die Beschwerdeführer zu einem Organ, das die Kohärenz der Rechtsordnung sichern soll. Beide Anliegen haben ihr Recht, aber sie sind zu unterscheiden. Ein Gericht, das objektive Rechtsfragen entscheidet, kann seine Legitimation eben nicht aus den Anliegen der Grundrechtsträger beziehen. Je stärker der Zugang zum Gericht »objektiviert« wird, desto weniger kann es sich als Gericht der Bürgerrechte legitimieren. Auch die Frage der Gleichbehandlung der Beschwerdeführer ist in diesem Zusammenhang nicht gelöst.[32] Praktisch gut verständlich, aber in keinem Fall mehr zu rechtfertigen erscheint es schließlich, wenn das Gericht ohne aktuelle Anträge entscheidet. Hier wird das Anliegen eines Grundrechtsträgers eben nicht mehr im Lichte objektiver Kriterien in einer bestimmten Art und Weise behandelt. Es fehlt schlicht an diesem Anliegen. Institutionell agiert das Gericht als Richter ohne Kläger, damit nicht mehr in der Form des Gerichts.

Hinter der Frage des Zugangs und der Auswahl der Verfahren steht ein anderes institutionelles Problem: die Überlastung des Gerichts, die aus dem Verfassungsbeschwerdeverfahren herrührt.[33] Dem Gericht dient die Objektivierung der Verfassungsbeschwerde auch dazu, Stringenz in die eigene, durch eine Überfülle an Beschwerden von Zerfaserung bedrohte Rechtsprechung zu bringen. Das Gericht hat die Einrichtung eines freien Annahmeverfahrens, in dem es

32 Entgegen landläufigem Gebrauch ist die subjektive Komponente in diesem Zusammenhang im Übrigen viel präziser zu definieren als die objektive. »Subjektiv« verweist auf das individuelle Anliegen eines bestimmten Rechtssubjekts; »objektiv« auf ungewisse Kriterien größerer Bedeutsamkeit.

33 Die Behandlung des Problems dokumentiert auch politische und akademische Aufmerksamkeitszyklen, Ende der neunziger Jahre wurde es eingehend rechtspolitisch diskutiert (vgl. Wahl/Wieland 1996: 1137ff. m. w. N; Benda 1998), um dann – ohne dass es gelöst worden wäre – wieder als Thema zu verschwinden.

sich seine Fälle aussucht, stets abgelehnt. In dieser Konstellation wäre es ausdrücklich für die Auswahl der zu entscheidenden Verfassungsbeschwerden verantwortlich geworden. Die vom Gesetzgeber gewählte Lösung eines vorgeschalteten Annahmeverfahrens ist, wie zutreffend formuliert wurde, Ausdruck einer »doppelten Rechtsmoral«:[34] Auf der einen Seite bleibt es dabei, dass alle Grundrechtsverletzungen vom Bundesverfassungsgericht judiziert werden können. Auf der anderen Seite verweisen beide Annahmetatbestände auf objektive Voraussetzungen: der eine auf die »grundsätzliche verfassungsrechtliche Bedeutung«, der andere auf die »Durchsetzung« der angezeigten Rechte.[35]

So ergibt sich ein Muster, nach dem das Gericht vornehmlich Verfassungsbeschwerden entscheidet, in denen entweder ein dramatischer unwiederbringlicher Rechtsverlust droht oder in denen eine objektiv bedeutende Frage aufgeworfen wird. Dies klingt als solches nach einer vernünftigen Lösung – es ist aber im Ergebnis etwas völlig anderes als die allgemeine Bürgerbeschwerde. Das Gericht trifft schon aus Gründen der Masse eine Auswahl, die hinter der Rechtslage mehr versteckt als offengelegt wird. Legitimationstheoretisch verliert damit der Hinweis auf einen allgemeinen Grundrechtsschutz für »jedermann« deutlich an Plausibilität.[36] Die Ausweitung des Grundrechtsschutzes und die

34 Lechner/Zuck 2011: vor §93a, RN 45 am Ende.

35 Auch dieser zweite Tatbestand wird objektiv verstanden: Es geht nicht um den Einzelfall, sondern um strukturelle, also mehrere Fälle betreffende Fragen des Grundrechtsschutzes (dazu Lechner/Zuck 2011: §93a, RN 24 [»generelle Vernachlässigung«]; Schlaich/Korioth 2010: RN 264).

36 Dass das Gericht in anderen Zusammenhängen sogar den Gesetzgeber darum bittet, neue Verfahrensarten zu erhalten, um eine intensivere Kontrolle des Europarechts zu gestatten, zeugt von einer gewissen institutionellen Unentschlossenheit hinsichtlich dieses Problems (BVerfGE 124, 267 [355] (2009) – Lissabon; dort heißt es: »Denkbar ist aber auch die Schaffung eines zusätzlichen, speziell auf die Ultra-vires- und die Identitäts-

Objektivierung der Zugangskriterien stehen in einem problematischen Verhältnis zueinander. Die Unübersichtlichkeit des Umgangs mit der Antragsflut wirft schließlich die Frage auf, inwieweit das Gericht in der Lage ist, eine eigene Agenda zu definieren und sich de facto von der für seine Legitimation wichtigen Initiative eines Klägers zu lösen.

Interne Differenzierung des Gerichts

Die interne Gliederung des Gerichts steht in unmittelbarem Zusammenhang mit seiner großen Belastung. Wie andere Verfassungsorgane auch bedarf das Gericht der internen Arbeitsteilung, um seine Arbeitsbelastung zu bewältigen. Aus der Perspektive seiner Richterinnen und Richter gehört die Binnenorganisation des Bundesverfassungsgerichts zu den zentralen und von außen am schlechtesten verstandenen Bedingungen ihrer Arbeit (vgl. Interviews bei Kranenpohl 2009). Freilich kann weder der Außenperspektive der Wissenschaft noch der Innenperspektive der Richter zum Vorwurf gemacht werden, dass sie die jeweils andere schlechter kenne. Denn auch wenn eine reine Außenperspektive defizitär ist, um das Gericht angemessen zu beschreiben, bringt umgekehrt die Vertrautheit mit der Innensicht unvermeidlich Erkenntnisdefizite mit sich. Man kennt das Milieu besser, dem man angehört, aber man versteht es deswegen nicht besser. Wichtiger als dieses kognitive Problem erscheint die normative Einsicht, dass ein Blick in die Binnenorganisation des Gerichts zwar einen *erklärenden*, aber *keinen rechtfertigenden* Gehalt haben kann. Wie im Umgang

kontrolle zugeschnittenen verfassungsgerichtlichen Verfahrens durch den Gesetzgeber zur Absicherung der Verpflichtung deutscher Organe, kompetenzüberschreitende oder identitätsverletzende Unionsrechtsakte im Einzelfall in Deutschland unangewendet zu lassen.«).

mit anderen Organisationen, insbesondere mit Parlament und Verwaltung, hilft der Blick ins Innere, Leistungen und Fehlleistungen zu verstehen, ohne dass er gegenüber den Adressaten der Entscheidung legitimierenden Effekt haben könnte. Gegenüber der Außenseite handelt normativ stets das Zurechnungssubjekt, in unserem Fall eben das Bundesverfassungsgericht.

In seiner gegenwärtigen Form besteht das Bundesverfassungsgericht aus zwei Senaten à acht Richtern, die jeweils in drei Kammern à drei Richtern untergliedert sind (Hermes 2001). Über die Verteilung und die wechselnde Besetzung des neunten Platzes entscheiden die Kammern im Konsens. Die Einteilung in Kammern dient der Bewältigung der Fülle der Verfassungsbeschwerden. Alle Richterinnen und Richter haben drei hauptamtliche Mitarbeiter, häufig Richter, die sie bei der Arbeit unterstützen. Für das Gericht stellt diese Arbeitsteilung zunächst eine Erleichterung dar, nicht zuletzt bietet sie eine in ihrer Bedeutung kaum zu unterschätzende Möglichkeit zu interner Spezialisierung. Zugleich ist klar, dass diese Ausdifferenzierung die Kohärenz der Rechtsprechung des Gerichts im Ganzen gefährdet. Formal kann und muss das Gericht bei Divergenzen der Rechtsprechung zwischen den Senaten das Plenum anrufen. Innerhalb einer Kammer kann nur einstimmig entschieden werden, sonst entscheidet der Senat. Praktisch geschieht eine Anrufung des Plenums sehr selten, und dies wohl nicht nur, weil das Gericht interne Konflikte nicht offenlegen will. Vielmehr sind echte Widersprüche in einer konkreten Rechtsfrage zwischen den Senaten selten. Häufig finden sich dagegen unterschiedliche Akzente bei der Behandlung grundsätzlicherer Fragen.[37] Beispielhaft kann der Bereich polizeilicher

37 Für das Demokratieprinzip finden sich Unterschiede zwischen den Senaten aufgearbeitet bei Bryde 2000: 63 ff.

Ermittlungstätigkeit genannt werden, in dem der Erste Senat für die Gefahrenabwehr, der Zweite Senat für die Strafverfolgung zuständig ist, beide damit über gleichlautende Normen zu judizieren haben und dies mit durchaus unterschiedlichen Tendenzen tun, ohne sich deswegen ausdrücklich zu widersprechen.[38]

Solche Unterschiede sind deswegen in ihrer Bedeutung nicht zu unterschätzen, weil das Gericht von anderen Gerichten und vom Gesetzgeber beobachtet wird, die beide verfassungsrechtliche Einwände zu antizipieren suchen und es schwer haben, Orientierung zu bekommen. Die amtliche Veröffentlichung ausgewählter Kammerentscheidungen seit dem Jahr 2003 scheint das Problem eher zu vergrößern: Wenn das berechtige Anliegen einer offiziellen Entscheidungssammlung in einer Orientierungswirkung durch Kanonisierung bestehen soll, dann bleibt zu bedenken, dass kaum etwas Kanonisierung so wirksam verhindert wie Überfluss. Auffällig ist zudem, dass die beiden Senate sich in ihrer Zitierpraxis nicht immer intensiv zur Kenntnis nehmen – auch dies ist ein Zeichen einer internen Pluralisierung in der Sache.

Im Ergebnis erscheint es daher nicht übertrieben, von einer Tendenz des Ausfransens der Rechtsprechung durch die Zahl der Entscheidungen und die Ausdifferenzierung des Gerichts zu sprechen. Legitimationstheoretisch hat eine solche Pluralisierung einen ähnlichen Effekt wie die Veröffentlichung von Sondervoten, wenn auch in diesem Fall ungewollt: Sie dokumentiert die Kontingenz verfassungsgerichtlicher Begründungsmuster – Kontingenz nicht im Sin-

38 Vgl. zum Kernbereich privater Lebensgestaltung etwa einerseits vom Ersten Senat: BVerfGE 109, 279 (318 ff.) (2004) Großer Lauschangriff; 120, 274 (334 ff.) (2008) – Computer-Grundrecht; andererseits die zurückhaltenderen Ausführungen der 3. Kammer des Zweiten Senats in BVerfG, Beschluss v. 11.5.2007, 2 BvR 543/06, Absatz-Nr. 39 ff.

ne von Beliebigkeit oder Politisierung, aber doch im Sinne einer stark relativierten Determiniertheit verfassungsgerichtlicher Entscheidungen durch die eigene Begründung – damit aber auch eine Einschränkung einer Legitimation qua Legalität. Eine echte Lösung dieses Problems durch Organisation scheint kaum möglich. Mehr Richter oder mehr Mitarbeiter würden es nur verschärfen. Allein eine Begrenzung des Zugangs könnte hier Abhilfe schaffen.

Mündliche Verhandlung

Mündliche Verhandlungen erfüllen in verschiedenen Rechtsordnungen und in verschiedenen Teilen des Rechtssystems unterschiedliche Aufgaben. Sie sind stets auch der Ort, an dem die *Öffentlichkeit* die Möglichkeit erhält, gerichtliches Handeln zu beobachten. Öffentliche mündliche Verhandlungen sind für das Rechtssystem nichts Besonderes, sondern eine rechtsstaatliche Notwendigkeit. Offen ist so weit die Frage, wie mündliche Verhandlungen ablaufen. Handelt es sich um ein Rechtsgespräch zwischen Prozessbeteiligten zur Aufklärung eines individualisierten Sachverhaltes, oder wirkt sich die abweichende Funktion der Verfassungsgerichtsbarkeit auf die Art der mündlichen Verhandlung aus?

Das Gesetz behandelt die mündliche Verhandlung als den Regelfall, auf den die Parteien verzichten müssen. Praktisch schlägt das Bundesverfassungsgericht den Parteien zumeist diesen Verzicht vor, diese folgen dem Vorschlag in aller Regel. Das führt schon wegen der hohen Fallzahl dazu, dass mündliche Verhandlungen die Ausnahme sind, über die das Gericht selbst entscheidet, ohne dass die Gründe für diese Entscheidung öffentlich werden. Das Gericht bekommt dadurch einen wesentlichen Einfluss auf den Grad öffentlicher Aufmerksamkeit für einen bestimmten Fall. Aus der Perspektive des Gerichts lässt sich diese Gleichung freilich auch umdrehen: Fälle, denen bereits eine besondere öffentliche Aufmerksamkeit zuteilwurde, bedürfen auch einer mündlichen Verhandlung. In beiden Varianten bleibt es aber bei zwei Feststellungen: Das Gericht verfügt hier über einen Spielraum. Es agiert mit oder reagiert auf politische Öffentlichkeit.

Dieser Eindruck wird durch die Gestaltung der mündlichen Verhandlungen bestätigt. Diese verlaufen anders als Verhandlungen vor anderen deutschen oder vergleichbaren ausländischen Gerichten, etwa dem U.S. Supreme Court.[39] Zwar werden die Verhandlungen vom Gericht schriftlich vorstrukturiert, doch ähnelt der Ablauf oftmals eher einer öffentlichen Anhörung. Die Redebeiträge der Beteiligten werden vom Gericht thematisch und zeitlich deutlich weniger streng beschränkt, als dies etwa beim Supreme Court der Fall ist, in dem jede Verhandlung von vornherein einen sehr begrenzten Zeitrahmen, häufig von insgesamt 60 Minuten hat. Mündliche Verhandlungen vor dem Bundesverfassungsgericht sind oft auf einen ganzen Tag, im »Lissabon-Verfahren« gar auf zwei Tage angelegt. Die Beteiligten sind vergleichsweise frei zu intervenieren. Zudem werden interessierte Parteien, die sich schriftlich zu Wort gemeldet haben, häufig eingeladen, auch mündlich Stellung zu beziehen. Für die Streitparteien im engeren Sinne und die interessierten Verfahrensbeteiligten gibt das Verfahren also Gelegenheit, einen Standpunkt zu formulieren. Für das Gericht scheint die mündliche Verhandlung in erster Linie die Funktion zu haben, sich einen genaueren Eindruck von der *tatsächlichen* Seite des Falles zu verschaffen.

39 Dokumentationsbände mit Protokollen der mündlichen Verhandlungen (Isensee/Schmidt-Jortzig 1999; Schorkopf 2006) bieten einen anschaulichen Einblick in die Verfahren.

Mündliche Verfahren vor dem Bundesverfassungsgericht erinnern damit an eine parlamentarische Anhörung. Ihre öffentliche Aufmerksamkeit übertrifft unter Umständen sogar parlamentarische Verfahren. Dies war etwa im »Lissabon-Verfahren« der Fall, in dem die mündliche Verhandlung auch einer europakritischen politischen Opposition Öffentlichkeit verschaffte, für die die parlamentarische Debatte keinen Ort hatte.[40] Im Umgang mit mündlichen Verhandlungen verfügt das Gericht also über Spielräume. Es nutzt diese für eine Verbreiterung des Erörterungsgegenstandes und eine großzügige Einbeziehung von Betroffenen. Denkbar wäre auch die gegenteilige Strategie der Engführung, in der die Frage, ob mündliche Verhandlungen stattfinden, durch interne Regeln geprägt würde, die sich gar nicht an der öffentlichen Aufmerksamkeit orientieren, wie auch durch eine strenge juridifizierte Ausgestaltung der Verhandlung.

Für die Akzeptanz des Gerichts ist es wichtig, dass es in diesen Verhandlungen als Institution auftritt, die die Beteiligten hört und ihre Einwendungen auch in der Entscheidung verarbeiten muss.[41] Mit Blick auf seine Legitimation verschärft sich hier allerdings genau das oben formulierte Problem der Überrepräsentation der Verfahrensbeteiligten gegenüber der demokratischen Allgemeinheit (IV.1.). Diesen wird mit der mündlichen Verhandlung eine öffentliche Aufmerksamkeit zuteil, die anderen Anliegen so nicht eingeräumt wird. Reagiert das Gericht auf öffentliches Inter-

40 Dies scheint insbesondere in außen- und europapolitischen Fragen der Fall zu sein, in denen der Bundestag häufig mit einer wesentliche Teile der Opposition einbeziehenden Einmütigkeit entscheidet. Die Politik des Gerichts, die Antragsteller ausführlich zu Wort kommen zu lassen, kompensiert hier – ob gewollt oder nicht, ist dabei unwesentlich – das Fehlen einer relevanten Europakritik in der deutschen Politik.

41 § 30 Abs. 1 S. 1 BVerfGG.

esse, so kann es eine ungleiche Aufmerksamkeitsverteilung verstärken. Die nur für das Bundesverfassungsgericht bestehende Möglichkeit einer Live-Übertragung der Entscheidungsverkündung verstärkt diese Wirkung weiter.

Entscheidungsbegründung und Entscheidungsreichweite

Die Begründung steht im Zentrum jeder richterlichen Tätigkeit. Begründung ist zugleich Rechtfertigung des Gerichts, denn begründet wird, was sich nicht von selbst versteht. Der Begründungstechnik des Bundesverfassungsgerichts kann der vorliegende Beitrag nicht gerecht werden, zumal sie zwischen den Senaten und über die historische Entwicklung hinweg große Unterschiede aufweist. Auch den vom Gericht angewendeten Methoden der Verfassungsinterpretation kann nicht genauer nachgegangen werden. Vielmehr sind die legitimationstheoretischen Überlegungen mit einigen Eigenheiten der bundesverfassungsgerichtlichen Begründungstechnik in Verbindung zu bringen.

Verfassungsgerichte müssen gerade zu Beginn ihrer Tätigkeit die Begründungsmuster, mit denen sie ihre Entscheidungen rechtfertigen, selbst entwickeln. Die Vorgaben, die der Verfassungstext macht, sind in aller Regel zu unbestimmt. Je mehr Rechtsprechung vorliegt, desto mehr kann das Gericht auf seine eigenen Begründungen rekurrieren und diese weiterentwickeln. Die unvermeidlich zentrale Selbstrechtfertigung des Gerichts besteht nun, wie gesehen, im Hinweis auf das Recht. Der Hinweis auf das Recht ist maßgeblich ein Hinweis auf die eigene Rechtsprechung (so ein Richter: Kranenpohl 2009: 394; quantitativ Schäller 2006: 217ff.). Dieser Mechanismus der zunehmenden Selbstbezüglichkeit der Entscheidungsbegründungen ist bei einem spezialisierten Verfassungsgericht wie dem bundesdeutschen besonders wirksam, weil es zum einen allein an der hierarchischen Spitze eines Rechtssystems steht und weil zum anderen seine Begründungen – anders als bei einem obersten Gericht – unweigerlich in Verfassungsrang stehen.[42] Der Hinweis auf Recht ist ein Hinweis auf das Gericht selbst – eine durchaus prekäre Konstruktion, die als solche schwerlich ausreichende Legitimation stiftet. Das Unbehagen wird dadurch verschärft, dass das Gericht anders als der demokratische Prozess nicht einfach seine Begründungen ändern kann. Diese sind auf Kontinuität angelegt, dem Gericht steht es nicht frei, einfach mit wechselnden Mehrheiten oder geänderten Einsichten seine Rechtsprechung zu modifizieren. An dieser Stelle zeigt sich die Attraktivität eines deliberativen Legitimationsmodells: Wenn das Gericht von vornherein Anspruch auf eine besondere Qualität seines Begründens erheben könnte, würde sowohl die Selbstbezüglichkeit als auch die Kontinuität der Begründungen vom Problem zur Lösung. Dass dies durchaus keine willkürliche Unterstellung ist, zeigt sich in der Tat in dem – leider noch nicht wissenschaftlich systematisch aufgearbeiteten – Erfolg, den Argumentationsfiguren des Bundesverfassungsgerichts weltweit haben. Gerade in der Grundrechtsdogmatik ist der Umgang des Gerichts mit der objektiven Wirkung von Grundrechten (zu deren Problematik unten IV.4.) oder zum Verhältnismäßigkeitsprinzip von vielen Gerichten genau beobachtet worden. Es sind diese Begründungen, die das Gericht aus Sicht der rechtsvergleichenden Literatur zu einem der global einflussreichsten Verfassungsgerichte machen (Robertson 2010: 29). Legitimationstheoretisch ist dieser Erfolg freilich insoweit zweischneidig, als die hohe

42 Aus diesem Grund kann der Einfluss internationaler oder anderer Gerichte, die das Bundesverfassungsgericht mit neuen Argumenten versorgen, auch als Legitimationsgewinn verstanden werden.

Qualität der Begründungen zugleich als eine anspruchsvolle Blaupause für andere Verfassungsgerichte verstanden werden kann, die eigenen Kompetenzen zu erweitern.

Aus der komplexen Fülle der Formen und Argumente innerhalb der Begründungspraxis sollen hier vier Elemente herausgegriffen werden: Erstens unterscheidet das Gericht im Aufbau seiner Begründungen konsequent zwischen allgemeinen Rechtserkenntnissen, die in Leitsätzen zu Beginn der Entscheidung sowie in einem »Maßstäbeteil« (Lepsius 2008: 111) formuliert werden, und der Anwendung dieser Maßstäbe auf den Fall. Dadurch verweist die Begründung von vornherein über den Fall hinaus. Ist aber der allgemeine Teil der Begründung entgegen der oben (IV.1.) formulierten Kritik nicht doch »Gesetzgebung«? Diese Bezeichnung bleibt nicht überzeugend, weil die Ausführungen des Gerichts nichts gestalten, sondern politische Gestaltungen begrenzen, und weil sie zum größten Teil aus Herleitungen, nicht aus Anweisungen bestehen.

Zweitens bescheidet das Gericht im Verfassungsbeschwerdeverfahren auch prozessual erfolglose Grundrechtsträger mit relativ ausführlichen Gründen. Diese Praxis hat eine deutlich befriedende Wirkung für die unterlegenen Beschwerdeführer. Sie führt auf der anderen Seite zu einer immensen Vervielfachung verfassungsrechtlicher Vorgaben, denn auch diese Begründungen enthalten oftmals gewichtige Bindungen, auf die sich dann andere Beschwerdeführer berufen. Sie vervielfachen die verfassungsrechtlichen Maßstäbe, zugleich laden sie zu weiteren verfassungsrechtlichen Verfahren ein, die neue Bindungen erzeugen – und das eben unabhängig davon, ob sie erfolgreich sind oder nicht.

Drittens pflegt sich das Gericht in bestimmten Fällen als »Notgesetzgeber« (Lerche 1995) zu betätigen, also erstaunlich detaillierte Übergangsregelungen anzuordnen, bevor der Gesetzgeber eine neue Regelung treffen kann.[43] Hier ist der Ausdruck »Gesetzgeber« in der Tat gerechtfertigt, damit aber auch das Legitimationsproblem manifest. Dem Gericht dient der Hinweis auf das – freilich von ihm selbst so definierte – materielle Verfassungsrecht als Rechtfertigung: Mit der Anordnung werde ein verfassungsnäherer Zustand erreicht. Mit diesem Argument ignoriert das Gericht allerdings seine eigene institutionelle Rolle. Es versteht sich nicht als Teil einer arbeitsteiligen Ordnung, sondern als Organ, das diese Ordnung quasi von außen definiert. Zur Veranschaulichung sei eine Zuspitzung gestattet: Der wohlwollende Diktator, der in einer demokratischen Verfassung nach einem Putsch den Schutz der Menschenwürde anordnet, bewahrt eine höchstrangige Norm unter Verstoß gegen anderes Verfassungsrecht. Als einen verfassungsrechtlich erwünschten Zustand wird man dieses Vorgehen aber trotzdem kaum bezeichnen.

Viertens hat das Gericht Verfahrensarten und Prüfungsmaßstäbe bereits sehr früh voneinander entkoppelt: In einem subjektiven Verfahren wie der Verfassungsbeschwerde prüft das Gericht auch objektives Verfassungsrecht, das mit dem Rechtskreis des Beschwerdeführers erst einmal nichts zu tun hat. So entsteht eine Art Grundrecht auf objektiv rechtsfehlerfreies staatliches Handeln (seltene Kritik: Franßen 1991: 83 ff.). Auf der anderen Seite überprüft das Gericht bei objektiven Verfahren wie der abstrakten Normenkontrolle, in denen es nicht um Rechtsverletzungen geht, auch Grundrechte: Hier kann also ein Verfassungsorgan Grundrechte einklagen, die kein Grundrechtsträger einklagen wollte. Prüfungsprogramm und Verfahren fallen auseinander.

Im Ergebnis sind diese Tendenzen zu einer erweiternden

43 Vgl. etwa BVerfGE 33, 303 (305) (1972) – Numerus Clausus; 72, 330 (333) (1986) – Finanzausgleich I; 100, 104 (106) (1999) – Rentenüberleitung III.

Begründung legitimatorisch nicht unproblematisch (oben IV.1.). Sie lösen den Entscheidungsgehalt von der gerichtlichen Verfahrensstruktur. Daher bedarf die an Selbstbindungen orientierte ausgreifende Begründungsstruktur des Gerichts einer kritischen Beobachtung durch Wissenschaft und politische Öffentlichkeit. Dies ist entgegen dem ersten Anschein keine Trivialität: Politische Kritik am Gericht wird gerne als Krisenphänomen betrachtet. Dies ist nicht haltbar. Das Gericht bedarf politischer und wissenschaftlicher Kritik zu seiner Rechtfertigung, sonst verlieren sich seine Begründungen in Selbstbezüglichkeit. Zudem ist die wissenschaftliche Kritik am Bundesverfassungsgericht zwar auch im Rechtsvergleich beeindruckend genau und ausführlich, doch mangelt es ihr an Nachhaltigkeit. Während sich Zivil- und Strafrechtswissenschaft maßgeblich dadurch definieren, dem Bundesgerichtshof über Jahrzehnte eigene, konsistentere Ansichten entgegenzuhalten, werden Entscheidungen des Bundesverfassungsgerichts von der Staatsrechtswissenschaft nach anfänglicher Kritik schnell als gegeben eingeordnet.

Von größter Bedeutung ist schließlich die Auseinandersetzung der Gesetzgebung mit Entscheidungen des Gerichts. Die formelle Bindung von Entscheidungen des Gerichts war Gegenstand einer eingehenden, aber doch eher folgenlosen rechtswissenschaftlichen Diskussion (genaue Rekonstruktion bei Ipsen 1980). Formell haben bestimmte Entscheidungen des Gerichts Gesetzeskraft. Ob daran auch die Urteilsgründe teilhaben, ist umstritten. Legitimationstheoretisch dürfte viel dagegen sprechen. Eine solche Bindung würde zu veränderungsfeindlichen Einengungen der demokratischen Meinungsbildung führen (Hoffmann-Riem 1973; Sunstein 1999: 24ff.). Auch hier wirkt sich das verfassungsgerichtliche Repräsentationsdefizit aus. Die Diskussion um die Bindungswirkung der Begründungen bleibt freilich akademisch. Wichtiger dürfte die umgekehrte Perspektive sein. Unbestritten nimmt der politische Prozess im Deutschen Bundestag Entscheidungen des Bundesverfassungsgerichts sehr ernst. So richtig dies im Prinzip ist, so klar ist aber auch, dass die Verantwortung für den Umgang mit verfassungsgerichtlichen Entscheidungen beim Parlament selbst liegt. Wenn der politische Prozess dazu bereit ist, Verfassungsrecht als Sachzwang zu verwenden, um politische Fragen nicht politisch entscheiden zu müssen, dann bleibt er auch dafür verantwortlich, wenn er sich in eine Konstitutionalisierungsfalle bewegt, die letztlich für beide Institutionen abträglich ist (Bestandsaufnahme bei Schuppert/Bumke 2000). Der vorschnelle politische Vorwurf der Verfassungswidrigkeit an die andere Seite stiftet eine weitere Selbstbindung des politischen Prozesses. Sie entwertet die Alternativenbildung im Anschluss an Wahlen. Sie nimmt aber auch das Gericht in eine Verantwortung, die es nicht hat. Zur ausgreifenden Begründungstechnik des Gerichts kommt also der strategische Umgang des politischen Prozesses mit diesen Begründungen hinzu. Fazit: Das Verfahrensrecht ermöglicht ausgreifende Begründungen, das Gericht nutzt diese Möglichkeit, Wissenschaft und Politik verschärfen diese Tendenz. Der Legitimation des Gerichts ist dies eher abträglich.

Maßstabsproliferation: Ein Beispiel

Wie komplex der Zusammenhang zwischen Maßstabsbildung, Maßstabsausweitung und politischem Prozess ist, zeigt eine aktuelle Entscheidung zur Menschenwürde im Sozialrecht. Einen Gedanken des Bundesverwaltungsgerichts aufgreifend, hat das Bundesverfassungsgericht aus der Menschenwürdegarantie ein Recht auf den staatlichen Schutz eines Existenzminimums seit langem anerkannt (BVerfGE 40, 121 [133] – Waisenrente [1975]). Zugleich war immer klar, dass sich aus Art. 1 Abs. 1 GG kein in Beträgen ausdrückbarer Mindestsatz für die Sozialhilfe herleiten lässt.[44] Als das Gericht wegen der Verfassungsmäßigkeit der Hartz-IV-Sätze angerufen wurde, stand es daher vor einem Dilemma: Auf der einen Seite konnte es nicht einfach einen Geldbetrag bezeichnen, der sich aus der Menschenwürde ergeben würde; auf der anderen Seite konnte es schwerlich feststellen, die Verfassung habe zu dieser Frage nichts zu sagen. Im Ergebnis entwickelte es statt eines materiellen Maßstabs einen Verfahrensmaßstab, der zu einem neuen schwierigen Gesetzgebungsverfahren führte. Das Gericht stellte in der Entscheidung zur Bedeutung des Anspruchs aus der Menschenwürde fest:

> »Zur Konkretisierung des Anspruchs hat der Gesetzgeber alle existenznotwendigen Aufwendungen folgerichtig in einem transparenten und sachgerechten Verfahren nach dem tatsächlichen Bedarf, also realitätsgerecht, zu bemessen (vgl. BVerfGE 66, 214 [223]; 68, 143 [153]; 82, 60 [88]; 99, 246 [260]; 112, 268 [280]; 120, 125 [155]).« (BVerfGE 125, 175 [225] [2010])

Woher zieht das Gericht diesen Schluss? Charakteristisch sind die Hinweise auf die eigene Rechtsprechung. Doch berühren die zitierten Entscheidungen allesamt weder die Menschenwürde noch das Sozialstaatsprinzip.[45] Der vom Gericht verwendete Maßstab ist neu. Aus welchem Grund

44 Dies ist unmittelbar Folge der Vagheit von Normen, die zum sogenannten Sorites-Paradox führt: Wenn 345 Euro monatlich nicht gegen die Menschenwürde verstoßen, dann auch nicht 344 Euro usw., warum aber dann 1 Euro? Um dieses Problem unsichtbar zu machen, muss auf eine Bezifferung verzichtet werden (zu Lösungsversuchen: Bung 2008).

45 Es geht in ihnen allen um den Grundsatz einer »realitätsgerechten«, also an Tatsachengrundlagen anknüpfenden Besteuerung.

führt er zur Aufhebung einzelner Regelungen? Das Gericht stellt fest:

> »Die Regelleistung von 345 Euro nach § 20 Abs. 2 1. Halbsatz SGB II a. F. ist nicht in verfassungsgemäßer Weise ermittelt worden, weil von den Strukturprinzipien des Statistikmodells, das der Gesetzgeber selbst gewählt und zur Grundlage seiner Bemessung des notwendigen Existenzminimums gemacht hat, ohne sachliche Rechtfertigung abgewichen worden ist.« (BVerfGE 125, 175 [238])

Dies ist eine durchaus erstaunliche Anwendung der Menschenwürdegarantie. Sie erscheint demokratietheoretisch problematisch, weil sie den Gesetzgeber wie eine an Regeln zu bindende Behörde behandelt (dazu unten IV.4.). Vor allem aber bleibt schwer zu erkennen, was genau sie mit der Garantie der Menschenwürde zu tun hat. Das anerkannte Recht auf ein soziales Existenzminimum wird hier zum Recht auf ein rationales Gesetzgebungsverfahren (dazu näher unten IV.4.).

Es scheint also in der Tat, als hätte sich das Gericht aus der eigenen Rechtsprechung heraus dazu genötigt gesehen, eine neuartige verfassungsrechtliche Vorgabe zu entwickeln. Im Ergebnis fällte es aber eine Entscheidung, von der ungewiss ist, ob sie den Parteien des Ausgangsverfahrens weiterhalf, die ja keine objektiv rationalere Entscheidung des Gesetzgebers, sondern einen subjektiv höheren staatlich garantierten Lebensstandard eingefordert hatten. Der politische Prozess wiederum hatte keine Wahl, als sich mit der Entscheidung in einem neuen Gesetzgebungsverfahren auseinanderzusetzen.

Im Ergebnis zeigen sich an diesem Beispiel einige Charakteristika und Dilemmata bundesverfassungsgerichtlicher Begründungstechnik: Maßgeblicher Maßstab der Begründung sind die eigenen Entscheidungen. Diese Art der Selbstbindung ist aus zwei Gründen notwendig: Zum Ersten reicht der Verfassungstext zumeist nicht hin, um Fälle zu entscheiden, das Gericht muss aber auch da entscheiden, wo die Verfassung nichts hergibt. Zum Zweiten bedarf es einer Selbstbindung der Rechtsprechung, um diese nachvollziehbar zu machen. Trotzdem steht dem Verfassungsgericht die Option offen, mangels Maßstab den Gesetzgeber nicht zu beanstanden. Wäre die schlichte Feststellung des Gerichts, dass die vorhandenen sozialrechtlichen Regelungen nicht in einer die Menschenwürde verletzenden Art und Weise existenzbedrohlich sind, wirklich weniger plausibel gewesen? So entfaltet sich eine Logik der Maßstabsverselbstständigung, die die Konsistenz der Rechtsprechung bewahrt, ohne den Parteien oder dem politischen Prozess weiterzuhelfen. Die Rechtsprechung droht mit ihren Begründungen nur noch die eigenen Begründungsprobleme zu lösen.

Insbesondere: Sondervoten

Sondervoten, also abweichende Meinungen von in der Willensbildung des Senates unterlegenen Richtern, dürfen seit der Änderung des Bundesverfassungsgerichtsgesetzes im Jahre 1970 veröffentlicht werden. Einmal mehr hat das Gericht aber auch hier sein eigenes Verfahren mitdefiniert, denn die erste Veröffentlichung einer noch anonymen abweichenden Meinung erschien zuvor in der Entscheidung des Gerichts zur *Spiegel*-Affäre im Jahre 1962 (BVerfGE 20, 162 [178 ff.]; dazu Ipsen 2009: 274 f.). Wie sind abweichende Meinungen legitimationstheoretisch zu bewerten?

Für eine Einordnung ist es zunächst wichtig, die deutsche von der weltweit einflussreichen Praxis des U.S. Supreme Court zu unterscheiden (Millgramm 1985; Roellecke 2010). Im amerikanischen Recht werden Urteile von einem Richter verfasst, andere Richter schließen sich dem an oder auch nicht. Dies ist auf allen Ebenen der Bundesgerichtsbarkeit der Fall. Abweichende Meinungen sind insoweit nichts Besonderes, sondern ein Normalfall. Im deutschen System dagegen gilt das Beratungsgeheimnis.[46] Beratung und Abstimmung des Gerichts sind geheim zu halten. Daher bleiben Sondervoten eine besondere Ausnahmemöglichkeit gerade für das Bundesverfassungsgericht. In ihnen dokumentiert sich die Sonderstellung des Gerichts wie auch die relative Offenheit verfassungsrechtlicher Maßstäbe, die Möglichkeit alternativer Deutungen des Verfassungsrechts. Hierin kann man eine gerichtsspezifische Annäherung an den politischen Diskurs erkennen: Die Urteilsbegründung liefert ihre eigenen Alternativen gleich mit. Indem das Gericht die Abstimmungsverhältnisse offenlegt, wird das Urteil praktisch nicht mehr vom Gericht, sondern von einer Zahl von Richtern, in bestimmten Konstellationen sogar nur von der Hälfte des Senats getragen. Dies ist auch deswegen legitimationstheoretisch bedeutsam, weil es daran erinnert, dass alle Argumente, die gegen eine demokratische Mehrheitsherrschaft angeführt werden, in absolut gleicher Weise auf ein Kollegialgericht angewendet werden können (zutreffend 2006: Waldron 1363 f.). Sondervoten legen die Entscheidungsfindung des Gerichts offen, damit stellen sie die Legitimation des Gerichts, im Einzelfall »Recht zu sprechen«, zugleich infrage. Es handelt sich um ein Hybridisierungsphänomen (oben III.2.).

Das Bundesverfassungsgerichts scheint sich in seiner Praxis dessen voll bewusst zu sein. Sondervoten sind vergleichsweise selten. Das Gericht vermeidet sie nach Kräften. Solche Vermeidungsstrategien haben freilich ihren eigenen Preis: Im

46 § 43 DRiG. Das Bundesverfassungsgericht beging mit seiner Praxis der Veröffentlichung also zunächst einen Rechtsbruch, den der Gesetzgeber später legitimierte.

Fall divergierender Ansichten müssen diese ohne Sondervotum allesamt in eine Entscheidungsbegründung überführt werden. Konsistenzdefizite in der Entscheidung sind dann unübersehbar.[47] Bei acht Richtern besteht in schwierigen Fällen häufig nur die Wahl zwischen gespaltener und in sich spannungsreicher, wenn nicht widersprüchlicher Begründung.

Ist die Möglichkeit, Abstimmungsverhältnisse und Sondervoten zu veröffentlichen, legitimationstheoretisch bedenklich? Dies scheint aus zwei Gründen nicht der Fall zu sein: zum Ersten, weil die Offenheit und Umstrittenheit verfassungsrechtlicher Maßstäbe, wie eben gesehen, durch das Fehlen von Sondervoten nicht aus der Welt geschafft wäre, sondern sich nur auf andere Art und Weise ventilieren würde. Die durch Sondervoten geschaffene Offenheit ist Ausdruck der notwendigen Vieldeutigkeit jedes Verfassungstexts. Die Offenlegung der Meinungsbildung entspricht eher einem deliberativen Legitimationsideal als die Verbergung interner Konflikte in einer unklaren Begründung.

Die Vieldeutigkeit einer mit Sondervoten versehenen Begründung ist, zum Zweiten, von einer Parteipolitisierung der Rechtsprechung jedenfalls in der Begründungspraxis des Bundesverfassungsgerichts noch gut zu unterscheiden. Eine eindeutige politische Lagerbildung der Richterschaft, wie sie in den USA, in Spanien, aber zu einem erstaunlichen Grad auch in der Schweiz zu beobachten ist, wäre kaum zu akzeptieren. In diesem Fall sollte besser das Parlament entscheiden. So stellt sich die Begründungspraxis des Bundesverfassungsgerichts aber nicht dar. Die Praxis der Sondervoten entzieht sich einer eindeutigen politischen Zuord-

47 Neuere Beispiele: BVerfGE 107, 59 (2002) – Wasserverband Lippe; 112, 118 (2004) – Vermittlungsausschuss (in der sich die Mehrheit nicht geeinigt zu haben scheint, obwohl es ein Sondervotum gab).

nung. Im Ergebnis scheint die Rechtsprechung des Bundesverfassungsgerichts im Moment eher zu vorsichtig mit diesem Instrument umzugehen. Dass die Legitimität eines Urteils für die Beteiligten wie auch im politischen System durch divergierende Begründungen beeinträchtigt werden kann, bleibt von der vergleichsweise höheren Legitimation eines offen ausgetragenen Begründungskonflikts zu unterscheiden.

IV.4 Strukturprobleme der Rechtsprechung: Vier Stichproben

Die vorliegende Darstellung hat sich bislang nicht um die eigentliche Rechtsprechung des Gerichts gekümmert, auch weil solche Analysen zur Genüge vorliegen, während es an Auseinandersetzungen mit der institutionellen Seite des Gerichts mangelt. In vier Stichproben soll abschließend der Versuch unternommen werden, die gewonnenen institutionellen Erkenntnisse auch mit Blick auf Inhalte der Rechtsprechung zu untersuchen. Dabei kann es nicht um die erschöpfende Behandlung bestimmter Rechtsfragen gehen und auch nicht darum, den Leistungen des Gerichts gerecht zu werden. Vielmehr sind Strukturprobleme zu betrachten, deren Auswahl sich an den entwickelten Legitimationsmodellen orientiert: die Definition unabänderlicher verfassungsrechtlicher Grenzen, die Umhegung demokratischer Willensbildung, die Objektivierung des Grundrechtsschutzes und die Kontrolle der europäischen Integration. Die Analysen sollen zeigen, wo Verbindungslinien zwischen den hier entwickelten legitimatorisch-institutionellen Argumenten und der Rechtsprechung in der Sache verlaufen könnten.

Unabänderliches Recht im Verfassungswandel: Die Menschenwürde

Das Grundgesetz kennt unabänderliche Normen, die laut der sogenannten »Ewigkeitsklausel« der Möglichkeit einer Verfassungsänderung entzogen sind (Art. 79 Abs. 3 GG). Das Bundesverfassungsgericht hat diese in seiner Rechtsprechung aufgegriffen und damit Bereiche der Normativität des Grundgesetzes definiert, die für immer jeglichem Zugriff des politischen Prozesses entzogen sind. Wenn Recht sich nur als Beziehung zwischen Rechtssubjekten denken lässt, dann erscheint es freilich schwierig bis unmöglich, einzelne Normen als unabänderlich, also absolut zu verstehen. Diesen sehr theoretisch klingenden Einwand bestätigt ein Blick in die Rechtsprechung des Bundesverfassungsgerichts zur Menschenwürde, deren ausgreifende Deutung eine internationale Besonderheit darstellt (McCrudden 2008: 665).

Die Menschenwürde schützt nach einer weiterhin herrschenden, wenn auch mehr und mehr umstrittenen Ansicht wie auch der Rechtsprechung des Bundesverfassungsgerichts zufolge einen absoluten Bereich, der keiner Abwägung unterworfen ist (Überblick bei Goos 2011: 21-74). Für die Legitimation des Bundesverfassungsgerichts hat die Menschenwürde eine zentrale Bedeutung. Sie weist das Gericht als den Hüter eines letzten Reservats an Humanität aus. Zugleich ist der Gebrauch der Menschenwürde besonders riskant, weil die Bedeutung der Formel ungewiss bleibt, während die institutionellen Folgen ihrer Anwendung besonders gravierend sind. Auf unsicherem argumentativem Boden wird der demokratische Prozess so weitestgehend beschränkt. An der neueren Rechtsprechung des Gerichts lassen sich Probleme dieser Konstellation erkennen: das Problem konsistenter Herleitung, das Problem impliziter Relativierung und das bereits beobachtete Problem der Maßstabsverselbstständigung der Garantie.

In seiner Entscheidung zum Luftsicherheitsgesetz hat das Gericht eine gesetzliche Regelung aufgehoben, die den Staat dazu befugte, ein von Terroristen gekapertes, mit Unschuldigen besetztes Passagierflugzeug unter bestimmten Bedingungen abzuschießen. Die Entscheidung argumentiert klar mit der Menschenwürdegarantie. Das Gericht formuliert:

»Ausgehend von der Vorstellung des Grundgesetzgebers, dass es zum Wesen des Menschen gehört, in Freiheit sich selbst zu bestimmen und sich frei zu entfalten, und dass der Einzelne verlangen kann, in der Gemeinschaft grundsätzlich als gleichberechtigtes Glied mit Eigenwert anerkannt zu werden, schließt es die Verpflichtung zur Achtung und zum Schutz der Menschenwürde vielmehr generell aus, den Menschen zum bloßen Objekt des Staates zu machen. Schlechthin verboten ist damit jede Behandlung des Menschen durch die öffentliche Gewalt, die dessen Subjektqualität, seinen Status als Rechtssubjekt, grundsätzlich in Frage stellt, indem sie die Achtung des Wertes vermissen lässt, der jedem Menschen um seiner selbst willen, kraft seines Personseins, zukommt. Wann eine solche Behandlung vorliegt, ist im Einzelfall mit Blick auf die spezifische Situation zu konkretisieren, in der es zum Konfliktfall kommen kann (...).« (BVerfGE 115, 118 [153] – Luftsicherheit; Verweise weggelassen)

Diese Formulierung setzt die Aussage, der Staat dürfe eine Person nicht als Objekt instrumentalisieren, zunächst mit seinem Status als Rechtssubjekt gleich. Doch kann der Staat jemanden natürlich auch in Formen des Rechts zum Objekt machen, also instrumentalisieren, ohne seinen Status als Adressat von Normen infrage zu stellen. Rechtstechnik und Rechtsethik werden in der Passage unzutreffend verquickt. Das Gericht führt mit Blick auf die zu prüfende Regelung weiter aus:

»Auch der Staat, der in einer solchen Situation zur Abwehrmaßnahme des § 14 Abs. 3 LuftSiG greift, behandelt sie als bloße Objekte seiner

Rettungsaktion zum Schutze anderer. Die Ausweglosigkeit und Unentrinnbarkeit, welche die Lage der als Opfer betroffenen Flugzeuginsassen kennzeichnen, bestehen auch gegenüber denen, die den Abschuss des Luftfahrzeugs anordnen und durchführen. Flugzeugbesatzung und -passagiere können diesem Handeln des Staates auf Grund der von ihnen in keiner Weise beherrschbaren Gegebenheiten nicht ausweichen, sondern sind ihm wehr- und hilflos ausgeliefert mit der Folge, dass sie zusammen mit dem Luftfahrzeug gezielt abgeschossen und infolgedessen mit an Sicherheit grenzender Wahrscheinlichkeit getötet werden. Eine solche Behandlung missachtet die Betroffenen als Subjekte mit Würde und unveräußerlichen Rechten. Sie werden dadurch, dass ihre Tötung als Mittel zur Rettung anderer benutzt wird, verdinglicht und zugleich entrechtlicht; indem über ihr Leben von Staats wegen einseitig verfügt wird, wird den als Opfern selbst schutzbedürftigen Flugzeuginsassen der Wert abgesprochen, der dem Menschen um seiner selbst willen zukommt.« (BVerfGE 115, 118 [154])

Mit anderen Worten: Menschen, die nichts zu einer bestehenden Gefahr beigetragen haben, zur Rettung anderer Menschen auf der Grundlage eines Verdachts zu töten ist verfassungswidrig. Das Ergebnis ist überzeugend. Mit der vorhandenen Dogmatik lässt sich ein Abschuss als ein unverhältnismäßiger Eingriff in das Recht auf Leben bewerten.

Doch will das Gericht mehr: Es will eine Begründung, die an der Unabänderlichkeit der Menschenwürdegarantie teilhat. Liest man die zuletzt zitierte Passage, wird allerdings klar, dass sie ihre Überzeugungskraft daraus gewinnt, dass Menschen*leben* in einer bestimmten Situation geopfert werden. Jemanden einfach nur so zu »benutzen«, erscheint nicht schlechthin menschenwürdewidrig (Dreier 2004, RN 53 m. w. N.). Auch die Steuerpflicht behandelt den Pflichtigen als Objekt der Erzielung von Einnahmen, von denen der Besteuerte unter Umständen nichts hat. Genau deswegen qualifiziert das Gericht die Instrumentalisierung mit dem Hinweis auf das Lebensrecht. Erst die Verbindung der hier verwendeten Objektformel mit dem Lebensrecht macht dem Leser des Urteils plausibel, wo das normative Problem des Falles liegt. Das Lebensrecht aber definiert das Grundgesetz als ein normales, beschränkbares Grundrecht (Art. 2 Abs. 2), während die Definition der Menschenwürde überschießend bleibt. Die Entscheidungsbegründung ist überschießend, sie leidet unter begrifflicher Selbstüberforderung.

Das spiegelverkehrte Problem zeigt sich in einer anderen von der Menschenwürde berührten Materie, dem Schutz des »Kernbereichs privater Lebensgestaltung«, welcher ein Stück absoluter Intimität des Grundrechtsträgers vor dem Zugriff der Polizeibehörden bewahren soll. Die komplizierte Konstruktion, mit der der Polizei beispielsweise eine systematische Dauerüberwachung von Wohnungen verwehrt wird, soll gleichfalls an der Unabänderlichkeit der Menschenwürdegarantie partizipieren. Nur so konnte sie als Maßstab einer Grundgesetzänderung, der Einführung des sogenannten großen Lauschangriffs, dienen. In den Worten des Gerichts fällt in diesen geschützten Kernbereich etwa

> »die Möglichkeit, innere Vorgänge wie Empfindungen und Gefühle sowie Überlegungen, Ansichten und Erlebnisse höchstpersönlicher Art zum Ausdruck zu bringen, und zwar ohne Angst, dass staatliche Stellen dies überwachen. Vom Schutz umfasst sind auch Gefühlsäußerungen, Äußerungen des unbewussten Erlebens sowie Ausdrucksformen der Sexualität.« (BVerfGE 109, 279 [313] – Großer Lauschangriff [2004])

Kommunikation über schwere Straftaten fällt allerdings nicht in diesen Kernbereich (BVerfGE 109, 279 [319 f.]): Wer seine Morde in einem Tagebuch notiert oder seinem Geliebten im Bett erzählt, ist nicht absolut geschützt. Das bedeutet, dass der Staat potenziell auch die Kommunikation im Intimbereich kennen muss, um zu wissen, ob diese absolut schutzbedürftig ist oder nicht. Aus dem vermeintlich absoluten Schutz wird durch den Bezug auf den Kommunikationsinhalt ein relativierter Verfahrensschutz. Einen absolut geschützten Bereich gibt es im Ergebnis nicht (kritisch: BVerfGE 109, 279 [383] [2004] – abweichende Meinung: Jaeger/Hohmann-Dennhardt; Lepsius 2005: 437), sondern nur die »zweckrationale Relativität« (Petersen 2004: 316) des Würdeschutzes. Auch dieses Dilemma durchzieht die Rechtsprechung zur Menschenwürde seit ihrem Beginn. Art. 1 Abs. 1 GG wird vom Gericht, soweit ersichtlich, *immer* »in Verbindung mit« einem anderen Grundrecht oder einer anderen Verfassungsnorm zitiert. Wie genau der Zusammenhang zwischen absolutem und einschränkbarem Grundrechtsschutz funktioniert, bleibt ungeklärt (Versuch einer Rekonstruktion bei von Bernstorff 2008: 32f.; Kritik bei Goos 2011: 191 ff.).

Aus diesen Ausführungen folgt nicht, dass ein absoluter Schutz der Menschenwürde, der sich auf schwerste staatliche Übertretungen wie die Folter beschränkte, undenkbar wäre.[48] Aber mit der Ausweitung der Menschenwürdegarantie und deren Verknüpfung mit anderen Grundrechten ist seine Relativierung unweigerlich verbunden. Wie es scheint, wählt das Gericht aus dem Bedürfnis, absolute Grenzen zu ziehen, wie auch aus der Furcht vor einer abschließenden Definition des Menschenwürdekerns einen vermittelnden Weg, der im Ergebnis keinen absoluten Schutz mehr gewährt. Dahinter steckt das Dilemma, dass die Expli-

48 Er bedarf aber einer klaren Regelungstechnik. Vorbildlich schreibt das Grundgesetz vor, dass Festgehaltene weder seelisch noch körperlich misshandelt werden dürfen (Art. 104 Abs. 1. S. 2 GG). Dies normiert ein absolutes Folterverbot. Fraglich wird diese Deutung erst, wenn man die Regel zum Prinzip stilisiert, das gegenüber anderen, ebenfalls objektiven Grundrechten – etwa dem Lebensrecht – abgewogen werden kann (konsequent Teifke 2011).

zierung der Menschenwürde in einer bestimmten Formel stets umstritten sein dürfte, das Gericht auf seinen Auftrag zum Schutz der Menschenwürde aber nicht verzichten kann. Zu mindern ist dieses Dilemma nur durch einen deutlich zurückhaltenderen Gebrauch.

Demokratische Regeln und demokratische Offenheit

Das Grundgesetz hat – anders als viele ältere demokratische Verfassungen – die Ausgestaltung einer demokratischen Ordnung nicht einfach durch die Einrichtung von Institutionen ermöglicht, sondern ein eigenes Demokratieprinzip im Verfassungstext verankert (Art. 20 Abs. 2 S. 1 GG). Der verfassungsgerichtliche Schutz der demokratischen Ordnung vor sich selbst gehört zum klassischen Katalog verfassungsrechtlicher Legitimationsmodelle (IV.2.). Zugleich haben wir gesehen, dass es legitimationstheoretisch bedenklich sein kann, wenn sich ein bestimmtes Demokratieideal durch Rechtsprechung verfestigt, weil es keine unwesentliche Aufgabe des demokratischen Prozesses selbst ist, unterschiedliche Formen demokratischer Legitimation zu erproben.

Das Bundesverfassungsgericht ging lange Zeit sehr zurückhaltend mit dem Demokratieprinzip um. Sieht man von einigen Vorläuferentscheidungen ab, so beginnt eine intensivere Rechtsprechung in den achtziger Jahren. Stets blieb sie besonders umstritten. Nunmehr hat das Gericht aus dem Demokratieprinzip und systematisch verwandten Normen Standards für die Verwaltungsorganisation, für den Begriff des Staatsvolks, für das Wahlrecht und für die Rechte der parlamentarischen Opposition entwickelt (Überblick bei Dreier 2006: RN 113 ff.). Der so gesteckte verfassungsgerichtliche Rahmen vom Akt der Wahl bis zur Ausgestaltung des Gesetzesvollzugs dürfte im Rechtsvergleich beispiellos eng sein.

In einer zusätzlichen Rechtsprechungslinie knüpfte das Gericht weitere Anforderungen an das gesetzgeberische Verfahren im Ganzen, die sich an der Grenze zwischen einer Verfahrens- und einer Inhaltskontrolle bewegen. Es postulierte Standards gesetzgeberischer Rationalität (kritische Darstellung bei Schlaich/Korioth 2010: 323 ff.; Dann 2010; zu Spezialfällen Möllers 2010; Lepsius 2009). Diese Rationalitätsprüfung besteht aus zwei Elementen: *Zum Ersten* geht es um die Verarbeitung von Fakten durch den Gesetzgeber. In einer wegweisenden Entscheidung hatte das Gericht Mitte der siebziger Jahre dem Gesetzgeber einen Prognosespielraum bei der Einschätzung der Folgen gesetzlicher Regelungen eingeräumt (BVerfGE 50, 290 [331 ff.] – Mitbestimmung [1979]; zur Folgenlosigkeit der dort entwickelten Unterscheidungen: Schlaich/Korioth 2010: 319 ff.). Freilich war in dieser Formulierung bereits der Kern für eine ungewöhnlich dichte Überprüfung enthalten, weil das Gericht seine vermeintliche Zurückhaltung nicht mit der demokratischen Legitimation des Gesetzgebers, sondern mit der Begrenztheit der eigenen Kapazität zur Erhebung von Tatsachen rechtfertigte. Die Argumentation erinnerte mehr an den Umgang eines Gerichts mit einer Verwaltungsbehörde als mit einem demokratischen Gesetzgeber (prophetische Kritik bei Schlaich 1981: 110 f.; Bryde 1982: 326 ff.). Die Verwaltung muss über den Umgang mit einem bestimmten Sachverhalt Rechenschaft ablegen. Der Gesetzgeber jedoch gibt eine politische Beurteilung gesellschaftlicher Entwicklungen ab, die sich nicht in gleicher Weise als »Fakten« nachvollziehen lassen (Lepsius 1999).

In der Zwischenzeit haben sich die Pflichten des Gesetzgebers zur systematischen Faktenbeobachtung stark verdichtet (Überblick bei Huster 2003). Der Gesetzgeber muss von ihm unterstellte Sachverhalte nunmehr beobachten und sich bei Veränderungen korrigieren. Selbst aus der Menschenwürdegarantie wird, wie gesehen (IV. 3) eine solche Pflicht hergeleitet. Zugleich leuchtet eine verschärfte Kontrolle des parlamentarischen Gesetzgebungsverfahrens auch das Innenleben des politischen Prozesses aus. So hat das Bundesverfassungsgericht die Einführung eines Dokuments in das Gesetzgebungsverfahren beanstandet, weil der betreffende Ausschuss nicht die Möglichkeit hatte, es ausreichend zur Kenntnis zu nehmen (BVerfGE 101, 297 [307] – Häusliches Arbeitszimmer [1999]; 120, 56 [75] – Vermittlungssausschuss [2008]). Auch im innersten Bereich der Politik werden kognitive Pflichten statuiert.

Eine *zweite Linie* der Rechtsprechung fordert vom Gesetzgeber die Folgerichtigkeit seiner Entscheidungen (kritische Übersicht bei Dann 2010; zustimmende Rekonstruktion bei Bumke 2010). Auch dieser Maßstab scheint aus dem Verwaltungsrecht zu kommen. Die gesetzesgebundene Verwaltung soll sich schon aus Gründen der Gleichheit nicht widersprechen. Für den Gesetzgeber dagegen sind Widersprüche geradezu notwendig, wenn neue Mehrheiten Parlament und Regierung übernommen haben und mit einer politischen Umgestaltung beginnen oder wenn politische Kompromisse zwischen Parteien gefunden werden, um eine Mehrheit zu gewinnen. Das Gebot der Folgerichtigkeit wird vom Gericht zumeist mit dem Gleichheitssatz und dem Verhältnismäßigkeitsprinzip in Verbindung gebracht, was das Prüfungsprogramm erheblich erweitert und intensiviert (so bereits Bryde 1982: 328). Gerade die Anwendung des Gleichheitssatzes gegenüber dem Gesetzgeber steht jedoch in der Gefahr, Zirkelschlüsse zu produzieren (Sadurski 2008: 98 ff.). In dieser Rechtsprechungslinie werden Entscheidungen des Gesetzgebers aufgehoben, weil ihre *Begründung* nicht den dem Gleichheitsgrundsatz entnommenen Rationalitätsstandards des Gerichts entsprach (BVerfGE 122, 210 [230f.] – Pendlerpauschale [2008]; dazu Lepsius 2009: 261). In letzter Konsequenz hat das Gericht in seiner »Nichtraucher-Entscheidung« einerseits eine gesetzliche Regelung, die zwischen verschiedenen Gaststättentypen unterschied, wegen Inkonsistenz aufgehoben; andererseits dem Gesetzgeber unaufgefordert die Möglichkeit eröffnet, das Rauchen in öffentlichen Räumen pauschal zu verbieten (BVerfGE 121, 317 [374] – Rauchverbot [2008]). Wie aus grundrechtlichen Garantien Maßstäbe für die folgerichtige Typisierung von Gaststätten hergeleitet werden können, bleibt schwer zu erkennen. Wo das Mandat eines Gerichts herkommt, dem Gesetzgeber ausdrücklich einen stärkeren Eingriff zu erlauben, als er im angegriffenen Gesetz vorgesehen war, ist völlig offen. Hier schützt das Grundrecht weder die Freiheit des Betroffenen noch den Gestaltungsspielraum des demokratischen Gesetzgebers.

Der Rechtsprechungslinie liegt ein Demokratieverständnis zugrunde, das gerade vor dem Hintergrund der erwähnten ohnehin bestehenden Bindungen zum Problem wird. Denn anders als bei der gesetzesgebundenen Verwaltung, die ihre Entscheidungen durch Begründung rationalisieren muss, besteht der Respekt vor der demokratischen Parlamentswahl auch in der Anerkennung eines voluntaristischen Elementes, das Widersprüchlichkeiten geradezu erfordert. Das Bundesverfassungsgericht behandelt den parlamentarischen Gesetzgeber dagegen nicht selten wie einen Verordnungsgeber, der nachvollziehbar rational handeln muss. Wenn er aber nachvollziehbar rational handeln muss, stellt sich die Frage nach dem Sinn politischer Programme und Präferenzen, solange nicht auch das Wahlvolk dazu verpflichtet werden soll, seine Stimmabgabe »rational« zu begründen. Weil die Feststellung von Sachverhalten immer politisch geprägt ist und weil die politische Willensbildung Kompromisse erforderlich macht, die als Kompromisse in sich widersprüchlich sind, wird hier im Ergebnis ein rationalistisches Demokratieideal gegen praktizierte Demokratie gewendet, damit der Status quo gegenüber neuen Regelungen privilegiert und in manchen Rechtsgebieten wie dem Steuerrecht im Ergebnis sogar eine Umverteilung von unten nach oben betrieben.[49] Während die Sicherung demokratischer Spielregeln, etwa im Wahlrecht, eine starke Rechtfertigung für die Rechtsprechung des Gerichts bietet, gilt dies für die Anwendung von Rationalitätsstandards gerade nicht.

Subjektive Rechte und objektives Recht

Dem Verhältnis von subjektiver und objektiver Grundrechtsbedeutung sind wir in der Darstellung bereits mehrmals begegnet: bei der Erörterung des grundrechtlichen Legitimationsmodells, bei der Untersuchung des Zugangs zum Gericht und bei dem Blick auf das Verhältnis zwischen Verfahrensarten und Prüfungsmaßstäben. Wenige Verfassungsgerichte der Welt objektivieren Grundrechte so deutlich wie das Bundesverfassungsgericht (Wahl 2004). Grundrechte sind in dieser Lesart Normen, die auf die gesamte Rechtsordnung einwirken, auch in Konstellationen, in de-

49 In diesem Kontext verlangte das Gericht beispielsweise, eine »folgerichtige« Regelung von Ausnahmetatbeständen wie der Pendlerpauschale (BVerfGE 122, 210 (2008)) wie auch eine solche der steuerlichen Bemessungsgrundlage zu treffen (BVerfGE 93, 121 [136] (1995) – Einheitswerte II; zum überschießenden Gehalt der Entscheidung die abweichende Meinung von Böckenförde [ebd., 149 ff.]). Neue Regelungen waren dann aber nicht mehr durchsetzbar, so dass die Pendlerpauschale fortbesteht und keine Vermögenssteuer mehr eingeführt wurde.

nen in keine individuelle Freiheitssphäre eingegriffen wird (kritische Analyse bei Poscher 2003). Grundrechte können sich sogar zu Handlungspflichten des Gesetzgebers verdichten, der auf die faktische Initiative des Gerichts hin tätig werden muss. Objektivierung bedeutet De-Subjektivierung.[50] Das Grundrecht erzeugt Wirkungen, auf die sich kein Subjekt berufen hat. Es hört damit genau genommen auf, ein Recht zu sein, soweit Rechte eine konkrete Willensmacht schützen. Mit dieser Modifikation – das ist hier entscheidend – löst eine objektivierende Grundrechtsinterpretation die Auslegung der Grundrechte vom konkreten prozessualen Anliegen eines Grundrechtsträgers ab. Die Bedeutung des Grundrechtsschutzes wandelt sich, damit aber auch dessen legitimatorische Funktion. Legitimation durch Grundrechtsschutz bedeutet zunächst einmal Legitimation durch den Verweis auf das konkrete Anliegen eines Subjekts. Wird das Grundrecht objektiviert, gibt es dieses Anliegen nicht mehr. Damit verschwindet der Konnex zwischen der prozessualen Initiative, die es dem Gericht erlaubt, aktiv zu werden, und dem Grundrecht. Das Gericht schützt keine Rechte mehr, es wird aus Anlass einer prozessualen Initiative zum Bewahrer objektiven Rechts. Beispielhaft: Wenn das Gericht ein Verkaufsverbot am Sonntag auf Grundlage einer Verfassungsbeschwerde durchsetzt, obwohl kein Individuum und keine Religionsgemeinschaft in seiner bzw. ihrer Fähigkeit zu religiösem Handeln beschränkt wird, indem andere Personen am Sonntag kaufen und verkaufen, geschieht genau dies (BVerfGE 125, 39 [73 ff.] – Advents-

50 Viele der in der Literatur als objektive Grundrechtswirkung bezeichneten Phänomene sind deswegen keine. Wenn ein staatliches Zivilgericht eine Meinungsäußerung sanktioniert (BVerfGE 7, 198 (1958) – Lüth), greift es mit dieser Entscheidung in den individuell-subjektiven Gebrauch der Meinungsfreiheit ein. Dass der Eingriff in der Form des Zivilrechts geschieht, ist dabei unerheblich (genaue Rekonstruktion bei Canaris 1988).

sonntag [2009]; zur Kritik Wißmann 2011). Das Gericht schützt objektive »Werte«, ohne dass ein prozessuales Mandat dafür vorläge.

Der genannte Fall bringt das Problem auf den Punkt, freilich blieb er als Extremfall ausweislich der Abstimmungsergebnisse auch im Gericht sehr umstritten. Der grundrechtsdogmatische Regelfall aber unterscheidet sich von diesem nicht kategorial, sondern nur graduell: In ihm wird zur Rechtfertigung eines Eingriffs in ein Grundrecht dieses Grundrecht im konkreten Fall gegenüber anderen Grundrechten oder anderen verfassungsrechtlichen Gütern abgewogen. Dies erscheint unproblematisch, soweit zwischen zwei am gerichtlichen Verfahren beteiligten Grundrechtsträgern eine Entscheidung über deren Freiheitsverteilung zu treffen ist. Beispielhaft: Es gewinnt entweder die Pressefreiheit einer Zeitung oder das Persönlichkeitsrecht eines Prominenten (beispielhaft: BVerfGE 101, 361 – Caroline II [1999]). Es gewinnt entweder das Eigentumsrecht des Hauseigentümers oder die Kunstfreiheit des Hauswand-Sprayers (BVerfG NJW 1984: 1293 – Sprayer). Sobald Grundrechte aber auch in solchen Fällen als Abwägungsmaterie dienen, in denen es an einer konkreten Freiheitsbeschränkung fehlt, werden sie – das ist der Dogmatik lange bekannt – zu Elementen der Rechtfertigung von Freiheitsverkürzungen, ohne dass dies durch ein konkretes Anliegen eines Verfahrensbeteiligten gerechtfertigt wäre. An dieser Stelle geht es nicht um eine Kritik der herrschenden Grundrechtsdogmatik (Poscher 2003; Lenz 2006), nicht darum, die Objektivierung des Grundrechtssubjekts als solche zu kritisieren; sondern nur um den Zusammenhang zur Legitimation des Gerichts: Ein objektives Grundrechtsverständnis legitimiert das Gericht vielleicht noch als Verfassungshüter im Sinne des – allerdings, wie gesehen, notorisch schwachen – Legalitätsmodells, aber eben nicht mehr als Bewahrer individueller Freiheit. Der Legitimation des Gerichts wäre durch einen strengeren Bezug auf individuelle Anliegen besser gedient.

Zur Legitimation eines europäisierten Gerichts

Die Einordnung des Grundgesetzes in das europäische Recht gehört zu den meistdiskutierten Fragen der neueren Rechtsprechung des Bundesverfassungsgerichts. Dabei ist klar, dass sich nationale Verfassungsgerichte in allen Rechtsordnungen mit der Internationalisierung und Europäisierung schwerer tun als andere Gerichte (Alter 2001). Während einfache Gerichte im Prozess der Europäisierung Teil des gemeineuropäischen Rechtsschutzsystems werden und durch die Möglichkeit, dem Europäischen Gerichtshof Fälle vorzulegen, an Einfluss gewinnen, bedeutet diese Einbindung für Verfassungsgerichte, die auf den Maßstab des nationalen Verfassungsrechts beschränkt sind, einen Verlust an Definitionskompetenz. Normale Gerichte wenden das Recht an, das für einen Fall zur Verfügung steht, während Verfassungsgerichte auch als Institution mit einer bestimmten politischen Ordnung und einer bestimmten Norm, der nationalen Verfassung, identifiziert sind. Daher haben mitgliedstaatliche Verfassungsgerichte Souveränitätsvorbehalte gegenüber der Europäisierung entwickelt (vergleichend Mayer 2009). Das Bundesverfassungsgericht hat dies mit besonderer Deutlichkeit betrieben und dabei auch die Besonderheit absoluter Änderungsgrenzen im Grundgesetz ausgenutzt (BVerfGE 123, 267 [343 ff.] – Lissabon [2009]).

Die schwierigen Fragen der Europäisierung sollen hier wiederum nur mit Blick auf die Legitimationsfrage auf eine grundlegende Unterscheidung heruntergebrochen werden. Geht man davon aus, dass ein nationales Verfassungsgericht in der Regel für die Kontrolle nationaler Akte am Maßstab nationalen Rechts zuständig ist, so scheinen zwei unserer Legitimationsmodelle eine größere Reichweite des Gerichts zu gestatten: zum einen der Schutz der föderalen Integrität des demokratischen Prozesses, zum anderen der Grundrechtsschutz. Das Bundesverfassungsgericht hat beide Wege eingeschlagen und sich einerseits den Schutz von Grundrechten auch gegenüber Akten der europäischen Hoheitsgewalt vorbehalten, andererseits den Versuch unternommen, dem politischen Prozess auf der Ebene der EU Grenzen zu ziehen. Mit seiner Rechtsprechung hat das Gericht allerdings bisher noch nie einen Akt der europäischen Hoheitsgewalt aufgehoben.

Wie sind diese beiden Strategien legitimationstheoretisch zu beurteilen? Drei Beobachtungen helfen dabei, eine Antwort zu begründen: Zum Ersten hat das Gericht beide Formen der Überprüfung dadurch miteinander verknüpft, dass es die Verfassungsbeschwerde gegen die deutsche Beteiligung an europäischen Vertragsänderungen ermöglicht hat. »Jedermann« kann seine demokratischen Beteiligungsrechte geltend machen und damit eine vollständige Überprüfung des Zustimmungsgesetzes durch das Gericht veranlassen. Hier entdecken wir die uns bereits geläufige Subjekt-Objekt-Verknüpfung: Ein Antragsteller kann nicht mehr nur seine eigenen subjektiven Rechte, sondern jeden objektiv-verfassungsrechtlichen Einwand gegen den Integrationsprozess richten. Zum Zweiten liegt der Prüfungsmaßstab dadurch, dass die Gesetzgebungsorgane europäischen Vertragsänderungen mit verfassungsändernder Mehrheit zustimmen, oberhalb des einfachen Verfassungsrechts. Das Bundesverfassungsgericht muss den änderungsfesten Kern des Grundgesetzes anwenden. Alle Aussagen, die das Gericht trifft, nehmen an dieser Unveränderlichkeit teil. Zum

Dritten schließlich hat das Gericht die Überprüfung von Grundrechtsverletzungen durch die Europäische Union unter Strukturvorbehalte gestellt. Das Gericht prüft nicht jede Grundrechts- oder Kompetenzverletzung durch die EU, sondern nur strukturelle Probleme. Hat es einerseits die Prüfung des Demokratieprinzips subjektiviert, so hat es andererseits den Grundrechtsschutz objektiviert.

Als das Gericht der deutschen politischen Ordnung steht das Bundesverfassungsgericht vor dem Dilemma, die demokratische und vom Grundgesetz gewollte Entscheidung für die europäische Integration zu respektieren, ohne die Beschwerdeführer in grundrechtswidrigen oder undemokratischen Zuständen allein lassen zu wollen. Das Problem wird dadurch verschärft, dass die Entscheidung für die Europäisierung nicht in der Form umkehrbar oder korrigierbar ist wie andere demokratische Entscheidungen. Eine glatte Lösung dieses Dilemmas gibt es nicht. Stattdessen scheint es unvermeidlich zu sein, dass bestehende gerichtliche Institutionen immer auch die Kontrolle anderer hoheitlicher Ebenen mit übernehmen, für deren Überwachung sie eigentlich nicht zuständig sind. Solches haben sich auch übernationale Gerichte wie der Europäische Gerichtshof für Menschenrechte oder der Europäische Gerichtshof vorbehalten.

Der Zustand der Europäisierung spricht nicht dafür, dass das Bundesverfassungsgericht solche Kontrollkompetenzen pauschal aus der Hand geben sollte. Es wird als grundrechtsschützendes Gericht noch gebraucht; institutionell überfordert erscheint es aber mit der anderen Rolle eines Bewahrers der europäischen Demokratie: Die »Lissabon-Entscheidung« zeigte hier alle Zeichen einer Ent-Grenzung judikativer Tätigkeit gegenüber dem Bereich der politischen Gestaltung, von einer mündlichen Verhandlung mit sehr grundsätzlichen Diskussionen bis zu den langen, lehrbuchhaften Ausführungen des Urteils, die dazu tendierten, nicht einen abgeschlossenen Zustand zu beurteilen, sondern die künftige Entwicklung gestalten zu wollen. Dass die Ausführungen so lang waren, weil das Gericht auf alle Anliegen der Beschwerdeführer eingehen musste, verdeutlicht das Problem; hat das Gericht mit der Öffnung der Klagemöglichkeit und der Verbreitung der Prüfungsmaßstäbe doch selbst dafür gesorgt, dass alles Vorbringen rechtserheblich wurde. Warum das Gericht mit dieser Entscheidung an eine institutionelle Grenze gekommen ist, zeigt die Gegenprobe: Was wäre geschehen, wenn es den Vertrag kassiert hätte? Nicht allein die europäische Integration, sondern auch die Legitimation des Gerichts, das im Namen der Demokratie eine mit überragend demokratischer Legitimation versehene Entscheidung aufgehoben hätte, wäre in eine tiefe Krise geraten.

V. Das entgrenzte Gericht: Legalität – Legitimität – Legitimation

Die markante Stellung des Bundesverfassungsgerichts in der Ordnung des Grundgesetzes ist weder zufällig noch ungewollt. Die intensive Konstitutionalisierung der bundesdeutschen Rechtsordnung gehört zu einer spezifischen Kultur des Rechtsvertrauens, die gerade für Ordnungen mit einer totalitären Vergangenheit in der ganzen Welt als Vorbild dient. Die Stärke des Rechts hängt freilich auch immer an der Erkennbarkeit seiner Grenzen. Diese haben sich in der Rechtsprechung der vergangenen sechs Jahrzehnte deutlich erweitert. Die Rechtsbindung des Gerichts, seine Legalität, vermittelt ihm demokratische Legitimation. Zugleich trägt sie zu seiner Legitimität bei, denn das Gericht verdankt seine Beliebtheit dem Vertrauen in die interesselose Rechtlichkeit seines Handelns. Diese Rechtsbindung ist freilich aus verschiedenen Gründen prekär. Generell, weil Verfassungsgerichte nicht anders können, als Verfassungsbindungen selbst zu entwickeln; im Fall des Bundesverfassungsgerichts aber auch, weil das Gericht als »verfahrensautonomes« Verfassungsorgan einen sehr eigenständigen Umgang mit Rechtsbindungen pflegt. Wenn die Bindung an Recht zu einem großen Teil zur Bindung an selbstentwickelte Maßstäbe wird, dann bedarf dies in jedem Fall weiterer Rechtfertigung. Gerichte beziehen ihr Mandat zur Weiterentwicklung des Rechts dann in erster Linie aus dem konkreten Rechtsschutzauftrag, aus der Engführung eines normativen Anliegens, das ihnen der Kläger liefert. Gerade im Bereich der Grundrechte gestatten neue Fallkonstellationen durch ein gewandeltes Freiheitsverständnis und gewandelte Freiheitsbedrohungen dann eine Fortentwicklung des Rechts.

Allerdings hat das Bundesverfassungsgericht durch die Öffnung der Antragsvoraussetzungen mit der einen Hand zu einer Vielzahl von Verfassungsbeschwerden eingeladen, um diese mit der anderen Hand durch die Objektivierung des Rechtsschutzes, durch eine schwer durchschaubare, kaum regelgeleitete Fallauswahl und durch einen großzügigen Umgang mit Abwägungsfiguren wieder zu schließen. Die auf den subjektiven Grundrechtsschutz bezogene Verfahrensform schließt an eine verfahrenstechnisch und grundrechtsdogmatisch objektivierte Praxis nicht recht an. Während die Reaktionsfähigkeit des Verfassunggebers dem Gericht in föderalen Kompetenzstreitigkeiten ein robustes Mandat gibt und Organstreitigkeiten unvermeidlich zugunsten eines und zu Lasten eines anderen Organs entschieden werden müssen, erscheint daher ausgerechnet das Verfahren, dem das Gericht seine Beliebtheit am meisten verdankt, auch dasjenige zu sein, dessen Praxis legitimatorisch am stärksten anfechtbar ist: die sich mittelbar oder unmittelbar gegen ein Gesetz richtende Verfassungsbeschwerde.

Der Objektivierung des Grundrechtschutzes steht umgekehrt eine Subjektivierung des objektiven Rechtsschutzes gegenüber: Das Gericht prüft auch Grundrechte, auf die sich kein Grundrechtsträger berufen hat, und es hat im Kontext der europäischen Integration die Unterscheidung zwischen staatsorganisationsrechtlicher Frage und individualrechtlicher Rüge völlig aufgegeben. Zugleich hat die Selbstreferenzialität der Maßstäbe zur Entwicklung sehr hoher Rationalitätsanforderungen an den demokratischen Gesetzgeber geführt, den das Gericht mehr und mehr wie eine Behörde, nicht wie ein direkt demokratisch legitimiertes Organ behandelt. Die Maßstabsvervielfältigung vermittelt zudem in Einzelfällen den Eindruck, als würde das Gericht vornehmlich seine eigenen Begründungsprobleme lösen und damit den Gesetzgeber binden, ohne dem Grundrechtsträger wirklich helfen zu können.

Diese Kritik wird vor dem Hintergrund eines robusten positivrechtlich definierten demokratischen Mandats des Gerichts und seines extrem hohen nationalen und internationalen Ansehens formuliert, das unvermeidlich zu einem quantitativen und qualitativen Ausgreifen seiner Entscheidungspraxis geführt hat. Doch könnte auf Dauer eine Zurücknahme der Maßstabsdichte wie auch eine genauere Verschränkung von Verfahrensart und Prüfprogramm geboten sein. Als permanente letzte Instanz, die es auch ohne individuelles Anliegen stets besser weiß als der Gesetzgeber, wird das Gericht der grundgesetzlichen Ordnung auch dann keinen Gefallen erweisen, wenn die Zahl der aufgehobenen Gesetze weiterhin statistisch gering bleibt. Denn die Bindungswirkungen der Entscheidung hängen nur eingeschränkt vom Ergebnis ab. Als Hüter unabänderlicher normativer Aussagen schließlich stößt das Gericht noch schneller an die eigenen Erkenntnisgrenzen. Demokratische Gemeinschaften fühlen sich in der für sie typischen Offenheit und Relativität der Maßstäbe oft nicht wohl. Sie hoffen auf Orte normativer letzter Gewissheit. Doch gehören solche Orte, wie immer man sie auch ausgestaltet, stets zur politischen Gemeinschaft und teilen mit dieser unvermeidlich deren unvermeidliche Ungewissheiten. »Es gibt keine Instanz außerhalb des demokratischen Diskurses – weder Philosophen noch Verfassungsgerichte –, die hier unanfechtbare und der Kritik entzogene Entscheidungen treffen können. Also können nur *im Medium* des demokratischen Diskurses dessen eigene Grundlagen gesichert und auf Dauer gestellt werden.« (Wellmer 1993, S. 63)

Literatur

Abromeit, Heidrun (1995), »Volkssouveränität, Parlamentssouveränität, Verfassungssouveränität«, in: *Politische Vierteljahresschrift* 36, S. 49-66.

Alexy, Robert (1986), *Theorie der Grundrechte*, Frankfurt am Main: Suhrkamp Verlag.

Allan, T. R. S. (2001), *Constitutional Justice. A Liberal Theory of the Rule of Law*, Oxford: Oxford University Press.

Alter, Karen (2001), *Establishing the Supremacy of European Law. The Making of an International Rule of Law in Europe*, Oxford: Oxford University Press.

Badura, Peter (1977), »Staat, Recht und Verfassung in der Integrationslehre Rudolf Smends«, in: *Der Staat* 16, S. 305-325.

Barak, Aharon (2006), *The Judge in a Democracy*, Princeton: Princeton University Press.

Beaud, Olivier (2005), »De quelque particularités de la justice constitutionnelle dans un système fédéral«, in: *La notion de la »justice constitutionnelle«*, herausgegeben von Constance Grewe, Olivier Jouanjan, Eric Maulin u. a., Paris: Dalloz, S. 49-72.

Bellamy, Richard (2007), *Political Constitutionalism. A Republican Defence of the Constitutionality of Democracy*, Cambridge: Cambridge University Press.

Benda, Ernst (1998), *Entlastung des Bundesverfassungsgerichts – Vorschläge der Entlastungskommission*, Baden-Baden: Nomos Verlagsgesellschaft.

–/Eckart Klein (2009), *Verfassungsprozessrecht*, Heidelberg: C. F. Müller Verlag.

Bernstorff, Jochen von (2008), »Pflichtenkollision und Menschenwürdegarantie«, in: *Der Staat* 47, S. 21-40.

Beyme, Klaus von (1968), *Die verfassunggebende Gewalt des Volkes. Demokratische Doktrin und politische Wirklichkeit*, Tübingen: J. C. B. Mohr (Paul Siebeck).

– (1997), *Der Gesetzgeber. Der Bundestag als Entscheidungszentrum*, Opladen: Westdeutscher Verlag.

Bickel, Alexander (1962), *The Least Dangerous Branch. The Supreme Court at the Bar of Politics*, Indianapolis (IN): Bobbs-Merrill.

Billing, Werner (1969), *Das Problem der Richterwahl zum Bundesverfassungsgericht*, Berlin: Duncker & Humblot.

Böckenförde, Ernst-Wolfgang (1999), »Verfassungsgerichtsbarkeit: Struk-

turfragen, Organisation, Legitimation«, in: *Neue Juristische Wochenschrift* 1, S. 9.
Brodocz, André (2009), *Die Deutungsmacht des Bundesverfassungsgerichts*, Wiesbaden: VS Verlag für Sozialwissenschaften.
Brünneck, Alexander von (1992), *Verfassungsgerichtsbarkeit in den westlichen Demokratien. Ein systematischer Verfassungsvergleich*, Baden-Baden: Nomos Verlagsgesellschaft.
Brunner, Georg (2002), »Der Zugang des Einzelnen zur Verfassungsgerichtsbarkeit im europäischen Raum«, in: *Jahrbuch des öffentlichen Rechts der Gegenwart* 50, S. 191-256.
Bryde, Brun-Otto (1982), *Verfassungsentwicklung. Stabilität und Dynamik im Verfassungsrecht der Bundesrepublik Deutschland*, Baden-Baden: Nomos Verlagsgesellschaft.
– (2000), »Das Demokratieprinzip des Grundgesetzes als Optimierungsaufgabe«, in: *Demokratie und Grundgesetz*, herausgegeben von der Redaktion *Kritische Justiz*, Baden-Baden: Nomos Verlagsgesellschaft, S. 59-70.
Bumke, Christian (2010), »Die Pflicht zur konsistenten Gesetzgebung. Am Beispiel des Ausschlusses der privaten Vermittlung staatlicher Lotterien und ihrer bundesverfassungsgerichtlichen Kontrolle«, in: *Der Staat* 49, S. 77-105.
Bung, Jochen (2008), »Das Bett des Karneades – Zur Metakritik der Paradoxologie«, in: *Rechtsphilosophie im 21. Jahrhundert*, herausgegeben von Winfried Brugger, Ulfrid Neumann und Stephan Kirste, Frankfurt am Main: Suhrkamp Verlag, S. 72-89.
Burchardt, Daniel O. (2004), *Grenzen verfassungsgerichtlicher Erkenntnis. Zur Prozeduralität der Verfassungsnormativität*, Berlin: Duncker & Humblot.
Caldwell, Peter C. (1997), *Popular Sovereignty and the Crisis of German Constitutional Law. The Theory and Practice of Weimar Constitutionalism*, Durham and London: Duke University Press.
Canaris, Claus-Wilhelm (1988), *Grundrechte und Privatrecht*, Berlin: Verlag Walter de Gruyter.
Cappelletti, Mauro/Monica Seccombe/Joseph Weiler (1986), *Integration through Law*, Berlin: Verlag Walter de Gruyter.
Currie, David P. (2004 [1997]), *The Constitution in Congress*, Band 3, Chicago and London: The University of Chicago Press.
Dahl, Robert (1957), »Decision-making in a democracy. The Supreme Court as a national policy-maker«, in: *The Journal of Public Law* 6, S. 279-295.
Dann, Philipp (2010), »Verfassungsgerichtliche Kontrolle gesetzgeberischer Rationalität«, in: *Der Staat* 49, S. 630-646.

Duxbury, Neil (1997), *Patterns of American Jurisprudence*, Oxford: Oxford University Press.
Doemming, Klaus-Berto von/Rudolf Werner Füsslein/Werner Matz (1951), »Entstehungsgeschichte der Artikel des Grundgesetzes«, in: *Jahrbuch des öffentlichen Rechts der Gegenwart* 1, S. 669-682.
Dreier, Horst ([2]2004), »Art. 1 I«, in: *Grundgesetz. Kommentar*, Band 1, herausgegeben von dems., Tübingen: J. C. B. Mohr (Paul Siebeck).
– ([2]2006), »Art. 20 (Demokratie)«, in: *Grundgesetz. Kommentar*, Band 2, herausgegeben von dems., Tübingen: J. C. B. Mohr (Paul Siebeck).
Dworkin, Ronald (1977), *Taking Rights Seriously*, Cambridge: Harvard University Press.
– (1984), »Rights as trumps«, in: *Theories of Rights*, herausgegeben von Jeremy Waldron, Oxford: Oxford University Press, S. 153-167.
Eberl, Matthias (2006), *Verfassung und Richterspruch. Rechtsphilosophische Grundlegungen zur Souveränität, Justiziabilität und Legitimität der Verfassungsgerichtsbarkeit*, Berlin: Verlag Walter de Gruyter.
Ebsen, Ingwer (1985), *Das Bundesverfassungsgericht als Element gesellschaftlicher Selbstregulierung. Eine pluralistische Theorie der Verfassungsgerichtsbarkeit im demokratischen Verfassungsstaat*, Berlin: Duncker & Humblot.
Elster, Jon (1991), *Arguing and Bargaining in the Federal Convention and the Assemblée Constituante*, Working Paper Number 4 (Center for the Study of Constitutionalism in Eastern Europe), Chicago: The University of Chicago Press.
– (Hg.) (1998), *Deliberative Democracy*, Cambridge: Cambridge University Press.
Ely, John Hart (1980), *Democracy and Distrust. A Theory of Judicial Review*, Cambridge: Harvard University Press.
Epstein, Lee/Jeffrey Segal (2005), *Advice and Consent. The Politics of Judicial Appointments*, Oxford: Oxford University Press.
Faller, Hans Joachim (1990), »Bundesverfassungsgericht und Bundesgerichtshof«, in: *Archiv des Öffentlichen Rechts* 115, S. 185-211.
Ferejohn, John/Pasquale Pasquino (2010), *The Countermajoritarian Opportunity*, Paper August 2010, aus Anlaß der Konferenz »Rational Choice and Constitutional Law«, University of Chicago Law School.
Franßen, Everhardt (1991), »Verfassungsbeschwerde – eine verkappte Normenkontrolle?«, in: *Bürger – Richter – Staat. Festschrift für Horst Sendler zum Abschied aus seinem Amt*, herausgegeben von dems. u. a., München: Verlag C. H. Beck, S. 81-91.
Frei, Norbert (1996), *Vergangenheitspolitik. Die Anfänge der Bundesrepublik und die NS-Vergangenheit*, München: Verlag C. H. Beck.

Friedman, Lawrence M. (³2005), *A History of American Law*, New York: Simon & Schuster.
Gardner, John (2009), *Can There be a Written Constitution?*, Oxford Legal Studies Research Paper No. 17/2009, Oxford: University of Oxford.
Gauchet, Marcel (1995), *La Révolution des pouvoirs. La souveraineté, le peuple et la représentation 1789-1799*, Paris: Les Éditions Gallimard.
Geiger, Willi (1979), *Vom Selbstverständnis des Bundesverfassungsgerichts*, Hannover: Niedersächsische Landeszentrale für politische Bildung.
Ginsburg, Tom (2008), »The global spread of constitutional review«, in: *Oxford Handbook of Law and Politics*, herausgegeben von Keith Whittington und Daniel Keleman, Oxford: Oxford University Press, S. 91-98.
Goos, Christoph (2011), *Innere Freiheit. Eine Rekonstruktion des grundgesetzlichen Würdebegriffs*, Göttingen: V & R Unipress.
Graf Kielmannsegg, Peter (1988), »Das Verfassungsparadox. Bemerkungen zum Spannungsverhältnis zwischen Demokratieprinzip und Verfassungsprinzip«, in: *Politik, Philosophie, Praxis – Festschrift für Wilhelm Hennis*, herausgegeben von Hans Maier u. a., Stuttgart: Klett-Cotta Verlag, S. 397-411.
Grimm, Dieter (1976), »Verfassungsgerichtsbarkeit im demokratischen System«, in: *JuristenZeitung* 31, S. 697-703.
– (1995a), »Politik und Recht«, in: *Grundrechte, soziale Ordnung und Verfassungsgerichtsbarkeit. Festschrift für Ernst Benda zum 70. Geburtstag*, herausgegeben von Eckart Klein, Heidelberg: C. F. Müller Verlag.
– (1995b), »Die Meinungsfreiheit in der Rechtsprechung des Bundesverfassungsgerichts«, in: *Neue Juristische Wochenschrift* 27, S. 1697.
– (2010), »The achievement of constitutionalism and its prospects in a changed world«, in: *The Twilight of Constitutionalism?*, herausgegeben von Petra Dobner und Martin Loughlin, Oxford: Oxford University Press, S. 3-22.
Gusy, Christoph (1985), *Parlamentarischer Gesetzgeber und Bundesverfassungsgericht*, Berlin: Duncker & Humblot.
Häberle, Peter (1975), »Die offene Gesellschaft der Verfassungsinterpreten«, in: *JuristenZeitung* 30, S. 297-305.
– (1980), »Verfassungsgerichtsbarkeit als politische Kraft«, in: *Verfassungsgerichtsbarkeit zwischen Politik und Rechtswissenschaft*, herausgegeben von dems., Königstein: Athenäum Verlag, S. 55-79.
Habermas, Jürgen (1993), *Faktizität und Geltung. Beiträge zur Diskurs-*

theorie des Rechts und des demokratischen Rechtsstaats, Frankfurt am Main: Suhrkamp Verlag.
Haltern, Ulrich R. (1997), »Integration als Mythos – zur Überforderung des Bundesverfassungsgerichts«, in: *Jahrbuch des öffentlichen Rechts der Gegenwart* 45, S. 31-88.
– (1998), *Verfassungsgerichtsbarkeit, Demokratie und Mißtrauen. Das Bundesverfassungsgericht in einer Verfassungstheorie zwischen Populismus und Progressivismus*, Berlin: Duncker & Humblot.
Hansen, Cornelia (2008), *»Guerra de Cortes« – Der Konflikt zwischen dem Spanischen Verfassungsgericht und dem Spanischen Obersten Gericht*, Hamburg: Verlag Dr. Kovač.
Häussler, Richard (1994), *Der Konflikt zwischen Bundesverfassungsgericht und politischer Führung. Ein Beitrag zu Geschichte und Rechtsstellung des Bundesverfassungsgerichts*, Berlin: Duncker & Humblot.
Helms, Ludger (2006), »Ursprünge und Wandlungen der Verfassungsgerichtsbarkeit in westlichen Demokratien«, in: *Zeitschrift für Politik* 53, S. 50-73.
Henschel, Johann Friedrich (1990), »Die Kunstfreiheit in der Rechtsprechung des BVerfG«, in: *Neue Juristische Wochenschrift* 32, S. 1937.
Hermes, Georg (2001), »Senate und Kammern«, in: *Festschrift 50 Jahre Bundesverfassungsgericht*, Band 2, herausgegeben von Peter Badura und Horst Dreier, Tübingen: J.C.B. Mohr (Paul Siebeck), S. 725.
– (2002), »Verfassungsrecht und einfaches Recht – Verfassungsgerichtsbarkeit und Fachgerichtsbarkeit«, in: *Veröffentlichungen der Vereinigung der Deutschen Staatsrechtslehrer* 62, S. 119-150.
Hershovitz, Scott (2003), »Legitimacy, democracy, and Razian authority«, in: *Legal Theory*, 9, S. 201-220.
Heun, Werner (2008), »Die politischen Wirkungen verfassungsgerichtlicher Entscheidungen«, in: *Verfassungsgerichtsbarkeit im Rechtsvergleich. Drittes deutsch-taiwanesisches Kolloquium vom 2.-3. Oktober 2006 an der Georg August Universität Göttingen*, herausgegeben von Werner Heun und Christian Starck, Baden-Baden: Nomos Verlagsgesellschaft, S. 225-241.
Hirschl, Ran (2004), *Towards Juristocracy. The Origins and Consequences of the New Constitutionalism*, Cambridge: Harvard University Press.
Höffe, Otfried (1999), »Wieviel Politik ist dem Bundesverfassungsgericht erlaubt?«, in: *Der Staat* 38, S. 174-193.
Hoffmann-Riem, Wolfgang (1974), »Beharrung oder Innovation – Zur Bindungswirkung verfassungsgerichtlicher Entscheidungen«, in: *Der Staat* 13, S. 335-364.
– (2008), »Der grundrechtliche Schutz der Vertraulichkeit und Integri-

tät eigengenutzter informationstechnischer Systeme«, in: *JuristenZeitung* 21, S. 1009-1022.
Holmes, Oliver (2007 [1913]), »Law and the court«, in: ders., *The Collected Legal Papers*, Mineola: Dover Publications, S. 291-297.
Hönnige, Christoph (2007), *Verfassungsgericht, Regierung und Opposition. Die vergleichende Analyse eines Spannungsdreiecks*, Wiesbaden: VS Verlag für Sozialwissenschaften.
Huster, Stefan (2003), »Die Beobachtungspflicht des Gesetzgebers«, in: *Zeitschrift für Rechtssoziologie* 24, S. 1-26.
Ipsen, Jörn (1980), *Rechtsfolgen der Verfassungswidrigkeit von Norm und Einzelakt*, Baden-Baden: Nomos Verlagsgesellschaft.
– (2009), *Der Staat der Mitte. Verfassungsgeschichte der Bundesrepublik Deutschland*, München: Verlag C. H. Beck.
Isensee, Josef (1996), »Bundesverfassungsgericht – quo vadis?«, in: *JuristenZeitung* 51, S. 1085-1093.
– /Edzard Schmidt-Jortzig (Hg.) (1999), *Das Ausländerwahlrecht vor dem Bundesverfassungsgericht. Dokumentation der Verfahren*, Heidelberg: C. F. Müller Verlag.
Jaeggi, Rahel (2009), *Was ist Kritik?*, Frankfurt am Main: Suhrkamp Verlag.
Jestaedt, Matthias (2001), »Verfassungsrecht und einfaches Recht – Verfassungsgerichtsbarkeit und Fachgerichtsbarkeit«, in: *Deutsches Verwaltungsblatt* 116, S. 1309-1322.
– (2002), »Verfassungsgerichtspositivismus. Die Ohnmacht des Verfassungsgesetzgebers im verfassungsgerichtlichen Jurisdiktionsstaat«, in: *Nomos und Ethos. Hommage an Josef Isensee zum 65. Geburtstag von seinen Schülern*, herausgegeben von Otto Depenheuer u. a., Berlin: Duncker & Humblot, S. 183-228.
– (2006), *Das mag in der Theorie richtig sein ...*, Tübingen: J. C. B. Mohr (Paul Siebeck).
Kahn, Paul W. (2002), *The Reign of Law. Marbury v. Madison and the Construction of America*, New Haven: Yale University Press.
Kau, Marcel (2007), *United States Supreme Court und Bundesverfassungsgericht. Die Bedeutung des United States Supreme Court für die Errichtung und Fortentwicklung des Bundesverfassungsgerichts*, Heidelberg: Springer Verlag.
Kelsen, Hans (^{2}1929), *Vom Wesen und Wert der Demokratie*, Tübingen: J. C. B. Mohr (Paul Siebeck).
– (1929), »Wesen und Entwicklung der Staatsgerichtsbarkeit«, in: *Veröffentlichungen der Vereinigung der deutschen Staatsrechtslehrer* 5, S. 30-88.

Kim, Pauline T./Andrew D. Martin/Kevin M. Quinn/Theodore W. Ruger (2004), »The Supreme Court Forecasting Project: Legal and political science approaches to predicting Supreme Court decisionmaking«, in: *Columbia Law Review* 104, S. 1150-1209.

Kirchhof, Paul (2004), »Das Maastricht-Urteil des Bundesverfassungsgerichts«, in: *Der Staatenverbund der Europäischen Union*, herausgegeben von Peter Hommelhoff und Paul Kirchhof, Heidelberg: C. F. Müller Verlag, S. 11.

Klein, Eckart (2001), »Verfahrensgestaltung durch Gesetz und Richterspruch: Das ›Prozeßrecht‹ des Bundesverfassungsgerichts«, in: *Festschrift 50 Jahre Bundesverfassungsgericht*, Band 2, herausgegeben von Peter Badura und Horst Dreier, Tübingen: J. C. B. Mohr (Paul Siebeck), S. 507-532.

Kneip, Sascha (2006), »Demokratieimmanente Grenzen der Verfassungsgerichtsbarkeit«, in: *Politische Vierteljahresschrift* 36 (Beiheft Politik und Recht), S. 259-281.

Kramer, Larry (2004), *The People Themselves. Popular Constitutionalism and Judicial Review*, New York u. a.: Oxford University Press.

Kranenpohl, Uwe (2009), »Die Bedeutung von Interpretationsmethoden und Dogmatik in der Entscheidungspraxis des Bundesverfassungsgerichts«, in: *Der Staat* 48, S. 387-409.

– (2010), *Hinter dem Schleier des Beratungsgeheimnisses. Der Willensbildungs- und Entscheidungsprozess des Bundesverfassungsgerichts*, Wiesbaden: VS Verlag für Sozialwissenschaften.

Kriele, Martin (1992), »Grundrechte und demokratischer Gestaltungsspielraum«, in: *Handbuch des Staatsrechts der Bundesrepublik Deutschland*, Band V, herausgegeben von Josef Isensee und Paul Kirchhof, Heidelberg: C. F. Müller Verlag, S. 101-142.

Kritische Justiz, Redaktion (Hg.) (2000), *Demokratie und Grundgesetz*, Baden-Baden: Nomos Verlagsgesellschaft.

Kübler, Friedrich (1963), »Der deutsche Richter und das demokratische Gesetz«, *Archiv für die civilistische Praxis* 162, S. 104-128.

Kumm, Mattias (2010), »The idea of socratic contestation and the right to justification. The point of rights-based proportionality review«, in: *Law & Ethics of Human Rights* 4, S. 141-175.

Lamprecht, Rolf (2009), »Feindbild Karlsruhe. Wie Politiker Urteils- und Richterschelte betreiben – und betrieben«, in: *Deutsche Richterzeitung* 87, S. 145-147.

Lamprecht, Rolf/Wolfgang Malanowski (1979), *Richter machen Politik. Auftrag und Anspruch des Bundesverfassungsgerichts*, Frankfurt am Main: S. Fischer Verlag.

Landfried, Christine (1984), *Bundesverfassungsgericht und Gesetzgeber. Wirkungen der Verfassungsrechtsprechung auf parlamentarische Willensbildung und soziale Realität*, Baden-Baden: Nomos Verlagsgesellschaft.

Lasser, Mitchel de S.-O.-l'E., (2004), *Judicial Deliberations. A Comparative Analysis of Transparency and Legitimacy*, Oxford: Oxford University Press.

Laufer, Heinz (1968), *Verfassungsgerichtsbarkeit und politischer Prozess*, Tübingen: J.C.B. Mohr (Paul Siebeck).

Lechner, Hans/Rüdiger Zuck (⁶2011), *Kommentar zum Bundesverfassungsgerichtsgesetz*, München: Verlag C.H. Beck.

Leibholz, Gerhard (1957), »Bericht des Berichterstatters an das Plenum des Bundesverfassungsgerichts zur ›Status‹-Frage‹«, in: *Jahrbuch des öffentlichen Rechts der Gegenwart* N.F. 6, S. 120-137.

Lembcke, Oliver (2006), *Über das Ansehen des Bundesverfassungsgerichts. Ansichten und Meinungen in der Öffentlichkeit 1951-2001*, Berlin: Berliner Wissenschaftsverlag.

– (2007), *Hüter der Verfassung. Eine institutionentheoretische Studie zur Autorität des Bundesverfassungsgerichts*, Tübingen: J.C.B. Mohr (Paul Siebeck).

Lenz, Sebastian (2006), *Vorbehaltslose Freiheitsrechte*, Tübingen: J.C.B. Mohr (Paul Siebeck).

Lepsius, M. Rainer (1982), »Institutional structures and political culture«, in: *Party Government and Political Culture in Western Germany*, herausgegeben von Herbert Döring und Gordon Smith, London: Macmillan Press, S. 116-129.

Lepsius, Oliver (1999), »Die erkenntnistheoretische Notwendigkeit des Parlamentarismus«, in: *Demokratie und Freiheit. 39. Tagung der Wissenschaftlichen Mitarbeiterinnen und Mitarbeiter der Fachrichtung »Öffentliches Recht«*, herausgegeben von Martin Bertschi u.a., Stuttgart: Richard Boorberg Verlag, S. 123.

– (2005), »Der Große Lauschangriff vor dem Bundesverfassungsgericht (Teil I)«, in: *Jura – Juristische Ausbildung* 27, S. 433-440.

– (2008), »Zur Bindungswirkung von Bundesverfassungsgerichtsentscheidungen«, in: *Realitätsprägung durch Verfassungsrecht. Kolloquium aus Anlass des 80. Geburtstags von Peter Lerche*, herausgegeben von Rupert Scholz u.a., Berlin: Duncker & Humblot, S. 103-118.

– (2009), »Urteilsanmerkung«, in: *JuristenZeitung* 64, S. 260-263.

Lerche, Peter (1995), »Zur Funktion des Bundesverfassungsgerichts als Notgesetzgeber, insbesondere im Blick auf das Recht des Schwangerschaftsabbruchs«, in: *Festschrift für Wolfgang Gitter zum 65. Geburts-*

tag am 30. Mai 1995, herausgegeben von Meinhard Heinze und Jochem Schmitt, Wiesbaden: Verlagsgruppe Chmielorz, S. 509-517.
Lhotta, Roland (2003), »Das Bundesverfassungsgericht als politischer Akteur. Plädoyer für eine neo-institutionalistische Ergänzung in der Forschung«, in: *Swiss Political Science Review* 9, S. 142-153.
Lorenz, Astrid (2008), *Verfassungsänderungen in etablierten Demokratien. Motivlagen und Aushandlungsmuster*, Wiesbaden: VS Verlag für Sozialwissenschaften.
Lübbe-Wolff, Gertrude (1981), *Rechtsfolgen und Realfolgen. Welche Rolle können Folgenerwägungen in der juristischen Regel- und Begriffsbildung spielen?*, Freiburg: Verlag Karl Alber.
Luhmann, Niklas (1993), »Quod omnes tangit ... Anmerkungen zur Rechtstheorie von Jürgen Habermas«, in: *Rechtshistorisches Journal* 12, S. 36-56.
– (1973), »Politische Verfassungen im Kontext des Gesellschaftssystems«, in: *Der Staat* 12, S. 1-22, S. 165-182.
– (²1975), *Legitimation durch Verfahren*, Neuwied: Luchterhand Verlag.
– (1990), »Verfassung als evolutionäre Errungenschaft«, in: *Rechtshistorisches Journal* 9, S. 176-220.
Manin, Bernard (1987), »On legitimacy and political deliberation«, in: *Political Theory* 15, S. 338-368.
Massing, Otwin (1970), »Das Bundesverfassungsgericht als Instrument sozialer Kontrolle. Propädeutische Skizzen zu einer funktionskritischen Formanalyse der Verfassungsgerichtsbarkeit«, in: *Politische Vierteljahresschrift* 11 (Sonderheft Probleme der Demokratie heute), S. 180-225.
– (2005), *Politik als Recht – Recht als Politik. Studien zu einer Theorie der Verfassungsgerichtsbarkeit*, Baden-Baden: Nomos Verlagsgesellschaft.
Mayer, Franz C. (²2009), »Verfassungsgerichtsbarkeit«, in: *Europäisches Verfassungsrecht*, herausgegeben von Armin von Bogdandy, Berlin: Springer Verlag, S. 559-606.
McCrudden, Christopher (2008), »Human dignity and judicial interpretation of human rights«, in: *European Journal of International Law* 19, S. 655-724.
Millgramm, Karl-Heinz (1985), *Separate Opinions und Sondervotum in der Rechtsprechung des Supreme Court of the United States und des Bundesverfassungsgerichts*, Berlin: Duncker & Humblot.
Möllers, Christoph (2005), *Gewaltengliederung. Legitimation und Dogmatik im nationalen und internationalen Rechtsvergleich*, Tübingen: J. C. B. Mohr (Paul Siebeck).

– (2008), *Die drei Gewalten. Legitimation der Gewaltengliederung in Verfassungsstaat, europäischer Integration und Internationalisierung*, Weilerswist: Velbrück Wissenschaft.
– (2010), »Vermittlungsausschuss und Vermittlungsverfahren«, in: *Jura – Juristische Ausbildung* 32, S. 401-407.
– (2011), *Staat als Argument*, Tübingen: J. C. B. Mohr (Paul Siebeck).
– /Andreas Voßkuhle (2003), »Die deutsche Staatsrechtswissenschaft im Zusammenhang der internationalisierten Wissenschaften – Beobachtungen, Vermutungen, Thesen«, in: *Die Verwaltung* 36, S. 321-332.
Müller-Mall, Sabine (2011), *Performative Rechtserzeugung*, Manuskript.
Nassehi, Armin (2006), *Der soziologische Diskurs der Moderne*, Frankfurt am Main: Suhrkamp Verlag.
Neurath, Otto (1932), »Protokollsätze«, in: *Erkenntnis* 3, S. 204-214.
Nino, Carlos Santiago (1996), *The Constitution of Deliberative Democracy*, New Haven, London: Yale University Press.
Ooyen, Robert Christian van (2005), *Der Begriff des Politischen des Bundesverfassungsgerichts*, Berlin: Duncker & Humblot.
Peters, Anne (2001), *Elemente einer Theorie der Verfassung Europas*, Berlin: Duncker & Humblot.
Petersen, Niels (2004), »Auf dem Weg zur zweckrationalen Relativität der Menschenwürde«, in: *Kritische Justiz* 37, S. 316-326.
Pildes, Richard (2004), »Foreword: constitutionalization of democratic politics [The Supreme Court, 2003 Term]«, *Harvard Law Review* 118, S. 29-154.
Poscher, Ralf (2003), *Grundrechte als Abwehrrechte. Reflexive Regelung rechtlich geordneter Freiheit*, Tübingen: J. C. B. Mohr (Paul Siebeck).
Post, Robert C. (2009), »Constitutional scholarship in the United States«, in: *International Journal of Constitutional Law* 7, S. 416-423.
Preuß, Ulrich K. (1994), »Der Begriff der Verfassung und seine Beziehung zur Politik«, in: *Zum Begriff der Verfassung. Die Ordnung des Politischen*, herausgegeben von dems., Frankfurt am Main: S. Fischer Verlag, S. 7-33.
Raz, Joseph (1975), *Practical Reasons and Norms*, London: Hutchinson Publishing Group.
Robertson, David (2010), *The Judge as Political Theorist. Contemporary Constitutional Review*, Princeton: Princeton University Press.
Roellecke, Gerd (1987), »Aufgaben und Stellung des Bundesverfassungsgerichts im Verfassungsgefüge«, in: *Handbuch des Staatsrechts der Bundesrepublik Deutschland*, Band II, herausgegeben von Josef Isensee und Paul Kirchhof, Heidelberg 1987, § 53.
– (2001), »Sondervoten«, in: *Festschrift 50 Jahre Bundesverfassungsge-*

richt, Band 1, herausgegeben von Peter Badura und Horst Dreier, Tübingen: J.C.B. Mohr (Paul Siebeck), S. 363-384.
Roosevelt, Franklin D. (1938), »Address on Constitution Day, Washington D.C. (17.9.1937)«, in: *The Public Papers and Addresses of Franklin D. Roosevelt (1938)*, herausgegeben von dems. und Samuel I. Rosenman, New York: Random House, S. 362.
Rorty, Richard (1991), »The priority of democracy to philosophy«, in: ders., *Objectivity, Relativism, and Truth*, Oxford: Oxford University Press, S. 175-202.
Rosenberg, Gerald N. (1991), *The Hollow Hope. Can Courts Bring About Social Change?*, Chicago: The University of Chicago Press.
Sadurski, Wojciech (2008), *Equality and Legitimacy*, Oxford: Oxford University Press.
Schaal, Gary (2000), *Integration durch Verfassung und Verfassungsrechtsprechung? Über den Zusammenhang von Demokratie, Verfassung und Integration*, Berlin: Duncker & Humblot.
Schäller, Steven (2006), »Präjudizien als selbstreferenzielle Geltungsressource des Bundesverfassungsgerichts«, in: *Die Deutungsmacht der Verfassungsgerichtsbarkeit*, herausgegeben von André Brodocz und Hans Vorländer, Wiesbaden: VS Verlag für Sozialwissenschaften, S. 205-234.
Schiffers, Reinhard (Bearb.) (1984), *Grundlegung der Verfassungsgerichtsbarkeit – Das Gesetz über das Bundesverfassungsgericht vom 12. März 1951*, Düsseldorf: Droste Buchverlag.
Schlaich, Klaus (1981), »Die Verfassungsgerichtsbarkeit im Gefüge der Staatsfunktionen«, in: *Veröffentlichungen der Vereinigung der Deutschen Staatsrechtslehrer* 39, S. 99-143.
– /Stefan Korioth (^{8}2010), *Das Bundesverfassungsgericht. Stellung, Verfahren, Entscheidungen*, München: Verlag C.H. Beck.
Schlink, Bernhard (1989), »Die Entthronung der Staatsrechtswissenschaft durch die Verfassungsgerichtsbarkeit«, in: *Der Staat* 28, S. 161-172.
Schnapper, Dominique (2010), *Une sociologue au Conseil constitutionnel*, Paris: Les Éditions Gallimard.
Schorkopf, Frank (2005), »Die prozessuale Steuerung des Verfassungsrechtsschutzes. Zum Verhältnis von materiellem Recht und Verfassungsprozessrecht«, in: *Archiv des öffentlichen Rechts* 130, S. 465-493.
– (Hg.) (2006), *Der Europäische Haftbefehl vor dem Bundesverfassungsgericht*, Tübingen: J.C.B. Mohr (Paul Siebeck).
Schuppert, Gunnar Folke/Christian Bumke (2000), *Die Konstitutionalisierung der Rechtsordnung. Überlegungen zum Verhältnis von verfassungsrechtlicher Ausstrahlungswirkung und Eigenständigkeit des »einfachen« Rechts*, Baden-Baden: Nomos Verlagsgesellschaft.

Segal, Jeffrey A./Harold J. Spaeth (2002), *The Supreme Court and the Attitudinal Model Revisited*, Cambridge: Cambridge University Press.
Seyfarth, Georg (1998), *Die Änderung der Rechtsprechung durch das Bundesverfassungsgericht*, Berlin: Duncker & Humblot.
Shapiro, Martin (1981), *Courts. A Comparative and Political Analysis*, Chicago and London: The University of Chicago Press.
Sieberer, Ulrich (2006), »Strategische Zurückhaltung von Verfassungsgerichten. Gewaltenteilungsvorstellungen und die Grenzen der Justizialisierung«, in: *Zeitschrift für Politikwissenschaften* 16, S. 1299-1323.
Simon, Helmut ([2]1994), »Verfassungsgerichtsbarkeit«, in: *Handbuch des Verfassungsrechts der Bundesrepublik Deutschland*, herausgegeben von Ernst Benda, Werner Maihofer und Hans-Jochen Vogel, Berlin: Verlag Walter de Gruyter, § 34.
Slaughter, Ann-Marie (2004), *The New World Order*, Princeton: Princeton University Press.
Smend, Rudolf ([3]1994 [1927]), »Verfassung und Verfassungsrecht«, in: ders., *Staatsrechtliche Abhandlungen und andere Aufsätze*, Berlin: Duncker & Humblot, S. 119-276.
– ([3]1994 [1962]), »Das Bundesverfassungsgericht«, ebd., S. 581-593.
Smith, Rogers (1988), »Political jurisprudence, the ›New Institutionalism‹, and the future of public law«, in: *American Political Science Review* 82, S. 89-108.
Stein, Erwin (1967), »Zur staatskirchenrechtlichen Rechtsprechung des Bundesverfassungsgerichts«, in: *Juristen-Jahrbuch* 8, S. 120.
Stone Sweet, Alec (2000), *Governing with Judges. Constitutional Politics in Europe*, Oxford: Oxford University Press.
Stüwe, Klaus (2001), »Das Bundesverfassungs-Gericht als verlängerter Arm der Opposition?«, in: *Aus Politik und Zeitgeschichte* B 37/38, S. 34-44.
Sunstein, Cass. R. (1986), »Legal interference with private preferences«, in: *University of Chicago Law Review* 53, S. 1129-1174.
– (1999), *One Case at a Time. Judicial Minimalism on the Supreme Court*, Cambridge: Harvard University Press.
Taylor, Charles (1995), *Das Unbehagen an der Moderne*, Frankfurt am Main: Suhrkamp Verlag.
Teifke, Nils (2011), *Das Prinzip Menschenwürde*, Tübingen: Mohr Siebeck.
Thoma, Richard (1953), »Rechtsgutachten betreffend die Stellung des Bundesverfassungsgerichts«, in: *Jahrbuch des öffentlichen Rechts der Gegenwart* N. F. 6, S. 161-194.

Troper, Michel (2003), »The logic of justification of judicial review«, in: *International Constitutional Law* 1, S. 99-121.
Vanberg, Georg (2005), *The Politics of Constitutional Review in Germany*, Cambridge: Cambridge University Press.
Vogel, Hans-Jochen (1978) »Videant Judices! Zur aktuellen Kritik am Bundesverfassungsgericht«, in: *Die öffentliche Verwaltung* 31, S. 665-668.
Volkmann, Uwe (2010), »Rechtsgewinnung aus Bildern. Beobachtungen über den Einfluss dirigierender Hintergrundvorstellungen auf die Auslegung des heutigen Verfassungsrechts«, in: *An den Grenzen der Rechtsdogmatik*, herausgegeben von Julian Krüper u.a., Tübingen: J.C.B. Mohr (Paul Siebeck), S. 77-90.
Vorländer, Hans D. (2002), »Integration durch Verfassung? Die symbolische Bedeutung der Verfassung im politischen Integrationsprozess«, in: *Integration durch Verfassung*, herausgegeben von dems., Wiesbaden: Westdeutscher Verlag, S. 9-40.
Voßkuhle, Andreas (2000), »Theorie und Praxis der verfassungskonformen Auslegung von Gesetzen durch Fachgerichte. Kritische Bestandsaufnahme und Versuch einer Neubestimmung«, in: *Archiv des öffentlichen Rechts* 125, S. 177-201.
– (2004), »Gibt es und wozu nutzt eine Lehre vom Verfassungswandel?«, in: *Der Staat* 43, S. 450-459.
– (^{6}2010), »Kommentierung Artikel 93 GG«, in: *Kommentar zum Grundgesetz*, Band 3, herausgegeben von Hermann von Mangoldt, Friedrich Klein und Christian Starck, München: Verlag Franz Vahlen.
Wahl, Rainer (1979), »Rechtliche Wirkungen und Funktionen der Grundrechte im deutschen Konstitutionalismus des 19. Jahrhunderts«, in: *Der Staat* 18, S. 321-348.
– (1981), »Der Vorrang der Verfassung«, in: *Der Staat* 20, S. 485-516.
– (2004), »Die objektiv-rechtliche Dimension der Grundrechte im internationalen Vergleich«, in: *Handbuch der Grundrechte in Deutschland und Europa*, Band 1, herausgegeben von Detlef Merten und Hans-Jürgen Papier, Heidelberg: C.F. Müller Verlag, S. 745-782.
– /Joachim Wieland (1996), »Verfassungsrechtsprechung als knappes Gut«, in: *JuristenZeitung* 51, S. 1137-1145.
Waldron, Jeremy (2006), »The core of the case against judicial review«, in: *The Yale Law Journal* 115, S. 1346-1406.
Walter, Christian (2000), »Hüter oder Wandler der Verfassung? Zur Rolle des Bundesverfassungsgerichts im Prozess des Verfassungswandels«, in: *Archiv des öffentlichen Rechts* 125, S. 517-550.
Weber, Max (1988 [1922]), »Die drei reinen Typen legitimer Herrschaft«,

in: *Gesammelte Aufsätze zur Wissenschaftslehre*, herausgegeben von Johannes Winckelmann, Tübingen: UTB, S. 475-488.

Wellmer, Albrecht (1993), »Bedingungen einer demokratischen Kultur«, in: *Endspiele: Die unversöhnliche Moderne*, Frankfurt am Main: Suhrkamp, S. 54-80.

Wesel, Uwe (2004), *Der Gang nach Karlsruhe. Das Bundesverfassungsgericht in der Geschichte der Bundesrepublik*, München: Blessing Verlag.

Wissmann, Hinnerk/David Heuer (2011), »›Hirten der Verfassung‹? Das Bundesverfassungsgericht, die Kirchen und der Sonntagsschutz«, in: *Jura – Juristische Ausbildung* 33, S. 214-222.

Wittig, Peter (1969), »Politische Rücksichten in der Rechtsprechung des Bundesverfassungsgerichts«, in: *Der Staat* 8, S. 137-158.

Inhaltsverzeichnis

Suhrkamp Verlag GmbH
Torstraße 44, 10119 Berlin
info@suhrkamp.de
www.suhrkamp.de